クトゥパロン・バルカリ難民キャンプのテント群（2018年1月）

ロヒンギャ難民100万人の衝撃

Rohingya

中坪央暁
Nakatsubo Hiroaki

めこん

AAR Japanの支援物資配布に集まったクトゥパロン難民キャンプの男性たち（2018年1月）

手製の筏でナフ河を渡り、コックスバザール県テクナフ郡に到着したロヒンギャ難民
（2017年11月12日）＝UNHCR撮影

幼い子供たちをかごに入れて担ぎ、コックスバザール県ウキア郡に到着した父親
（2017年10月9日）＝UNHCR撮影

漁船でナフ河を渡り、コックスバザール県テクナフ郡に到着した女性と子供たち
（2017年9月14日）＝UNHCR撮影

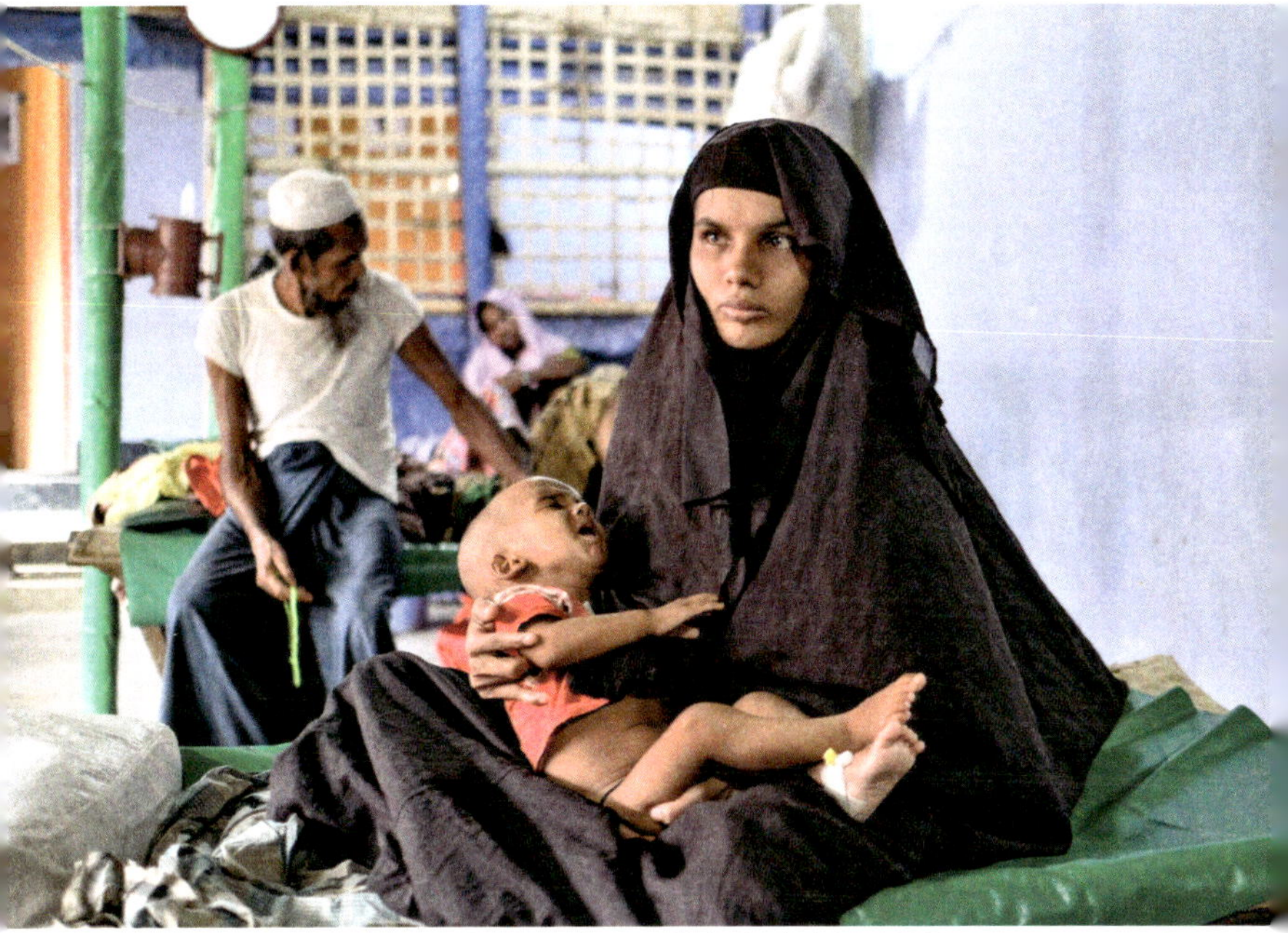

クトゥパロン難民キャンプのMSF診療所に収容された母子
（2017年9月18日）＝MSF／Antonio Faccilongo撮影

アリカリ難民キャンプのテント群の露地（2018年6月）

クトゥパロン難民キャンプの竹橋を渡る難民たち（2018年1月）

ハキンパラ難民キャンプの女性たち（2017年11月）

ハキンパラ難民キャンプの野菜売り（2017年11月）

ラマダン明けに着飾ったレダ難民キャンプの女の子たち（2018年6月）

ラマダン明けの祝祭でサイコロ博打に興じるレダ難民キャンプの男性たち（2018年6月）

ロヒンギャの花嫁。クトゥパロンからナヤパラ難民キャンプに嫁入りした（2018年7月）

ハキンパラ難民キャンプのおじいさんと孫（2017年11月）

ナヤパラ難民キャンプの学習センターで笑顔を見せる子供たち（2018年6月）

クトゥパロン難民キャンプのマドラサの青空教室で学ぶ女の子たち（2018年2月）

目次

第2章 少数民族弾圧——繰り返される難民流出

略語

ＡＡ（Arakan Army）……………………………………アラカン軍
ＡＡＲ Ｊａｐａｎ（Association for Aid and Relief, Japan）………（特活）難民を助ける会
ＡＦＰＦＬ（Anti-Fascist People's Freedom League）………反ファシスト人民自由連盟（通称パサパラ）
ＡＩＩＡ（Australian Institute of International Affairs）………オーストラリア国際問題研究所
ＡＮＰ（Arakan National Party）……………………………アラカン国民党
ＡＲＩＦ（Arakan Rohingya Islamic Front）…………………アラカン・ロヒンギャ・イスラム戦線
ＡＲＮＯ（Arakan Rohingya National Organisation）………アラカン・ロヒンギャ民族機構
ＡＲＳＡ（Arakan Rohingya Salvation Army）………………アラカン・ロヒンギャ救世軍
ＡＳＥＡＮ（Association of South-East Asian Nations）……東南アジア諸国連合
ＢＮＰ（Bangladesh Nationalist Party）…………………バングラデシュ民族主義党
ＢＳＰＰ（Burma Socialist Programme Party）……………ビルマ社会主義計画党
ＣＦＳ（Child Friendly Space）……………………………チャイルド・フレンドリー・スペース
ＣＩＣ（Camp in Charge）…………………………………難民キャンプ行政官
ＤＣ（District Commissioner）……………………………県長官
ＤＰＨＥ（Department of Public Health Engineering）……バングラデシュ公衆衛生工学局
ＥＵ（European Union）……………………………………欧州連合
ＦＤＭＮ（Forcibly Displaced Myanmar Nationals）………強制退去させられたミャンマー国民
ＦＲＣ（Foreigners Registration Cards）…………………外国人登録証
ＧＢＶ（Gender-Based Violence）…………………………ジェンダー（性差）に基づく暴力
ＧＮＪＰ（Good Neighbors Japan）………………………（特活）グッドネーバーズ・ジャパン
ＧＲＩＰＳ（National Graduate Institute for Policy Studies）……政策研究大学院大学
ＨｕＭＡ（Humanitarian Medical Assistance）……………（特活）災害人道医療支援会

ICC（International Criminal Court）……国際刑事裁判所
ICRC（International Committee of the Red Cross）……赤十字国際委員会
IDP（Internally Displaced People）……国内避難民
IED（Improvised Explosive Device）……即席爆破装置
ILO（International Labour Organization）……国際労働機関
IOM（International Organization for Migration）……国際移住機関
IRC（International Rescue Committee）……国際救援委員会
IS（Islamic State）……イスラム国
ISCG（Inter Sector Coordination Group）……部門間調整グループ
ISCI（International State Crime Initiative）……ロンドン大学クイーン・メアリー校 国際国家犯罪イニシアティブ
IUCN（International Union for Conservation of Nature）……国際自然保護連合
IWOC（International Women of Courage）Award……国際勇気ある女性賞
JADE（Japan Agency for Development & Emergency）……（特活）緊急開発支援機構
JETRO（Japan External Trade Organization）……日本貿易振興機構
JICA（Japan International Cooperation Agency）……国際協力機構
JPF（Japan Platform）……（特活）ジャパン・プラットフォーム
JRP（Joint Response Plan for Rohingya Humanitarian Crisis）……ロヒンギャ人道危機のための合同対応計画
KIA（Kachin Independence Army）……カチン独立軍
KNLA（Karen National Liberation Army）……カレン民族解放軍
KNPLF（Karenni National People's Liberation Front）……カレンニー民族人民解放戦線
MaBaTha（マバタ）……ミャンマー民族宗教保護協会
MdM（Médecins du Monde）……世界の医療団

MNA（Myanmar News Agency）……ミャンマー国営通信社
MoU（Memorandum of Understanding）……覚書
MSF（Médecins Sans Frontières）……国境なき医師団
NaSaKa（ナサカ）……国境治安部隊
NaTaLa（ナタラ）……国境地域民族開発省
NFI（Non-Food Item）……食料以外の品目
NLD（National League for Democracy）……国民民主連盟
NRC（National Registration Card）……国民登録証
NSI（National Security Intelligence）……バングラデシュ国家安全保障情報局
NVC（National Verification Card）……国籍未審査者向け身分証明書
OCHA（UN Office for the Coordination of Humanitarian Affairs）
……国連人道問題調整事務所
ODA（Official Development Assistance）……政府開発援助
OHCHR（Office of the United Nations High Commissioner for Human Rights）
……国連人権高等弁務官事務所
OIC（Organisation of Islamic Cooperation）……イスラム協力機構
PKO（Peacekeeping Operations）……国連平和維持活動
PSEA（Protection from Sexual Exploitation and Abuse）……性的搾取および虐待に対する保護
PTSD（Post Traumatic Stress Disorder）……心的外傷後ストレス障害
PWJ（Peace Winds Japan）……（特活）ピースウィンズ・ジャパン
RAB（Rapid Action Battalion）……バングラデシュ緊急行動部隊
RC（Registered Refugee Camps）……登録難民キャンプ
RIF（Rohingya Independence Front）……ロヒンギャ独立戦線

RPF（Rohingya Patriotic Front）……ロヒンギャ愛国戦線
RRRC（Refugee Relief and Repatriation Commissioner）……難民救援・帰還委員会
RSO（Rohingya Solidarity Organisation）……ロヒンギャ連帯機構
SB（Special Branch）……バングラデシュ国家警察特別支部
SCJ（Save the Children Japan）……公益社団法人セーブ・ザ・チルドレン・ジャパン
SLORC（State Law and Order Restoration Council）……国家法秩序回復委員会
SPDC（State Peace and Development Council）……国家平和発展評議会
SSA（Shan State Army）……シャン州軍
TRC（Temporary registration certificate）……一時居住証
UEHARD（Union Enterprise for Humanitarian Assistance, Resettlement and Development in Rakhine）……ラカイン人道支援・再定住・開発計画
UNDP（United Nations Development Programme）……国連開発計画
UNFPA（United Nations Population Fund）……国連人口基金
UNHCR（The Office of the United Nations High Commissioner for Refugees）……国連難民高等弁務官事務所
UNICEF（United Nations Children's Fund）……国連児童基金
USDP（Union Solidarity and Development Party）……ミャンマー連邦団結発展党
WASH（Water, sanitation, and hygiene）……水・衛生部門
WFP（United Nations World Food Programme）……国連世界食糧計画
WFS（Women Friendly Space）……ウーマン・フレンドリー・スペース
WHO（World Health Organization）……世界保健機関
WVJ（World Vision Japan）……（特活）ワールド・ビジョン・ジャパン

1991～1992年	軍事政権による強制労働・人権侵害を逃れて、約27万人のロヒンギャ難民がバングラデシュに２度目の流入。1994～1995年に約23万人を送還
1992年	タンシュエ SLORC 議長が就任。SLORC は1997年「国家平和発展評議会」(SPDC) に改組され、軍事政権による支配が継続
2011年	民政移管によってテインセイン政権が発足
2012年	ラカイン州でイスラム教徒と仏教徒の衝突が発生。ロヒンギャを中心に約14万人が国内避難民（IDP）キャンプに強制収容される。ラカイン州北部で移動制限、夜間外出禁止など人権侵害が強まる
2013年頃	アタウラーがロヒンギャの武装勢力「ハラカ・アル・ヤキン」(Harakah al-Yaqin＝信仰運動) を創設、後に「アラカン・ロヒンギャ救世軍」(ARSA) に改称
2014～2015年	東南アジア海域におけるロヒンギャ難民、バングラデシュ人のボート・ピープルの漂流がピークを迎えて国際問題化
2015年	仏教過激派による反イスラム運動が高揚。イスラム教徒を標的にした人口抑制法、仏教徒女性特別婚姻法など差別的４法が成立
2015年11月	連邦議会選挙でアウンサンスーチー党首率いる国民民主連盟(NLD) が圧勝
2016年４月	アウンサンスーチー氏が新設ポストの国家顧問（兼外相）に就任
2016年９月	ミャンマー政府の「ラカイン州諮問委員会」が発足（～2017年８月）
2016年10月	ラカイン州北部で ARSA による警察施設襲撃をきっかけに治安部隊が掃討作戦を開始。約９万人のロヒンギャ難民がバングラデシュに流入
2017年８月	ラカイン州北部で ARSA による警察施設襲撃をきっかけに治安部隊が掃討作戦を開始。2018年までに約74万人のロヒンギャ難民がバングラデシュに流入。武力弾圧による死者は推計１万～２万5000人
2017年11月	国連安保理がミャンマーによるロヒンギャ弾圧を非難する議長声明を全会一致で採択。国連総会第三委員会、国連人権理事会でも非難決議の採択が相次ぐ（日本はいずれも棄権）
2017年12月	ミャンマー警察がロイター通信記者２人を国家機密法違反容疑で逮捕。禁固７年の有罪判決が最高裁で確定（2019年４月)、大統領恩赦で釈放（同年５月）
2018年９月	国連調査団が最終報告を国連人権理事会に提出、人道に対する罪でミンアウンフライン国軍最高司令官ら６人の訴追を求める。国際刑事裁判所（ICC）はミャンマー治安部隊による人権侵害に対して「管轄権を行使できる」と判断、予備調査に着手

ロヒンギャ関連年表

1430〜1785年	アラカン王国（ミャウー朝）時代、イスラム教徒がアラカン地域に居住
1785年	ビルマ・コンバウン朝の侵攻でアラカン王国が滅亡
1824〜1826年	第一次英緬戦争。ヤンダボ条約によってアラカン地域などが英領インドに併合され、これ以降ビルマの英国植民地化が進む。ベンガル地方からイスラム教徒のアラカンへの移住が加速
1941〜1945年	太平洋戦争（第二次世界大戦）で日本軍と英国（連合国）軍がビルマ戦線で対決し、アラカンのイスラム教徒と仏教徒の対立が深まる
1947年	英領インド帝国が解体され、インドとパキスタン（現バングラデシュを含む）が分離・独立。アラカン北部のパキスタン編入は実現せず
1948年	ビルマ連邦が英国植民地支配から独立、ウー・ヌ政権が発足。アラカン北部のイスラム武装勢力による蜂起など国内各地で混乱が続く
1950年頃	アラカン北部のイスラム教徒が自らを「ロヒンギャ」と名乗る
1961年	ウー・ヌ政権がマユ辺境行政区を設置（〜1964年）
1962年	軍事クーデターでネウィン独裁政権が成立、国軍による支配が始まる。ビルマ民族中心のビルマ式社会主義路線の下、インド系・中国系住民の排斥、ロヒンギャをはじめ少数民族に対する抑圧が強まる
1971年	第三次印パ戦争（バングラデシュ独立戦争）でバングラデシュがパキスタンから独立。ベンガル系イスラム教徒の難民が一部アラカンに流入か
1974年	移民を制限する緊急入国管理法を施行。ロヒンギャは外国人登録証（FRC）受け取りを拒否
1978年	ナーガミン作戦による弾圧で約22万人のロヒンギャがバングラデシュに越境、最初の難民大量流入となる。バングラデシュ・ビルマ二国間合意に基づき1979年末までに約18万人を送還
1982年	改正国籍法（市民権法）施行。正規の国民として認定された土着135民族から除外されたロヒンギャは無国籍状態となる
1988年	「8888民主化運動」によってネウィン政権退陣（7月）。軍事クーデターで軍事政権が成立（9月）、「国家法秩序回復委員会」（SLORC）が全権を掌握。翌1989年に国名をミャンマー、首都名をヤンゴンに変更
1991年	アウンサンスーチー氏にノーベル平和賞

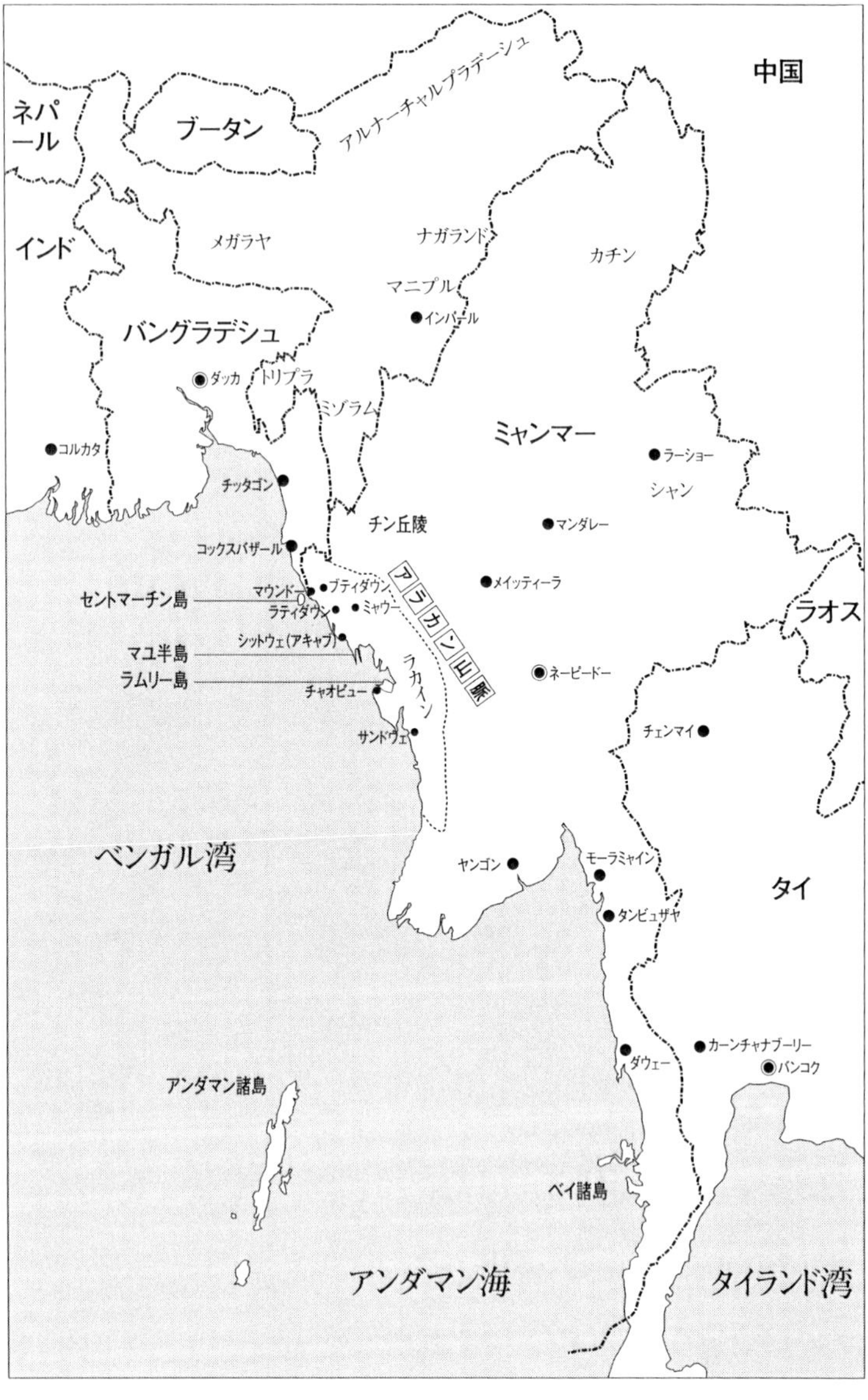
中国
ネパール
ブータン
アルナーチャルプラデーシュ
インド
メガラヤ
ナガランド
カチン
マニプル
インパール
バングラデシュ
ダッカ
トリプラ
ミゾラム
ミャンマー
コルカタ
ラーショー
シャン
チッタゴン
チン丘陵
マンダレー
コックスバザール
マウンドー
ブティダウン
アラカン山脈
メイッティーラ
セントマーチン島
ラティダウン
ミャウー
ラオス
シットウェ（アキャブ）
マユ半島
ラカイン
ネーピードー
ラムリー島
チャオピュー
チェンマイ
サンドウェ
ベンガル湾
ヤンゴン
モーラミャイン
タイ
タンビュザヤ
カーンチャナブーリー
ダウェー
バンコク
アンダマン諸島
ベイ諸島
アンダマン海
タイランド湾

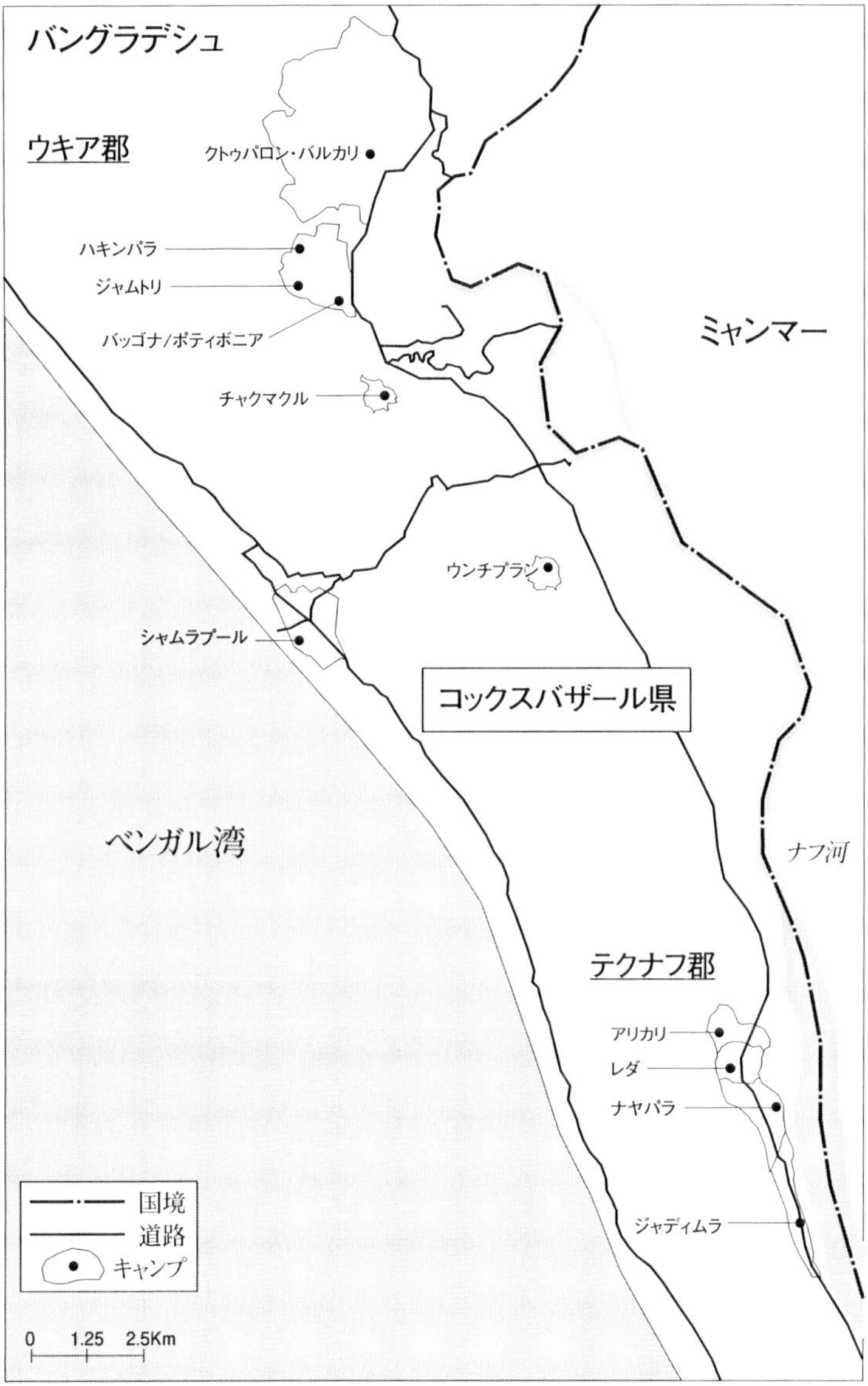

バングラデシュ
ウキア郡
クトゥパロン・バルカリ
ハキンパラ
ジャムトリ
バッゴナ/ポティボニア
チャクマクル
ミャンマー
ウンチプラン
シャムラプール
コックスバザール県
ベンガル湾
ナフ河
テクナフ郡
アリカリ
レダ
ナヤパラ
ジャディムラ
国境
道路
キャンプ
0
1.25
2.5Km

プロローグ

大きな瞳に涙がいっぱい溜まっていた。

真っ黒なニカーブを被り、目元を除いて全身を覆った若い女性は、生後一年に満たない娘を抱き、一〇歳の妹を連れて、バングラデシュ南東部コックスバザール県のハキンパラ難民キャンプにたどり着いたところだった。モンスーン期から乾季に入ったばかりの午後の日差しは思いのほか強く、竹材とビニールで急ごしらえしたテントが建ち並ぶ丘の急坂を上る時、さらさら乾燥した砂質土にサンダル履きの彼女の足が何度か滑った。

女性はアイシャ（二一歳）と名乗り、「ミャンマーの村から一〇日間歩いて国境を越えて来ました。私たちの村は家もモスクも何もかも焼き払われ、モロビ（イスラム教師）だった夫は兵士に殺されました。他所に避難して身を潜めていたのですが、村人たちは皆バングラデシュに逃れてしまい、食べる物もなくなって、私たちもこちらに来る決心をしました。途中の集落や水田、森の中で数え切れないほどの遺体を見ました。両親は行方不明で、生きているかどうかも分かりません」と話した。

ミャンマー治安部隊による激しい武力弾圧が始まって二カ月余り、虐殺とレイプの嵐の中を若い姉妹たちは生き延びた。アイシャの娘は一見して重い障害があるらしく、目を閉じたままよだれを垂らし、ぐったり身動きもしない。難民キャンプまで行けば何とかしてもらえると信じて、避難する人々の流れに身を任せて歩き続けて来たものの、この状況で幼い命が持ち堪えられるかどうかは分からなかった。

ミャンマー西部のラカイン州に暮らすイスラム系少数民族ロヒンギャが二〇一七年八月末以降、無差別のジェノサイド（集団殺害）を逃れ、隣接するバングラデシュに数十万人規模で流入した出来事は、「人道と人権上の悪夢」（アントニオ・グテーレス国連事務総長）[*1]として国際社会に大きな衝撃を与えた。なお難民流入が続く同年一一月上旬、初めて現地に入った私は、その異様な雰囲気に少なからず幻惑されていた。

十数万棟の粗末なテントが見渡す限り広がる光景は、これまで地球上に出現したどの難民キャンプとも違っていた。ニュース映像や写真を通じて状況は把握しているつもりだったが、実際に現場に立ってみると、想像の域を超えた圧倒的なスケールを脳が認識できないのか、かえって現実味が薄い感じがする。頭の中にぼんやりと映画「スター・ウォーズ」にでも出て来そうな辺境の惑星のイメージが浮かんだ。

文字通り着の身着のまま、ほとんど飲まず食わずに山野を越えてきたアイシャたちは疲れ果てていた。「この子に今すぐ何か飲ませないといけないし、妹もお腹を空かせているのですが、おカネがなく頼れる人もいません。私たちはどうすれば良いのでしょうか」。声を震わせるアイシャの傍らで、薄汚れた水玉模様のワンピースを着た妹がうつむいたまま、じっと耐えている。大切な家族を奪われ、家財をすべて失った姉妹は何ひとつ所持しておらず、この瞬間、世界中で最も無力で弱々しい存在だった。

私はどうすることもできず、難民キャンプでしてはいけない行為なのだが、思わずポケットにあったバングラデシュの少額紙幣を数枚、彼女の手に握らせてしまった。もう少しキャンプの状況に慣れていれば、国連機関の現地スタッフに姉妹を引き渡していただろうし、そもそも数百円程度では何の足しにもならなかったと思う。

一カ月ほど経ってこの時のことを思い出し、アイシャという名前と住んでいた村、そして障害のある娘を手掛かりに、ハキンパラ難民キャンプで彼女たちを探してみた。しかし、同じようなテントが無秩序に密集し、難民の入れ替わりも激しい初期のキャンプでの人探しは、まさに「藁山の中から針を探す」愚行であり、とても見付けられるものではなかった。

爆発的な難民流入が起きた直接のきっかけは、ロヒンギャの武装勢力「アラカン・ロヒンギャ救世軍」（ARSA：Arakan Rohingya Salvation Army）率いる数百人規模の集団が二〇一七年八月二五日未明、ラカイン州最北端のマウンドー県界隈にある警察施設など約三〇カ所を一斉に襲撃したことである。ＡＲＳＡはロヒンギャを代表する組織ではないが、ミャンマー国軍は直ちにＡＲＳＡ摘発を名目とするロヒンギャ掃討作戦（Clearance Operation）を発動し、警察と国境警備警察、仏教徒のラカイン人民兵などが加わって村々を焼き払い、女性や子供、高齢者を含む無抵抗のロヒンギャ住民を殺害した。最初の一カ月間だけで少なくとも六七〇〇人が殺害され（ＮＧＯ「国境なき医師団」推計[*2]）、国連調査団報告[*3]によると、八月下旬以降の犠牲者の総数は控えめに見積もっても一万人に上る。死者を約二万五〇〇〇人と推計する調査報告[*4]もある。

ラカイン州から追い立てられる形で、同年末までに約六五万人の難民が濁流のようにバングラデシュ側に押し寄せ、年明け以降も少しずつ流入が続いた。ロヒンギャ難民の流入は一九七〇年代から何度か繰り返され、コックスバザール県内には主に一九九〇年代から滞留する〝古株〟の難民が相当数いた。そこに今回の事態で七四万五〇〇〇人の〝新参〟が加わり、難民の累計は九〇万九〇〇〇人に膨れ上がった。[*5] データによって数字が整合しないが、古株の数は約二一万三〇〇〇人、ないし三〇万三〇七〇人という別々の統計があり、後者に新規流入を足すと難民の総数は一〇四万八〇七〇人になる。バングラデシュ国内では一一〇万人という数字がしばしば使われており、把握できていない多数の流入者を勘案すると、恐らくこちらの方が実態に近い。ちなみに一〇〇万人超というのは、日本では宮崎、富山、秋田あたりの県民人口に相当し、香川、和歌山、山梨など九県よりも多い。[*6]

コックスバザール県南部のウキア、テクナフ両郡に計一二カ所散在する難民キャンプ[*7]のうち、最大規模のクトゥパロンと隣接するバルカリの両キャンプを合わせたクトゥパロン・バルカリ拡張キャンプ（旧称メガキャンプ／ウキア郡）は、南北五・五キロ×東西四キロ余りのエリアに約六三万人が密集し、世界で最も人口密度が高く、かつ最も衛生状態が悪い異様な空間を形成している。冒頭のアイシャ姉妹に出会ったハキンパラ難民キャンプは、この巨大キャンプのすぐ南側に飛び地のように位置し、そこまで含めると南北約八キロにわたってキャンプが連なっている。

コックスバザールに来たばかりの私は、ベンガル語の方言とされるロヒンギャの言葉を話す地元のバングラデシュ人青年に通訳を任せ、迷路のような巨大キャンプを方角も分からずに歩き回った。何人かに聞き取り調査していると、「兵士に家族を殺された」「撃たれた傷を見てほしい」と訴える難民が次々に現れた。「ひどい目に遭った若い夫婦を知っている。話を聞いてやってくれないか」と小柄な老人に半ば強引に案内されたテントには、マウンドー県マウンドー郡ボリバザール村から逃れて来たという二五歳と二二歳の姉妹、そして姉の夫が感情を失ったように座り込んでいた。

美しい顔立ちをした姉妹によると、彼女たちが暮らす村は九月初旬のある朝、ミャンマー国軍の攻撃を受けた。「兵士たちは民家やモスク、マドラサ（イスラム学校）を焼き払い、銃やナイフで住民を手当たり次第に殺したのです」。近くに住む姉妹の両親、妹の夫が射殺され、姉は喉元に二カ所、妹は頭部三カ所と右手に切創を負った。二人はヒジャブ（スカーフ）を外して傷跡を見せてくれたが、喉元に刃物を押し付けられた傷を見て、私は性的暴行を受けたのではないかと直感した。姉夫婦の一歳の長男も犠牲になったと言うので、どのように殺されたのか尋ねると、いかにも善良そうな夫は無言のまま、両脚を持って地面に叩き付ける動作を何度も繰り返して見せた。

すぐ近くのテントで暮らす農民一家の一一歳の少年の証言も衝撃的だった。「朝七時頃、兵士たちが家に急に入って来て、家族全員を外に連れ出した。父さんと母さん、兄弟姉妹を庭に集めて撃ったんだ。兵士がずっと辺りを探し回っていたので近付けなかったけど、みんな死んでしまったと思う」。少年はたまたま物陰に隠れて難を逃れ、無我夢中で森に逃げ込んだ。その後、叔父の家族に連れられて国境を越えたが、ずっと裸足だったので右足の裏に深い切り傷を負った。一二人家族でひとり生き残った少年は、問い掛けには言葉少なに答えるものの、二カ月経っても放心状態でずっと遠くを見ている感じだった。救援物資の真新しいボーダー柄のポロシャツが、薄暗いテントの中でひどく場違いに見えた。

兵士に銃床で背中や腰を打ち据えられ、息子に背負われて半死半生で逃げて来たものの、寝た切りになった九〇歳のおばあさんにも会った。声を発する力もなく、ゴザの上に横たわっていたが、何を思ったか突然やせこけた右腕を伸ばし、枕元に座る私の頭をなで続けた。身内の誰かと勘違いしたのか、あるいは見知らぬ見舞客に礼を言おうとしたのかも知れないが、既に光を失った両眼を見て、気の毒だが長くはないと思った。

その他にも、家を焼かれた時に左上腕部から背中にかけて大火傷を負った女性（六〇歳）、右脚の大腿部に貫通銃創を負った男性（五〇歳）、左脚を撃たれて歩行が不自由になった少女（一三歳）、あるいは「イマーム（イスラム指導者）だった夫（父親）が治安部隊に連行され、拷問された遺体で見付かった」と話す家族など、わざわざ探す必要がないほど被害者がいた。正確に言うと、この場にいる誰もが武力弾圧の被害者であり目撃者だった。悲惨な体験を誰かに訴えずにはいられないのか、難民キャンプの外の世界に伝えてほしいのか、恐らくその両方だろうが、性的暴行の被害は別として、自分から証言しようとする難民が多いのが強く印象に残った。

ロヒンギャ難民問題が今日、世界最大の人道危機であることは論を俟たない。半年足らずの短期間に約七〇万人が越境したが、とりわけ初期には一週間に一二万人という〝世界記録〟レベルの異常なスピードで流入が続いた。長年にわたって執拗な差別と弾圧を加えた挙句、圧倒的暴力をもって自国内の少数民族を根こそぎ追い出したミャンマーの国家的犯罪は、二一世紀のアジアで起きたとは思えないほど残虐非道であり、軍事政権の支配から脱却したはずのミャンマー民主化が幻想だったことを世界中に露呈するとともに、ノーベル平和賞（一九九一年）を受賞した民主化指導者、アウンサンスーチー国家顧問兼外相に対する国際社会の評価は回復不能なまでに急落した。

折から中東のイスラム過激派組織ＩＳ（イスラム国）が弱体化し、二〇一一年から続くシリア内戦が終結に向かう兆しが見え始めた時期と重なったこともあって、常に次の現場を志向する国連や人道支援機関、メディアの注目を集めやすかった皮肉な事情を差し引いても、国際社会が継続的に対処すべき最優先課題のひとつであるのは間違いない。

一九七〇年代から繰り返し流入するロヒンギャ難民の受け皿であるバングラデシュのチッタゴン管区コックスバザール県には、難民キャンプの膨大な人道ニーズに応えるべく、国連難民高等弁務官事務所（ＵＮＨＣＲ）、国際移住機関（ＩＯＭ）をはじめとする国連・国際機関、国際赤十字・赤新月社連盟、日本を含む海外および地元のＮＧＯが多数集結している。ベンガル湾に面した人口二〇数万人の県都コックスバザール市には、援助関係の外国人一五〇〇人前後が常時入れ替わりながら滞在するのに加え、その何倍もの現地スタッフが雇用され、無数の車両と運転手が動員され、地元業者には建設工事や資機材調達が大量発注されて、いわば空前の〝難民バブル〟状態にある。二〇一九年に入って狂騒が一段落した感じはあるが、この状況はしばらく静かに続いていくだろう。

私が所属する（特活）難民を助ける会（AAR Japan／柳瀬房子会長）は、二〇一九年に創立四〇周年を迎えた日本で最大手の国際NGOとして、アジアや中東、アフリカなど約一五カ国で人道支援プロジェクトを展開するとともに、東日本大震災など国内の被災地でも活動している。今回の事態を受けて、AARは二〇一七年一一月初旬、調査チームを現地に派遣し、翌一二月にコックスバザール事務所を開設して、ミャンマー避難民（ロヒンギャ難民）支援を本格化した。私はそれまで数年間、国際協力機構（JICA）の業務でアジアやアフリカの平和構築支援の現場に通っていたが、ちょうどこの頃、縁あって旧知のAARに入職したばかりだった。NGOの仕事は初めてだったが、開発途上国の現場経験だけは豊富なこともあって、事前研修を受けると慌ただしく現地に投入された。

およそ若いとは言えない新人の援助ワーカーとして、難民支援の実務やルールを実地に学びながら、車で片道一〜二時間の難民キャンプに通い、不慣れなプロジェクト運営に四苦八苦する日々が始まった。その傍ら、ロヒンギャ難民の素顔に接し、彼らの日常生活やキャンプ内外の動向、人道支援の現場をつぶさに観察するとともに、時に俯瞰して国際政治や歴史の文脈でこの問題を考える機会に恵まれた。いくつもの偶然が重なった結果ではあるが、ロヒンギャの人々との出会いは私にとって必然だったと感じている。

ロヒンギャ難民は「虐げられた無力な人々」「女性はレイプされ、子供たちは心の傷を負っている」という切り口で伝えられることが多く、難民キャンプで空しく泣き暮らしているように思うかも知れないが、身近に触れ合った人々の印象は全く違う。とにもかくにも苛烈な弾圧を生き抜いて来た彼らは、強靭かつ忍耐力があり、信仰心が厚く勤勉で、昔の日本人にも通じる美徳を備えている。教育水準は概して低いが、規律と礼節をわきまえ、自分たちを取り巻く情勢を熟知している。私見ながら美少女が多く（成人女性は顔を覆って見えない）、男性はすっきり細身の男前で、年寄りは年寄りらしい威厳を保ち、子供たちは元気で明るく人懐っこい。

不衛生で劣悪な生活環境とはいえ、難民キャンプにも活気に満ちた日常がある。イスラムの祝祭に取って置きのドレスを娘たちに着せたり、親戚がテントに集まって婚礼を祝ったり、剽軽な掛け声に合わせて仲間と力仕事に励んだり、露店の売り手と客がやり合ったりする姿を見ていると、当たり前の話だが、ロヒンギャの人々が私たちと同じように、ささやかな喜びや楽しみを求めて日々を生きていることが分かる。

他方、ひと皮めくると、国連の保護下にある従順な難民の群れというのは、実は仮面に過ぎない。ごく一部だが違法薬物の売買や殺人などの犯罪に手を染める者がいるし、同じロヒンギャの少女を騙して売春宿に売り渡す男さえいる。キャンプの行政官には面従腹背で、国連の援助物資を市場で転売し、海外の同胞から活動資金を受け取り、ミャンマーへの反攻に備えて密かに戦闘訓練を行う図太さも持っている。

だからと言って、ロヒンギャ難民を「イスラム過激派につながるテロの温床」「そんな連中を援助する必要があるのか」などと言い立てるのは、妄信的に「かわいそうな人々」と憐れむのと同じように意味がない。個々の側面を切り離して論じるのではなく、すべての要素をひっくるめて、ロヒンギャが置かれた現実を理解する必要がある。私たちが彼らについて知っていると思っていることなど、所詮たかが知れていると考えた方が良い。

ロヒンギャ問題とは何か、あの日何が起きたのか、解決の道はあるのか、そして日本に何ができるのか――。その全体像を描き、未来を正確に見通す力量など持ち合わせていないが、せめて傍観者による論評でも報道でもなく、学術研究でもなく、ロヒンギャ難民に直接関わる当事者のひとりとして、できる限り難民キャンプの内側から世界を眺めてみたい。そこで見えてきたものを、この未曽有の人道危機に心を寄せる皆さんと共有できればと思う。

・本書に登場するロヒンギャ難民は、全員が実名を名乗って証言しているが、名前を公表することで不都合が生じないように原則として仮名で表記した。
・本書に記した見解は筆者個人の私見であり、所属団体AAR Japanとは一切関係ない。
・外国通貨の日本円への為替換算は、〈バングラデシュ〉一タカ＝一・三円（二〇一八年）、〈ミャンマー〉一チャット＝〇・一二円（二〇〇四年）ないし一チャット＝〇・〇八（二〇一七年）、〈米国〉一ドル＝一一〇円（二〇一八年）のレートに便宜上統一して計算したため、その時々の相場とは正確には一致しない。
・写真は撮影者・提供者を記したもの以外は原則として筆者撮影。

第１章

ロヒンギャとは誰か

迫害の歴史

無国籍の少数民族

ロヒンギャという不思議な響きの名前を私たち日本人の多くが意識したのは、二〇一七年八月末に始まるミャンマーから隣国バングラデシュへの爆発的な難民流入のニュースが最初ではないだろうか。世界的に注目されるロヒンギャ難民問題は今に始まった訳ではなく、ミャンマーがまだビルマと呼ばれていた時代、国軍が実権を握ったビルマ式社会主義政権下の一九七〇年代までさかのぼり、とりわけ一九九〇年代以降はバングラデシュへの難民流出、東南アジア海域におけるボート・ピープルの漂流、仏教徒グループとの衝突事件など、さまざまな形で国際的に表面化していた。もちろん日本でもその都度報道され、多くのメディアや研究者、援助関係者が一連の出来事を注視していたが、広く一般の関心を集めるには至らなかったと思う。

かく言う私も、インドネシア、フィリピン・ミンダナオ島などの仕事を通じて、アジアの〝熱帯イスラム〟との付き合いが多かったにもかかわらず、ロヒンギャ問題については、恥ずかしながら「ミャンマー西部で少数派のイスラム教徒が長年弾圧され、難民流出が繰り返されている」程度の認識しかなく、横目で漫然と眺めていたに過ぎない。言い訳にもならないが、ミャンマーは近年、一九九一年のアウンサンスーチー氏のノーベル平和賞受賞、二〇一一年の民政移管、日本を含む海外企業の投資ブーム、二〇一六年の実質的なアウンサンスーチー政権の発足など、民主化に向かう大きな流れが注目され、同国が抱える少数民族問題の中でも、さらに異質なロヒン

クトゥパロン難民キャンプの仮設のモスクで集団礼拝するロヒンギャの男性たち。スンニ派に属する保守的なイスラム教徒として知られる

ギャには目が届きにくかった事情がある。加えて、同じイスラム絡みのニュースでも、二〇〇一年の九・一一米国同時多発テロ事件以降、世界各地で相次いだイスラム過激派・国際テロ組織による紛争やテロ事件、あるいは「対テロ戦争」の文脈から外れていたことも、事態の深刻さの割に目立たなかった理由だと考える。

「世界で最も迫害されている少数民族」と呼ばれるロヒンギャとは何者だろうか。ひと言で言うと、ロヒンギャはミャンマー西部のラカイン州（旧アラカン州）に暮らすベンガル系イスラム教徒が名乗る自分たちの民族名である。ロヒンギャに関する歴史資料は極めて乏しく、そのエスニシティ（民族性）あるいは民族としての起源について確たる定説はない。そもそも民族集団として扱うべきかどうかの論争もあるようだが、それは本書がアカデミックな意味で追究するテーマではない。

今日のロヒンギャ難民問題を生んだ直接的な原因は、ミャンマー政府がロヒンギャなる民族の存在自体を認めず、西隣のベンガル地方（現バングラデシュ）から勝手に入り込んだ不法移民集団と見なし、「ベンガリ」（Bengali＝ベンガル人）と差別的に呼んで、自国民として扱っていないことにある。一九八二年に施行された改正国籍法（市民権法）で、「国民」として認定された土着一三五民族から除外されたロヒンギャは、ミャンマー国籍を奪われ、どの国にも属さない無国籍状態に置かれてきた。仏教徒が九割を占めるミャンマーの一般的な国民感情からすると、ロヒンギャはミャンマー領であるラカイン州に本来いてはならない（いるはずがない）余所者であり、追い出されて当然の厄介者である。最近は「テロリスト」のレッテルも加わった。

これに対して、ロヒンギャの人々が求めているのは「我々はアラカン（ラカイン）地方に大昔から住んでいた先住・土着民族である。ロヒンギャという民族（名）を認めて、ミャンマーの他の民族と対等な立場で国籍を与えてほしい。ミャンマー国民として平等に扱ってほしい」ということに尽きる。バングラデシュ・コックスバザール県の難民キャンプで話を聞くと、誰もが異口同音にそう主張し、「国籍を認められ、安全が保障されればミャンマーに帰りたい。そこが我々の国なのだから」と付け加える。ＩＳ（イスラム国）系の過激派のように「イスラム国家樹立」あるいは「分離独立」といった大言壮語を叫んでいる訳ではなく、ごく控えめで当たり前のことを要求（あるいは懇願）しているように見える。

しかし、ミャンマー政府や国民世論がロヒンギャを受け入れる可能性は限りなくゼロに近い。聞く耳を持たないと言うよりも、彼らの存在そのものを全否定しているからである。ロヒンギャと聞くだけで顔を歪めるミャンマー人も少なくないという。多民族国家ミャンマーにあって、どうしてロヒンギャだけがそこまで憎まれ迫害されるのか。敬けんな仏教徒が多く、日本人とも気性が合いそうなミャンマーの人々が、ことロヒンギャに関しては常軌を逸した弾圧を支持する理由は何なのか。それを知るには、この国のイスラム教徒、あるいはロヒンギャをめぐる複雑な背景を解きほぐしていく必要がある。

仏教国のイスラム教徒

ロヒンギャがミャンマー国内で際立って異質な集団とされる要因として、一般的には、①宗教＝圧倒的多数派の仏教徒の中にあってイスラム教を信仰していること、②民族＝ベンガル系で肌の色が黒く見た目も明らかに他の民族と違うこと、③言語＝ベンガル語に属する独自の言葉を話してビルマ語は上手ではないこと——という三点が挙げられる。

第一の宗教に関しては、ミャンマーは人口約五三三七万人（二〇一七年／国連推計）の九割を仏教徒（上座仏教）が占めるアジア有数の仏教国であり、イスラム教徒は全くの少数派である。民政移管後の二〇一四年、三一年ぶりに実施された国勢調査によると、宗教別の人口構成は、仏教徒八七・九％、キリスト教徒六・二％、イスラム教徒四・三％、その他ヒンドゥー教徒など一・六％だった。ただし、推計一〇〇万人超のロヒンギャはカウントされていない（政府公認の一三五民族以外の「その他」の欄に「ロヒンギャ」ではなく「ベンガル人」と記入するよう強要され、ロヒンギャ側が調査を事実上ボイコットした）。イスラム教徒の割合は前回一九八三年国勢調査の三・九％から微増したが、ロヒンギャを含めると実際には総人口の七〜八％というのが専門家の見方である。

宗教人口はミャンマーでは微妙な問題をはらむ。多数派の仏教徒側は「子沢山なイスラム教徒が増加し、この国で勢力を急速に拡大している」と警戒し、イスラム教徒は逆に「イスラム人口が増えると仏教徒の反発を招き、何かと嫌がらせされるのではないか」という不安を抱える。これは単なる気分の問題ではなく、国勢調査が実施された二〇一四年には、反イスラム運動の高まりを受けてイスラム教徒を狙い撃ちした人口抑制法、一夫一婦法など差別的な四法案が上程され、翌年いずれも成立した。こうした厄介な事情を背景として「過剰反応を引き起こさないように、政府が国勢調査のデータを操作し、イスラム人口を少なめに発表している」とのうがった見方もあるが、国連人口基金（UNFPA）が支援した統計自体は（肝心のロヒンギャが抜けている点を除けば）概ね適正なものと考えられている。

ミャンマーのイスラム教徒の大多数はスンニ派に属し、最大都市ヤンゴン（旧首都）をはじめ各地に散住するが、ロヒンギャを名乗るのはラカイン州のイスラム教徒だけである。同州南部にはロヒンギャとは別に小規模なイスラム少数民族カマン（Kaman）がおり、一三五民族に含まれるものの差別を受けている。それ以外のインド系、中国系、マレー系イスラム教徒は土着民族には含まれないが、国籍の取得自体は認められている。斎藤紋子・東京外国語大学非常勤講師（ミャンマー地域研究）によると、国民登録証を申請する場合、民族名をビルマ（バーマ）としたり、中国系であれば「シャン＋中国人」（混血）としたりして登録する一方で、イスラム教徒であることを理由に「ビルマ人であるはずがない」などと嫌がらせされ、仏教徒と偽って申請するケースもあるという。行政窓口の担当者の心証や裁量次第という面も多分にあって、厳格なようで案外いい加減らしい。

イスラム教徒の多くは仏教徒中心の社会で波風立てずに生きて行くために、ビルマ風の服装をするなどビルマの文化・習慣を受容して生活しているが、やはり就職や昇進、学校での待遇など差別が存在する。露骨な迫害は受けないまでも、イスラム教徒にとって必ずしも生きやすい社会ではないようだ。苛烈な弾圧を受けるロヒンギャに対して、ミャンマーの他のイスラム教徒は当然ながら同情的で、政府・国軍を批判する一方、「ロヒンギャのせいで我々まで迷惑している。我々とは全く別の問題だ」「彼らは自分たちだけが大変だと思って、ロビー活動を通じて世界中にロヒンギャ問題を広めているが、他のイスラム教徒も（何か起きれば）同じ状況に陥る」など複雑な感情を抱いている（斎藤氏）。

歴史的に貴重なモスクも各地に残っているが、ミャンマー当局がモスクの新築・改修を許可しないため、例えば以前訪ねた同国南東部モン州の州都モーラミャインに英国植民地時代に建設さ

ミャンマー南東部モーラミャインに英国植民地時代に建てられたカラダン・モスク＝2006年撮影

れたカラダン・モスクは、壁がはがれて老朽化が激しかった。港湾都市モーラミャインは英領ビルマの最初の首都が置かれ、『動物農場』などで知られる作家ジョージ・オーウェルが若き日に警察官として赴任した町でもある。ちなみにカラダン（Kaladan）の名は、この地域と一緒に英国領に併合されたアラカン（ラカイン）地方のカラダン河にちなんでおり、ロヒンギャの歴史ともつながっている。

ミャンマー研究者によると、他の宗教に対する仏教徒の感覚は、娘が結婚相手を連れて来た時の両親の反応を例にすると分かりやすいという。相手が仏教徒であれば（家柄や経済力は別として）もちろん問題なく、クリスチャンも安心感を持って受け入れられる。ヒンドゥー教徒は余り歓迎しないが、仏教とヒンドゥー教は同根と考えられているので拒絶はしない。しかし、イスラム教徒だけは絶対にだめで、その理由は「結婚したら（一夫多妻なので）正妻ではなかったケースがあった」「結婚に際して強制的にイスラム教に改宗させられ、生まれて来る子供たちもイスラム教徒にされてしまう」。つまり、仏教徒あるいは仏教社会にとって脅威になるかどうかが異宗教に対する評価基準になる。

第二の民族については、ロヒンギャは現在のインド東部（西ベンガル州）からバングラデシュ一帯を含むベンガル湾沿いの地域を起源とするベンガル系の人々で、大きな分類では南アジアに広がるインド・アーリア人に属する。ベンガル地方はガンジス河とブラマプトラ河によって形成された広大なデルタ地帯で、古くから世界有数のコメやジュート（黄麻）の産地として知られ、「黄金のベンガル」と称えられた豊穣の地である。

難民キャンプで出会うロヒンギャの人々は、肌が浅黒く、目鼻立ちがくっきりした顔立ちをしていて、ミャンマーの人口の七割を占める主要民族ビルマ人に代表される一般的なミャンマー人とは明らかに異なる。ミャンマーでは"Kalar"（黒い肌）が「ベンガリ」と並んでロヒンギャの蔑称として使われる。美人が多いことでも定評があり、それが災いしてヒューマン・トラフィッキング（人身売買）の危険にさらされやすい。他の民族との混血も一部あるのか、ミャンマーの伝統的化粧品タナカを顔に塗った少女たちの中には、いかにもミャンマー人の雰囲気を漂わせる子がたまにいて、すれ違いざまに思わず二度見してしまうこともある。バングラデシュ人（ベンガル人）とは区別しにくいが、男性の場合、バングラデシュ人は腰巻（ルンギー／ロンジー）の結び目

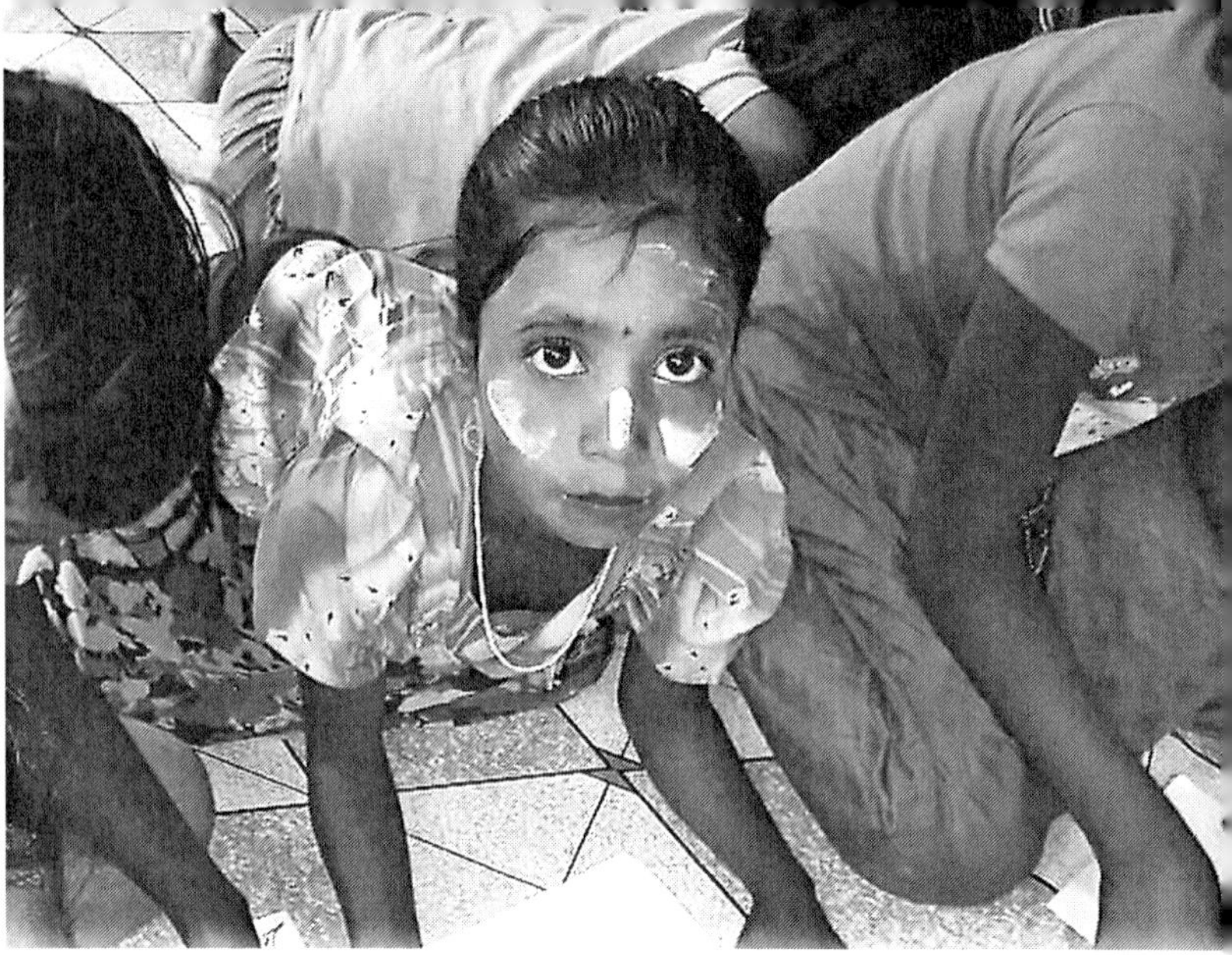

ミャンマーの伝統的化粧品タナカを顔に塗ったロヒンギャ難民の少女

をシャツの下に作るのに対し、ロヒンギャはシャツの上で結ぶ（シャツをインする）ことが多いので見分けが付くらしい。

第三の言語は、ロヒンギャの言葉はバングラデシュの母語ベンガル語のうち、コックスバザール県を含むチッタゴン地方で使われるチッタゴン方言に近いと言われる。チッタゴン出身の現地スタッフによると、ロヒンギャの言葉は「感覚的には八割くらい同じ。イントネーションは違うが問題なく意思疎通できる。むしろダッカ弁のほうが聞き取りにくい」。他方、首都ダッカ育ちの現地スタッフは、最初はロヒンギャ難民と会話できずに苦労するものの、半年足らずで彼らの言葉を習得し、政治絡みの複雑な話もこなせるようになる。付記すると、コックスバザールの北一〇〇キロ余りに位置する同国第二の都市チッ

ビルマ語と英語で自分の名前を書くロヒンギャの子供たち

タゴンは、巨大な国際港（河川港）を擁する海運・物流の拠点であり、世界各地から最後の航海をして来た老朽船を解体する「船の墓場」としても知られる。

ロヒンギャは大半が貧しい農民や漁民、日雇い労働者で、初等教育も満足に修了していないため、一般的にビルマ（ミャンマー）語の会話や読み書きが苦手である。ラカイン州の教育事情については第2章で触れるが、ビルマ語ができないことが「ロヒンギャはミャンマー国民ではない」とする〝証拠〟になり、差別意識を決定付ける要因にもなっている。難民キャンプ内のラーニング（学習）センターやチャイルド・フレンドリー・スペース（CFS／子供の保護施設）では、子供たちにビルマ語と英語を教えているが、ビルマ語は慣れ親しんだ母国語というよりも外国語を習う感覚に近いようだ。

世界中に二〇〇万人が拡散

ロヒンギャの人口は正確には把握されていないが、ミャンマー国内には二〇一七年八月まで一一〇万人超が居住していたと考えられる。先述の国勢調査(二〇一四年)では、ラカイン州のイスラム教徒を二万八七三一人とする一方で、国民登録されていない推定人口を一〇九万人(ほとんどがロヒンギャ)と付記している。これらを合計するとイスラム教徒は一一一万八七三一人となり、同州全体の人口二〇一万九三七〇人の三五・〇八%を占める(内田勝巳)[*8]。多数派のラカイン人など仏教徒は六三・三三%で、他にごく少数のキリスト教徒、ヒンドゥー教徒などがいる。

ラカイン州を構成する五県のうち、バングラデシュと国境を接する同州最北端のマウンドー県マウンドー、ブティダウン両郡は住民の九五%がロヒンギャであり、すぐ南隣のシットウェ県ラティダウン郡もロヒンギャが多数派だったが、その大半が二〇一七年八月以降バングラデシュに流出した。この他、二〇一二年六月に州都シットウェで起きた仏教徒との大規模な衝突事件の後、同市郊外など州内二三カ所の国内避難民(IDP)キャンプに一二万八四二〇人(二〇一七年一二月末現在)が隔離・収容されている。

ロヒンギャは、いわゆるディアスポラ(離散民)として世界各地に移民・難民が渡っており、いくつかのデータを総合すると、大まかにはパキスタンの三五万人を筆頭に、マレーシア一二万人、インド四万人、タイ五〇〇〇人、インドネシア一〇〇〇人など近隣のアジア、特にイスラム諸国に多数居住している。中東イスラム諸国も主要な渡航先で、サウジアラビアに約三〇万人、アラブ首長国連邦（UAE）に五万人が滞在する。

パキスタン南部にある同国最大の都市カラチには、一九八〇年代から二〇〇〇年頃まで多数のロヒンギャがバングラデシュとインドを陸路横断して流れ着き、多くのコミュニティを形成した。そのうち「アラカナバード」（アラカンの町）と呼ばれる貧困地区には数千世帯が暮らしているが、二〜三世代にわたって居住しても市民権は付与されず、上下水道や教育・医療などの公共サービスにアクセスできていないという。後述する武装勢力ARSA創設者のアタウラー司令官は、カラチ生まれのサウジアラビア育ちである。

ロヒンギャ難民四万人を抱える大国インドは、ヒンドゥー至上主義的なナレンドラ・モディ現政権が、カシミール領有権問題などで対立するパキスタンのイスラム強硬派とロヒンギャ難民が結び付くのを、安全保障の観点から警戒している。難民認定された一万六〇〇〇人を含めて国外追放する方針を打ち出し、二〇一八年一〇月に第一陣七人をミャンマーに強制送還した。このためミャンマーへの送還を恐れるロヒンギャが二〇一九年初頭からバングラデシュ東部の国境に向かい、新たな難民受け入れに難色を示すバングラデシュ政府とインド側が押し付け合う形になったが、UNHCRが二〇一九年二月までに約一三〇〇人をクトゥパロン難民キャンプに収容した。

バングラデシュの現政権与党アワミ連盟（シェイク・ハシナ首相）は親インド路線を掲げて、政治・経済・安全保障面で緊密な関係にあり、「国境を越えて移動するイスラム武装勢力の動向は両国共通の関心事項であることから、イスラム武装勢力との関係が疑われるＡＲＳＡの襲撃に端を発する今回の問題に関しても両国政府は歩調を合わせた」（日下部尚徳）[*9]。インドは同国北東部の経済開発と直接リンクするラカイン州のインフラ整備支援を加速させていることもあって、ロヒンギャ問題でミャンマー政府を支持し、バングラデシュも少なくとも当初はこれに同調した。

サウジアラビアはパキスタンと並ぶロヒンギャの一大海外拠点である。サウジアラビアにロヒンギャ移民が多いのは、故ファイサル国王（在位一九六四～七五年）がスンニ派の盟主として、ロヒンギャに「安全な避難所」を提供したのが始まりとされ、アブドラ国王（在位二〇〇五～一五年）も一時的な居住許可や労働ビザを与え、無償の教育・医療へのアクセスを認めるなど優遇した。ロヒンギャは勤勉な労働者として定評があり、真偽のほどは不明だが「かつてサウジアラビアが大洪水に見舞われた際、ロヒンギャ移民が泥だらけになったモスクなどの清掃を献身的に行い、これに感銘を受けた王族が門戸を開いた」という〝都市伝説〟もある。

しかし、同国が入国管理システムを厳格化した二〇一一年以降、ロヒンギャ移民の処遇は一変した。サウジアラビアには親戚や同郷者のネットワークが構築されており、例えばメッカ巡礼の名目で呼び寄せられ、そのまま就労目的で不法滞在するケースが多いと言われるが、そもそも無国籍のロヒンギャはパスポートを正規に取得できない。サウジアラビア当局は不正な文書を使っ

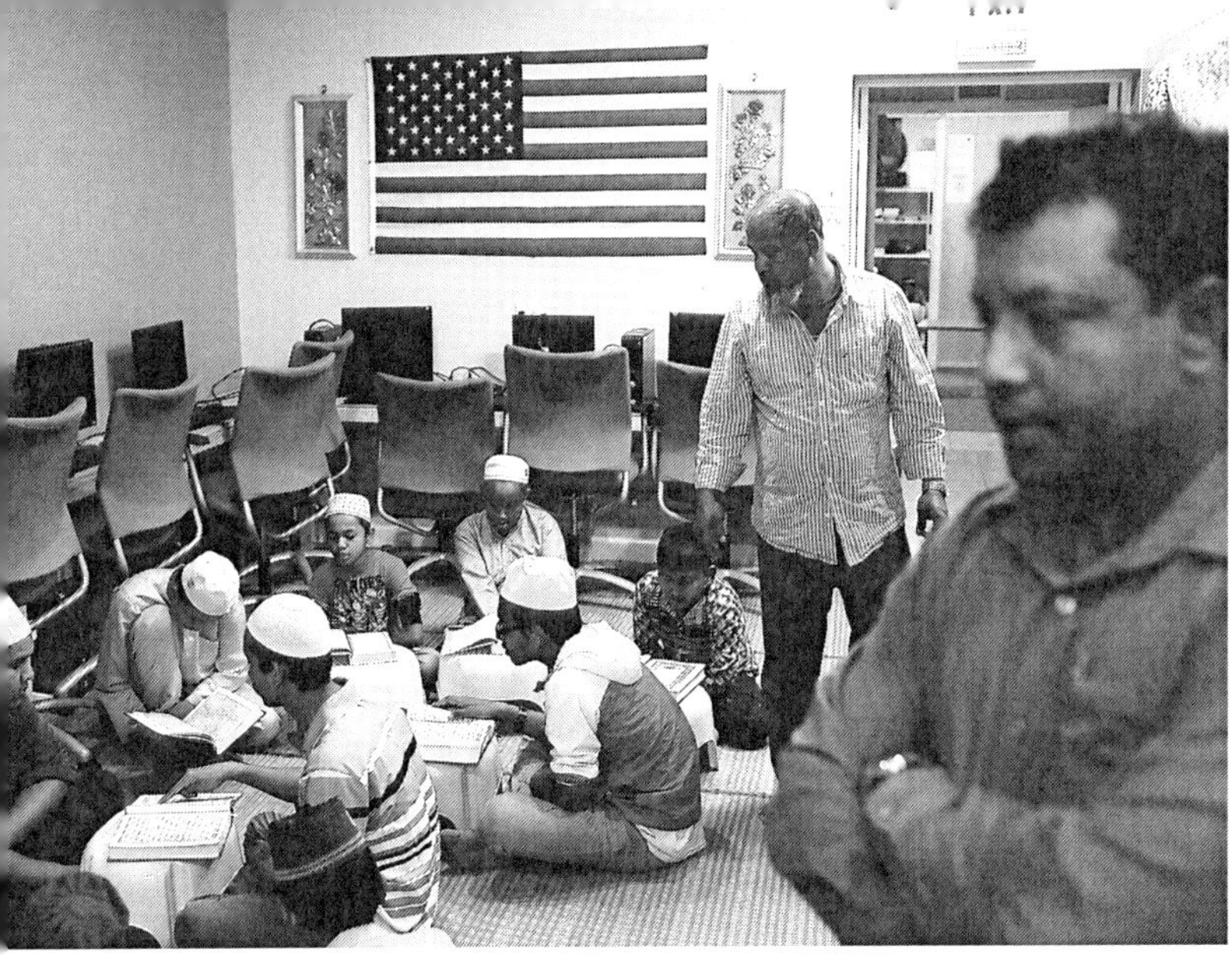

米国イリノイ州シカゴにあるロヒンギャ文化センター＝UNHCR撮影

て作成したバングラデシュやインドのパスポートで不法滞在したロヒンギャを摘発しており、二〇一九年一月にはバングラデシュに向けて一部を強制退去させた。サウジアラビアはロヒンギャ難民支援に多額の資金を送り、ミャンマー政府を非難するなど国際社会におけるロヒンギャの庇護者の立場にあったが、最近は少し距離を置きつつあるようにも見える。

欧米に目を向けると、米国がロヒンギャ難民を受け入れ、シカゴに一〇〇〇人規模のコミュニティがあるほか、今回の事態を受けてカナダ政府が新たな受け入れを表明している。欧州では英国ロンドンに拠点を置く政治組織「アラカン・ロヒンギャ民族機構」（ARNO）など複数のグループが国際的なロビー活動を展開し、イングランド北部ブラッドフォードには約三五〇人のロヒンギャ・コミュニティがある。また、日本でも群馬県館林市を中心に約三〇〇〇人が暮らす。これらを合計すると約一九七万人となり、世界中で二〇〇万人規模の集団であることは間違いない。

イスラム諸国五七カ国が加盟するイスラム協力機構（ＯＩＣ）でも、ロヒンギャ問題は重要課題のひとつであり、二〇一一年五月にはＯＩＣ本部（サウジアラビア・ジッダ）で「ロヒンギャ会議」が開催された。[*10] 同会議ではＯＩＣ事務局や欧州ビルマ事務所（Euro-Burma Office／ベルギー・ブリュッセル）との協力の下、二五団体で構成するアラカン・ロヒンギャ連盟（Arakan Rohingya Union／米国ペンシルベニア州）が設立され、人権状況などロヒンギャが直面する課題の政治的解決、ミャンマーの民主化支援、世界中のロヒンギャと他のイスラム教徒の連帯を呼び掛けた。評議会メンバーはバングラデシュ、英国、米国、日本、ノルウェー、トルコの代表から選出された。

個々のロビー団体にどれだけの実体があるのか分からず、特定の政治組織がロヒンギャ全体を代表しているとは思えないが、ロヒンギャのディアスポラ・ネットワークは想像以上に世界中に根を張っている。高等教育を受けた知識人や政治活動家、成功したビジネスマンもおり、中東で働く出稼ぎ労働者からの本国送金も普通に行われている。本書ではとてもカバーし切れないが、バングラデシュに流入した難民だけがロヒンギャではないことは知っておく必要がある。

アラカン王国以来の歴史

宗教・民族・言語の違いが差別を生むのは人間社会の普遍的な事象だが、それだけではロヒンギャがこれほど徹底した迫害を受け、虐殺される理由にはならない。今回の異常な事態は、ひとり国軍が暴走したというだけでなく、ミャンマーの国民世論がそれを強く支持していることに問題の根深さがある。ロヒンギャをめぐるラカイン州の複雑な歴史を紐解くに当たっては、根本敬・上智大学教授（ビルマ近現代史）をはじめ内外の研究者の方々の論考、あるいは直接ご教示いただいた内容に多くを依拠していることをお断りしておく。

この地方は古くからアラカンと呼ばれ、その呼称は英国植民地時代に定着したが、軍事政権が一九八九年にビルマからミャンマーに国名変更（英語表記）したのと合わせて、一九九〇年代以降は多数派のラカイン人にちなんでラカイン（現地の発音ではヤカイン）州となった。アラカン、ラカイン、ヤカインは基本的に同じ地域を指すが、ロヒンギャにとっては当然ながらアラカン以外の何物でもない。

ベンガル湾に沿ってほぼ南北に伸びるラカイン州は、地政的に東側の仏教圏と西側のイスラムあるいはヒンドゥー勢力が向き合う境界にあり、数世紀にわたって民族の移動が繰り返されて来た。この地で一四三〇年から一七八五年まで栄えた仏教王朝のアラカン王国（ミャウー朝）は、全盛期にはチッタゴン周辺まで勢力を広げるなど、ベンガル地方と一体だった。その繁栄期は大航海時代と重なり、ベンガル湾に来訪するオランダやポルトガルなどの欧州勢、中東のアラブ人やペルシャ人、アフガニスタン人との交易も盛んで、歴代の王たちはイスラムの称号を併せ持ち、鋳造された貨幣の両面には仏教とイスラム教それぞれの称号が刻まれた。さまざまな民族と文化が往来した王国では、王宮の要職に取り立てられたイスラム教徒もいて、この時期にはアラカンにイスラム教徒が居住していたことが分かる。「日本人のキリシタン武士団が王の警護を務めていた」というポルトガル人宣教師の記録もあり、二一世紀のミャンマーより遥かに多様性(diversity)を謳歌していた。ちなみに中東から南アジアへのイスラム教伝播は八世紀頃とされ、それをもってアラカンにおけるロヒンギャの起源とする主張もごく一部にあるが、具体的な証拠はない。

私事ながらもともとミャンマーが好きで、二〇〇六年頃にアラカン王国の古都ミャウー遺跡を訪ねたことがある。当時は治安上の理由で外国人旅行者は陸路移動できず、ラカイン州都シットウェからカラダン河を小船で数時間かけてさかのぼった。深夜たどり着いたミャウーは、忘れ去られたような寂れた田舎町だったが、翌日歩いてみると、石材とレンガを積み上げた重厚な寺院群、基壇だけを残す王宮跡、野ざらしの仏像などが点在し、数世紀前の仏教王国の繁栄がしのばれた。同じ仏教遺跡でも国内外から多くの観光客を集める同国中部のバガン遺跡と違って、観光開発が全く進んでおらず、ちょっとした探検気分を味わったものだ。

三五〇年余り続いたアラカン王国は一七八五年、ビルマ族のコンバウン朝に滅ぼされるが、同

アラカン王国の古都ミャウー遺跡のドゥッカンティン寺院（1571年建立）。仏教王国ながらイスラム教徒も居住していた＝2006年撮影

朝の支配は短かった。インドを植民地支配する英国に対し、西方に拡大するビルマがベンガル地方の領有をめぐって衝突したのが第一次英緬戦争（一八二四〜二六年）で、英国に大敗を喫したビルマはベンガル進出を断念しただけでなく、ヤンダボ条約によって英国にビルマ西端のアラカン地方、南東端のテナセリム地方（前出モーラミャインの一帯）を奪われた。こうして英国植民地の枠組みの中でベンガル、アラカン両地方は一体となり、ベンガルから多くのイスラム教徒がアラカンに移住した。コンバウン朝の下、ビルマ人によるアラカン人の虐殺や強制移住があって、かつて豊かだったこの地域の農業労働力が激減していたという事情もベンガル系住民の移住を促す誘因になった。

第二次英緬戦争（一八五二年）を経て、第三次英緬戦争（一八八五〜八六年）でコンバウン朝が滅びると、ビルマ全土が英領インドに組み込まれる。アラカンは一八九七年に英領インドのビルマ州という位置付けになり、インド・ベンガル方面からイスラム教徒やヒンドゥー教徒の流入が続いて、仏教徒以外の人口が増加していった。

英領インドの行政当局は、反抗的なアラカン（ラカイン）人よりも従順なベンガル人の入植を優遇し、一八九一年から一九一一年の二〇年間でアキャブ（シットウェ）県のベンガル人人口は七七%も急増した（アラカン人は二二%増）。英国人行政官の記録によると「マウンドー町区にはチッタゴン出身のベンガル人が溢れており、ブーディータウン町区もこれと同じで、目にするのは二〇世紀の最初の数十年間に流入したベンガル人ばかりであった」（エーチャン）[*11]。アラカン州は「チッタゴン県からの困窮ベンガル人にとってユートピア」となり、特に英国がベンガルから持ち込んだ「ザミンダーリー制度」と呼ばれる土地所有・徴税制度に基づいてベンガル人地主に広大な農地を九〇年間貸与したことで、アラカン北西部への移住がいっそう容易になったという。この辺りにラカイン州北部のイスラム教徒（ロヒンギャ）の集住の原型を見ることができる。

アラカンに限らず、ビルマへのインド人（約一五%のベンガル人を含む）の流入が進み、二〇世紀初頭のラングーン（ヤンゴン）はインド人が人口の半数以上を占めるに至った。また、インドの貸金業者のカースト集団「チェティア」がビルマ人の農民にカネを貸し付け、返済できない場合は担保の土地を取り上げて不在地主化するなどしたため、一九二〇年代から民族的・宗教的な反発が高まった。その結果、一九三〇年と一九三八年に大規模な反インド人暴動が発生したが、特に一九三八年の暴動で標的になったのは仏教と接点のあるヒンドゥー教徒ではなく、インド・ベンガル系の三分の一を占めるイスラム教徒だった。

日本軍の進攻と英国の密約

英領インドのビルマ州は一九三七年、英領ビルマに格上げされたが、この間に「植民地支配下のヤカイン管区（アラカン）は明らかに複合社会となり、二つの異なるコミュニティが、エスニックな面と宗教的な面で深く分断されたまま、隣り合って暮らすことになった」（エーチャン）。この記述は二〇一七年に発生した大惨事のまさに根源を示しているが、一九四一年一二月に太平洋戦争が始まると、ビルマで対峙した日英両軍がこうした対立感情を利用して、民族問題をさらに深刻化させることになった。

日本軍はいわゆる「援蔣ルート」の遮断などを目的として、自ら創設したビルマ独立義勇軍（後の国軍）を伴ってタイ側からビルマ進攻作戦を開始し、一九四二年三月に首都ラングーンを占拠した。日本軍は同年五月に英国軍の拠点だったアキャブを制圧し、英植民地勢力をベンガル方面に撤退させるとともに、間もなくアラカン北部にも部隊が進駐したが、一九四三年頃から徐々に英印軍の反撃を受ける。直木賞作家、津本陽の『泥の蝶　インパール戦線死の断章』（幻冬舎）には、日本陸軍第五五師団（善通寺）が一九四四年以降、アラカン山脈西南のマユ半島ブチドン

(ブティダウン)、モンドウ(マウンドー)一帯で、英軍戦車部隊を相手に死闘を繰り広げる場面が描かれているが、これは二〇一七年のロヒンギャ弾圧の舞台となったエリアである。

ベンガル系イスラム教徒とアラカン人仏教徒の対立関係は、英国支配が崩壊した空白を突いて噴出した。日本軍はアラカン人の一部を「愛国アラカン軍」として武装させ、英国軍も"Force V"と呼ばれるベンガル系イスラム教徒のゲリラ部隊をチッタゴンで編成して偵察・情報収集に当たらせたが、両者の衝突は日英両軍の思惑を超えて、一般住民の殺害や宗教施設の破壊など激しい「宗教戦争」に発展し、正確な数は不明ながら双方に多大な犠牲者が出た。互いに追い立てられるようにイスラム教徒はアラカン北部、仏教徒は南部に移動した。

アラカンのイスラム教徒と仏教徒の対立関係は、この凄惨な経験によって決定的になったと言われ、終戦およびビルマ独立後も両者の間に深い溝を残した。日本とビルマの関係については、日本軍将兵約三万人が戦死・戦病死した史上最悪のインパール作戦、あるいは「日本がビルマ独立に貢献した」といった伝説ばかりが語られるが、今日のロヒンギャ問題が生まれた歴史的経緯に日本が関与していることを記憶に留めたい。

実はこの時期、アラカン(ラカイン)北部のイスラム教徒=ロヒンギャにとって、あるいは運命の分岐点になっていたかも知れないひとつの構想が、実現することなく歴史に埋もれていった。話が少し逸れるが、ミャンマー・バングラデシュ両国の地図を繰り返し眺めるうちに、二〇一七年の大惨事の舞台となった三郡(マウンドー、ブティダウン、ラティダウン)は、九州とほぼ同じ面積

太平洋戦争中に日本軍が建設した泰緬鉄道のミャンマー側起点タンビュザヤ。建設中の連合国軍捕虜やアジア人労働者の死者は数万人に上った＝2006年撮影

のラカイン州（三万六七八〇平方キロ）のうち、最北端の限られた地域であることに改めて気付いた。しかも宗教はもちろん、民族的・言語的に同質なバングラデシュにぴったり寄り添う位置にある。地図を見ながら「ナフ河という自然的国境をいったん脇に置いて、この三郡がどこかの時点でバングラデシュ側に編入されていれば、その後の悲劇は起きなかったのではないか」という無意味な「歴史のｉｆ」が頭に浮かんだが、これを真剣に実現しようとした人々が当時いたのである。

一九四二年の日本軍の進攻後、ベンガル側に逃れた英国勢は協力者であるイスラム教徒の忠誠心を高めるために、アラカン北部に「イスラム教徒の国家地域」（Muslim National Area）を創設すると宣言し、一九四五年前半にこの地域を奪還した際、イスラム教徒を公的な役職に就けた（モシェ・イェーガー）[*12]。単なる口約束だったのかも知れないが、英国との密約を信じるイスラム教徒は終戦後、ラカイン北部に戻って来た仏教徒の再定住を妨害した。一九三〇年代に設立されたアラカンのイスラム教徒の政治組織「ジュマトゥル・ウラマ」は、ナフ、マユの両河川に挟まれた地域にビルマから分離したイスラム教徒の独立国を樹立するか、あるいはこの地域を東パキスタン（現バングラデシュ）に併合する構想を実現しようとした。[*13]

第二次世界大戦（太平洋戦争）終結後の一九四六年五月、彼らは「パキスタン建国の父」ムハンマド・アリー・ジンナーに対して、独立に向かっていたパキスタンにアラカン北部を編入するよう陳情するとともに、二カ月後にはパキスタン編入をアピールするために「北アラカン・イスラム連盟」をアキャブに設立した。イスラム・ヒンドゥー両教徒を異なる民族として切り分ける「二民族論」を基本理念にパキスタン建国を目指すジンナーであれば、必ず分かってくれると期待したのだろうが、ジンナーはビルマの問題は全く別の話として要請に応じなかった。イスラム教徒代表は英国議員にも支持を働き掛けたが、中東情勢の混乱の素地を作るなど二枚舌・三枚舌外交を身上とする英国は、ここでもイスラム教徒との密約をあっさり反故にした。世界の多くの国々が植民地支配から独立したのは第二次大戦後のことであり、国境線は最初から全部決まっていた訳ではない。アラカン北部の扱いも何かの弾みで今とは違った形になっていたかも知れないが、結局そうはならなかった。

一九世紀以来の英国植民地支配は終わりを迎え、英領インド帝国は一九四七年八月に解体されて、インド連邦とパキスタン（東パキスタン＝現バングラデシュを含む）が独立した。翌一九四八年一月にビルマ連邦が同じく英国から独立を果たす。独立闘争を率い、その実現を見ることなく前年暗殺された「ビルマ建国の父」アウンサン将軍は、言わずと知れたアウンサンスーチー国家顧問の父親である。その後一九七一年一二月の第三次印パ戦争（バングラデシュ独立戦争）を経て、東パキスタンがバングラデシュ（「ベンガル人の国」の意味）としてパキスタンから分離独立し、現在のインド、パキスタン、バングラデシュ、ミャンマーの輪郭がようやくでき上がった。

「ロヒンギャ」の名乗り

今日では信じられないが、アラカン北部のイスラム教徒はビルマ独立の前後、中央政界で活躍し、閣僚まで送り込んでいた。独立を翌年に控えた一九四七年四月の憲法制定議会で、「ジュマトゥル・ウラマ」からスルタン・アフメド（マウンドー地区）、アブドゥル・ジャファー（ブティダウン地区）の二人が議員に選出された。一九五一～五二年に行われた独立後初の連邦議会選挙では、ウー・ヌ政権与党「反ファシスト人民自由連盟」（AFPFL：通称パサパラ）の支持を受けて女性ひとりを含む五議席を獲得（上院一／下院四）、一九五六年総選挙でも五議席を守り、スルタン・アフメドはウー・ヌ政権の保健相に就任した。この時期はビルマ人に対する対抗意識と独立志向を持つ仏教徒のアラカン（ラカイン）人の政党が、高度な自治権を持つアラカン州設立を要求し、逆にイスラム教徒は多数派のアラカン人による支配を嫌って、中央と直結した自治区を切り分けることを求めていた。スルタン・アフメドたちは英国との密約が破れた後も、政治活動を通じて構想の実現を果たそうとした。

一方、ビルマは独立直後から少数民族や共産党による武装闘争が相次ぎ、国内が内戦状態にあっただけでなく、アラカンには隣接する東パキスタンから飢餓に苦しむ難民が流入するなど情勢は常に不安定だった。前述のパキスタン編入に失敗したイスラム教徒の一部が一九四八年四月、マウンドーを拠点にイスラム自治区の樹立を主張して「ムジャヒディンの反乱」と呼ばれる武力闘争に突入し、一時はアラカン北部を完全支配した。政府はアラカン北部から州都アキャブへのイスラム教徒の移動を規制するなどしたため、多数の難民が東パキスタンに流出した。共産系武装グループの活動もあってアラカン全域が混乱に陥ったが、国軍による大規模な攻撃で一九六一年までに事態は収束に向かった。

この動乱期にアラカン北部のイスラム教徒が自分たちの総称として名乗ったのが「ロヒンギャ」である。根本教授によると、ウー・ヌ首相が一九五〇年三月、イスラム教徒が集住するアラカン北部マウンドーを訪問した際、シットウェ空港で出迎えたロヒンギャの代表が「北アラカンのロヒンギャ長老」（The Rohingya Elders of North Arakan）の名前で首相に手渡した二ページの書簡が、現在ロヒンギャの名前が使われたことを証明できる最も古い文献史料だという。ロヒンギャ（Rohingya）の語源については、アラカン王国の王都ムロハウン（Mrohaung）の「ロハン」（Ro-

ラカイン州都シットウェ（旧アキャブ）の市街地＝2006年撮影

hang）に由来すると唱える説があるほか、英国東インド会社のフランシス・ブキャナンという医師が一七九九年、ベンガル地方を経てビルマ（コンバウン朝）を訪れた際、「ルーインガ」（Rooinga）なる人々がアラカン地方にいたと記しているが、いずれも判然とせず今のところ定説はない。

もうひとつの文献史料は、前出のブティダウン出身の政治家、アブドゥル・ジャファー議員がロヒンギャという民族名を公認するよう求めて、政府の地域自治調査委員会に提出した上申書（一九四九年五月二四日）で、それが二年後の一九五一年八月二〇日にビルマの英字新聞『Guardian Daily』に掲載された。以下は拙訳である。

「我々アラカンのロヒンギャはひとつの民族（nation）である。我々はロヒンギャとアラカン人がアラカンの二つの主要民族であることを主張する。我々は九〇万人近い民族であり、ひとつの民族として充分な人口を有する。我々は民族の定義である固有の文化と文明、言語と文学、芸術と建築、名前と命名法、価値観と分別、法律と倫理規定、慣習と暦、歴史と伝統、能力と大望、つまり独自の人生観を持っている。国際法のすべての基準に照らして、ロヒンギャはアラカンのひとつの民族である」。ジャファーはダッカ大学卒業後、南アジアのイスラム運動の拠点であるインドの名門アリーガル・ムスリム大学で学んだ知識人で、アラカン地方の扱いを協議するビルマ政府の委員会メンバーでもあった。

ロヒンギャの名乗りについて、根本教授は「ラカイン州のイスラム教徒は、歴史的に大きく三つの層が積み重なって形成されている。①アラカン王国時代（一五～一八世紀）に多数居住していたイスラム住民を基盤として、②英国植民地時代にベンガル地方から流入・定住したベンガル人移民、③第二次世界大戦後のビルマ独立前後の混乱期に流入した東パキスタン（現バングラデシュ）人が互いに重なり合い、その一部が単独の民族ロヒンギャとして自己主張を始めた経緯がある」と分析したうえで、「そうした意味ではロヒンギャは〝新しい民族〟と言えるが、ロヒンギャ自身は自らの歴史を長いものとして認識している」と話す。

高田峰夫・広島修道大学教授（バングラデシュ研究）は、これに第四層を加えることを提案する。バングラデシュ独立に至る第三次印パ戦争（一九七一年）で、ヒンドゥー教徒を中心に一〇〇〇万人が難民としてインド側に流入したが、その際に多数のイスラム教徒がアラカンに流入した可能性があるという。ひとつの証拠は、ラングーン駐在の英国の外交官が「五〇万人に上るベンガル人がアラカンに越境しており、ビルマはそれを追い出す権利を有する」という趣旨のメモ（一九七五年）を書き残していることで、これはバングラデシュ独立後の一九七五年になっても、ベンガル系イスラム教徒がラカインに滞留していた事実を示している。高田教授はこの第四層が以前から居住していたイスラム教徒と混じり合い、現在ロヒンギャを自称している可能性が高いと指摘する。

「第四層説」を受けて、根本教授は「現在のミャンマー国民は、この第三次印パ戦争前後の大量のイスラム難民流入の記憶に基づいてロヒンギャを見ているために、彼らが不法移民集団であるというイメージを強く抱いているのではないか」と解釈する。つまりイスラム教徒が長年居住していた歴史が上書きされて消えてしまい、比較的最近の難民流入と不法滞在の記憶が現在の「ロヒンギャ観」を決定付けたという見方である。

内田勝巳・摂南大学教授（国際開発）は「ロヒンギャという呼称は混乱期の最中、パキスタン人になることができないと自覚したベンガル系移民が、ビルマで生きていくうえで集団的アイデンティティを確立するために表出した言葉であると見るのが妥当だろう」という見解を示す。英国植民地になる以前からアラカン地方に住んでいたベンガル系民族はカマンと呼ばれており、それとは別に植民地化以降に移入した人々がロヒンギャを名乗ったと考える内田教授は「英国植民地時代の国勢調査によると、少なくとも一九三〇年代初頭まで、チッタゴン方面から移民が毎年流入していた。植民地支配下でビルマがインドから分離された一九三七年の時点では、そうした人々の意識はまだ出身地のベンガル地方に向いていたと想像される。だからこそ、英国領から東パキスタンが分離独立する時、彼らはマウンドー周辺地域を編入するよう英国などに働き掛けたのだろう」と説明し、「植民地時代に何世代にもわたって居住していた人々を余所者と見なすことはできないと思うが、ロヒンギャという言葉が一九五〇年代以降しか文献で確認できないのは、ベンガル系住民がビルマ政府に対し、ビルマ国民としての正当な権利を得るために、少数民族を意味する呼称としてロヒンギャという名前を用いたからではないか」と推察する。

ジャファー議員の上申書を読むと気付くが、確かにこの時点でロヒンギャという民族集団あるいは民族名が広く認知され定着していたとは言えず、ビルマ社会にデビューしたばかりの印象を受ける。どうやら大昔から「ロヒンギャ族」とでも呼ぶべき民族がいた訳ではなさそうである。そうだとすると、ミャンマー政府や国民が「歴史的に『ロヒンギャ』と呼ばれる民族は存在せず、ロヒンギャという名前はラカイン州のイスラム教徒が勝手に作った名前に過ぎない」と主張するのも全く根拠がないとは言えず、ロヒンギャ排斥の論拠を探すとすれば、この辺が民族集団としての弱みと言えば弱みになるのだろう。

その一方で、ロヒンギャの呼称がビルマ社会に浸透していた事実もある。一九五〇年代から一九六〇年代初頭にかけて政府の公文書でロヒンギャの名前が使われ、ビルマ国営ラジオは少数民族語放送のひとつとしてロヒンギャ語番組を週三回放送していたことが知られる。雑誌や教科書には一九七〇年代後半までロヒンギャという記述があったという。つまり、仮に新しい名前であったとしても、イスラム教徒が数世紀にわたってアラカンに居住していた確かな歴史を背景として、ロヒンギャという民族名は政治的・社会的にビルマ国民に一定期間受け入れられ、明らかに承認されていたのである。ミャンマー政府・国軍も国民世論も今日、こうした自らの歴史について口を閉ざしている。

一瞬のマユ辺境行政区

一九四八年一月四日のビルマ独立に際して、暗殺されたアウンサン将軍と並ぶ独立の立役者ウー・ヌ初代首相、少数民族シャン人のサオシュエタイク初代大統領がそれぞれ就任した。二人は自明の理としてロヒンギャを他の民族と同等に処遇した。一九四八年制定の国籍法（市民権法）には、国民の資格である「先住民族」について「アラカン、ビルマ、チン、カチン、カレン、カヤ、モン、シャンなどの人種、および連邦に属するいずれかの地域に一八二三年から定住した人種グループを意味する」と定めているが、サオシュエタイクは大統領退任後、上院議長を務めていた一九五九年「アラカンのイスラム教徒は間違いなくビルマの先住民族に属している。彼らが先住民族ではないと言うのなら、我々も先住民族とは見なされない」と明言している。[*14]

イスラム教徒の政治活動が功を奏し、ウー・ヌ首相は一九六一年五月、アラカン北部のマウン

ナフ河を挟んでテクナフ側から望むマユ山脈の山並み。1960年代初頭に幻の「マユ辺境行政区」が置かれた

ドー、ブティダウン両郡、およびラティダウン郡西部を内務省から国境地方行政庁に移管して、新たに「マユ辺境行政区」(Mayu Frontier District) を設立した。イスラム教徒が住民の大部分を占めるこの三郡は、まさに二〇一七年のロヒンギャ掃討作戦の対象となった地域である。スルタン・アフメド議員は当初、ウー・ヌ首相に対してさらに東寄りのカラダン河を境界とする案を提示したが、それはさすがに吹っ掛け過ぎで、妥当な線に落ち着いた。ただし、独立した行政区と言ってもイスラム教徒主体の自治があった訳ではなく、中央から派遣された国軍が地域を管轄する形態だったが、肝心なのはイスラム地域がアラカンの他の地域から切り分けられたという点である。イスラム教徒たちは当時、政権に掛け合って独自の領域を創れるだけの政治力を持

っており、国軍はイスラム教徒を保護こそすれ弾圧することはなかった。彼らは他の民族と対等の政治的・社会的地位を享受していた訳だが、結果的には、これがアラカン北部のイスラム教徒＝ロヒンギャの一瞬の絶頂期となった。

ネウィン独裁政権の登場

ロヒンギャに対するビルマ政府の姿勢が一変し、差別・抑圧の方向に転換した転機は、一九六二年三月二日のネウィン国軍最高司令官による軍事クーデターである。失政を続けて求心力を失っていたウー・ヌ首相を追い落とし、全権を掌握したネウィン大将は、革命評議会議長として憲法と議会を停止し、ウー・ヌら有力者を軒並み逮捕して首相・大統領など要職を兼務するとともに、同年七月にビルマ社会主義計画党（BSPP）を設立して自ら議長に就任した。一九六四年三月には同党以外の全政党を解散させ、BSPPと国軍が一体化した一党独裁体制が確立されて、これが二〇一一年の民政移管まで半世紀近く続いた国軍による統治の始まりになった。マユ辺境行政区は一九六四年二月に廃止され、アキャブ県に編入されて内務省管轄下に戻った。自治の実体はなかったとはいえ、イスラム教徒が政治的に勝ち取った行政区は三年足らずで泡沫の夢と消えた。

ネウィン独裁政権は、ビルマ民族中心主義、中央集権的な社会主義体制（ビルマ式社会主義）を掲げて、強権的かつ硬直した政策を推し進めた。経済・農業政策では、外国資本の接収、製造業・流通業を含む私企業の国有化、政府管理によるコメの生産・流通などを打ち出したが、結果的に同国の経済を崩壊させていく。対外的には外国資本の締め出し、実質的に経済を担うインド系・中国系住民の排斥、外国人の入国制限、国際機関・団体の追放など鎖国的な政策を強行し、英国植民地時代の痕跡を払拭しようとした。これらは本質的に「国内の政治や経済、文化に対する外国の影響力を極力少なくしたいと考える国軍の排他的ナショナリズムによるもの」(根本教授)だった。中央政府による一元的支配が強まり、少数民族の自治権が廃止されたほか、社会・文化の面でも報道・言論の自由を厳しく規制する思想統制が進んで、圧倒的多数派のビルマ人および上座仏教を核心に据える国家の姿が異議を封殺して明確化されていった。

その後のロヒンギャの運命を変えたネウィン(一九一〇〜二〇〇二年)は、ビルマ南部バゴー地方域の自作農の長男として生まれ、英国植民地時代にラングーン大学を中退後、ビルマ独立運動に身を投じる。太平洋戦争中に日本軍の特務機関「南機関」の軍事訓練を受けた「三〇人の同志」のひとりとして頭角を現し、アウンサンらとともに一九四一年一二月バンコクでビルマ独立義勇軍を結成する。日本軍に従ってビルマに進攻し、英国軍を駆逐した後、日本の敗色が濃くなった一九四五年三月に抗日蜂起に転じた。義勇軍結成時に本名シュ・マウンから「輝く太陽」ネウィンに改名したが、中国系(客家)移民の血を引くと言われており、名前の「シュ」は「鐘」だったとする説もある。

ロヒンギャの運命を決めた独裁者ネウィン将軍
=The Irrawaddy（2014年3月31日）

一九四八年のビルマ独立後、ウー・ヌ政権で国軍最高司令官（国防相）に就いたネウィン大将はビルマ人中心の国軍再編を進め、カレンやカチンなど少数民族の武力闘争、ビルマ共産党の拡大、中国国民党軍の侵入による内乱状態を軍事力で切り抜けた。ウー・ヌ政権の弱体化に伴って国軍が台頭し、一九五八年から二年足らずの国軍による選挙管理内閣を経て、一九六二年に軍事クーデターを決行した。その後四半世紀にわたって絶対的独裁者として君臨したが、経済政策の失敗でビルマは失速し、一九八七年に国連から「最貧国」と認定される。国民の不満が最高潮に達した翌一九八八年「八八八八民主化運動」の最中の七月、BSPP議長辞任に追い込まれたが、政権から退くに当たって「この国の秩序を維持し続けるうえで、もし将来、騒乱が起きた時は、国軍は威嚇発砲なしに命中するように撃つということを全国民に言っておく」と挑発的な暴言を吐いた話は有名である。

一九九〇年代まで影響力を残していたが、二〇〇二年三月に娘婿と孫たちがクーデターを計画したとして国家反逆罪で逮捕され、自らも自宅軟禁されたまま、同年一二月に九一歳で死去した（九二歳説もある）。参列者が少なく寂しい葬儀だったという。

最初の難民流出（一九七八年）

ネウィン独裁政権は一九七四年、インド・中国・バングラデシュからの移民を制限する緊急入国管理法を公布し、すべての国民に国民登録証（ＮＲＣ）の携行を義務付ける一方で、ロヒンギャには外国人登録証（ＦＲＣ）を交付した。事実上ミャンマー国籍を剝奪する措置であり、ロヒンギャ側は受け取りを拒んだが、これが法律上・制度上ロヒンギャを全面的に排除する強硬策の始まりだった。前出の高田教授は、一時的に避難して来たはずが数年経ってもビルマに残留する「第四層」のベンガル系イスラム教徒を、バングラデシュに早期送還する意図があったと推測する。主権国家ビルマの立場で考えれば、流入したまま帰らない不法滞在者（実質的な不法移民）の摘発・強制送還には合理性・正当性がある。

しかし、そこで行われたのは、旧来の住民も含めたイスラム教徒（ロヒンギャ）に対する武力弾圧だった。政府は一九七八年二月、アラカン州北部に住む住民の登録証を調べ、不法入国の外国人を摘発する「ナーガミン」（Nagamin＝ドラゴン・キング）作戦に着手した。表向きは入国管理局による調査だったが、実際には国軍によるロヒンギャの不当逮捕と拷問、モスクや民家の破壊・焼き討ち、殺人、レイプが多発したとされる。同年五月にかけて約二二万人のロヒンギャが国境を越えてバングラデシュに逃れ、これがロヒンギャ難民の最初の大量流出となった。ビルマ政府は多数のロヒンギャ住民が流出したことを「不法移民だった証拠」と断じた。

一九七〇年代の東南アジアを俯瞰すると、泥沼のベトナム戦争が一九七五年に終結し、カンボジアではポル・ポト政権（一九七六〜七九年）下で一〇〇万〜二〇〇万人が虐殺され、インドネシアはスハルト、フィリピンはマルコス開発独裁政権が支配していた。ポル・ポト派は論外としても、スハルト独裁政権のように人権無視の強権政治が国家発展の基礎を築いた功罪相半ばする歴史もある。そんな時代のビルマにおける不法移民摘発について、二一世紀の人権感覚で論じる気はないが、ここでロヒンギャに対する無制限の人権侵害が容認されたことが、二〇一七年の大惨事に向かってロヒンギャ差別と武力弾圧がエスカレートしていく最初のステップになったと思われる。

一方のバングラデシュ政府は初めての事態に対処し切れず、国連難民高等弁務官事務所（UNHCR）の支援を受けて国境近くに一三の難民キャンプを開設した。バングラデシュ・ビルマ両国は一九七八年七月に難民帰還協定を結び、翌八月から一九七九年末までに一八万人以上を送還したが、帰還に抵抗する難民も多く、難民と治安当局の衝突で数百人の死者が出たという。[*15] これも相当荒っぽい話だが、難民条約に批准していないバングラデシュとしては、イスラム諸国の強い要請もあって嫌々ながら対応したというのが実情だった。

一九七八年の本国送還を検証した論考によると、UNHCRの事後評価として、難民の帰還が自発的なものだったかは「非常に疑問」であり、早期の送還は「危機の発生当初からバングラデシュ政府の優先事項だった」としている。[*16] 一日も早く難民を追い返すために実力行使も辞さず、一九七八年後半以降は治安部隊と政府当局者が「難民に対する複数の攻撃に関与した」。難民が帰還に消極的だったにもかかわらず、大半が帰還した経緯について尋ねられた現地担当者は「難民キャンプで多数の死者を出す事件が繰り返されたことで不安を抱き、バングラデシュにいても未来がないと悟って帰国を選んだ」と説明した。また、食料供給などの援助を減らす〝兵糧攻め〟が行われ、キャンプでは栄養失調が急増して、一九七八年七月時点の死亡率はバングラデシュの国内水準の四倍に上ったという。あるベテランの国連職員はキャンプの惨状を「これは死の罠である。今まで見た中で最悪の状態だ」と証言し、バングラデシュ政府高官は「難民が充分に食べて太るのは結構だが、私は政治的に考えなければならない。我々は難民がミャンマーに帰りたくなくなるほど（キャンプを）居心地良くする気はない」と述べた。当時のバングラデシュ側の本音として理解できなくもない。

帰還作業が終了した一九八〇年一月、UNHCRは一万人の難民がキャンプで死亡し、主な原因は伝染病だったと発表した。難民保護に主導的役割を果たせず、事実上の強制送還を黙認したこと、ビルマ側に事務所を置かずに難民を帰還させたことが問題視され、内部からも批判の声が上がったという。

国籍法と一三五民族

ロヒンギャ排斥がミャンマー国内で法的に制度化された決定的な出来事が、一九八二年一〇月に施行された改正国籍法（市民権法）である。これは先述した一九四八年制定の国籍法を厳格化したもので、第一次英緬戦争前年の一八二三年以前からビルマ領内に住み続けている土着民族を正規の「国民」として、具体的に一三五民族を認定した。ロヒンギャは明確にリストから除外され、改正前の国籍法には残されていた解釈の余地がなくなった。改正国籍法は「国民」のほか、一八二四年からビルマ独立（一九四八年）まで英領ビルマに八年以上住んでいた「外国人」（主にインド系・中国系・英国系）の子孫のうち、一九四八年の独立時に施行された国籍法に基づいて国籍を取得した者は「準国民」、資格はあるが国籍を取得していなかった者は「帰化国民」と三つに分けて規定した。いわば二級市民の「準国民」「帰化国民」は三代経つと「国民」に昇格できるが、それまでは官公庁で管理職になれず、大学の理工系・医学系学部に進学できないなど不平等な扱いを受けることになった。そもそも国民を三ランクに分けるという発想自体、今日の感覚では理解しにくく、いかにも強権的な管理社会という印象を受ける。

政府公認の一三五民族のリストを見ると、ビルマ、シャン、カレンなどの主要民族をはじめ、一度も聞いたことがない不思議な民族名が延々と続く。極めて人口が少ない民族まで網羅されているにもかかわらず、推計人口一〇〇万人を超えるロヒンギャは載っていない。ただし、イスラ

ミャンマーの最大都市（旧首都）ヤンゴンを行き交う市民。正規の国民になるには政府認定の135土着民族に属していなければならない＝2006年撮影

ム教徒がそっくり除外されたわけではなく、ラカイン州南部のイスラム少数民族で、アラカン王国時代の傭兵の子孫と言われるカマンは土着民族に加えられた。また、同州以外に住むインド系・中国系・マレー系などのイスラム教徒は土着とは扱われないものの、前述した通り何らかの形で国籍を取得している。

英国植民地時代から数世代にわたってアラカンに住んでいたイスラム系住民＝ロヒンギャは多数存在し、たとえ一三五民族に含まれなくても、一九四八年時点で手続きしていれば「準国民」、あるいは少なくとも「帰化国民」になれたはずだった。しかし、実際には混乱が続くビルマ独立直後のアラカン地方にあって、読み書きができない農民が大半を占めるイスラム教徒の中で、例えばビルマ語新聞に載った官報に気付いて国籍取得の手続きをした者などいなかっただろうし、そもそも役場で申請しないと国籍を付与されないという発想自体なかったと思われる。ましてや一九八二年になって「英領時代に祖先が八年以上住んでいた」ことを証明する書類など誰にも提出できるはずはなかった。仮に「第一層〜第四層」を識別する意図が政府にあったとしても、現実的には不可能だっただろう。

イスラム教徒が数世紀にわたってアラカン地方に居住していたことは歴史的に明らかであるにもかかわらず、一三五民族から除外された瞬間に国籍取得の道は閉ざされたのも同然だった。一三五民族の認定は「誰が国民か」という以上に「誰が国民ではないか」を明確化する排除の論理が強い。ネウィンは国籍法施行に先立ち、大統領官邸で行った演説で「(ビルマ独立時に)真の国民だけでなく、ゲスト(外国人)、国民とゲストの混血、ゲストとゲストの混血の問題があった。問題はゲストおよび混血の位置付けをどう明確にするかだった」と述べ、ビルマ人を中核とする土着の「純粋な国民」と外国系住民を区別することに執着を見せている。[*17]

ここで疑問なのは、なぜ一八二三年なのか、なぜ一三五民族なのかという点である。ビルマ(ミャンマー)の歴史観では、第一次英緬戦争(一八二四〜二六年)が英国植民地支配と移民流入の始まりで、一八二三年までが「本物のビルマ」だったと認識されている。それは「ビルマ・ナショナリズムが生み出した幻想」(根本教授)に過ぎないのだが、国民の大半は何ら疑問を抱いていないという。ネウィンは先の演説で「一八二四年にビルマの一部が外国(英国)人によって併合され、その後、我が国全体が(植民地支配の)対象となり、一九四八年一月四日に正式に独立を取り戻した。この間に外国人がさまざまな口実の下、妨げられることなく我が国に入り込んだ。（中略）私たち原住のビルマ国民は、自分たち自身の運命を決められなかった。一八二四年から一九四八年一月四日まで、私たちは他人に操作されていた」と強調し、英国植民地時代の清算を訴えている。

この共同幻想に関して、ある研究者から「知り合いのビルマ人の体験談」として伺ったエピソードが非常に面白い。「一九八二年の国籍法改正に際して、政府は一般国民から意見を募ったらしい。当時、大学二年生だった知人が『年代区分がおかしいのではないか。一八二三年以前に祖先がビルマに居住していたことを証明できる人などいない』という反対意見を生真面目に書き送ったところ、国軍情報部に呼び出され、『二度と政治活動はしません』と誓約書を書かされて放免された」という。いわゆるパブリックコメント（意見公募）だが、これでは何を目的に公募したのか分からず、あるいは反体制派のあぶり出しだったのかも知れない。この小さな逸話は、すべての国民が何の疑問もなく国籍法の規定を受け入れた訳ではなく、大学生レベルの知識と常識的感覚を持っていれば、一八二三年という基準に意味がないことに最初から気付いていた事実を証明している。

一三五民族には実は元ネタがある。民族による分類が導入されたのは英国による植民地支配が始まった一九世紀後半で、一九三一年国勢調査報告では「土着民族」を一三七に細分化して記録しており、マウンドーとブティダウンの「インド人」（ベンガル人）は「恐らく土着民と見なされ

物資配布に集まったクトゥパロンの難民たち。ロヒンギャの人々はミャンマー国民であることを否定され無国籍状態に置かれている（2018年１月）

るべきである。これは北部シャン州の中国人にも当てはまる」と記された。アラカン北部のベンガル系イスラム教徒を土着とする認識は、一九一一年国勢調査報告でも見られるという。この英国がビルマ支配の都合上リストアップした一三七民族が現在の一三五民族の根拠になったと考えられる（内田教授）。

ただし、もうひとつ奇妙な経緯が絡む。一九七三年の国勢調査に際して、ネウィンの革命評議会は当初一四四の民族リストを調査の手引きとして作成し、実際には一四三民族として調査が実施された。そこには主要八民族に交じって、ミエドゥー（ビルマ王朝時代の一八世紀にインドから連行された捕虜の一部）、カマン、アラカン・ムスリム（ロヒンギャ）、インド系、ビルマ系、中国系のイスラム民族集団が含まれていた。[*18] それが国籍法施行を受けて一九八三年に実施された国勢調査では、カマンを残してイスラム集団がそっくり除外され、現在の一三五民族が確定した。この辺りの複雑な経緯は専門家の研究を待つしかないが、要するにビルマ政府は一八二三年に執着して英国植民地支配の歴史を否定しておきながら、英国による民族分類をちゃっかりコピーし、ロヒンギャを含むイスラム集団の扱いにしばらく迷った挙句、最終的に削除したことになる。

国境を挟んだ移民の往来

国境と移民を研究テーマとするアジア経済研究所の長田紀之研究員（ミャンマー・ビルマ政治史）氏に、「国境が不明瞭な時代から往来し定住したベンガル系イスラム教徒について、その後にできた政府が選別して国民であるか否かを後付けで決めたのは、おかしくないか」という素朴な質問をお送りしたところ、分かりやすい解説を頂戴した。既に紹介した論考と重複する部分も多いが、問題の本質をもう一度整理するために、長田氏にご教示いただいたポイントを引用してみる。

（1）現在のミャンマー・バングラデシュ国境地域の歴史を「国境」をキーワードに概観すると、この地域では一九世紀に至るまで近代的な意味での厳密な国境線はなかった。しかし、一八世紀後半にビルマの王国がヤカインの王国を征服し、ベンガル側では英国東インド会社が版図を拡大すると、この地域がミャンマー（ビルマ）と英国の国境という意味合いを帯びる。これが第一次英緬戦争につながり、その結果ヤカインは英領となって、ベンガルとの間に国境線がなくなった。一九世紀末までにミャンマーは段階的に植民地化され、現在のミャンマーの領域が英領インドの地方行政体ビルマ州の領域として確定される。二〇世紀半ばまで一〇〇年以上、ヤカインとベンガルの間には国境線がない状態が続く。第二次世界大戦では日本軍と連合国軍の前線として再びこの地域が分断され，戦後はその線がミャンマーとパキスタン（後のバングラデシュ）という二つの国民国家の国境になった。

（2）次に「人」に着目すると、現在のラカイン州北端辺りに数百年前からムスリムが居住していたことは間違いない。ミャンマー・ラカイン州北部からバングラデシュ・チッタゴン管区にかけての地域は長い間、ひと続きの沿岸地帯であり、常に人や物の交流があったと想定される。北部にムスリムが多く、南部に仏教徒が多いというグラデーションを成していたものの、多くの場所で両者が併存していたと考えられる。一八世紀末からミャンマーと英国による短い領域的分断を経て、一九世紀から英国植民地下での一〇〇年超の統合期間を迎えると、ベンガル側からヤカイン北部へのムスリムの大規模な流入が起きる。ベンガル側からは人口圧などのプッシュ要因、ヤカイン側では農業開発による労働需要増加がプル要因になった。こうして英国植民地期にヤカイン北部のムスリム人口が急増する。

二〇世紀半ばにミャンマーとパキスタン（バングラデシュを含む）が独立し、国境線が引かれた後も、国境管理が徹底された訳ではない。ベンガル側での人口圧や政治状況（バングラデシュ独立戦争など）を原因として、独立後もベンガルからヤカイン側への移民が継続されていたと考えるのが妥当である。以上の背景を踏まえると、この地域のムスリムは大きく分けて三つの歴史的な層がある。それは、（A）最古層の住民の子孫、（B）植民地期の移民の子孫、（C）独立後に流入した移民第一世代とその子孫――であり、彼らを一概に「移民」としてしまうことには注意が必要である。この区分はあくまでも理念的なものに過ぎず、実際に個々のムスリムがどのカテゴリーに属するのかを客観的に判別するのは難しい。

（3）こうした人々に対するミャンマー国家、あるいはビルマ・ナショナリズムの論理はどのようなものだったか。植民地経験はビルマ人ナショナリストに「外来者」支配に対する偏執病をもたらした。この外来者には、英国植民地支配者だけでなく、植民地時代に経済的機会を捉えて台頭したインド人や華人が含まれたが、当時は主に首都ラングーン（ヤンゴン）を中心とするインド人・華人が念頭にあり、ヤカイン北部のムスリムが問題視されることは実はほとんどなかった。英国から独立する際、ビルマ人指導者は国民を規定する論理を練り出した。それは、ビルマ国民は「ビルマの近代的領域に古くから存在していた『土着諸民族』から構成される」というものだった。ミャンマーの近代的領域は一九世紀末になって初めて歴史的に登場するので、この論理にはアナクロニズムがある。また、独立当初は「土着諸民族」の定義は曖昧で、むしろ重要だったのは誰が「土着諸民族」に含まれないのかという点であり、除外の対象になったのがヨーロッパ人（英国系）、インド人、華人だった。

この趨勢の中で、ビルマ独立後、ヤカイン州北部のムスリムの一部エリートがインド人＝外国人と扱われるのを避けるために「我々は土着のロヒンギャという固有民族だ」という政治的主張を掲げることになる。ここで前述した（A）のアイデンティティが強調されたのに対して、ビルマ政府や主流派ビルマ人の論理では、ヤカイン北部のムスリムは（C）の人々が相当の割合を占めているとの理解を基にロヒンギャの主張に反対し、彼らをバングラデシュからの「不法移民」「ベンガル人」であると見なした。一九五〇年代には政府・国軍もロヒンギャの民族主張に一定の理解を示していたが、国軍主導の独裁政権が成立したこと、バングラデシュ独立戦争と人口過密が隣接地域への人口流出を助長したことが相まって、ロヒンギャに対する態度が一段と硬化し、力による追い出しや国籍法制定に結び付いたと考えられる。

ネウィン独裁が決めた弾圧

今日に至るロヒンギャ問題の原点がかなり明らかになったと思う。「なぜロヒンギャは弾圧されるのか」という誰しも抱く疑問に対し、しばしば「国籍法の一三五民族から除外されたから」という説明がなされるが、それは弾圧を正当化・合法化するために用意された法的根拠であって、「なぜ」の答えにはならない。ここまで見て来て、ロヒンギャ弾圧の理由をネウィン独裁政権そのものに求めるのは難しくないだろう。

アカデミックな論証を度外視して、あえて仮説を提示すると、私が考える理由とは「極めて国家主義的かつ排外的な独裁者であり、ひとり全権を握るネウィン自身が、ビルマ人／仏教徒を核心とするビルマ国家建設に当たって、少数民族の中でも最も相容れないイスラム教徒であり、かつ忌まわしい英国植民地支配の象徴的な残滓であるベンガル系移民に『不法移民集団』のレッテルを貼り、国家・国民の敵として排除しようと最終的に決断したこと」である。もちろん、いかに独裁者の決断であろうと、時代状況を反映した合理性・必然性がなければならず、第三次印パ戦争時に新たに流入した「第四層」（実際には旧来の居住者も一緒くたにしたイスラム集団全体）の存在が、イスラム教徒（ロヒンギャ）を排斥するリアルタイムの論拠になった。

ＢＳＰＰによる一党独裁は集団指導体制ではなく、独裁者ネウィンひとりの統治であり、すべての決定権は彼の掌中にあった。ビルマ在勤一四年の元外交官、佐久間平喜は著書『ビルマに暮らして─閉ざされた国の人々と生活』[*19]で、身近に接したネウィンの人柄や政治手法を克明に描いている。その専横ぶりはやや病的で常軌を逸しており、「ネ・ウィンから御下問がない限り、大臣の方から積極的に発言することはまずない。聞かれもしないことは、できるだけ話さない、という不文律が確立しているようであった」「政治家としてはあまり温情や思いやりなどは持たず、自己の意に逆らう者を排除することにいささかも躊躇しない、かなり冷酷な性格の人物」「一九六二年以降、他の追随を全く許さない最高権力者として自由自在に振舞ってきており、いささかなりともネ・ウィンの意に背いた者は直ちに追放された」という。

誰にも証明しようがないネウィンの思考回路を想像してみる。「アラカンのイスラム教徒はビルマ独立前後から騒動を起こし、イスラム勢力と接する国境の安全保障上、看過できない重大な脅威である。それが中央政界で動き回り、少数民族に甘く優柔不断で八方美人のウー・ヌに取り入ったのも気に入らない。一番問題なのは、ロヒンギャなどと名乗って、土着民族であるかのように権利を主張していることだ。しかも一九七一年の混乱に乗じて、新たな連中が我が国に侵入したまま居座っている。放っておけばイスラムの不法移民が増え続けてしまう。都合の良いことに他の少数民族のような手強い武装組織は持っていない。彼らの国籍・市民権を剥奪することは、ビルマ人仏教徒をはじめ大半の国民の支持を得られるだろうし、他の少数民族への警告にもなる。次いで実力行使に打って出れば、我が国の守護者としての国軍の存在感を高めることができる」といったところだろうか。

言うまでもなく、こんなことは公文書に記録されていない。しかし、英国の人権活動家・ジャーナリスト、ベネディクト・ロジャーズによると、ネウィン政権の閣僚を務めた側近のひとりは、稀代の独裁者が「イスラム教徒、キリスト教徒、カレンおよび他の（少数）民族を、この順番で排除するための『文書化されていない政策』（an unwritten policy）を持っていた。特にイスラム教徒に対する憎悪は激しかった」と証言している。[*20] 立証するのが難しいが、だからこそ貴重な一片の内部証言は、閣議にも諮られない重大な方針が独裁者の頭の中だけに存在した事実を裏付けている。

この仮説は状況証拠に基づく推論に過ぎず、犯罪捜査のプロファイリングに近いかも知れないが、あながち的外れではないと思う。一九六二年の軍事クーデターに際して、ネウィン将軍は多くの指導者を輩出する名門ラングーン大学の学生活動家を根こそぎ殺害し、ビルマ独立運動の象徴でもある学生会館を爆破したが、ネウィンには医師を目指して同大学に入学したものの、教養部の生物学の試験に失敗して中退し、郵便局員になった失意の過去があった。過剰なまでの「純粋な国民」への執着にしても、自身が中国系であるという負い目が逆に作用していたのかも知れない。少数民族対策に腐心していたのは分かるが、イスラム教徒にことさら激しい憎悪を抱いていた理由は何だったのだろうか。

反骨のビルマ人ジャーナリスト、ウ・タウンの著書『将軍と新聞』[*21]を読むと、圧政を敷いて国民を恣意的に逮捕・投獄し、「(ヤンゴン郊外の)インセイン刑務所は政治家や新聞人、著作家、学生、公務員、資本家、貧民、娼婦、工業家、商人、仏教僧侶、キリスト教伝道者、イスラム聖職者ですし詰めとなり、不正行為を犯して捕まった軍人や軍部流の社会主義を認めない人々を含めあらゆる類の人々がいた(中略)ビルマ社会主義計画党は国民を社会主義で洗脳するために、言論の自由を完全に破壊するための活動を続けた」という独裁政権の統治手法が描かれている。強権政治を維持するには、国民の不満を転嫁できる分かりやすいスケープゴートが必要であり、ロヒンギャはまさに打って付けだった。

ロヒンギャはネウィンが思い描くビルマ人仏教徒中心の国家建設のいわば生贄にされ、その後一九九〇年代に実権を握ったタンシュエ国家元首・国軍最高司令官、二〇一七年の大惨事の首謀者であるミンアウンフライン国軍最高司令官など歴代の後継者たちが、それぞれの時代に国軍がプレゼンスを発揮し、「国家の守護者」としての地位を国民に再認識させる材料として引き継いで来た。二〇一七年の場合、ミャンマー民主化などと言ったところで、本当に実権を握っているのは「大統領の上に立つ」はずのアウンサンスーチー国家顧問ではなく、国軍だということを国内外に見せ付けた。つまりロヒンギャは、ミャンマーという舞台で、不人気ながら実質的な主役である国軍が、ビルマ人をはじめとする観客（国民）の前で格好よく見得を切るための敵役、あるいは道化役を（当人たちが知らないうちに）割り当てられたのだと思う。

第２章

少数民族弾圧

繰り返される難民流出

軍事政権下の難民流出（一九九一〜九二年）

ロヒンギャを取り巻く環境は国籍法の施行（一九八二年）を経て、一九九〇年代に入ると軍事政権の登場で急速に悪化していく。一九八八年の「八八八八民主化運動」は七月、ネウィン独裁政権を退陣に追い込んだが、九月にソウ・マウン国軍参謀総長による軍事クーデターが発生し、民主化デモは武力で鎮圧された。犠牲者は学生や僧侶など数千人に上るとも言われる。実権を握ったソウ・マウンは最高決定機関「国家法秩序回復委員会」（SLORC）を設立して議長に就き、翌一九八九年に国名をミャンマー、首都名をヤンゴンに変更した。SLORCは一九九二年四月、タンシュエ国軍上級大将に引き継がれ、一九九七年一一月に「国家平和発展評議会」（SPDC）に改組されて、タンシュエSPDC議長は二〇一一年三月の民政移管でテインセイン政権が発足するまで軍事独裁トップの地位にあった。

軍事政権は市場経済への移行を打ち出し、地方ではインフラ開発のために地域住民を強制労働に駆り出した。悪名高い強制労働については本章で詳述するが、一九九一年末から九二年三月にかけて、強制労働と人権侵害から逃れようとする約二七万人のロヒンギャ難民がバングラデシュに流入した。一九七八年に続く二度目の大量流出である。バングラデシュ政府は再びUNHCRとともにコックスバザール県（一部は北隣のバンドルバン県）に難民キャンプ二一カ所を開設した。UNHCRは前回の教訓を踏まえ、緒方貞子・国連難民高等弁務官（当時）がミャンマー政府と

1993年１月当時のクトゥパロン難民キャンプ＝UNHCR撮影

交渉を重ねて、ヤンゴンとマウンドーにUNHCR事務所を開設すること、帰還するロヒンギャ難民に対して一時滞在許可の登録証を発行することに合意させた。その後一九九四年四月～一九九五年末に難民二三万人余りが帰還したが、実はこの時も厄介な問題が起きていた。

当時の難民キャンプの様子と「自発的帰還」の実情を知るUNHCR元職員が、匿名を条件に証言してくれた。内容は次の通りである。

「武力弾圧を受けたロヒンギャ難民が一九七八年以降、何度かバングラデシュに逃げて来たが、一九九二年の流入は二〇一七年以前では最大規模だった。一九九一年の終わりに多数のロヒンギャがラカイン州北部から到着した。バングラデシュ政府とUNHCRはコックスバザール県ウキア郡からテクナフ郡にかけて難民キャンプを開設した。二一カ所のうち三つは帰還前に移されるトランジット（一時滞在）キャンプだった」

「バングラデシュ政府は一年半後、難民をミャンマーに本国送還することを決定した。当時の政府は国連の方針を無視して、ＵＮＨＣＲ職員のキャンプへのアクセスを制限したうえで、難民の同意なしに強制送還しようとした。我々職員は裏をかこうと、わざわざ遠くに車両を止めて、密かに徒歩でキャンプに入っていたが、やがて治安当局がこれに気付いて妨害するようになり、ちょっとした事件も起きた。ある女性職員は、泣き叫ぶ女性と子供が無理やりトラックに押し込まれるのを阻止しようと割って入り、兵士を従えた政府の法執行官に『撃つぞ！』と脅された。日本人の男性職員は、ナフ河を小船で渡って来る難民を国境警備隊が追い返す現場にいつも駆け付けていたが、子供たちが両親から引きはがされて、別々のボートでミャンマー側に送り返されるのを目の当たりにしながら、どうすることもできずに悔し涙を流していた。ＢＢＣの女性ジャーナリストが強制送還の様子を近くの丘から撮影したのが発覚して治安当局に拘束され、国外退去させられた。ＵＮＨＣＲは（一時は）安全確保のために職員をキャンプに派遣しないことを決めた」

「国連難民高等弁務官だった日本の緒方貞子氏は、両政府に対して断固たる姿勢で粘り強く交渉し、帰国プロセスにＵＮＨＣＲが部分的に関与することを認めさせた。彼女の功績は大きい。しかし、バングラデシュ政府はＵＮＨＣＲ職員がキャンプ内で単独行動したり、難民と話したりすることは認めず、政府当局者が必ず同行するなどの条件を付けた。これは我々の活動を著しく妨げた。UNHCR職員が当局者の前で難民に『ミャンマーに帰還したいかどうか』と尋ねて、その難民が『帰りたくない』と答えたことが書面に記録されたにもかかわらず、翌日もう一度会うと、顔や腕に殴打された跡が残る難民が『やはり帰還する』と回答を覆す事態も起きた。当局者に『帰る』と言わされた難民が、UNHCR職員に向かって『帰りたくない』とジェスチャーで必死に訴えることもあった。UNHCRの関与によって多くの難民が強制送還を免れ、ナヤパラ、クトゥパロンの登録キャンプ（RC）に収容された一方で、警察と軍が難民グループを夜間トランジット・キャンプに連行して帰還を強要し、翌朝有無を言わさず船に乗せて強制送還することも頻発した。自分では直接見ていないが、ロヒンギャと警官隊の間で衝突があり、多くの難民が死亡したと聞いた」

この証言内容は、米国国土安全保障省の市民権・移民局の報告[*22]でも裏付けられる。それによると、この時の本国送還は二国間協定の下で行われ、自発的ではない（強制的な）送還をめぐって難民とバングラデシュ治安部隊が衝突し、双方に多くの死傷者が出た。UNHCRは関与を著しく制限されて一時は撤退を通告したが、バングラデシュ政府と「安全かつ自発的な帰還」に向けた協力の覚書に署名し（一九九三年五月）、ミャンマー政府とは帰還難民の第三国定住を進めることで合意した（同年一一月）。

帰還は一九九七年末までに完了する予定だったが、クトゥパロン、ナヤパラ両キャンプに残っ

1993年１月、ロヒンギャ難民のミャンマー送還を訴える地元コックスバザールのバングラデシュ人たち。難民流入への不満が高まっていた＝UNHCR撮影

た二万一八〇〇人のうち一万四三〇〇人の帰還をミャンマー側が拒み、バングラデシュ政府も「難民に対する地元住民の敵意が強まり、キャンプ内でイスラム原理主義勢力の活動が活発化している」としてＵＮＨＣＲの受け入れ要請を拒否した。業を煮やしたバングラデシュ当局は一部の強制送還に踏み切り、ナヤパラでは石を投げて抵抗する難民に催涙ガスを使って、船に乗せて無理やり送り対岸に返したほか、クトゥパロンでは衝突はなかったもののＵＮＨＣＲの立ち合いを認めなかったという。その後も難民と警官隊の小競り合いが度々起きたほか、一九八〇年代からラカイン州の国境地帯で活動する過激派組織「ロヒンギャ連帯組織」（ＲＳＯ）の武装難民がバングラデシュ側から越境してミャンマー治安部隊を攻撃したと見られる事案も確認された。

混乱は一九九〇年代を通して続き、帰還せずに残留する難民に加えて、大量流入の合間にも数次にわたって難民が越境した。バングラデシュ政府とUNHCRが公式に把握している以外にも、相当数がコックスバザール県内に累積し続けたと思われる。

ラカイン州での人権侵害

軍事政権下のラカイン州でロヒンギャはどのような扱いを受けていたのだろうか。国際人権団体アムネスティ・インターナショナルの調査報告『少数民族ロヒンギャ：基本的人権の否定』（二〇〇四年）[*23]は、住民の証言を詳しく記録した貴重な資料である。紹介された内容は今も難民キャンプで話の端々に出て来ることがあって、「こんな愚かしい差別や嫌がらせが二一世紀に続いていたのか」と暗澹たる気分にさせられる。報告（日本語版）の証言（二〇〇〇年代初頭）を引用し、同じくアムネスティの二〇一七年報告[*24]と併せて見ていきたい（証言は日本語版の敬体を常体に書き換え、漢字表記などを手直しのうえ適宜抜き書きした。金額は二〇〇四年の一チャット＝〇・一二円で換算。〈 〉内は筆者注釈）。

■**移動の規制**　ラカイン州北部のロヒンギャは「移動の自由」を著しく制限されていた。イスラム教徒は自分が住む村を出るには当局に申請料を支払い、移動許可を得なければならない。同じ郡内であれば、村落区平和発展評議会〈SPDCの行政の末端組織〉に域内移動許可証を申請し、郡を出てより遠方に行く場合は一九九二年に設立されたSPDC直轄の国境治安部隊、通称ナサカ(NaSaKa)に特別な移動許可証を申請する必要がある。ナサカは警察、国軍、移民省など約一二〇〇人規模の混成部隊で、軍事政権時代のロヒンギャ弾圧の主犯格である。軍事政権下ではすべての国民の移動が監視されていたが、日常生活や仕事に支障をきたすほど極端な移動規制は、ラカイン州全域に居住する「外国人」「ベンガル人」だけが対象だった。

マウンドー郡の男性(二八歳)は「二〇〇三年以降、ナサカは移動規制を恣意的に強めた。以前は〈評議会の〉議長に出してもらう域内移動許可証で郡内のどこにでも行けた。しかし、現在はナサカの許可なしには村を離れることができない。それぞれのナサカ地区は独自の法律を有しており、すべてそれぞれの指揮官次第だ。私たちにとってマウンドー〈町〉よりバングラデシュに行くほうが簡単だ。域内移動許可証を得るには、まず評議会で申込書に五〇〇チャット、申込書のサインとスタンプに五〇〇チャットの計一〇〇〇チャット〈約一二〇円〉を支払い、この許可証をナサカの移民局に持って行って二〇〇〇チャット〈約二四〇円〉、もしくはディーゼル重油一ガロンを提供する必要があった」と証言した。

日常的な近隣の移動にも三六〇円が必要な計算で、貧困にあえぐロヒンギャの人々には大きな負担になる。許可証なしには村から出られないため、近隣町村で日雇い仕事を探したり、行商や漁業に行ったり、食料品を買ったり、親戚の葬儀に出たりすることさえできず、日々の生活の妨

ハキンパラの難民たち。ラカイン州での差別的な移動規制はロヒンギャの日常生活に多大な影響を及ぼした（2017年）

げとなった。ある高齢の男性は「昔は首都ヤンゴンなどいろいろな場所に行った。しかし今では〈州都〉シットウェに行くことすらできない。現在イスラム教徒は檻の中にいるようなものだ」と証言した。

マウンドー郡の男性（四〇歳）は「六カ月前、年長の息子が胆のうの伝染病で死んだ。私は息子を村のヘルスセンターに連れて行き、ビルマ人の医者に診察してもらったが、すぐにシットウェかバングラデシュの病院に連れて行くように言われた。それで息子をナサカのキャンプに連れて行き、医者の紹介状を見せて、すぐにシットウェかバングラデシュの病院に行く許可を出してくれと懇願した。しかし、彼らはマウンドー〈町〉の病院に行けと言った。マウンドーの医者は、自分では助けられないと言ったので、村に戻ってまた移動許可を申請した。が、既に遅すぎた。息子は何の治療も受けられずに死んだ」と証言した。

■強制労働　インフラ開発を急ぐ軍事政権は、全国的に地域住民を強制労働に動員したが、それは辺地の少数民族地域で特に厳しく、前述した一九九一〜九二年のロヒンギャ難民流出は強制労働が大きな原因になった。国際労働機関（ＩＬＯ）の強い働き掛けによって、二〇〇〇年代に入ると強制労働は全国的に減少したものの、ラカイン州北部やタイ国境地域では深刻な状況が続いた。

ブティダウン郡の男性（二三歳）は「私たちの村では歩哨を一カ月やらされた。歩哨する場所は四カ所で、毎晩四人が歩哨に立たねばならない。ブティダウン〈郡〉のナサカや近辺の村の警察が人手を必要とした場合、彼らは評議会議長に命令を出し、議長が人を集めて送り出す。労役は以前より増している。毎回新しい仕事が与えられる。地面を掘れだとか、道路の補修、密林から木や竹を集めろとか。私は桟橋の補強と川岸に石を積む補修工事をやらされた。うちの村の近くには軍情報部のキャンプもあって、そこからも労役の呼び出しが来る。ひと月に二度も三度も働かされる。この労働では決して賃金は払われないし、食事さえ出されない。五〜六カ月前には、新しいモデル村〈後述〉でも働かされた。うちの村ではみな貧しくて、労役を免れるためのお金も払えないし、誰か代わりに労役に行ってもらう人を雇うこともできない」と証言した。

強制労働のために生活が成り立たなくなる事例もあった。マウンドー郡の男性（五〇歳）は

「週に三度も働かされることがある。うちの村のナサカキャンプは大きくて、八〇人もいるし、そのうち二〇人は家族連れだ。キャンプ内には住宅が多く、毎日のように人手が必要になる。貧しい人間は村でもいつも苦しんでいる。カネがあれば労働を免れるし、当局にコネがある人間は強制労働に行かなくて済む。だから貧しい人間に二倍の負担が来る。以前は月四回の歩哨もしなければならなかった。自分の家族のために働く時間がとても少なかった。自分の仕事は月に一五日くらいしかできなかった。私は土地を持っていないので生活は大変厳しい」と証言した。

■土地の接収・強制移住・住居破壊

コックスバザールで難民に話を聞いていると「ナタラ村」という単語が時々出てきて、最初は地名かと思ったが、国境地域民族開発省（略称NaTaLa）がラカイン州北部に建設する通称「モデル村」のことだった。軍事政権の開発政策のひとつとして、ナサカが設立された一九九二年以降、ロヒンギャを立ち退かせて土地を接収し、ラカイン人や他の少数民族、他地域の貧しいビルマ人、退役した役人などを家族単位で入植させる事業が推進された。二〇一七年報告によると、ナタラ村はラカイン州北部に三九カ所（マウンドー郡二八、ブティダウン郡九、ラティダウン郡二）ある。

マウンドー郡の男性（二二歳）は「私の家族は広さ五カニ（一エーカー＝二・五カニ）の土地を所有していた。しかし、この土地は二年前にナサカに没収された。私たちの地域には一九九五年から九六年に建設されたナタラ村がある。それ以来、毎年ナサカは五、六家族を新しく移住させて村を大きくしている。私たちが土地を奪われた時、ビルマ北部から新しく三〇家族が連れて来られた。もっとひどいことに、私たちは強制労働させられて彼らのために家を建てなければならなかった。二〇〇一年の暮れから二〇〇二年の初めのことだった。農家だった私たちが突然、日雇い労働をしてしのぐ身の上になった。去年は私たちの牧場のほとんどが没収され、ナタラ村の人が飼っている牛のために分配された。ナタラ村の人の中には、その牧場を本来所有していた私たちに貸す者さえいた」と証言した。

ナタラ村建設に加え、ナサカの前哨基地の建設・拡張でもロヒンギャの土地が奪われた。ナサカが商業目的で運営するエビ養殖場や水田を整備するために、広大な土地が補償なしで強制的に接収され、それに伴う強制移住と住居の破壊が行われた。

マウンドー郡の男性（二七歳）は「約二年前に強制移住が始まった。最初にひとつの村から四〇戸の家を強制移住させた。一八家族が自分たちの家を取り壊すことに抗議し、拒否した。彼らは逮捕され、ブティダウン刑務所に送られた。たいてい家長が拘禁されるが、女性も何人か拘束され、ひとりは妊娠中で、その妊婦は刑務所内で出産した。私の村でも六〇戸の家が強制移住させられた。私の家も含まれていた。ナサカは命令文書を示すことなく、村長を呼び、各家の家長の名前のリストを渡した。村長はリストにある者をすべて集めて立ち退くように命じ、『お前たちの家が建てられている場所は田んぼとして登録されているので、立ち退かなければならない』と言った。別の村で何が起きたのか知っていたので、抗議をする勇気のある者はいなかった。私は五日間で家から立ち退き、取り壊さなければならなかった。補償として〈他の〉土地は与えられなかった」と証言した。

■強奪と恣意的な課税

ロヒンギャ住民は、地方当局による強奪、法令に基づかない恣意的な課税にさらされた。課税対象は薪や竹の採集、出生届・死亡届、家畜や果樹、サッカーの試合などさまざまで、そうした対象や金額は当局による独断で決められた。

軍事政権は二〇〇三年、全国の稲作農家に課していた米税を廃止し、新たな税制を導入した。マウンドー郡の男性（五五歳）は「当局は今年（二〇〇三年）米税を徴収しなかった。これは私たちが長らく望んできたことだったので非常に嬉しく思った。しかし、これは他の税が増額される問題を引き起こした。村落区平和発展評議会はナサカ、国軍、警察、軍情報部のための税を常に要求する。評議会議長は『彼らは私たちの安全を守ってくれているのだから、税を払うのは義務だ』と言った。私はサッカー試合のために五〇〇チャット（約六〇円）を支払った。議長は徴収目的を私たちに説明せず、ただ金額を伝えるだけだ。米税が廃止される前、月々支払っていた税額は一〇〇から二〇〇チャット（約一二～二四円）に過ぎなかったが、廃止後は五〇〇から二〇〇〇チャット（約六〇～二四〇円）に増えた」と証言した。

死亡届や妊娠・出産も課税対象になった。ラティダウン郡の男性（四五歳）は「私の母はラマダン期間中に亡くなった。母の死を報告するためにナサカの入国管理官のところへ行った際、一五〇〇チャット（約一八〇円）を要求された。ビルマに住むのは大変だ、特に貧しい私のような者にとって。近隣のラカイン人たちはそんな税を全く払わなくていい」。マウンドー郡の男性（二六歳）は「私たちの地域には夫婦に関する新しい法律がある。夫はナサカに妻の妊娠を三カ月以内に報告しなければならない。出産後、夫は助産婦や看護婦から分娩の証明書を受け取り、ナサカに提出して家族名簿に子供の名前を登録しなければならない。赤ん坊の登録には七〇〇〇～八〇〇〇チャット（約八四〇～九六〇円）かかる。報告が遅れるとセメント二袋と灯油一〇ガロンを納めなければならない」と証言した。

■婚姻許可　ラカイン州北部のイスラム教徒はナサカ設立以降、結婚も許可が必要になり、二〇〇三年からは恣意的な課税も加わった。新郎新婦がそれぞれ五万から三〇万チャット（約六〇〇〇～三万六〇〇〇円）もの金額をナサカに払わなければならず、支払い後に許可が与えられるとは限らない。マウンドー郡の男性（五六歳）は「結婚の条件は、女性は一八歳、男性は二五歳以上であること。〈結婚の許可申請には〉八枚の違った書式に記入し、二つの印紙をもらう。それぞれの印紙に男性の写真、女性の写真、それに二人揃った写真を貼る。年齢に問題がなければ五万チャット（約六〇〇〇円）、何か問題があれば少なくとも二〇万チャット（約二万四〇〇〇円）かかる。ごく若い娘との結婚を望む家族もあり、その場合は多額の賄賂を払うしかない。息子は二五歳になるところで、相手の女性は一八歳を超えていたので、私は五万チャット（約六〇〇〇円）を支払っ

クトゥパロンの食料配給所に並ぶ男性たち。ラカイン州では強制労働や恣意的な課税に苦しんでいた（2017年）

た」と証言した。

同郡の別の男性（二三歳）は「私の村では婚姻許可に多額のおカネを払わなければならない。三年ほど前に兄が結婚した際には、許可を得るために議長とナサカに二〇万チャット（約二万四〇〇〇円）を支払わなければならなかった。私の義理の姉の家族も彼らに一三万チャット（一万五六〇〇円）を払わなければならなかった。二カ月前に私の親しい友人が二人、婚約者とバングラデシュに逃れた。賄賂を支払うことなしには婚姻許可は得られないのだが、彼らには高くて払えない額だったからだ」と証言した。

民政移管後も続いた差別

ここまで引用した証言は、軍事政権下にあ

った二〇〇〇年代初頭のロヒンギャの人権状況を伝えている。アムネスティ報告で描かれた数々の差別は、二〇一一年の民政移管から二〇一七年の大惨事に至る数年間はどうだったのだろうか。難民キャンプで話を聞いたところ、こうした弾圧はむしろ強まっていた（金額は二〇一七年の一チャット＝〇・〇八円で換算）。

■男性六五歳／漁業／マウンドー郡　アフメド（六五歳）は長年、ベンガル湾に面したマウンドー郡南部ミンルエ村で漁師をしていた。民政移管直前の二〇一〇年、「私は理由も告げられずにナサカに二回逮捕された。最初の時は五日間拘留されて激しい暴行を受けたうえ、彼らは夜中に私の家に押し入って家族に嫌がらせをした。『家に帰してほしければ一〇〇万チャット（約八万円）払え』と言われ、家族が七六万チャット（約六万八〇〇〇円）かき集めて釈放されたが、同じように捕まった叔父を含む多くの村人が拷問で殺された」。同じ年に近くの市場に行った時、ナサカに見付かって「誰が市場に来る許可を与えたのか」と顔面を殴られ、前歯が二本折れた。再び連行されて一三日間拘束されたが、食事も与えられず、息子たちが運んで来る食べ物を一日一回食べた。最後に四〇万チャット（約三万二〇〇〇円）払って釈放された。

悪名高き国境治安部隊ナサカは二〇一三年、テインセイン政権の下で廃止され、国境警備警察に置き換えられたが、状況は少しも良くならなかった。移動規制や強制労働、夜間外出禁止、恣意的な課税などは相変わらずだった。「別の村の親戚を訪ねたい時は、前日までに村役場で移動許可を申請しなければならない。これは国境警備警察と国軍の命令だった。親戚の村に着くと、今度はその村の『管理者』に到着を報告しなければならず、そこでまた支払いを要求されることもある。途中の検問所も厄介なので、約二五キロ離れた同じ郡内のマウンドー町に行ったのは二〇一四~一五年に二度だけ、二〇一六年一〇月に衝突が起きた後は規制がますます厳しくなったので行っていない」。

ロヒンギャの村には彼らの言葉でウッコタ、あるいはウシャロムと呼ばれる「村の管理者」(英語では village admin officer) がいる。彼らはミャンマー政府や国軍・警察に任命された協力者あるいは情報提供者として、ロヒンギャの村人たちを常に監視する役割を負わされた。ラカイン人、ロヒンギャいずれの場合もあって、ロヒンギャの管理人は強要されて仕方なくやっている者もいれば、報酬目当ての者もいたという。村人にすればすべての動向が治安当局に筒抜けになる厄介な存在であり、ARSAは二〇一六年一〇月~二〇一七年八月の間、裏切り者への報復と機密保持の両方の意味で、正確な人数は不明ながら多数の管理者を拉致・殺害したと見られる。

アフメドによると、国境警備警察や国軍はマウンドー、ブティダウン両郡の村々の管理者を招集し、ロヒンギャの村人を歩哨に立たせるように命じた。「私たちが五人で夜間、前哨基地の歩哨をしていると、国境警備警察が不意に見回りに来て『居眠りしていただろう』と怒鳴った。『眠っていません』と答えると、私たちはひどく殴られ、罰金としてニワトリ五羽を持って来るよう命じられた」。前哨基地での強制労働にもしばしば駆り出され、「朝九時に前哨基地に行って、他の村から送り込まれた人々と一緒に営庭の掃除、植木の水やり、食器洗いなどの雑用を夕方までやらされた。食事は与えられなかった」。こうした強制労働を免れるために、アフメドは三万六〇〇〇チャット（約二八八〇円）を工面して支払ったが、国境警備警察は家族の誰かが海外にいて送金がある場合は数万チャット、貧しい家庭からも一万チャット（約八〇〇円）を巻き上げた。

ラカイン州北部では二〇一二年以降、夜間の外出、および五人以上の集会が禁止された。二〇一六年時点ではマウンドー県だけに最も厳しい午後六時～午前六時の夜間外出禁止が課せられ、出歩いているのが見付かると逮捕されて殺されることもあった。五人以上の集まりを禁じるということは、イスラム教徒にとって大切な集団礼拝の禁止を意味した。「安心してモスクで祈ることもできなかったが、金曜日の集団礼拝には二〇～三〇人が密かに集まり、モスクの外に見張りを立てて警戒しながら祈った」。

恣意的な課税も続いており、アフメドが老朽化した家の屋根を修理しようとした時には「国境警備警察がわざわざ家を見に来て、四万チャット（約三二〇〇円）を支払ってようやく修理を許可された。家を新築する場合は一〇万～五〇万チャット（約八〇〇〇円～四万円）が必要だった」。漁師だったアフメドは、漁の許可証をもらうために年間一五万チャット（約一万二〇〇〇円）払ったうえに、毎月五〇〇〇チャット（約四〇〇円）を要求されていた。二〇一七年にはロヒンギャが拒否する「国籍未審査者向け身分証明書」（ＮＶＣ）の受け取りを強要する圧力が強まり、ＮＶＣを持っていないアフメドたちは漁をすることも禁じられた。ＮＶＣ問題については後ほど触れる。

「ナサカが国境警備警察になったところで、物事は何ひとつ変わらなかった。私たちは国軍、ナサカ、国境警備警察、情報機関からずっと迫害されてきた。私の人生でアラカンが平和だったことは一度もなく、とうとう自分の国から追い出されてしまった」

■女性五〇歳／主婦／マウンドー郡　ナフ河の河口に近いマウンドー郡南部アリタンチョウ村出身のカトゥン（五〇歳）は、涙を浮かべながら虐げられ続けた日々を証言した。日雇い労働者の夫は山で薪を集めて市場で売り、一日二〇〇〇～三〇〇〇チャット（約一六〇～二四〇円）の稼ぎで妻と娘二人との貧しい生活を辛うじて支えていた。二〇一〇年のある日、夫はナサカに理由もなく逮捕され、数日間暴行を受けた後、月収に相当する八万チャット（約六四〇〇円）を払って釈放された。娘のひとりが二〇一二年に結婚した時は、許可をもらうためにナサカに二五万チャット（約二万円）を払わなければならなかった。

ぎりぎりの極貧生活にあって、どうやって多額の現金を工面したのか尋ねると、カトゥンは「昔から万一に備えて少しばかり持っていた金の指輪やイヤリング、飼っていた山羊を売っておカネに換えた。困った時は親戚や近所で助け合うこともある。夫の兄弟がサウジアラビアに出稼ぎに行っているが、送金してくれたことはない」と説明した。

カトゥンによると、二〇一五年に国境警備警察による建設工事が数件あり、夫は他の村人たちと一緒に強制労働に駆り出され、前哨基地の拡張工事、小規模ダムの建設などに従事させられたが、賃金はおろか食事も与えられなかった。「夫は国境警備基地の歩哨に立たされることも度々あり、何かと言い掛かりを付けられては殴られていた。こんなひどい目に遭っても、私たちにはどうすることもできなかった」。

後述する二〇一六年一〇月の衝突から二〇一七年にかけて、女性たちにとっては夜間外出禁止の時間帯が何より恐ろしかったという。「夕方以降は隣近所を訪ねたり、家の中で灯りを点けたりすることも許されなかった。国軍や国境警備警察が夜中に突然パトロールに来るので、家にいても安心して眠れなかった。携帯電話を公然と使うことは認められておらず、夫が持っていた携帯電話は国境警備警察に取り上げられた。村人たちは出歩けない夜間に電話で密かに連絡を取り合い、親戚同士で消息を尋ねたり、国軍や警察の動きを互いに知らせたりした」。国境警備警察は不定期に家々を回っては嫌がらせし、カトゥンたちは大切な包丁やランプ、建設資材まで取り上げられた。

二〇一六年に入って、夫はNVCを持っていないという理由で山に行くことを突然禁じられた。薪集めという唯一の生計手段を奪われた一家は、たちまち「今日食べてしまったら明日は何も食べる物がない」状態に追い詰められた。カトゥンは「幸せに過ごした日は一日だってなかった。国軍兵士と国境警備警察は私たちの村を焼き、無実の村人をたくさん殺した。生き延びるためにはバングラデシュに来るしかなかった」と訴えた。

ラカイン州での教育差別

ラカイン州の教育環境について見ておきたい。ミャンマーの学制は、就学前教育・幼稚園一年（五歳）／小学校五年（六〜一〇歳）／中学校四年（一一〜一四歳）／高校二年（一五〜一六歳）／大学四〜七年（一七歳〜）。小学校から順次無償化が進められたが、実態は必ずしもそうではなく、義務教育も規定はあるが実現していない。

ラカイン州で実際に学校に通っていたか、何年次まで終えたか、難民キャンプで無作為に聞いてみると、中には小学校にさえ行ったことがない人もいた。サンプルが少なく統計的価値はないが、雰囲気は分かると思うので何人かの回答を紹介する。

・五二歳男性「学校に行ったことはない。家が貧乏で学校どころではなかった。私は幼い時から父親を手伝って魚を売っていた。仕事でバングラデシュ側にもしばしば来ていた。商売のためにベンガル語や計算を独学で勉強したので読み書きはできる」

・二八歳男性「中学校三年まで。村に中学校がないので遠くまで通ったが、検問で国軍や警察に『どこに行くのか、なぜ勉強するのか』と同じことを毎日聞かれた。その中学は三年までだったので、他の中学校に移ろうとしたが、移動許可をもらえず断念した」

・二二歳男性「小学校五年まで。母親が病気になり、父親が失踪したので、自分が働いて家族を支えなければならなくなって進学は諦めた。もっと勉強したかったが、学校に行くにはカネがかかる。その後、父親はバングラデシュにいることが分かった」
・三〇歳女性「小学校一年まで。私の家はとても貧しく、父は山で集めた薪を売って生計を立てていた。病気がちな父を手伝うために幼い時から一緒に山に行っていたが、本格的に家族を支えなければならなくなり、学校に通えなくなった」
・二五歳女性「小学校五年まで。小学校を卒業した時、両親から学校はここまでと言われて進学しなかった。思春期の女の子が学校に通っていると、変な風に見られてしまうから仕方がないと思う。それから三年後に私は結婚した」
・二二歳女性「学校に行ったことがない。村の小学校には行かず、マドラサに通っていた。家は貧しい農家で、両親は私の教育など気にしていなかった。子供の頃からずっと両親を助けて畑仕事をした。自分の名前が書けるだけで読み書きはできない」

ロヒンギャの人々にとって、子供が小学校にも満足に通えない大きな理由は、イスラム地域の公立学校は治安の問題を理由に正規の教員（主にラカイン人）の欠勤が多く、コミュニティでカネを出し合ってボランティア教員を雇ったり、教材やノートを購入したり、無償のはずが出費を求められることとである。九人の子供を抱える母親（三五歳）は「イスラム教師の夫は教育には理解があるが収入がなかった。子供たちの四人を小学校に通わせ、長男は毎月一万チャット（約八〇〇円）払って中学校課程まで修了させたが、女の子など五人はおカネがなくて学校に行かせられなかった」と話した。

もうひとつはロヒンギャに対する直接的な差別である。後述する二〇一二年の衝突で高校中退を余儀なくされた男性（二一歳）は「小学校と中学校ではラカイン人の生徒も一緒だったが、ラカイン人教師は私たちを差別し、クラスを分けてラカイン人の生徒は教室の前、ロヒンギャは後ろに座らされた。ラカイン人の生徒には丁寧に教えていたが、僕たちのことは授業中も『ベンガリ』『カラール』と呼んで侮辱した。入学金二万二〇〇〇チャット（約一七六〇円）と受験料五〇〇〇チャット（約四〇〇円）を払って高校に進んだが、大学進学を目指していたので、毎月二万五〇〇〇チャット（約二〇〇〇円）で家庭教師を雇った。ロヒンギャの生徒は個人的に勉強しないと試験に合格できない」と話す。

「父は二〇エーカーの農地を耕し、その収入で学校に行かせてくれた。僕は自転車で高校に通っていたが、ある時、いつものように検問所の手前で自転車を降りたのに、『自転車に乗って検問所を通ろうとした』と言い掛かりを付けられ、激しく殴られた。『ミャンマー政府に逆らったので罰を受けた』と言われた。シットウェ大学進学を目指していたが、二〇一二年の事件の後は高校にも行けなくなってしまった。ラカイン人の同級生は高校を卒業して公務員などの仕事に就いたらしいけど、僕は難民キャンプにいる。国連やＮＧＯの支援でチャンスをもらえれば勉強を続けたいと思っている」

国際ＮＧＯプラン・インターナショナル、ＲＥＡＣＨなどによる『ミャンマー・ラカイン州北

クトゥパロンのマドラサでコーランを習う少年たち。ラカイン州では初等教育へのアクセスも不充分だった（2018年）

部の教育分野ニーズ調査』（二〇一五年）[*25]は、マウンドー、ブティダウン、ラティダウンなど同州の九郡一一六カ村で一四八カ所の学習施設（公立学校、マドラサなど）の現状を詳細に調べ上げ、イスラム教徒に限定せず、この地域の子供たちが置かれた教育環境を客観的に分析している。同報告は「ラカイン州全体の教育部門の状況は深刻である。初等・中等教育の入学者数、教師と生徒の比率まで、幅広い指標でミャンマーの他の地域よりかなり遅れている。貧困と低開発、学校と教師の不足、教師の訓練機会の不足、不適切で老朽化した建物や施設の不足、教材の不足、教育の質の低さなど、相互に関連するさまざまな要因がある。特に二〇一二年の紛争発生以来、ラカインの教育問題は仏教徒とイスラム教徒のコミュニティ間の緊張関係によって悪化した」と指摘している。

調査報告のポイントを拾うと、マウンドーとブティダウン郡で基礎教育の学校があるのはコミュニティの半分以下▽小学校の教師一人当たりの児童数は教育省目標値の三〇人を大きく上回り、ブティダウンは八三人、マウンドーは一二三人▽イスラム地域の学校ではコミュニティが給与を負担する教員が四三％を占める▽ドロップアウト（中退）の半数は小学校課程、特に一年生～二年生の間に辞めてしまう。イスラム教徒の村では仏教徒の村より児童・生徒の出席率が低く、小学校ではイスラム教徒六九％／仏教徒八七％、中学校では三〇％／八四％、高校では二五％／四一％。小学校の修了率は全国平均五四・二％（教育省などによると七割以上）に対して、調査対象地は三一・七％と全国（七州・七地方域など）最下位である。つまり、三人にひとりしか小学校を卒業していないことになり、イスラム地域がさらに低いのは間違いないが、正確な数字は分からない。

第7章で詳述するラカイン州諮問委員会の最終報告、通称「アナン勧告」でも、ラカイン州北部では治安上の理由で正式な教員が充分おらず、教育の質が低いだけでなく「イスラム教徒の子供たちがミャンマー語で教育を受けることが保証されていない」ので、言語が障壁となってイスラム教徒が社会からますます分断される恐れがあると指摘したほか、イスラム教徒が高等教育にアクセスできない現状を改善するよう勧告している。

もっとも、大学教育を受けたロヒンギャも皆無ではない。ナヤパラ難民キャンプで顔見知りになったマウンドー郡出身の男性（三〇歳）は、片言の英語を話し、親しみやすく知的な好人物だが、「国立シットウェ大学に通ったことがある」と聞いてさすがに驚いた。

「家は普通の農家だったが、父は田畑と淡水魚養殖で稼いだカネを私の学費に惜しまず使ってくれた。小学校ではビルマ語、英語、算数などを習った。中学校では月々五〇〇〇チャット（約四〇〇円）を払ったが、教師はロヒンギャの生徒には熱心に教えないので、別に一万チャット（約八〇〇円）でロヒンギャの家庭教師を雇って勉強を続けた。その後進学したマウンドー町の高校には無償の寮があったが、ラカイン人の生徒しか入居できず、私は知り合いの家に間借りした。ラカイン人教師の中にはロヒンギャにも親切な人がいたが、露骨に差別する教師もいた」

「二〇〇九年に高校を卒業した後、今度は自分が家庭教師をして一年間学費を貯め、州政府の許可も得て二〇一一年、シットウェ大学に入学して化学の勉強を始めた。ところが翌年、シットウェでイスラム教徒と仏教徒の衝突が発生し、私も逮捕されてマウンドーに送還され、復学できなくなった。一度は絶望してマレーシアに渡航しようと思ったが断念し、結婚して村で薬局を開き、家庭教師をしながら生活していた」。二〇一七年八月の大惨事に見舞われ、妻子とともにナフ河を渡った彼は、キャンプで地区の世話役を務めるなど、ロヒンギャの間でも信頼されている。こうした有為な人材が学業を断念し、仕事にも就けず、難民キャンプに押し込められている現実に何ともやり切れない思いがする。

二〇一二年の衝突と弾圧

ロヒンギャへの迫害が強まる中、二〇一七年八月の大惨事を招来することになる重大事件が二〇一二年六月、二〇一六年一〇月に相次いで発生し、事態は急速にエスカレートしていく。第3章以降で詳述する国連人権理事会の「ミャンマーに関する独立国際事実調査団」（国連調査団：Independent International Fact-Finding Mission on Myanmar）の最終報告（二〇一八年九月一八日）などを引用しながら、まず二〇一二年の事件を見ていきたい。

ラカイン州チャオピュー県のラムリー島の村で五月二八日、仏教徒の女性（二七歳）が殺害される事件があった。国営英字日刊新聞『New Light of Myanmar』は六月五日、これを強姦・殺人事件として報じるとともに、「ベンガル人のイスラム教徒」の容疑者三人の名前を伝えた。三人は逮捕・起訴されて死刑判決を受けたが、強姦容疑には疑問が残っている。新聞報道より早く、インターネット上に犠牲者の写真とともにロヒンギャへの憎悪を煽る書き込みが広がった。同州サンドウェ県トングップ郡で六月三日、「イスラム教徒がラカイン女性を襲っている」というビラがまかれ、激高した約三〇〇人の群衆がバスで旅行中のイスラム教徒一〇人を殺害した。五日後の八日にはマウンドー県マウンドー郡で、この犠牲者一〇人を悼むためにイスラム教徒が集まったモスクに投石があったのをきっかけに、ラカイン人住民との間で衝突が発生し、治安部隊の発砲で多数の死傷者が出た。

この衝突を主要メディアが「イスラム教徒による暴力」として全国に伝える一方で、国軍と警察がマウンドーのロヒンギャ住民を無差別に殺害した。シットウェでは治安部隊とラカイン人住民が一緒になってロヒンギャの家を焼き、ロヒンギャ住民が消火しようとするのを妨害した。ロヒンギャの多くが国軍によって郊外の国内避難民（IDP）キャンプに強制的に移されたが、その中には同じイスラム教徒の少数民族カマンも含まれた。

いったん収まった暴動は同年一〇月に再燃し、チャオピュー県チャオピュー郡で一〇月二二～二五日、武装したラカイン人が治安部隊に伴われてロヒンギャとカマンの集落を襲い、多くの死傷者を出した。家を焼き払われ、海岸に追い立てられたイスラム住民は漁船でシットウェに逃れ、IDPキャンプに収容された。二〇一二年の一連の暴動による死者は一九二人（政府発表）とされるが、実際はもっと多かったと見られ、国軍兵士や警察によるイスラム教徒女性のレイプ・殺害も相次いだという。IDPキャンプに収容されたのはロヒンギャなどイスラム教徒を中心に約一四万五〇〇〇人に上った。

この当時、シットウェで避難民支援に当たった人道支援機関の関係者が証言する。

「現地入りしたのは二〇一二年一〇月で、衝突の再燃を受けて夜一〇時～朝六時の外出禁止令が敷かれた。シットウェ市街にはラカイン人の姿しかなく、ロヒンギャは郊外の田んぼや空き地に避難していた。IDPキャンプは衛生面でも非常に悲惨な状況で、人々は粗末なテントの下で米飯だけを食べて辛うじて生きていた。家を焼かれて命からがら逃げて来た人々、襲われる危険が

2012年当時のシットウェ郊外のIDPキャンプ＝関係者提供

あるので自分の村に戻れない農民、ボートを焼かれて漁ができなくなった漁師などさまざまだった。中世ヨーロッパのゲットー（ユダヤ人強制居住区）は、まさにこんな感じではなかったかと想像した。強制収容というよりも、郊外のひとつの区画に閉じ込められて外に出られない状態だった。同じ避難民でもラカイン人は地元の僧院に収容されるなど、コミュニティに暖かく迎えられていた」

「ミャンマー政府の担当閣僚やラカイン州当局者は、食料が不足して暴動が起きることを警戒していたらしく、食料支援には協力的だった。七二カ所に分散したキャンプの中にはボートでしか行けない場所もあり、トラックと併せて総動員して食料を運び続けた。現地で感じたのは、ラカイン人が国連やNGOなど人道支援団体を非常に嫌っていることで、

“No Bengali, No UN, No NGOs”というポスターやTシャツ、“Bengali go home”と書かれた横断幕を街のあちこちで見掛けた」

「さまざまな証言を聞いて、一連の事件は政府が主導したという心証を持った。最初のレイプ事件はでっち上げの疑いがある。六月にラカイン人過激派がロヒンギャの集落を焼き討ちした時は、国軍や警察が一緒に来て襲撃を煽り、消火しようとするロヒンギャ住民に発砲し、焼け落ちた家々をブルドーザーで一掃したという。シットウェ港湾開発計画を進める外国（中国）企業に政府がロヒンギャの土地を売却して立ち退きを迫っていた、あるいは利権を漁るラカイン人ビジネスマンが仏教徒過激派に資金提供して騒動を起こしたというウワサもあった」

国連報告によると、二〇一二年の衝突がもたらした大きな弊害は、テインセイン大統領が六月一〇日にラカイン州に発令した非常事態宣言、それに伴う夜間外出禁止令と五人以上の集会禁止だった。非常事態宣言は約四年間継続され、夜間外出禁止令（原則午後六時〜午前六時）は二〇一四年九月までにマウンドー県を除いて解除された。比較的緩やかに運用される場合もあったが、通常は厳格に適用され、夜間に灯りを点けられず、禁止令に違反したとして治安部隊に殺害されるなど、ロヒンギャ住民の生活に長期的に深刻な影響を与えた。集会禁止はモスクにも適用されたため、集団礼拝することができず、民家やマドラサなどに密かに集まって礼拝していた住民もいた。

反イスラム感情は他地域にも飛び火し、二〇一三年三月二〇〜二二日にはミャンマー中部のマンダレー地方域メイッティーラで、仏教徒とイスラム教徒の口論をきっかけに大規模な衝突が発生した。イスラム教徒の民家や商店、モスクが焼かれ、少なくとも四四人が死亡したが、襲撃した暴徒の中には仏教僧もいたという。同年五月には東部のシャン州ラーショーでも同様の反イスラム暴動が起きた。

軍事政権下での軟禁を解かれ、二〇一二年四月に連邦議会・下院議員として政界の表舞台に立ったアウンサンスーチー氏は、暴力行為の即時停止と国籍法の見直しを提言した。民主化指導者として当然の感覚だったが、「ロヒンギャの肩を持った」という激しい批判が同氏の支持層を含めて噴出し、海外のビルマ人コミュニティからも批判が沸き起こったという。「アウンサンスーチー氏の主張のポイントは、国籍法による不合理な国民の定義（一八二三年で線引きすること）、および三つのカテゴリーに国民を分けることとの再考にあったが、国民はそうしたリベラルな考え方よりも、一八二三年という〝幻想〟にこだわる排他的ナショナリズムを優先させた」（根本教授）。二〇一七年の大惨事の際、アウンサンスーチー国家顧問が指導力を発揮しなかったことが国際社会の非難を浴びたが、あるいはこの時の政治的トラウマが影響して慎重な姿勢を取らざるを得ないのかも知れない。

シットウェ郊外のタントゥレIDPキャンプ＝新畑克也氏撮影（2017年1月）

「静かに虐殺される」国内避難民

ラカイン州内のＩＤＰキャンプの非人道的な状況は、数年経っても変わっていない。ロヒンギャ問題を追うフォトグラファー、新畑克也氏は、人口約一八万人の州都シットウェ郊外のＩＤＰキャンプ、および市街地のロヒンギャ地区を繰り返し訪れており、二〇一七年一〜三月に撮影した写真を提供していただいた。以下は新畑氏によるリポートである。

「シットウェ中心部から北西に約八キロ離れたエリアに、いわゆるＩＤＰキャンプが複数ある。それらは、①ロヒンギャがもともと暮らしていた集落、②わずかながら国連世界食糧計画（ＷＦＰ）などの援助がある登録されたＩＤＰキャンプ、③援助すらない劣悪な環境の非登録キャンプ――の三つに分類される。

シットウェ市街中心部のアウンミンガラー地区＝新畑克也氏撮影（2017年３月）

周囲は国軍や警察の施設で包囲され、ロヒンギャは町に出ることも許されず、『プリズン・キャンプ』とも呼ばれている。私が訪ねた非登録キャンプのひとつタントゥレ避難民キャンプは食料配給がなく、収入を得るために仕事をすることも許されていない。登録キャンプに行って物乞いするか、欧米の小さなNGOのゲリラ的支援によって命をつないでいるのが現状だ。本来タフなはずの人々は痩せ細り、疲れ果てていた。衛生環境も悪く、栄養失調や寄生虫によってお腹が大きく膨らんだ裸の子供の姿が目立つ。バングラデシュに避難したロヒンギャと違って、シットウェで隔離され続ける彼らは『静かに虐殺されている』という印象を受ける」

「シットウェ市街中心部には約四〇〇〇人のロヒンギャが閉じ込められたアウンミンガラ

ーと呼ばれる小さな地区がある。周囲はバリケードで囲まれ、警察の詰め所が設置されて、人々は完全な監視下に置かれている。彼らは町に出られず、食料や日用品の買い物は有料の専用バスで郊外のIDPキャンプの市場に行くしかない。同地区にはモスクやマドラサもあるが、外国人の立ち入りは厳しく禁止されており、内部の様子を窺い知ることはできない。私が地区の周囲を歩いていると、同じようにスラムで暮らすヒンドゥー教徒は好意的だが、ラカイン人の住民には嫌な顔をされ、追い返されることが度々あった」

仏教界のビンラディン

イスラム教徒と仏教徒の衝突が繰り返される中、国際的な注目を集めたのが、イスラム教徒排斥を激烈に主張する上座仏教の高僧アシン・ウィラトゥ師である。ミャンマー中部の古都マンダレーを拠点とするウィラトゥ師は、仏教過激派・民族主義の怪僧として知られ、「少数派のイスラム教徒がミャンマーの仏教徒の絶滅を目論んでいる」「彼らは仏教徒の女性をレイプしている」などの発言を繰り返してきた。反イスラム暴動を煽動した疑いで二〇〇三年に逮捕され、禁錮二五年の有罪判決を受けたが、二〇一一年の恩赦で釈放されている。反イスラム運動「九六九運動」（『仏法僧』の三法に由来する呼称）を主宰し、イスラム教徒が経営する商店のボイコット、イスラム教徒との結婚禁止などを呼び掛けるとともに、イスラム教徒に対する暴力を自衛として容認している。政界にも大きな影響力を持ち、自らが率いる反イスラム団体「ミャンマー民族宗教保護協会」（通称 MaBaTha／マバタ）が起草した人口抑制法、仏教徒女性特別婚姻法、改宗法、一夫一妻法を二〇一五年に相次いで可決・成立させた。

民政移管後の政権を担ったテインセイン大統領は、政治犯の釈放、メディアに対する事前検閲廃止など民主化促進にある程度の成果を上げていたが、政権運営の上で強大な仏教界の圧力を無視できず、四つの法律に署名して成立させた。アウンサンスーチー氏は当初は法案に反対したものの、仏教界の猛反発を受けて妥協を余儀なくされた。

「民族宗教保護法」と総称される四つの法律の概要を成立順に見てみる。①人口抑制法（産児制限法）＝女性の多産を避けるために出産間隔を三六カ月間とし、妊娠した場合は強制的な堕胎を可能とする。②仏教徒女性特別婚姻法＝仏教徒女性と非仏教徒男性の結婚は行政当局への申請が必要で、第三者による異議申し立てもできる。夫は妻の信仰行為を尊重し、妻を改宗させようとしたり仏教を侮辱したりしてはならず、これに違反した場合は妻の側から離婚できる。離婚に際して夫は財産権、子供の親権を放棄する。③改宗法＝仏教徒の他宗教への改宗を許可制とし、申請者に審査機関による面談、宗教について学ぶ九〇日間の学習期間を課す。④一夫一婦法＝一夫多妻を禁じ、内縁関係・事実婚を含めて一夫一婦以外の結婚を重婚と見なす。違反者には七年以下の禁錮刑または罰金刑が科せられる。

表向きすべての国民と宗教を対象としているが、イスラム教徒の人口抑制、仏教徒女性とイスラム教徒男性の婚姻の制限（事実上の禁止）を目的にしているのは明らかだろう。結婚・出産に関する規制が特に重視されていることについて、マバタ本部の広報担当者は「ムスリム男性はカネの力で仏教徒の女性を娶り、妻をムスリムに改宗させ、生まれた子供もムスリムにする。イスラム教では一夫多妻が認められているため、このままいけばムスリム人口が急増してミャンマーが乗っ取られてしまう。結婚を制限することは、仏教徒の女性を守るためにも重要である。

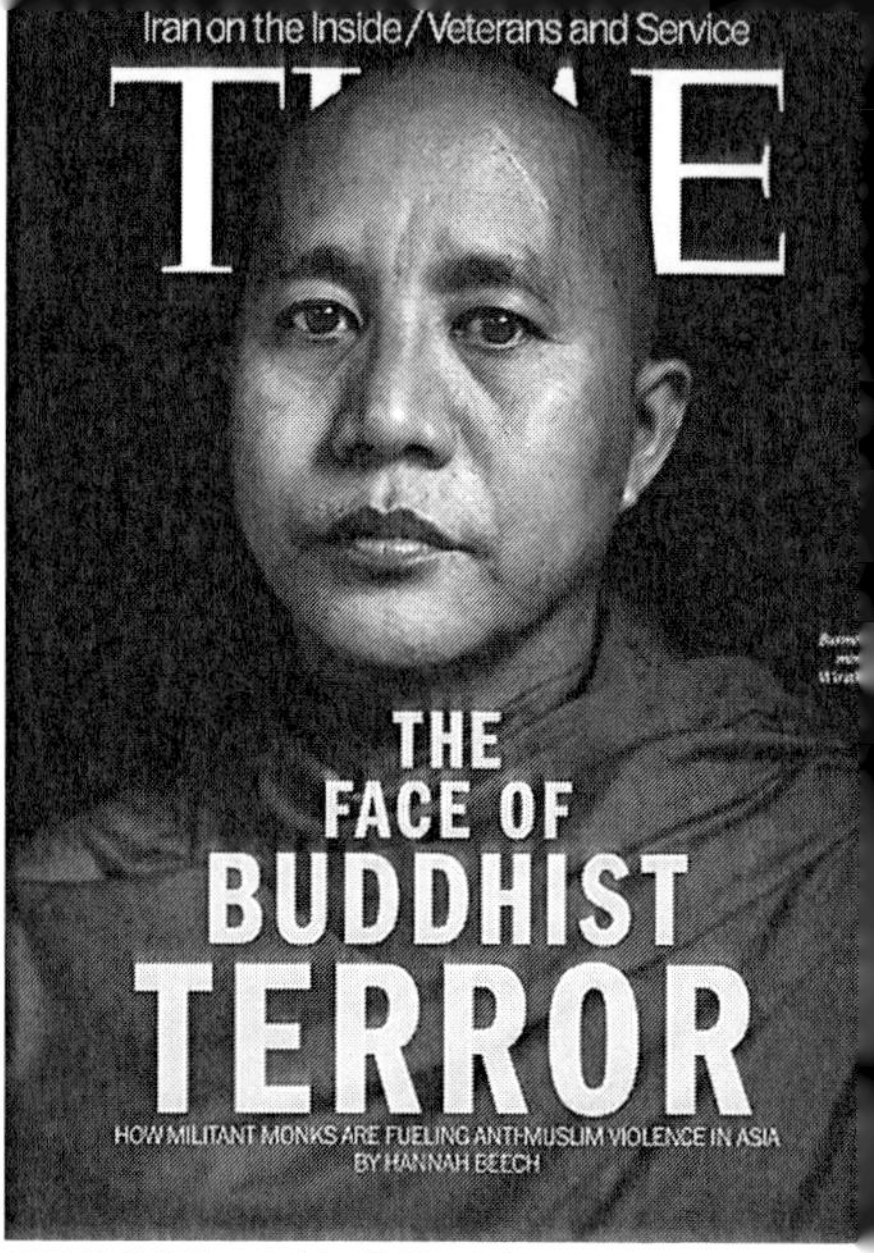

米誌「TIME」の表紙に登場したウィラトゥ師

つまり、ムスリムの妻となった仏教徒女性は売春婦のように扱われるケースが多く、さらに財産の相続権も認められておらず苦しんでいる。こうした状況から仏教徒女性を救うためには、両者の結婚を法律で制限しなければならない」と言明している（藏本龍介）[*26]。

ウィラトゥ師は国内の仏教徒から広範な支持を集める一方、欧米メディアから「仏教原理主義者」「ビルマのビンラディン」と呼ばれる。米誌『タイム』（二〇一三年七月一日号）の表紙と特集記事で「仏教徒テロの顔」と紹介された時は、ミャンマー国内の仏教徒から反発の声が沸き上がったが、本人はまんざらでもなかったのではないか。

話が前後するが、ラカイン州北部の緊張が高まっていた二〇一七年五月と七月、ウィラトゥ師が現地を訪問したことが国連調査団によって確認されている。それによると、同師は五月上旬、治安部隊の護衛を受けて、後述する二〇一六年一〇月の衝突の現場を訪ね、国軍や国境警備警察の高級幹部に迎えられたほか、ロヒンギャ排斥を掲げるラカイン人のアラカン国民党（ANP）から側近が寄付を受けたという。二〇一七年七月一一日には、翌八月末にロヒンギャ虐殺が起きるシットウェ県ラティダウン郡のシュトピン、ザイディピン両村を訪れ、僧院に多数のラカイン人仏教徒を集めて説教を行った。ロヒンギャ男性の目撃者によると「村人は仏教の旗を掲げてこぞって歓迎し、メガホンを使って『尊敬すべき高僧ウィラトゥ師』の到着を告げた」。同師の訪問後、ザイディピン村の行政官がロヒンギャの長老たちを招集して「ここはお前たちの国ではない」と通告したほか、シュトピン村では国軍兵士とラカイン人による嫌がらせが増えたという。

ウィラトゥ師は「ヘイトスピーチを繰り返して対立を引き起こしている」として、仏教界最上位の高僧委員会から公共の場での説法を一時禁止されていたが、解禁後の二〇一八年一〇月一四日にヤンゴンの集会で説法を行い、ロヒンギャ問題をめぐる国際社会の対応を非難して「ICC（国際刑事裁判所）がここに来る日、ウィラトゥは銃を手にする」「ミャンマーをイスラム化しようとして、世界に向かってベンガリをロヒンギャと呼ぶようなウソをつくのは止めろ」「ありもしない民族集団をでっち上げて我々の国を破壊するな」と相変わらず過激な主張を繰り返した。[*27]

二〇一一年三月の民政移管後に過激化した反イスラムの風潮は、言論の自由が制限されていた軍事政権時代の重しが取れて、それまで顕在化しなかった極端な論調や思想が噴出したという国内事情、二〇〇一年の九・一一米国同時多発テロ事件を契機としたイスラム過激派との「対テロ戦争」という国際事情の二つが負のベクトルとなって絡み合っているように思える。欧米社会に蔓延するイスラムフォビア（Islamophobia＝イスラム恐怖症）と基本的に同じ差別感情であり、ただしミャンマーの場合、ロヒンギャ問題の特殊な背景もあって、さらに根が深い印象を受ける。どの宗教の教えにも本来共通するはずだが、とりわけ平和と寛容を説くイメージが強い仏教の異様な姿に幻滅を感じざるを得ない。

ボート・ピープルの出現

一九九〇年代の難民の大量越境をきっかけに両国の国境警備が強化され、バングラデシュに陸路越境するのが難しくなったことで、主に二〇〇〇年代に入って出現したのが、海路脱出を図るロヒンギャ難民の「ボート・ピープル」である。二〇〇〇～四〇〇〇人ほどの集団が木造船でベンガル湾に漕ぎ出し、アンダマン海からマラッカ海峡に入って、タイ南部やマレーシア、インドネシアなど近隣のイスラム地域を目指す出来事が相次いだ。一九七〇年代後半から八〇年代にかけてのインドシナ難民を想起させる新たなボート・ピープル問題は、ロヒンギャ難民に対する国際的な関心を呼び起こした。

二〇〇七年一一月、二四〇人を乗せてマレーシアに向かっていた漁船と貨客船がベンガル湾で沈没し、生存者八〇人が救助された。その一週間後には一五〇人を乗せた船がミャンマー海軍の銃撃を受けて沈没し、全員が死亡したと言われる。エンジンの故障でインド洋を漂流した例もあり、二〇〇八年三月にはスリランカ海軍が七一人を救助したが、二二日間の漂流中に二〇人が死亡した。二〇〇六年一〇月から二〇〇八年にかけて、八〇〇〇人以上が船でタイ、マレーシアを目指したとの推計もある。[*28]

当時横行したのがタイの人身売買業者による密航ビジネスである。ラカイン州北部からバングラデシュに越境し、コックスバザールの海岸から約一週間航海してタイ南部に上陸した後、陸路でマレーシアに密入国するのが一般的なルートとされる。一人当たりの密航費用の相場は、タイ南部までが三〇〇ドル、マレーシアまでが七〇〇〜一〇〇〇ドルとされ、関係国の入管当局が業者と共謀している疑いが指摘された。ただし、ロヒンギャだけではなく、貧困から逃れようとするバングラデシュ人が経済難民として密航するケースが後を絶たず、船によっては全員がバングラデシュ人の若い男性という事例もあり、同国のシェイク・ハシナ首相を激怒させたことがある。

ボート・ピープルは二〇一四〜一五年にピークを迎え、UNHCRの推計によると、この二年間だけで約九万四〇〇〇人が密航を試み、一一〇〇人以上が死亡した。[*29] 特に密航が相次いだ二〇一五年五月には、タイ・マレーシア国境の山中で密入国する前の待機所と埋葬地が発見され、摘発を恐れる密航業者が密航者を船ごと海上に放棄する事件が続発したほか、タイ海軍が三〇〇人

インドネシア・アチェ沖で発見された密航船（2015年５月20日）＝UNHCRホームページ

以上の難民が乗った船に燃料と食料、水を与えて領海外に追い返したことも物議を醸した。

インドネシア・スマトラ島北部アチェ州沖で同月一五日、二カ月間の航海と漂流の末に救助された六七二人乗りの密航船は凄惨を極めた。マレーシアに向かう途中でタイ人船長に遺棄された船は、インドネシア海軍、次いでマレーシア海軍に拿捕され、それぞれ食料や水を与えられて領海外に曳航された後、エンジンが壊れて漂流中、アチェの漁民に発見されて救助された。乗っていたのはバングラデシュ人の男性四二二人、ロヒンギャ二五〇人（女性五八人／子供五一人を含む）だったが、生存者によると食料を要求した一〇〇人以上が船長や船員に射殺され、餓死した者もいたという。漂流中に食料をめぐる争いが起きて、多数派のバングラデシュ人がロヒンギャに暴行を加え、海に投げ込む惨事も起きている。救助された後、バングラデシュ人とロヒンギャは別々の施設に収容された（Rappler.com）[*30]。

米国はバラク・オバマ大統領の下で二五七三人のロヒンギャ難民を受け入れるとともに、各国に受け入れを要請し、同年五月二九日には関係一七カ国と国連機関などが参加する国際会議がタイ・バンコクで開催された。難民受け入れに当初は難色を示していたマレーシア、インドネシア両国は、一年間の期限付きで一時保護する方針を示したが、すべての責任を負うべきミャンマー政府は、ロヒンギャという呼称を使わないことを条件に会議に出席したものの「これは我が国とは関係のない人身売買の問題であり、海上を漂流しているのはバングラデシュ人の経済難民である」との主張を崩さなかった。先述の密航船の例を見ると、ミャンマーの言い分も一部分からなくはないが、ロヒンギャ難民流出に関して自国の責任を頑なに否定する外交姿勢は、当然ながら大きな反発を招いた。

オーストラリアは二〇一三年以降、ロヒンギャに限らず密航して来た難民の上陸を認めず、隣国パプアニューギニア・マヌス島やナウルに建設した収容施設に送り込む「オフショア拘留制度」を打ち出していた。しかし、パプアニューギニア最高裁判所が二〇一六年四月、収容施設での長期拘留を違憲とする判決を下し、豪州政府は二〇一七年一〇月にマヌス島の収容施設を閉鎖した。数百人の収容者は別の施設に分散されたが、二〇一八年五月にロヒンギャの男性が同島で自殺する事件があり、寛容な移民国家の伝統から一転、厳しい難民政策を続ける同国政府の方針に国内外から改めて批判が起きた。

イスラム教国のマレーシアはロヒンギャの主要な密航先である。UNHCRによると、同国にはミャンマー出身の難民（認定済み）および難民認定申請者が一四万二三七〇人（二〇一九年一月末現在）[*31]おり、ロヒンギャ八万四〇三〇人のほか、ロヒンギャ以外のイスラム教徒、チン、カチン、カレンなど他の少数民族が含まれるが、実際には未登録の密航者も多く、同国内のロヒンギャは約一二万人と推計される。マレーシアはもちろん難民を歓迎する訳ではないにせよ、イスラム教徒を中心に人道的観点から同情的な気分があるという。

後述するラカイン州での衝突（二〇一六年一〇月）を受けて、二〇一七年一月に首都クアラルンプールで開催されたイスラム協力機構（ＯＩＣ）緊急外相会合の冒頭、ナジブ・ラザク首相（当時）は「ラカイン州の人道危機で多くのロヒンギャの兄弟姉妹たちが命を失っている。私たちはもはや黙ってはいられない。ミャンマー政府に対し、直ちにロヒンギャに対する差別的な行動および攻撃をすべて中止し、加害者を裁判にかけるよう求める」と訴えるとともに、ポート・ピープル問題を念頭に、ある国の国内問題が近隣国に悪影響を及ぼす場合は、東南アジア諸国連合（ＡＳＥＡＮ）の原則である内政不干渉にとらわれる必要はないとの見解を示唆した。[*32] ＡＳＥＡＮで大きな影響力を持つ同国のマハティール・ビン・モハマド首相（二〇一八年〜）もこの間、「アウンサンスーチー氏には失望した」と辛辣な批判を繰り返している。

とはいえ、マレーシア国内のロヒンギャ難民が置かれた環境は厳しい。同国で支援活動の経験があるフランスのNGO関係者によると「収容施設がある訳ではなく、ロヒンギャの多くはクアラルンプール郊外やペナン島などの都市圏で、安いアパートを数世帯共同で借りて暮らしている。難民認定を受けても正規に就労できないため、飲食店や建設業、メイドなどの低賃金の違法労働をするしかなく、賃金を踏み倒されも救済措置はない。子供たちは公教育を受けられず、難民コミュニティやNGOが費用を出して運営する学校に通っている」という。

オバマ大統領の演説を紹介しておきたい。ミャンマーの民政移管（二〇一一年三月）を受けて、オバマ大統領は翌二〇一二年一一月、米国大統領として初めてミャンマーを訪問し、テインセイン大統領、アウンサンスーチー議員と会談した。ヤンゴン大学で講演したオバマ大統領は、民主化の努力を称賛する中で、同年発生した一連の衝突事件に触れ、「我々は今日、ラカイン州で多くの苦しみを引き起こした最近の暴力を目の当りにし、継続的な緊張がもたらす危険性を見ている。余りにも長い間、ラカイン人を含むこの州の人々は、壊滅的な貧困と迫害に直面して来た。しかし、罪なき人々に対する暴力に弁解の余地はない。ロヒンギャの人々も、あなた方や私と同じように自らの内に尊厳を持っている。国民和解には時間がかかるが、私たちに共通する人間性のために、この国の将来のために、煽動と暴力を止めることが必要だ」と述べ、ロヒンギャという呼称を一度だけ使って弾圧の即時停止を呼び掛けた。[*33] オバマ大統領らしいメッセージだったと思うが、ミャンマーの指導層や一般国民の心には全く響かなかった。

武装勢力ARSAの誕生

二〇一二年の衝突以降、ミャンマー国内の反イスラム運動が高揚する中、ロヒンギャの側でも武装闘争に向けた動きが密かに進行していた。武装勢力「アラカン・ロヒンギャ救世軍」（ARSA）の登場である。二〇一七年八月の事態を引き起こしたARSAは「パキスタン生まれのアタウラーによって二〇一三年頃に創設され、二〇一六年一〇月の警察襲撃事件で一躍注目を集めるようになった」と簡略に説明されることが多いが、誕生までにはもう少し複雑な経緯がある。

そもそも世の古今東西、長年にわたって苛烈な弾圧を受けて、武装闘争を一度も考えなかった民族はいないだろう。多民族国家ミャンマーは独立以来、東部カレン州のカレン民族解放軍（KNLA）、カヤー州のカレンニー民族人民解放戦線（KNPLF）、北部カチン州のカチン独立軍（KIA）、南部シャン州のシャン州軍（SSA）など少数民族の武装勢力が割拠し、政府との停戦協議に応じた主要勢力だけでも一七に上る。イスラム勢力というバイアスもあってARSAはいささか過大評価されているが、ミャンマー国内を見渡すと、実はロヒンギャほど大人しく耐え忍んでいた民族集団はいない。

ロヒンギャ武装勢力の源流は、イスラム教徒の自治区創設を目指して一九六四年設立された「ロヒンギャ独立戦線」（RIF）までさかのぼり、この後継として一九七三年コックスバザールに設立された政治団体「ロヒンギャ愛国戦線」（RPF）は小規模な武装グループを持っていた。

一九八二年にRPFから分離して生まれた「ロヒンギャ連帯機構」（RSO）は一九九〇年代、ラカイン州で国軍への攻撃や爆弾テロを試みたが、いずれも軍事的脅威になる規模ではなかった。RSO創設者ヌルル・イスラムは一九八六年RSOを脱退して、RPFの残存メンバーとともに「アラカン・ロヒンギャ・イスラム戦線」（ARIF）を設立し、一九九八年にARIFとRSOが合併して「アラカン・ロヒンギャ民族機構」（ARNO）となった。[*34] ARNOはほぼ唯一の政治組織としてロンドンに拠点を置き、欧米諸国に対するロビー活動を展開している。ヌルル・イスラム代表はラングーン（ヤンゴン）大学出身の弁護士で、武装路線を放棄して政治活動に専念し、ミャンマー政府・国軍による人権侵害を訴えている。

他方、ロヒンギャの一部はバングラデシュ国内のイスラム過激派との関係が指摘され、RSO戦闘員がアフガニスタンで軍事訓練を受けたとの情報もある。RSOは二〇〇〇年代半ばにほぼ消滅するが、残存メンバーが数年後に合流したのが、アタウラーが二〇一三年に創設したARSAの前身「ハラカ・アル・ヤキン」（Harakah al-Yaqin＝信仰運動）だった。そのメジャーデビューとなった二〇一六年一〇月の襲撃事件の際はハラカ・アル・ヤキンを名乗っており、二〇一七年三月にツイッターで情報発信を始めた時はARSAに改称している。欧米諸国や国連を含む国際社会に広く訴えるには、イスラム原理主義を想起させるアラビア語の名前よりも、ロヒンギャを明確に打ち出した英語名の方が得策と考えたのだろうか。

ARSA創設者のアタウラー司令官（Ataullah abu Ammar Jununi）は、ロヒンギャ移民が多数居

声明を発表するアタウラーARSA司令官（2017年８月28日）＝You Tube

住するパキスタン南部の大都市カラチの中流家庭に生まれた。ＡＦＰ通信によると、年齢は三〇代前半（二〇一七年時点）と見られる。[*35]一九六〇年代にマウンドー県ブティダウン郡から陸路旅してカラチに移り住んだ父親は、やがて雇用と教育の機会を求め、家族を連れてサウジアラビアに移住する。若きアタウラーはモスクでコーランを見事に朗誦して現地の富豪に気に入られ、子供の家庭教師を頼まれたのをきっかけに富裕層との交流を深めたとされる。豪華なパーティーや狩猟旅行に招かれ、贅沢な生活も知っている。

イスラム学者になったアタウラーは周囲から親しまれ、その雄弁さが称賛されたという。名門マドラサ出身の父親にアラビア語やコーランを教え込まれ、模範的なイスラム教徒として育てられたうえに、如才なく人付き合いできる社交的なタイプだったのだろう。映像で見る限り、ずんぐりした体型ながら押し出しの効く顔立ちをしている。語り口はソフトで礼儀正しく、ＡＲＳＡ関係者は「我々に対しても兄弟のように接し、声を荒げるところは見たことがない」と証言しており、テロ活動は別として、カリスマ性を備えた優秀な人物と思われる。

アタウラーにとっての大きな転機は、二〇一二年の衝突で多数のロヒンギャがＩＤＰキャンプに強制収容されたことだった。アタウラーはサウジアラビアでの生活を捨ててミャンマーに渡り、同胞のために戦う決意をする。純粋に義憤に駆られたのか、名を成そうと考えたのか、あるいはサウジアラビアで誰かに何事かささやかれたのかは分からない。パキスタンに戻ったアタウラーは、同国のイスラム武装組織にコンタクトし、武器と戦闘員を集めて軍事訓練を実施しようとした。この時彼に会った関係者三人は「アタウラーは豊富な資金を持っていた。出処はサウジアラビアの富裕層と現地在住のロヒンギャと思われる」と証言している。アフガニスタンやパキスタンのタリバン、パキスタンを拠点にカシミールの分離独立を主張するラシュカレトイバなどイスラム過激派とつながりのある人物に支援を要請したが、ロヒンギャ救済を売名行為と見なされたのか、誰にも取り合ってもらえず、前金として渡した武器購入資金を持ち逃げされたことさえあった。アタウラーはロヒンギャに口先だけの同情を示して何もしないイスラム過激派に強い不信感を抱き、民族主義に大きく傾きながらパキスタンを発ったという。

アタウラーが密かにラカイン州に入ったのは、二〇一二年六月の衝突の直後とも、二〇一三年後半とも言われるが、ある時期に戦闘員の勧誘と戦闘訓練を行っている。二〇一七年八月二五日の警察襲撃事件に参加したARSA戦闘員（三六歳）にインタビューした『毎日新聞』（二〇一七年一一月四日付朝刊）によると、マウンドー県で高利貸しやエビ売買を営んでいたこの男性が初めて武装組織に関わったのは、約二年半前（二〇一四年頃？）のことだった。「『我々はロヒンギャのために戦っている。賛同してくれるなら仲間にならないか』。村のイスラム教指導者を通じてこう誘われた。『我々はミャンマー人に土地や財産を奪われている。戦うしかない』。そんな思いで引き受け、近隣の軍や警察の活動を報告する役割を担ったという。その一年後（二〇一五年頃？）、ARSAを創設したロヒンギャの指導者、アタウラー司令官が戦闘員勧誘のため、密かに村を訪れた。司令官は村の宗教指導者に『信用できる村人を集めてほしい』と依頼し、自分を含む二六人が選抜された。司令官と初めて会った時、『誠意があって信用できる人物』と感じ、戦闘員となる決意をした。その後、約三カ月間の軍事訓練に参加した。参加者は約一七〇人。村から離れた山林や浜辺、川のほとりなどで銃の扱いなどを学んだ。教官役には、海外でゲリラ戦を学んだロヒンギャのほか、パキスタン人とバングラデシュ人、インド人がいたという。戦闘員になってから、月二万〜三万チャット（約一六〇〇〜二四〇〇円）が支給された」。

パキスタンでさまざまな組織と接触したこともあって、二〇一七年八月以降、アルカイダやISなど国際テロ組織との関係を示唆する報道が相次いだが、ARSAは「アルカイダ、ISIS、ラシュカレトイバその他いかなる国際テロ組織ともつながっておらず、こうしたグループがアラカンの紛争に関与することを歓迎しない。ＡＲＳＡは、この地域の国々にテロリストがアラカンに侵入して事態を悪化させるのを防ぐよう求める」と全面否定した（九月一四日付声明）。国連調査団も「（国際テロ組織との）関係を示唆する情報は確認していない」として、この点ではＡＲＳＡの主張を認めている。ＡＲＳＡはＩＳ系と呼ばれる組織のように「イスラム国家樹立」を掲げてはおらず、余りに貧弱な武器を見ても、国際テロ組織から潤沢な資金や武器の供与を受けていると考えるのは無理がある。

ただし、当然ながら今回の事態にイスラム過激派諸派も注目しているのは確かで、（公財）中東調査会によると、アルカイダ（総司令部）は二〇一七年九月一二日、バングラデシュ、インド、パキスタン、フィリピンの全ムジャヒディン（イスラム聖戦士）に対してミャンマーへの総動員を呼び掛ける声明を発表したほか、複数の組織がロヒンギャ問題に言及している。[*36] 二〇一四年九月にアルカイダ現指導者のアイマン・アル・ザワヒリが「インド亜大陸のアルカイダ」結成を発表した際には、ミャンマーを「不信仰者の支配下にある土地」としているが、これまでに具体的な「戦果」が発表されたことはない。その一方で、ロヒンギャ難民の本国帰還が進まず、バングラデシュでの避難生活が長期化すればするほど、さまざまな勢力が浸透する可能性が高まることには留意する必要がある。

ARSAの二〇項目要求

ARSAは何を主張しているのだろうか。後述する二〇一六年一〇月九日の襲撃事件後の一〇月一四日、名称変更前のハラカ・アル・ヤキンの名前で発表された声明[*37]を読むと、彼らが何を求めているかが分かる。戦闘員を伴ったアタウラー自身が声明文を読み上げるビデオ映像としてリリースされたメッセージの英文テキストを和訳した。

「アラカン州の皆さん、ミャンマーそして世界中の皆さん。ロヒンギャが地球上で最も迫害されている少数民族だということは、もはや周知の事実である。過去六〇年間、我々は暴虐なビルマ政権による大量殺戮、あらゆる残虐行為を受け続けて来た。それなのに世界は我々を無視することを選んだのだ！　知略に富む世界は、またしても我々を救うことに失敗した！　我々アラカンの民は、この緊迫した状況において、民族自決と自衛によって自らの運命を決するしかない。いかなるテロとも無縁な自立した組織として、我々は打ち続く軍事攻撃によって瀕死の状態にある罪なきロヒンギャ、その他すべてのアラカンの人々のために基本的かつ正当な権利と正義を追求する。我が同胞は、抑圧者、ベンガル湾やタイのジャングルでの悲劇的な死、そして人身売買業者の手から自分たちを解放することを選んだと我々は宣言する。我々は母親たち、姉妹、お年寄り、子供たち、そして我々自身を守ることを決意した。文明世界の真の支援を受けて、我々が希求する目標が達成されるまで、我々は戦い続ける」

ARSAは二〇一七年三月、ツイッター上に公式アカウントを開設し、声明文やプレスリリース、動画メッセージなど一四〇本以上を発信している（二〇一九年七月現在）。二〇一七年三月二九日付のARSA司令官名の英文のプレスリリースは、彼らの現状認識と闘争方針を示し、ミャンマー政府に対する二〇項目の要求を掲げている。四ページのリリースの末尾にはアタウラーのサイン、それに"AL YAQEEN"と"ARSA"の組織名を組み合わせたスタンプが押してある（〈〉部分は筆者注）。

「ロヒンギャはアラカン（ラカイン）の先住民族であり、現代のビルマ（ミャンマー）と呼ばれる国が世界地図に現れる以前から数千年存在していた。アラカンは世界の始まりの日から一七八四年まで、ビルマ植民地帝国とは何の関係もない独立したいくつもの王国を誇りにしているが、ビルマのボウドーパヤー王が残忍で苛烈な軍事攻撃でアラカンを侵略し植民地化した。

ロヒンギャは一九七〇年代から数十年にわたって、我々を父祖の地アラカンから完全に抹殺しようとするビルマ歴代政権や政府による段階を踏んだジェノサイドと人道に対する罪に常にさらされてきた。国際社会は今日、ビルマ政権と政府が何十年もの間、ロヒンギャ・コミュニティに対してジェノサイドと人道に対する罪を犯して来たことを目撃している。そうしたことを踏まえ、国連はロヒンギャを『世界で最も迫害されている人々』と認識するとともに、歴代のビルマ政権および政府によるロヒンギャ・コミュニティへの迫害は人道に対する罪に相当すると認めている。

アウンサンスーチー率いる国民民主連盟（NLD）が二〇一六年前半、政権に就いた時、ロヒンギャ・コミュニティの状況が受忍できる程度まで改善されるものと期待した。アウンサンスーチー主導の政府は、残忍なビルマの軍事政権の政治的人質として縛られている限り、国際場裡で国連、米国、ＥＵ〈欧州連合〉などの政治的影響力を引き出して、状況を変革する能力が全くないことは明らかである。したがって、現在のビルマの政治情勢においては、ロヒンギャが直面する残虐行為の首謀者ミンアウンフライン国軍最高司令官（憲法上ビルマの王の座にある）への対処も不可欠である。

我々はまた、国際刑事裁判所（ＩＣＣ）が認定するジェノサイドや人道に対する罪からロヒンギャ・コミュニティを守るために、その道徳的責任において、国際社会がアラカン州への平和維持部隊の派遣を含めて必要な措置を取ることを期待していた。

国際機関（国連、ＯＩＣ〈イスラム協力機構〉、ＥＵ、ＡＳＥＡＮ〈東南アジア諸国連合〉）、そして多くのアラカン州への国際代表団（特にヤンヒー・リー国連特別報告者）による人々を救済しようとする不断の尽力に心から感謝するとともに、将来的にはアラカン州内の多様な分野における国際社会のいっそうの取り組みを歓迎する。

それにもかかわらず、残念ながらロヒンギャはアラカン各地の強制収容キャンプに閉じ込められ、人間として生きるために最低限必要なものも与えられず、ロヒンギャ・コミュニティへの迫害が際限なく続き、先祖伝来の村や宗教施設、大切な公共的財産、私有財産が破壊されている。

かつて『信仰運動』の名前で知られた我々アラカン・ロヒンギャ救世軍（ＡＲＳＡ）は、国際法の下で正当な権利として認められた自衛の原則に基づき、アラカンのロヒンギャ・コミュニティを全力で守り、救済し、保護すべく踏み出した。国際的な規範と原則に則った我々の防御的攻撃は、抑圧的なビルマ政権だけに向けられ、我々の要求が満たされるまで続くことを、ここにはっきりと宣言する。

我々は世界中のいかなるテロ組織とも連携していない。我々は宗教・民族と関係なくすべての民間人に対していかなるテロにも関与せず、自分たちの正当な主張のためにテロを起こすという考えにも同意しない。

既に証明されたように、我々はアラカン州のすべての民族の安全と幸福、祈りの場と財産を保証する。また、国際的な規範と原則に従って我々の正当な主張を補強するために、国際社会の正統なメンバーによる政治的・財政的・技術的およびロジスティック面の支援を求める。

我々は国際的な人権基準と原則に則って、ビルマの軍事体制と政府に以下のことを要求する。

▽ロヒンギャの先住民族としての地位を回復すること▽市民〈国民〉身分証明書を発給すること▽すべての影響地域における国際的な人道支援活動を速やかに再開させること▽国連主導の国際的な独立調査・聴取チームをアラカンに派遣すること▽暴力行為の加害者全員に自らが犯した犯罪の責任を負わせること▽世界中のすべての真正のロヒンギャ難民・離散民が故郷アラカンに安全に戻るのを認めること▽移動の自由、集会の自由、結社の自由に関する権利を回復すること▽政党結成と政治参加に対する規制をすべて撤廃すること▽宗教上の儀式、文化的な式典を催すの

を許可すること▽アラカン全土のＩＤＰ〈国内避難民〉キャンプのすべてのロヒンギャが国際的な監督・監視の下で直ちに出身地に帰還するのを許可すること▽恣意的に拘留されているロヒンギャ全員を速やかに釈放すること▽ロヒンギャを強制労働者や人間の盾として使うの止めること▽暴力によって破壊された礼拝施設、公共あるいは私有の建造物をビルマ政府が費用負担して再建すること▽ロヒンギャから違法に接収・奪取した先祖伝来の土地と所有権をすべて返還すること▽ロヒンギャが交易・商業活動に参加するのを認めること▽子供たちが何の妨害も受けずに適切な教育を受けられるようにすること▽彼らが〈人口構成に見合った〉適正な割合で公共サービスに従事するのを認めること▽ロヒンギャの結婚や家族計画に干渉しないこと▽ビルマのすべての先住民族に付与された権利および特権を享受できるようにすること▽以上の要求をすべて実現するために適切な法的・行政的措置を講じること。

要求そのものは至極まともであり、この二週間前の三月一六日に発表されたラカイン州諮問委員会の中間報告も恐らく読んでいる。その後の国連報告の方向性とも合致していて、自分たちを取り巻く環境を冷静に把握し、国際社会の人権感覚や倫理観に訴える巧みさもある。これは海外育ちのアタウラーが欧米諸国とイスラム社会双方の国際感覚を理解し、外からミャンマーあるいはラカイン州を見ていたことが影響しているのだろう。

アタウラー司令官は二〇一八年一〇月、『毎日新聞』の書面インタビューに対して「ロヒンギャの人権が守られるまで戦う」と表明している。記事（一〇月二九日付朝刊）によると、アタウラーは、ミャンマー国軍に「軍事作戦を止めて人権を保障するよう」求めたほか、国連など国際社会がミャンマー政府に圧力を掛けることで、ロヒンギャにミャンマーの国籍・市民権が付与され、「安全で尊厳を持った形でバングラデシュから帰還できるようになる」ことを望むと訴えた。その際には国連の平和維持活動（PKO）などによってロヒンギャの安全が守られることにも期待を表明した。日本に対してミャンマー政府への圧力を強めるよう要請したほか、国際刑事裁判所（ICC）が同年九月、国軍によるロヒンギャ迫害の予備調査を始めたことについて「公正な手続きの始まり」と歓迎している。また、二〇一七年の混乱の最中にARSAが多数のヒンドゥー教徒を殺害したと指摘されている点については「ヒンドゥー教徒とは何十年も仲良く平和な関係だったとして改めて関与を否定した。

誤解がないよう明確にしておくと、ARSAはロヒンギャの広範な支持や信任を受けて、ロヒンギャ全体を対外的に代表している組織ではない。難民キャンプでARSAについてこっそり尋ねると、公言がはばかられる事情を考慮しても、積極的な賛同の声はまず聞かれない。「ロヒンギャを守るために戦っているとすれば応援する」程度の消極的支持がせいぜいで、「勝てる訳がないのにミャンマー治安部隊と戦って、かえってひどいことになった」「海外から資金をもらえるなど（指導部の）利益のために活動しているのだろう」といった否定的な声もあり、少なくとも自分たちの代表とは考えていない。

他方で、ロヒンギャ迫害の歴史の中で、ミャンマー国軍・警察に初めて公然と立ち向かったのは事実であり、難民キャンプで生産的な活動の機会を奪われ、将来を見失った若者たちの一部がARSAに勧誘され、カネをもらって動員されている実態もある（第5章で詳述）。つまり、ARSAにばかり目を奪われるとロヒンギャ人道危機の本質を見失うが、さりとてその存在を過小評価することもできない。アタウラー自身はラカイン州内に潜伏していると言われるが、その動向や所在が伝えられたことはない。

ARSAの解剖学

ARSAの組織としての実態はどのようなものか。バングラデシュの日刊英字紙『Dhaka Tribune』（二〇一七年一〇月二〇日付）の「ARSAの解剖学」（An anatomy of ARSA - behind the masks and guns）と題する分析記事を読んでみたい。

■指揮命令系統 ARSAの指揮命令系統は五層構造になっている。ラカイン州北部のロヒンギャの村々には①少なくとも一五～二〇人の訓練を受けた戦闘員がおり、それぞれの村を②ジマダール（jimmadar）と呼ばれる村落レベルの下級指揮官／リクルーターが統括する。ジマダールは通常、イスラム学者や聖職者から選ばれる。例えばマウンドー郡には一〇五人のジマダールがいて、彼らは③郡全体を監督する二〇人の上級ジマダールの指揮下にある。その上に④六人の指揮官がいる。マウンドー郡での作戦行動は、アタウラーの右腕とされる指揮官が統括している。マウンドー郡の上級ジマダールの一部は、ラカイン州で最も危険で重要な任務を遂行する"Tiger Group"と連携しているという。指揮系統の最上層は、もちろん⑤アタウラーの指導部である。

■資金源　ARSAの活動資金の大半は、サウジアラビアとマレーシアに住むロヒンギャから送られている。他の中東諸国からの寄付もある。『Dhaka Tribune』はサウジアラビア在住のロヒンギャの支援者リスト（八〇人）を入手した。その大半は取材に対して口を閉ざしたが、サウジアラビアの聖職者は「一万サウジリヤル（約二九万円）をARSAに最近送った。アタウラーから寄付金の受領を確認する音声メッセージが送られて来て誇りに思った」と話した。この聖職者は、アタウラーたちがミャンマーによる抑圧と初めて戦っていることを評価し、「今回（二〇一七年の襲撃）は成功しないだろうが、私は成功を祈っている。今は無理でも彼らはいつか成し遂げる。一カ月では自由は手に入らない」と語った。

『Dhaka Tribune』が入手した支援者向けの音声メッセージで、アタウラーは「私はアッラーに感謝し、コミュニティからの支援にお礼を申し上げる。私たちは戦っているので、あなた方一人ひとり話すことはできない。そこで、私の代わりにあなた方と話して貢献（寄付）

を受け取る者を任命した。サウジアラビアのアブル・カラム・ハイデリ、マレーシアのノマン師が支援を待っている」と述べている。

■軍事訓練　ＡＲＳＡは午後一一時から午前一～二時まで、小規模で集中的な歩兵の訓練を行う。訓練はエビ養殖場の近くか森林に覆われた丘陵で実施される。それは武装・非武装の二つに分かれる。武装訓練は銃火器の使用から爆薬の準備、即席爆破装置（ＩＥＤ）の製造にまで及ぶ。ＡＲＳＡが使うＩＥＤは尿素、塩素酸カリウム、鉄パイプの容器、破片になる金属製のボールで作られ、有効範囲は四五～九〇メートル。他方、非武装の訓練には武術（カンフー）と体操などが含まれる。

■使用する武器／服装　ＡＲＳＡの訓練を撮影した映像を見ると、武器はほとんど持っていない。銃器はわずかなM16、ＡK47、Ｇ３自動小銃がある。二〇一六年一〇月と二〇一七年八月の襲撃の際、銃を持っていたＡＲＳＡ戦闘員はほとんどいなかった。ミャンマー国境警備警察の前哨基地への二〇一六年の攻撃で、彼らは自動小銃六一丁と弾丸一二〇〇発を奪取した。二〇一七年の警察施設と国軍駐屯地への襲撃は余り成功せず、装備を増強できなかった。銃を持たない者は棍棒や刀剣、その他の近接武器を使った。

ＡＲＳＡには特定の服装規定はないが、戦闘員は通常、訓練や作戦中にはＴシャツと七分丈のズボンを着用する。長い靴下を履き、肘にサポーターを巻く。地元のARSA支持者は普通のルンギーとTシャツで参加する姿が目撃されている。

二〇一六年一〇月の衝突

二〇一六年一〇月の衝突と二〇一七年八月の大惨事は、数カ月の間隔はあるが、ほぼひと続きの出来事とも言える。きっかけになったのは、ハラカ・アル・ヤキン（ARSA）が二〇一六年一〇月九日、マウンドー、ラティダウン両郡の三カ所で国境警備警察を襲撃し、警官九人を殺害して武器を奪取した事件である。国軍が主導する治安部隊はマウンドー郡北部で「エリア掃討作戦」を開始し、翌二〇一七年二月一六日に作戦終了宣言するまで、一一カ所の集落が焼かれ、八万七〇〇〇人のロヒンギャ住民がバングラデシュに逃れた。テロ行為に対する反撃自体は〝正当〟として、ARSAの襲撃を端緒とした掃討作戦の発動、ロヒンギャ住民への過剰な武力行使と人権侵害は、二〇一七年八月の予行演習かと思うほどパターンが酷似している。

国連報告によると、マウンドー郡北部のプゥインユチャン村では襲撃後、国軍は長老たちを定期的に呼び集めるとともに、週二回パトロールに来て「悪い連中」を探した。一一月一一日、兵士たちはモスクに集まっていた数十人の男性を拘束し、「ベンガリ」「カラール」と罵りながら暴

ラカイン州北部のロヒンギャ居住地域の中心マウンドー郡都マウンドー町の街並み（2019年）

行を加えたほか、あごひげを焼かれた住民もいた。いったん解放された後で再び集められ、約六〇人が軍用トラックでブティダウン郡の刑務所に運ばれて拘留された。面会に行った男性は、彼らの状態を見て虐待を受けていると確信した。

翌一二日午前三時、国軍と警察の部隊が村に到着し、ロヒンギャの三つの集落を移動しながら発砲するとともに、ランチャーを発射したり、ガソリンをまいて火を付けたりして、数十軒の家を焼いた。殺傷された人数は不明だが、少なくとも九人が射殺され、男性四人が両手を縛られたまま家に閉じ込められて焼き殺された。女性に対する集団レイプも発生した。モスク二カ所、マドラサ二〜三カ所、商店一六軒、民家約一七〇軒が焼かれたほか、商店が略奪を受け、家畜一〇〇〇頭以上、バ

マウンドー町の街並み（2019年）

イク数十台も盗まれた。

同じくマウンドー郡北部のダルジザル村では一一月一二日に掃討作戦が始まった。最初に二〜三機のヘリコプターが飛来して上空から機銃掃射し、村人たちをパニック状態に陥れた。家の中にいても外に逃れても人々は撃たれ、ある目撃者は一五人の遺体を見たと証言した。翌一三日朝、二〇〇人の国軍部隊が幹線道路沿いに同村に入り、逃げる村人を無差別に銃撃し、ランチャーを発射して集落のほとんどの家を一日で焼き尽くした。国軍兵士は二〇〇人の村人を捕まえて水田に連行し、一二歳以上の男性と少年を別の所に集めてシャツを脱ぐように命じた。女性たちは身体をなで回され、腕輪などを奪われた後、年少の子供たちと一緒に民家に連れて行かれた。やがて外から銃声と悲鳴が聞こえた。

日没後に兵士が去った後、民家から出た女性たちは、積み上げられた男性と少年の遺体が、干し草や収穫されたコメ、シャツを使って焼かれ、黒焦げになっているのを見た。四〇人の男性と少年が殺害されたと見られる。女性のひとりは夫と一〇歳、一三歳の息子が殺されたと証言した。自分の家の中で焼き殺された犠牲者もいた。同村で殺害されたのは七五人と推計され、衛星画像解析によると二六五棟の建物が焼失した。

二〇一六年のエリア掃討作戦では、レイプや集団レイプ、その他の性的暴力が多発し、前述の二つの村以外でも被害があった。マウンドー郡の一四歳の少女は「私たちは森に隠れたが、兵士たちが私の一二歳の妹と他の八人の女の子を連れて行き、そのうち四人がレイプされて殺された。私も連れて行かれた。森の中には約四〇人の女性と少女がいた。私をレイプした最初の男は覚えているが、その後三人にレイプされて意識を失った。兵士たちはほぼ全部の女性と少女をレイプした」と証言した。

マウンドー郡チェユピン村で行われた掃討作戦では、特に残忍な性的暴力があった。女性と少女は集団レイプ、脱衣の強要、性的侮辱と暴行を受けた。妊娠中だった三〇歳の生存者によると、多数の兵士が軍用トラックで到着し、レイプする前に宝石、現金などの所持品を奪い、女性たちを自宅に連れて行った。彼女は「家族のうち一〇歳、一五歳の姪を含む女性六人がレイプされた」と証言した。女性に対する性的暴力は、掃討作戦のエリアだったマウンドー郡に隣接するブティダウン郡でも発生し、二五歳の女性は村長が命じられた通りに少女たちを国軍駐屯地に連れて行かなかった後、家にやって来た兵士たちにレイプされた。女性は額やほほ、左胸に嚙みつかれて意識を失い、何人にレイプされたのか分からなかったが、レイプによって妊娠し、その後流産した。

予見可能かつ計画された大惨事

二〇一六年一〇月以降のラカイン州北部は、やがて訪れる最終局面に向けた準備期間のような状況を呈していた。国連報告は二〇一七年八月二五日のARSAによる襲撃、それに続く掃討作戦は「予見可能かつ計画された大惨事」だったとして、発生に至るまでのビルドアップの経緯を検証している。

「二〇一六年一〇月以降、生活はとても困難になった。夜間に家で灯りを点けることも、市場で買い物することも許されなかった。祈りも禁じられた。国軍兵士は私たちが茶屋やコーヒー屋の椅子に座ることさえ許さなかった。本当に病気になっても病院に行けなかった。家の灯りが消えていたので、夜は食事もできず、早く寝るしかなかった。兵士は私たちの家や市場の店から略奪した」（住民の証言）。

二〇一六年一〇月から二〇一七年八月までの約一一カ月間、ロヒンギャの集落近くに治安部隊の新たな前哨基地や検問所が次々と設置され、新着した部隊が学校や村の公共施設まで占有した。

マウンドー、ブティダウン、ラティダウン郡の三郡で治安部隊のパトロールが増え、村人たちは頻繁に殴られ略奪を受けた。マウンドー郡の男性は「兵士たちは店のドアを蹴破って押し入ると、私を縛り付けて五時間も殴った。軍事基地に連行され、両手を後ろ手に縛られて、ひざまずいた姿勢を三日三晩続けさせられた。他の男性二五人も一緒だった。私たちは水さえ与えられずに拷問された。兵士たちは口の中に銃身を押し込み、タバコの火を押し付け、性器に熱いロウソクを垂らした。五人が拷問で死亡し、残りの二〇人のうち一八人は多額の金を払って釈放された」と証言した。

治安部隊はARSAに協力したという容疑で証拠もなく村人たちを逮捕した。証言によると、逮捕された男性たちは「カネを払えない限り、お前は悪者だし、払えるなら無実だ」と脅され、比較的裕福な住民がしばしば狙われた。連行されて行方不明になるケースも多く、ブティダウン郡の村では、国軍の大部隊が六~七人のイマーム（イスラム指導者）とイスラム宗教学者を連行したが、彼らがどうなったか分かっていない。

二〇一六年一〇月以降は女性に対するレイプ、集団レイプも増加し、性的奴隷（sex slavery）の事案が三郡で多発した。国軍兵士が村に来ては家に押し入って女性をレイプし、軍事施設に連れ去る事件が日常化した。ある村では一〇〇人以上の女性がレイプされ、別の村ではレイプによる大量出血で一五人が死亡した。ブティダウン郡では「手芸を教える」という触れ込みで少女七人が軍事基地に集められ、誰ひとり戻って来なかったという。

以前から課せられていた移動の制限、夜間外出禁止も厳しくなり、ロヒンギャ住民は通常の生活ができなくなっていた。ある男性は二〇一七年八月上旬、別の村にいる身内を訪ねようと孫とバイクで移動しているところを検問所で止められ、国軍駐屯地に連行された。兵士たちは、あごひげを剃るよう強要し、バイクのキーを取り上げて六万チャット（約四八〇〇円）を要求した。支払えずにいると、兵士たちは男性と孫を殴り、携帯電話を奪った。村の代表が二人の身元を確認して釈放されたが、バイクは戻って来なかった。

国軍は二〇一六年一〇月以降、マウンドー、ブティダウン両郡で夜間外出禁止（午後六時〜午前六時／二〇一七年二月に午後九時〜午前五時に短縮）を厳しく執行し、違反すると逮捕された。モスクやマドラサの多くが強制的に閉鎖されたうえ、五人以上の集会が禁止され、礼拝のためにモスクに集まることもできなかった。

宗教弾圧の象徴的な事件は、二〇一七年六月のラマダン（イスラムの断食月）にラティダウン郡のモスクで起きた。地元のラカイン人仏教徒が一〇〇年以上の歴史を持つモスクに放火したうえ、ロヒンギャが懸命に火を消そうとするのを妨害した。国境警備警察は被害者であるロヒンギャの宗教指導者を多数連行し、「自分たちで放火した」とする供述書にサインするよう強要した。コーランや聖職者の衣服などはことごとく捨てられた。

NVC受け取りの強要

二〇一七年八月に至る数カ月間で高まったもうひとつの圧迫が、NVC（Identity Card for National Verification）と呼ばれる「国籍未審査者向け身分証明書」受け取り問題である。ミャンマー国民は通常、国民登録証（NRC）を持っているが、同国政府はUNHCRとの協力プログラムに基づき、無国籍のロヒンギャに一時居住証（TRC：Temporary Registration Card）を発給していた（TRC所持者の約九割はロヒンギャ）。二〇一五年に入って政府はTRCを無効とし、同年五月末までにTRCを返却すれば代わりにNVCを発給すると通告したが、ほとんどのロヒンギャはNVCを取得すると「ベンガル人移民」に認定されてしまうと考えて受け取りを拒否した。その主張には根拠があって、前年二〇一四年にラカイン州ミャウー県内でNVC発給のパイロット事業を実施した際、当局が民族名を「ベンガリ」と記載するよう強要したため、抗議が沸き起って事業が中断された。

付記すると、ロヒンギャの参政権が完全に否定されたのもこの時期である。TRCの無効宣言に続いて、憲法裁判所は「TRC保持者には選挙権がない」との判決を下した。二〇一五年一一月の総選挙でアウンサンスーチー氏率いる国民民主連盟（NLD）が八割超の議席を獲得する歴史的勝利を収めた際、ロヒンギャはビルマ独立以来、初めて立候補も投票もできなかった（NLDの大勝が予想される中、国軍系の連邦団結発展党〈USDP〉の得票を増やすために一部は投票に動員されたという話もある）。

政府統計によると、ラカイン州内の約一〇〇万人のイスラム教徒のうち、約四〇〇〇人が国民ないし帰化国民として認められ（この他に約九〇〇〇人の土着民族カマン）、一万人がＮＶＣを取得している（ラカイン州諮問委員会）。これらの人々はＮＶＣを取得すれば土地所有権などが認められることを期待したと見られるが、実際には発給は進まず、政府は二〇一七年二月にＮＶＣ促進のための運営委員会を新設するなど躍起になっていた。

国連報告によると、マウンドー郡漁業局は二〇一七年三月、ＮＶＣ所持者だけが漁ができると通知し、漁師は検問所でチェックされるようになった。本章の前段で漁師のアフメドが証言したのがこれである。別の漁師は「国軍兵士が漁船用の船着き場を封鎖し、船からエンジンとスクリューを取り外した。彼らはＮＶＣを受け入れればエンジンとスクリューを返すと言った」。林業や薪集めに携わる住民も同様の制約を課せられ、ただでさえ貧しいロヒンギャ住民が生計を立てる手段まで奪われていった。

マウンドー、ラティダウン両郡の多くの村々では八月中旬、ロヒンギャの長老たちを集めた会合に国軍第三三および第九九軽歩兵師団の指揮官が出席し、ラカイン人行政官とともにＮＶＣ受け取りを強要した。ラティダウン郡シュトピン村の学校で八月二二日に開かれた会合で、第三三軽歩兵師団司令官は、自分たちがカチン州から配置転換されて来たと前置きしたうえで「ＮＶＣを受け入れなければ、ミャンマー北部の村人〈カチン人〉のように殺されるだろう」と恫喝した。

別の村のロヒンギャ男性は「国軍兵士が銃を突き付けてNVCを受け取るよう命じたが、私たちは拒否した」と証言した。

民兵動員と情報操作

国連報告によると、ロヒンギャ掃討作戦に向かう準備段階で、当局によるラカイン人仏教徒の民兵動員、ロヒンギャへの敵意を煽る情報操作が明確な意図を持って進められた。ラカイン州警察当局は大規模な衝突直後の二〇一六年一一月、マウンドー郡に住むラカイン人と他の少数民族による「地域警察」を募集し、「さまざまな形態の犯罪から地域の人々を守るために」新任警察官一一六人が四カ月間の特別警備訓練を受けたと発表した。武器と制服、装備品、報酬を与えられた彼らは、有事には国境警備警察に加わることになっていた。また、治安当局は二〇一二年の衝突後、「ピィードゥースィッ」(国民の戦い)と呼ばれる政府公認の全国規模の民兵組織をラカイン州北部に集中的に配置したほか、二〇一六年一〇月以降マウンドー、ブティダウン両郡に三四以上のラカイン人民兵組織を設立し、一部は国軍によって武装され訓練を受けた。

ラカイン州情報当局と地元メディアは、ARSAを「ベンガル人テロリスト」として印象付ける報道を意図的に繰り返し、コミュニティ間の不信感と恐怖を煽って、まがりなりにも共存していたラカイン人とロヒンギャの関係を崩壊させた。地元メディアは二〇一七年五〜七月、マユ山中で発見されたという軍事訓練キャンプ、爆弾や武器製造の材料の押収、当局に協力していた情報提供者の殺害など、ＡＲＳＡがテロ活動を活発化しているとするニュースを相次いで報じた（その一部は事実と思われる）。同年八月三日には、州情報委員会がマウンドー郡の村で「ＡＲＳＡが少数民族ムロ七人を殺害した」と発表したが、国連調査団が信頼できる関係者から入手した情報によると、この事件はＡＲＳＡとは関係のない犯罪が絡んでいた。

掃討作戦の直前、ラカイン州北部にはナタラ村を含めて、他地域から正体の分からない移住者が当局によって多数連れて来られた。バングラデシュの仏教徒と思われる集団もいたというが、彼らが誰だったのかは不明である。マウンドー郡南部チョクパンドゥ村のロヒンギャ住民は二〇一八年八月までの二～三カ月間、ナタラ村に新しいグループが到着するのを目撃し、それらの人々が掃討作戦に加わっているのが確認された。ブティダウン郡グーダルピン村のロヒンギャ男性は「（八月二五日の前週に）新しい移住者がナタラ村に住み始めた。私たちはラカイン人の隣人たちと常に良好な関係を保っており、二〇一六年一〇月以降もそれは変わらなかった。しかし、暴力が発生する一週間前に新たな住民が現れて、すべての関係が崩壊した」と証言した。

軍事力の急速な増強

国連報告は八月二五日に至る数週間、三つの郡で国軍など治安部隊が著しく増強された事実を確認している。ミャンマー北部に駐屯していた国軍第三三および第九九軽歩兵師団の兵員一六〇〇人超が八月一〇日、ラカイン州に空輸され、状況は一気に緊迫の度合いを増す。軽歩兵は比較的軽装備の部隊で、山岳戦や対ゲリラ戦を得意とする。この配置替えは機密でも何でもなく、全国メディアで「(新たな部隊が)ラカイン州北部に行って地域を一掃する」と報じられ、バングラデシュ治安当局も国境地帯の異変に気付いていた。

この他の国軍部隊も駐屯地から移動し、ブティダウン郡を管轄する軍事作戦司令部(MOC)15に配属された。MOC15には西部地域司令部の軽歩兵九個大隊、戦車・装甲兵員輸送車六〇両で編成される装甲旅団が所属し、Mi-17ヘリコプター八機もラカイン州に移動した。狭い地域に戦車、重砲、ヘリコプターを含む異例の配備が敷かれ、従来は国境警備警察が守備していた地区にも国軍部隊が展開した。あるロヒンギャ住民は「新しい兵士たちは強そうに見えた。ラカイン人の隣人は『政府はすべてのイスラム教徒を殺すために国軍部隊を派遣したので、ロヒンギャの運命は既に決まっている。ラカイン州にはロヒンギャがひとりもいなくなるだろう』と私に言った」と証言した。

これだけの軍事力の集積には通常、長期間の兵站計画が必要になる。国連報告は、国軍の最高レベルでこの作戦が決定されたのは間違いなく、ロヒンギャ掃討作戦が前もって計画され発令されていたと結論付けている。

ロヒンギャ集落の包囲・封鎖

ARSAは二〇一七年八月二五日の襲撃の直前、治安部隊とラカイン人に包囲・封鎖されたラティダウン郡のロヒンギャの村々が危機的状況にあると訴え、ロヒンギャ住民を守るための防衛行動に踏み切らざるを得なくなったと主張している（第3章で詳述）。国連報告を読むと、客観的に見ても事態は限界を超えており、これがARSAの襲撃および大惨事を引き起こす最終的な引き金になったと思われる。

国連報告によると、同郡ザイディピン村の小さなロヒンギャ集落が八月一日頃、多数のラカイン人に取り囲まれた。彼らは集落の周囲に有刺鉄線を張り巡らせ、武装したラカイン人と治安部隊が入り口を塞いで封鎖した。ロヒンギャ住民が家から外に出ようとすると投石された。「家の中で灯りを点けても石を投げられるので、日没前に夕食を済ませなければならなかった。パチンコで撃たれるので、夜は〈母屋の外にある〉トイレに行くこともできなかった。家の裏にグアバが実っていたが、それを選んで取ることさえできなかった」。封鎖された集落のロヒンギャは水を汲むことができず雨水を集めた。ある村人は「煮炊きに使う薪がなくなり、生ゴメを食べた」と話す。食料の備えはたちまち底を突いた。ロヒンギャ住民からの抗議を受けて、治安部隊が少人数で近くの村まで買い出しに行くのを護衛した。飼っていた牛の多くは盗まれ、病気の者は治療を受けられずに苦しんだ。

封鎖は一カ月近く続き、この事態は国内外のメディアによって報道された。八月二五日に同村のすべての仏教徒住民の出席を求めた集会が開かれた後、モスクと多くの家屋が焼き払われた。翌日、刀剣で武装したラカイン人たちがフェンスを撤去し、国軍兵士、警察の治安部隊による掃討作戦が開始された。治安部隊はランチャーを発射し、ラカイン人はガソリンとマッチで家を燃やした。三人の子供を含む五人家族が生きたまま焼き殺され、川を渡って近隣の村に逃げようとする人々のうち女性や子供など多数が溺れて死んだ。

他の村々でも、治安部隊による不当逮捕と拷問、女性や少女の拉致とレイプ、ラカイン人によるロヒンギャ住民の殺害などが相次いだ。二〇一六年一〇月以降の数カ月間、一連の出来事によって地域の緊張が極度に高まり、国連報告は「ARSAによる襲撃と国軍の掃討作戦が引き起こされる環境が醸成された。二〇一七年の人権上の大惨事は計画的であり、予見可能かつ不可避だった」と結論付けている。

ジェノサイドの最終ステージ

ここまで二〇一七年八月二五日に至るロヒンギャ弾圧の歴史をたどって来た。未曽有の人道危機はある日突然、偶発的に起きた訳ではなく、ネウィン独裁時代から半世紀以上の歳月をかけて進められたロヒンギャ排斥の「総仕上げ」だったと考えられる。それは責任者であるミンアウンフライン国軍最高司令官が「ベンガル人問題は長年にわたるものであり、それを解決しようとして来た政府の努力にもかかわらず、未完の仕事（an unfinished job）となっていた」とフェイスブック（二〇一七年九月一日付）で公然と〝自白〟していることでも明らかだろう。大惨事の発生後、「最初に仕掛けたのはロヒンギャ（ARSA）の方だ」「仏教徒やヒンドゥー教徒も殺されているではないか」といった問題を矮小化するような粗雑な主張が日本でも一部散見されたが、それらは全く無意味だということが分かる。

英ロンドン大学クイーン・メアリー校の国際国家犯罪イニシアティブ（International State Crime Initiative：ISCI）が二〇一五年に発表した研究報告『絶滅へのカウントダウン：ミャンマーのジェノサイド』（Countdown to Annihilation: Genocide in Myanmar）は、この間の経緯をアカデミックな視点で分析している。それによると、ジェノサイド（集団殺害）に向かうステージには、①汚名の烙印と人間性の否定（stigmatisation and dehumanisation）＝市民権の否定、②嫌がらせ、暴力およびテロ（harassment, violence and terror）＝身体的・心理的嫌がらせ、暴力、恣意的な逮捕・拘束、市民権の剥奪、③孤立化と隔離（isolation and segregation）＝地理的・経済的・政治的・文化的・思想的に分離され孤立した空間の設定、④標的となる集団の計画的な弱体化（the systematic weakening of the target group）＝過密、栄養失調、病気の流行、ヘルスケアの欠如、拷問と散発的な殺害による集団の身体的破壊／侮辱、虐待、執拗な暴力、連帯の弱体化による心理的破壊、⑤絶滅（Extermination）＝かつて一定の社会的関係を体現していた人々の組織的な大量殺害による身体的消失、

⑥象徴的な法制度化（Symbolic enactment）＝集団殺害の犠牲者が身体的・象徴的に消去された新しい社会の再構築――の六段階がある。

おぞましく禍々しい単語が並び、訳がこなれない部分もあるが、第1章と第2章で見て来たあらゆる差別的政策・制度や暴力行為、人権侵害のひとつひとつが各ステージに見事に当てはまる。⑥象徴的な法制度化については、ロヒンギャは既に法的・制度的にミャンマーに存在しないことになっているので、焼き払われた集落が当局によって重機で完全撤去されている事実が「新しい社会の再構築」の始まりと言えるかも知れない。

このＩＳＣＩ報告は、ボート・ピープルの密航がピークを迎えた二〇一五年の時点で、「ロヒンギャは大量殺戮、ミャンマーの歴史からの抹殺というジェノサイドの最後の二段階（⑤絶滅）に直面している」と国際社会に警告を発していた。実は他の研究者や援助関係者も同じような懸念を早い時期から表明しており、つまり国連をはじめ国際社会は、ロヒンギャ弾圧の最終章となる集団殺害あるいは大虐殺が遠からず起きるであろうことを充分予見しながら、結果的に何ら対応せず見殺しにしてしまったことになる。個々の背景や経緯が異なる紛争に過去の教訓が直接当てはめられる訳ではないにせよ、五〇万〜一〇〇万人が犠牲になった「ルワンダ虐殺」（一九九四年）、ボスニア・ヘルツェゴビナ紛争における「スレブレニツァの虐殺」（一九九五年）など、私たちが同時代的に認識している惨劇が、いわば国際的な衆人環視の下で、またしても繰り返されたのである。

アルジャジーラは発生直後の二〇一七年九月七日時点で、「国連の『安全な避難所』で八〇〇〇人のイスラム教徒がボスニアのセルビア軍に殺害されてから二二年以上を経て、（今度はミャンマーで）過去二週間に女性や子供を含む少数派イスラム教徒一〇〇〇人以上が殺された」として、「国際社会がミャンマーでの暴力に対して確固たる姿勢をとらない限り、『スレブレニツァ虐殺』規模の民族浄化を目撃する可能性がある」との見方を伝えた。[*38] 結果的には「控えめに見積もっても一万人」（国連報告）が犠牲になり、スレブレニツァの悲劇を上回った。

明らかな予兆や警告があったにもかかわらず、大惨事を防げなかったことについて、BBCは「ロヒンギャに関する国連の失敗が明らかに」（二〇一七年九月二八日）と厳しく断じている。[*39] 内部告発的な記事によると、ミャンマーの国連トップ（国連常駐調整官）が政府と揉め事を起こさないために「人権団体がロヒンギャの微妙な地域（ラカイン州北部）に行こうとするのを妨げた」。政府や仏教徒に配慮し、ロヒンギャの人権問題よりもラカイン州を長期的に発展させる戦略を優先して「国連職員がロヒンギャについて公に話すのはタブーになっていた」。あるいはルワンダ駐在経験がある関係者がジェノサイドの兆候に気付いて警告したが、逆にトラブルメーカー扱いされるなど「ロヒンギャ問題に関して警告を発することは上層部に歓迎されない雰囲気があり、（そういう職員は）会議に呼ばれなくなったり、出張許可が下りなかったり、業務から外されたりした」という。ある国連幹部は「我々はロヒンギャを犠牲にしてラカイン社会におもねった。ミャンマー政府は我々をどう利用して操作すれば良いか分かっていた。政府の機嫌を損ねないために、我々は彼らに全く抗議しなかった」と認めている。ＢＢＣの取材に対して国連サイドは記事の内容を否定したが、ミャンマー側と事を構えて活動できなくなる（退去させられる）事態は避けたいという萎縮した気分が現地にあったとしても不思議ではない。

事態を重視したグテーレス国連事務総長は事実関係の内部調査を指示し、二〇一九年六月一七日、「国連の組織的・構造的な失敗」があったことを認める異例の報告を公表した。ＡＦＰ通信によると、報告書は「責任の所在を特定するのは難しい」が、「深刻な人権侵害に関する国連の原則に基づく懸念をより強く伝える」ことを怠った点について、すべての当事者に「共同責任」があると断じた。名指しで批判された国連常駐調整官の個人的責任には言及しなかったが、「国連組織の内部に結束よりも分裂の力学が働いていた」として、「明確で統一された戦略」「体系的かつ一元化された情報分析」の欠如があったと認定した。さらに大惨事の発生を防げなかった背景として、アウンサンスーチー国家顧問の存在に触れ、「国連は（ミャンマーの）政権移行に陶酔していたところがあり、アウンサンスーチー氏の名声が伝説の域に達していたことが少なからず影響している」と指摘したが、それはノーベル平和賞受賞者をもてはやし、ミャンマー民主化という幻想を無邪気に信じていた国際社会の痛切な後悔の念に他ならないだろう。

ロヒンギャの人々の運命は、半世紀余り前の一九六二年、ネウィン独裁政権が登場した瞬間に決まったようなものだった。それはナフ河とマユの山並みに抱かれたアラカン北部で田畑を耕し、魚を取り、薪を拾い、モスクで祈りながら暮らして来た村人たちにとって、全く与り知らない話だったし、間もなく想像を絶する災厄に見舞われるのは、彼らに何か落ち度があったからではなかった。ただひとつ、この地にイスラム教徒として生まれたことが罪だった。増強された治安部隊と民兵に包囲されて逃げ出すこともできず、忍び寄る死の気配と絶望が村々を支配した。無情のカウントダウンは急にピッチを上げて進み、残された時間はいくらもなかった。

第３章

大惨事の発生

2017年８月25日

「その日はまるで全世界が崩壊し、この世の終わりが来たかのようでした。私は『審判の日』を迎えたのだと思いました」（ロヒンギャ難民の証言／国連報告より）

未明の一斉襲撃

二〇一七年八月二五日、ラカイン州最北端のマウンドー県マウンドー、ブティダウン両郡、すぐ南隣のシットウェ県ラティダウン郡に散在するロヒンギャの村々は、いつにも増して不穏な朝を迎えていた。イスラムの礼拝を呼び掛ける一日五回のアザーンは、大音量のスピーカーを使わない肉声に限ってミャンマー当局も黙認しているが、早朝五時前にモスクから遠慮がちに流れる夜明けのアザーンが今朝は一切聞こえなかった。しかし、アッラーのご加護が今ほど必要な時はないことを、素朴で信心深いイスラム教徒たちは知っていた。ここ数カ月間の地域の緊張は限界に達していた。五月下旬から続く雨季の最中、最高気温は連日三〇度を超え、この日も薄曇りの蒸し暑い一日になりそうだったが、天候を気にする余裕のある村人はひとりもいなかった。

数時間前の同日午前二～四時頃、「アラカン・ロヒンギャ救世軍」（ARSA）が、警察施設三〇カ所（検問所など）、国軍駐屯地一カ所を襲撃したことは、口伝えで村々に広まっていた。襲撃から戻った男たちの興奮は収まっていなかったし、不安な気持ちで夜明けを待った女性と子供たちの耳には、未明に遠くで聞こえた爆発音や銃声が残っていた。わずかな小銃と拳銃、手製爆弾があるだけで、ほとんどは山刀や棍棒など貧弱な武器による死に物狂いの特攻作戦だったが、未明の急襲で警官一〇人と兵士一人、入国管理官一人の計一二人が死亡し、襲撃側にも五九人の死者が出た（ミャンマー政府発表）。九月一日には国軍が「四〇〇人を殺害し、その大半は戦闘員だった」と発表した。

襲撃に参加したＡＲＳＡ戦闘員（三六歳）の証言によると、指導部から攻撃の指示があったのは前日二四日午後一〇時頃だった（『毎日新聞』二〇一七年一一月四日付朝刊）。連絡役の仲間に「二五日午前二時に村の警察施設を攻撃せよ」という電話が入った。決行のわずか四時間前である。すぐに約三〇人の仲間と小銃二丁、拳銃、刀などの「軽い武器」を集めて、指示通り襲撃を敢行し、一時間にわたって戦闘を繰り広げた。「数は分からないが何人か殺した。生きるか死ぬかも考えなかった」。三日後にミャンマー側に武器を隠し、難民に紛れてバングラデシュに逃れたという。

この証言とは別に、独自に入手した情報では、最初の攻撃指令が出たのは二四日午後八時頃で、「死ぬ覚悟がある者を二〇人ずつ集めて攻撃班を編成し、午前零時までに準備を整えて待機せよ」と指示があったという。ロイター通信は同日午後八時過ぎにメッセージアプリで流れたアタウラー司令官の「二〇〇～三〇〇人が出撃すれば五〇人は命を落とすだろう。神のご意志で残りの一五〇人はナイフで彼ら（治安部隊）を殺すことができる」という音声データを確認している。[*40]

攻撃目標一カ所につき二〇～三〇人程度、多めに見積もっても合計六〇〇～七〇〇人規模の武

バングラデシュ側から遠望したミャンマー国境警備警察の監視所。ARSAが襲撃したのはこうした簡素な造りの前哨拠点がほとんどだった

装集団は、攻撃班ごとに手製爆弾を抱えた特攻要員が先頭に立ち、その他の者は山刀や棍棒を持って後に続いた。報道では「警察施設」と表記されるので立派な建物を想像してしまうが、ほとんどは道端に土のうを積み上げ、トタン屋根で覆っただけの国境警備警察の検問所あるいは詰所である。独自情報によると「本来狙うべきは国軍だが、まともな武器がなくては戦えない。そこで人数が少ない検問所を狙って、最初に手製爆弾を投げ付け、相手がひるんだ隙に小銃と弾丸を奪う作戦だった。銃器を確保したうえで国軍を攻撃することになっていた」という。しかし、一斉攻撃はタイミングが全く揃わず、銃器の奪取も果たせず惨憺たる結果に終わった。国軍への攻撃はブティダウン郡内の連隊本部一カ所に留まった。

襲撃に参加したのは、多少なりとも訓練を受けた戦闘員が中心だったとも、少数の戦闘員に村人が付き従ったとも言われるが、いずれにせよ小銃さえ持たない軍事的には素人同然の集団に過ぎない。約三〇カ所もの一斉攻撃を組織するのは容易ではないが、相手の銃器を奪取して戦う捨て身の作戦は場当たり的で、武器の貧弱さを見ても「武装勢力によるテロ攻撃」と呼ぶにはいささかお粗末だった。ミャンマー国軍は「約四〇〇〇人のARSAの過激派テロリストが襲撃計画に加わった」と発表し（二〇一七年一〇月二四日）、後に六二〇〇人〜一万人と上方修正したが、明らかに脅威を誇張している。軍事訓練を受けたARSA戦闘員は数百人程度（公安調査庁『国際テロリズム要覧』によると約五〇〇人）と推計され、少なくともロヒンギャの若者が数千人規模で参加する強大な武装勢力ではない。

ARSA指導部は八月二四日、ツイッターの公式アカウントに英文の緊急声明を二本立て続けに発表している。短いので全文を引用する（〈　〉内は筆者加筆）。

最初の声明（二四日一七時二九分）。「緊急声明#アラカン〈ラカイン〉州の状況　我々はビルマ植民地軍に対して防衛している」として、「ラティダウン〈郡〉のロヒンギャ・コミュニティが二週間余り、ビルマ政府が後押しする残虐行為と封鎖の下にあり、彼ら（ロヒンギャの人々）を餓死に追いやっている。ビルマ治安部隊とラカイン過激派はこの二日間、同郡内で数十人を殺害した。彼らはマウンドー〈郡〉でも同じ準備を進め、昨夜（八月二四日夜）いくつものロヒンギャの村を襲撃して残虐行為に及ぶに至って、ついに我々はビルマ植民地軍を追い出すために立ち上らざるを得なくなった。我々は現在、ビルマ虐殺部隊に対し、この地域の二五カ所以上で防衛行動を展開している」

続いて二本目（同日一九時一四分）。「ビルマはこの数週間、『コフィ・アナン委員会報告および勧告』を妨害するためにアラカン〈ラカイン〉州内で軍隊を増強し、不安を引き起こそうとしている。我々はこの間、潜在的な衝突を回避すべく最大限努力してきた。しかし、軍と治安部隊はマウンドー、ラティダウン〈両郡〉で襲撃を行い、郡内の村々で殺人と略奪行為を働き、ロヒンギャの女性たちを虐待している。罪なき人々への残虐行為は我々の忍耐の限界を超え、彼らが我々〈ARSA〉を攻撃しようとするに及んで、ついに我々は無力な人々と自分たちを守るために立ち上らざるを得なくなった。我々は戦い続ける」

発信時刻のタイムゾーン設定がミャンマー時間なのか定かではないが、二本の緊急声明は、時系列的に攻撃予告とも犯行声明ともとれる中途半端なメッセージであり、その後度々出された体裁の整った声明文と見比べると、事態が急変して大慌てで書いたような粗雑な印象を受ける。それでも「今回の襲撃はARSAが先に仕掛けたのではなく、ミャンマー国軍・治安部隊のロヒンギャ弾圧に抗する自衛の戦いである」ということを強調し、先手を打って国際社会に正当性をアピールしようとした意図は読み取れる。全く勝ち目のない「窮鼠猫を噛む」的な襲撃は、相手に打撃を与えるのが目的ではなく、大事件を起こして国際社会の注目を集めるためだったと見られるが、数十万人の同胞が根こそぎ追い出される事態まで予測していたかどうかは分からない。

ちなみに、声明ではミャンマー（Myanmar）という現在の国名を使わず、ビルマ（Burma）あるいは「ビルマ人」（Burmese）と表している。これは、かつての軍事政権によるビルマからミャンマーへの国名変更（一九八九年）を認めないという反政府の意思表示に加え、自分たち少数民族を含むミャンマー全体ではなく、同国の七割を占める最大民族ビルマ族が事実上支配する「狭義のビルマ」を糾弾するニュアンスを込めたものとも解釈できる。ただし、もともとビルマ（ミャンマー）語では、口語ではバマー（ビルマ）、文語ではミャンマーという使い分けがあり、本質的な意味の違いはないと言われる。

ところで、二本目の冒頭に出てくる「コフィ・アナン委員会」とは、アウンサンスーチー国家顧問兼外相の肝いりで設立された、主としてロヒンギャ問題の解決策を提言するミャンマー政府の「ラカイン州諮問委員会」のことで、委員長を務めたノーベル平和賞（二〇〇一年）受賞者のコフィ・アナン元国連事務総長は、まさに事件前日の八月二四日、ラカイン州の発展と人権状況の改善に向けて、八八項目の勧告を盛り込んだ最終報告をヤンゴンで発表したばかりだった。「アナン勧告」は問題の抜本的解決の道筋を示した意義深い提言なのだが、それが不幸にして一連の大惨事を起こす引き金になったことは、発表のわずか数時間後にＡＲＳＡによる襲撃が起きたタイミングを見ても明らかである。一年後の二〇一八年八月一八日、療養中のスイスの病院で、八〇歳で死去したアナン氏にすれば、さぞかし不本意だったに違いない。同委員会の勧告については最後の第7章で詳述する。

ロヒンギャ大虐殺

二〇一七年八月二五日の展開はめまぐるしかった。ミャンマー国軍部隊が襲撃された検問所などに急行し、残された遺体や被害状況を検分して襲撃グループの追跡に入った。調べるまでもなく相手は分かっていたし、こうした事態が起きるように挑発し続けたのは、他ならぬ自分たちだった。各駐屯地からの緊急連絡を受けて、マウンドー県から南東に約四〇〇キロ離れた首都ネピドーの国軍総司令部、ラカイン州を管轄する州都シットウェの西部地域司令部でも、当直勤務の将校が部下を急き立て、状況報告と指令が飛び交った。軍事政権によって二〇〇六年、ヤンゴンから突然遷都されたネピドーの行政地区では、軍事パレードが行われる広場にそびえ立つビルマ史上最も偉大な三人の王の巨像が朝日を浴びつつあった。

今日のミャンマー国軍にあって、ミンアウンフライン最高司令官の承諾なしに作戦が発動されることはない。そもそも国軍にとっては寝耳に水どころか、準備万端整えて今か今かと待ち構えていた〝緊急事態〟であり、高級指揮官たちの手元には参謀本部によってあらかじめ準備された作戦計画があった。二〇一一年の民政移管に伴って国軍トップに上り詰めたミャンマー最南端タニンダーリ地方域出身の六〇歳の上級大将は、半世紀にわたって国軍が積み重ねてきた「未完の一大事業」を自分の手で完成させ、この国の歴史に名声を刻む日が来たことに少しばかり高揚感を覚えながら、ゆっくりと細縁の眼鏡を拭いた。

現地では西部地域司令部の指揮下にある常駐の軽歩兵大隊に加え、この日のためにミャンマー北部から増派された軽歩兵師団の駐屯地で、武器庫が開錠され、部隊ごとに担当地区の攻撃手順が確認されて、若い兵士たちに充分な量の実弾が支給された。戦闘ではなく一方的な殺戮になることを彼らは知っていた。山羊を屠るようにロヒンギャを殺すのは初めてではなかったし、女性を襲うのも与えられた任務の内だった。有事には国軍の指揮下に入る警察および国境警備警察が反撃態勢を整え、普段からロヒンギャ排斥を訴えているラカイン人仏教徒の民兵グループも刀剣やナイフを手に集結しつつあった。

早朝の二〜三時間ほど嵐の前の静けさが続いたが、やがて完全武装の歩兵を満載した軍用トラックが、車体をきしませながら村外れに到着するのを、多くの村人が目撃した。上空を不気味に旋回するヘリコプターを見た者もいる。彼らが集落に駆け戻り、危機が目前に迫ったことを家族や近隣住民に知らせている間にも、自動小銃やグレネードランチャー（擲弾発射器）を携え、濃緑色と茶色の迷彩服に赤いスカーフを巻いた兵士たちが展開していった。

湿気を帯びた風が青田を揺らし、大虐殺が始まった。

難民の証言〜コックスバザールのキャンプで

ここからの記述は、コックスバザール県内の難民キャンプで聞き取り調査（二〇一八年時点）を行い、ミャンマー治安部隊によるロヒンギャ掃討作戦で生き残った被害者五人から直接得た証言に基づいて、村への攻撃が始まった瞬間からバングラデシュ側のキャンプにたどり着くまでの実体験を記録している。彼らの村はいずれもラカイン州マウンドー県内にある。後段で詳述する国連調査団の最終報告から引用して事実関係を補足した部分については、文中にその旨を記した。地名はロヒンギャの発音を聞き取って片仮名表記した（村名はミャンマーの自治体名とロヒンギャの別称がある）。五人は実名で証言したが、証言内容を公表することで不都合が生じないよう仮名にした。

■男性三七歳（農業・淡水魚養殖業）マウンドー郡　マウンドー郡北部の内陸にあるヤエチャットチャングソン村（別称シュロゴゾビル村）の農民、モハマド（三七歳）が暮らす茅葺屋根と竹編みの壁の家には八月二五日朝、母親と妻、五人の子供に加え、弟と二人の妻（一夫多妻が認められている）、その子供たち二人の計一三人が身を寄せ、不安な表情で土間に座り込んでいた。国軍兵士による突然のパトロールや嫌がらせには慣れてたが、もっと悪いことが起きる予感がして、この朝は農作業にも淡水魚養殖池の見回りにも出なかった。

村の南側から立て続けに銃声が聞こえたのは午前九時頃だった。外に飛び出すと、国軍兵士が村人を撃ちながら迫って来るのが見えた。急いで反対方向にある隣村に向かって逃げ出したが、生後八カ月の赤ん坊を抱えた弟夫婦（妻のひとり）が逃げ遅れ、他の村人七人と一緒

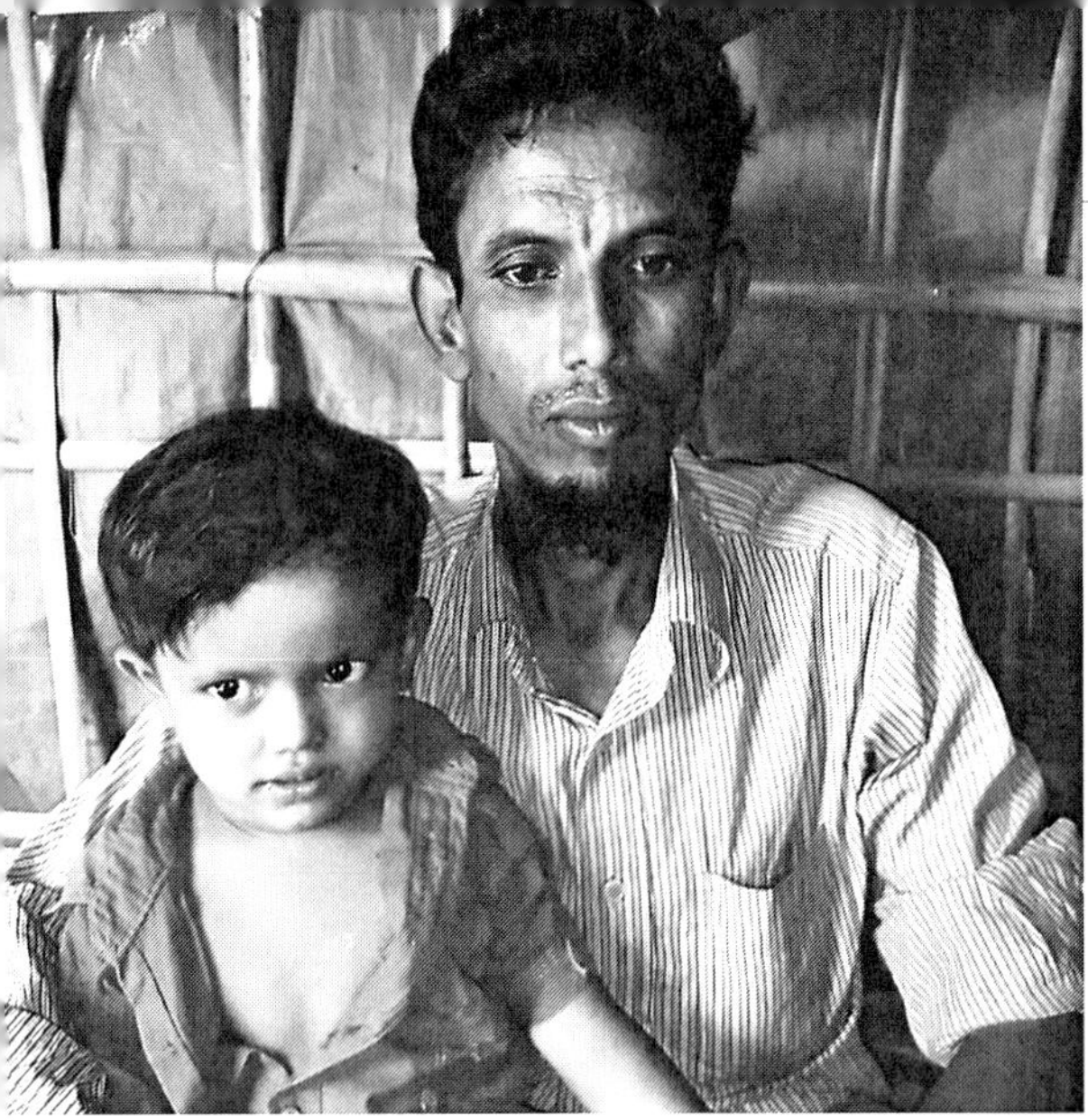

モハマド

に捕まって撃ち殺された。たどり着いた先の隣村も直後に包囲され、モハマドたちは養殖池の横の水田に隠れて、兵士たちがランチャーを放って家々を焼き払うのを黙って見ているしかなかった。木材と竹でできた家は瞬時に燃え上がり、オレンジ色の炎に包まれてパチパチはぜるような音を立てた。煙が漂う中、銃声の合間に誰かの悲鳴が聞こえ、悪夢の中にいるようだった。

国軍部隊がいったん立ち去ったので、モハマドと村人たちは村に駆け戻り、弟夫婦を含む一〇人の血まみれの遺体を回収した。急いで埋葬しようとした時、兵士たちが気付いて大声で威嚇しながら向かって来た。「弟たちに別れの祈りを捧げることもできなかった。胸が締め付けられる思いだったが、諦めて逃げる以外になかった」。弟の妻は既に二人目の子を身ごもっていた。戻って来た兵士たちは、遺体にポリタンクの灯油を掛けて火を付け、赤ん坊を無造作につまみ上げると炎の中に放り込んだ。やがて火が消えて、兵士が引き上げるのを見届けた後、もう一度その場に行ってみると、遺体はほとんど焼失していた。

「私たちイスラム教徒は絶対に火葬しない。仏教徒の兵士たちはそれを知っていて、わざと遺体を焼いたのだと思う」。遺体が焼失してしまうと「最後の審判」を受けて復活することができなくなる。モハマドたちは辛うじて形を留めていた黒焦げの頭部を拾い集め、近くに穴を掘って埋葬した。死者たちにしてやれることは、これ以上なかった。

生き残った家族一〇人は翌二六日、バングラデシュ国境のナフ河を目指して苦しい旅を始めた。雨が降って道はぬかるんでいた。途中の村々で井戸水をすすり、何とか手に入れた菓子を分け合い、焼け残った民家で仮眠したり野宿したりしながら、一週間歩き続けた。大した距離ではなかったが、治安部隊に見付からないように警戒しながら進んだ。集落や水田、森の至る所に何百という遺体が転がっていて、初めは恐ろしかったが、そのうち感覚がマヒしていった。ナフ河にたどり着いて岸辺で一晩過ごし、九月三日の夕方、バングラデシュ人の漁師にミャンマー通貨で一人当たり八万チャット（約六四〇〇円）を払って、小さな手漕ぎボートでナフ河を渡った。バングラデシュ側の集落に一泊した後、翌四日にナヤパラ難民キャンプに送られ、食料や水を受け取ることができた。

家族一〇人は国連世界食糧計画（WFP）の配給を受けて暮らしているが、現金収入がないので、魚や肉類を買って子供たちに食べさせることができない。モハマドは背中に大きな腫瘍があって、いつも痛みを感じている。「ミャンマーの村では農業の傍ら魚の養殖で家族を養っていたが、家も土地も仕事も何もかも失った。弟夫婦と赤ん坊をはじめ、罪もない多くの人々が殺された。難民キャンプにいれば殺される心配はないが、その代わりここには何もない。私たちはなぜこんな目に遭わなければならないのか」。

■女性二三歳（主婦）マウンドー郡　ベンガル湾に面したマウンドー郡南部のチョクパンドゥ村（別称シタフリカ村）には、八月二五日午前八時頃、国軍部隊が軍用トラックに分乗して乗り込んで来た。四カ月前に結婚したばかりのヤスミン（二三歳）は、夫の実家で義母の手を握りしめ、恐怖に震えながら泣いていた。「治安部隊は若い男を探し出して皆殺しにするらしい」という不確かなウワサが流れ、小さな食料品店を営む二五歳の夫は、ひと足先に村の男性たちと村はずれの森に向かっていた。携帯電話で連絡を取り合い、居場所は分かっていたが、こんな時に夫が側にいてくれないのが不安でたまらなかった。

集落を取り囲んだ兵士たちは、しばらく様子を探っているようだったが、やがて静寂を破って激しい銃撃が始まり、村人の叫び声や悲鳴が聞こえた。一刻の猶予もないことを悟ったヤスミンは、義理の両親と一緒に家を飛び出すと、村人たちに交じって森に向かう小道を懸

ヤスミン

命に走り、夫たちと無事に合流することができた。当座の食料として夫の店のビスケットを持って来ることは忘れなかったが、夫の顔を見て安心して気が抜けそうになった。
木陰で眠れない一夜を過ごした翌二六日朝、夫が「村の様子を見て来る。ついでにコメを取って来る」と言い残し、数人で森を出て行った。しばらくして、村の方角から乾いた銃声が聞こえたような気がした。不安な気持ちで待ったが夫は帰って来ない。やがて駆け戻って来た近所の男性が「ご主人が撃たれて死んだ」と告げた。夫の祖父と親戚二人も殺されたことが分かった。
状況が少し落ち着くのを待って、夫の兄弟たちが村まで走って遺体を回収して来た。「夫は側頭部と背中を撃たれて死んでいました。私は訳が分からなくなり、夫の身体に突っ伏して泣きました」。兵士に見付かって逃げようとしたところを、背後から撃たれたようだった。その場で略式の葬儀が執り行われ、祈りを捧げて、森の中に遺体を埋葬した。あっけない別れだった。

兵士や民兵グループが付近をうろついていたので、森から数日間出られず、ビスケットをかじり、湧水をすすって空腹をこらえた。義理の両親に断って、誰にも見付からないように夜中に裏道を通って西隣ミンルエ村にある実家に戻り、両親や姉夫婦と無事を確かめ合った。この村でも二五日以降、多くの村人が殺され、女性たちがレイプされていた。さらに一日歩いてナフ河の河口に近いナカンディア海岸にたどり着くと、「たくさんの人々が殺到し、疲れ切った不安な顔付きで船の順番を待っていました」。

二日間待った九月五日の朝、ようやく小型漁船に乗ることができた。バングラデシュ人の漁師は一人当たりバングラデシュ通貨で一万タカ（約一万三〇〇〇円）を要求し、姉の夫がミャンマーのチャットで払ってくれた。現金を持っていない家族は、代わりに指輪や腕輪などの貴金属を差し出した。陰うつな雨雲の下、ベンガル湾とナフ河が溶け合って鉛色にうねっていた。出発から約二時間後、船着き場のあるバングラデシュ最南端のテクナフ郡シャプリディプに接岸した。浅瀬の泥の上を歩いて岸に着いたが、助かったという安堵感は湧かなかった。その日のうちにナヤパラ避難民キャンプに行って四日間留まった後、ウキア郡のジャムトリ難民キャンプに移った。

両親たちと狭いテントで暮らしながら、ヤスミンの心が安らぐことはない。「夫はとても優しい人で、村の誰からも好かれていました。二人で散歩したり食事をしたり眠ったり……幸せだった時のことを思い出して今も泣いてしまいます。私たちはたった四カ月しか一緒に過ごせなかったのです」

国連報告は、掃討作戦の過程で引き起こされた「人権上の大惨事」(A human rights catastrophe)のうち、六つの村・地域で起きた「最も重大な事件」を取り上げて詳述しており、マウンドー郡南部のシタフリカ村はそのひとつである。ヤスミンが夫の遺体を森に埋葬した前後の状況は、別の生存者の証言に基づいてこう記録されている。「村の西にある森に覆われた丘陵に逃げ込んだ村人たちは、困難な状況で数日間そこに隠れた。治安部隊が駐屯地に帰営した後、村人の一部が夜間、村に戻ることができた。彼らは多くの遺体を見付けて、何人かの葬儀を行った。村人のひとりは男女合わせて二五体、生後一カ月から八〇歳までさまざまな年齢の遺体を埋葬したことを覚えていた。彼は自分たちの家で焼き殺された高齢者一〇人の遺体も見た」

国連調査団の検証によると、シタフリカ村を襲ったのは、近くに前哨基地を持つ国境警備警察、国軍の第九九軽歩兵師団、そして近隣のラカイン人民兵グループである。彼らは村人三八人を殺害するとともに、女性たちをレイプし、略奪行為を繰り広げた末に、二日間で村を完全に焼き払った。生き残った二〇歳の女性は「夫は撃たれ、喉を切られた。私はレイプされた。彼らは私の衣服をはぎ取って、六人の兵士が私をレイプし、その後、私に気付いたラカイン人二人にもレイプされた。私の顔から血の気が引いた。私は近くに住むそのラカイン人を知っていた」（国連報告）。

■男性二八歳（農業・漁業）マウンドー郡　ヤスミンが両親と合流したミンルエ村（別称メイルラ村）は、ベンガル湾に面する半農半漁の村である。国軍部隊と国境警備警察による攻撃が始まったのは、チョクパンドゥ村と同時刻の二五日午前八時頃だった。五人家族のハッサン（二八歳）は「兵士たちは村の西側から入って来ると、必死に逃げようとする村人を背後から狙い撃ちし、ナイフで喉元を切って殺した。私も家族と一緒に逃げるところを銃撃され、左手と右脚、脇腹を撃たれて路上に倒れた」。周囲でも人々が悲鳴を上げてばたばたと倒れた。

「激痛で意識が遠のき、もうだめだと思ったが、近所の知り合いに助け起こされて自宅に連れ戻された」。村医者が近くの森に隠れて、兵士に見付からないように負傷者の応急処置をしており、妻や息子たちが泣きながらハッサンをそこに連れて行った。薬もろくになかったが、村医者は布を割いて包帯代わりし、患部を締め付けて止血してくれた。

とても自分で歩ける状態ではなかったので、ハッサンは竹とシーツで作った即席の担架に乗せられ、親戚の男たちが交代で担いで国境まで八日間かけて運んだ。負傷者や重病人、足

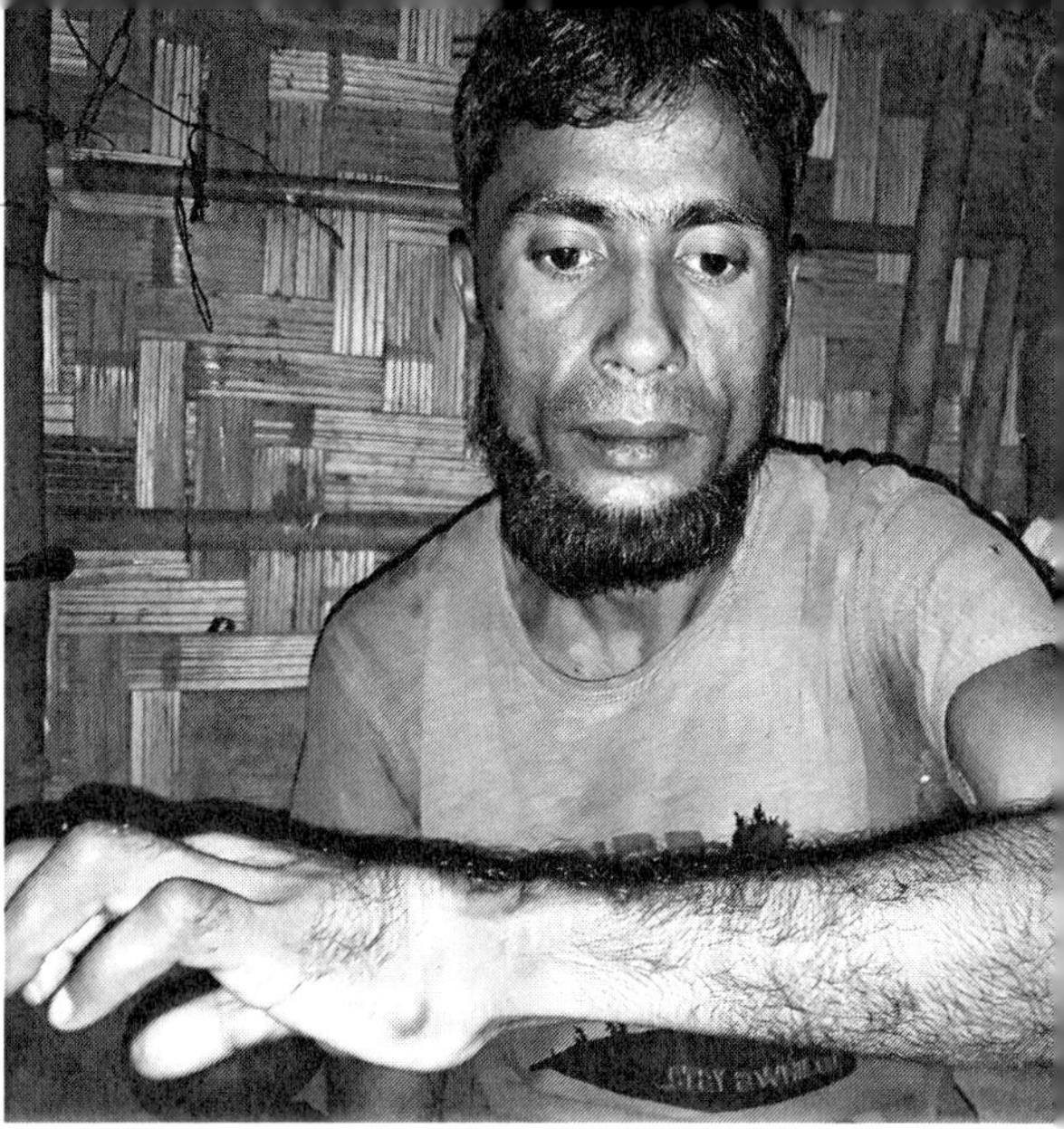
ハッサン

腰が不自由な高齢者は、家族に背負われ、こうした即席の担架や〝もっこ〟、あるいはプラスチック製の椅子を竹にぶら下げたカゴに乗せられて山野を越えた。避難する途中で力尽きた人も少なくなかった。

ハッサンたちはナフ河の岸でさらに三日間待ち、小船で川を渡ってバングラデシュ側に着いたのは九月七日だった。すぐにナヤパラ難民キャンプの医療NGO「国境なき医師団」の診療所に担ぎ込まれたが、本格的な手術は難しく、国際機関の医療施設、次いでコックスバザール市内の公立総合病院に転送された。最後は医療設備の整ったチッタゴン医科大学病院に移送され、二カ月間入院して何とか一命を取り留めた。この間の治療費はすべて国連機関が面倒を見てくれたという。

国連報告は、ミンルエ村の出来事を前出の「六つの重大事件」のひとつに挙げている。掃討作戦は数日間続き、村は完全に焼き尽くされ、最大七〇人が殺害された。ここでも国軍兵士と国境警備警察による女性への性的暴行が起きている。ある女性は「軍隊が私たちの村に来た。私は家から少し離れたトイレに隠れていた。兵士一〇人と警官数人が家を取り囲むのを見た。私は何が起きているか見ることができた。最初に彼らは両親を縛った。父を撃ち殺し、母をレイプした後、彼女も殺した。それから彼らは私たちの家を焼いた。トイレは家から遠かったので、私は逃げることができた」と証言した（国連報告）。

奇跡的に回復したハッサンは、妻子とジャムトリ難民キャンプ（ウキア郡）で暮らしている。「夜寝ている時など今も激しい痛みを感じるし、ミャンマー軍がしたことは許せないが、たくさんの村人が命を失う中、家族全員が無事に生き延びることができて、私は本当に運が良かったと思う。すべてはアッラーのご加護であり、私を助けてくれた多くの人々に感謝している」

■男性三九歳（農業）ブティダウン郡　約四〇〇世帯のロヒンギャが暮らすブティダウン郡マウンヌ村（別称モノパラ村）が大惨事に見舞われたのは、掃討作戦が始まって三日目の八月二七日のことである。二五日未明、ARSAが村の近くにある国軍と国境警備警察の駐屯地を襲撃し、その日のうちに北隣のパンタウピン村が治安部隊と民兵グループによる報復を受けた。同村の村人が逃げ込んだマウンヌ村には、治安当局とも良好な関係にあると言われるロヒンギャの一族が所有する広い屋敷があり、避難して来た多数の人々が敷地内の二階建ての母屋に身を寄せた。

マウンヌ村の農民、カマル（三九歳）は「危険が迫っているのが分かって、二六日までに妻と子供たち七人を親戚がいる他の村に先に逃がし、私と一五歳の息子が追い掛けるつもりだったが、すぐに道路が封鎖されて身動きできなくなった。パンタウピン村から逃げて来た人々が屋敷の敷地に集まり、避難所のようになっていたので、少しは安全だろうと思って私たちもそこに行った」。

二七日午前一〇時頃に到着した国軍兵士は「今すぐ建物から全員出ろ。さもないと火を付けて焼き殺す」と叫んで威嚇射撃を行った。誰も出て行こうとしなかったので、兵士たちはドアを蹴破り、部屋の中に密集する人々に向かって自動小銃を乱射した。カマルはすきを見て運良く脱出し、塀に開いていた穴から敷地外に逃れたが、息子を一緒に連れ出すことはできなかった。

兵士たちは外に出た人々を男性のグループと女性・子供のグループに分けた。男性と少年たちは中庭で後ろ手に縛られ、ひざまずいた姿勢のまま撃たれ、ナイフで喉を切って殺害された。国連報告はこれを「処刑された」（executed）と記述している。女性たちはヒジャブと服を脱がされ、貴金属類を奪われた後、部屋に連れ込まれてレイプされた。耳たぶからイヤ

カマル

リングを引きちぎられた女性もいた。生き残った女性は国連報告でこう証言している。

「私は銃撃を逃れて丘に向かって走った。夫と私は兵士に捕まり、夫は激しく殴られて動けなくなった。三人の兵士が私を連れて行き、ひとりが私を地面に押し倒した。彼らは私の着衣を引き裂いた。二人が私をレイプした。夫には私のことが見えていた。兵士たちは他にも一〇〜二〇人の女性を捕まえていた。私は彼女たちがレイプされているのを見た。私の村の女性たちだった」。

虐殺が数時間続いた後、屋敷は火を付けられて全焼した。屋敷の持ち主も息子二人と一緒に殺されたという。カマルは「屋敷には息子と親戚一六人がいたが、誰も助からなかった。後で妻たちと合流した時、息子も逃げて来るのではないかと思ったがだめだった。息子を連れて逃げなかったことを後悔している」と振り返る。カマルが水田に隠れていると、兵士たちが防水シートにくるんだ遺体をトラックに積み上げて運び、橋から用水路に投げ込んだり、レンガ焼成場の一角に埋めたりするのが見えた。マウンヌ村周辺ではその後、遺体を埋めた集団墓地と見られる痕跡が複数の場所で確認されている。

国連報告はマウンヌ村の出来事も「六つの重大事件」のひとつに挙げている。それによると、マウンヌ村では最大一〇〇人が殺害され、ほぼ全員が屋敷で処刑された男性と少年と見られる。名前や年齢まで特定できたのは八二人（マウンヌ村四八人、パンタウピン村三四人）、女性ひとりを除いて全員男性で、そのうち一八歳未満が二八人、最年少の犠牲者は六歳だった。両村合わせて三二〇軒の建物が数日間で焼失した。

マウンヌ村のすぐ南には国軍第五六四軽歩兵大隊、一〇〜一二キロ北には第五五二軽歩兵大隊という国軍西部地域司令部の二つの駐屯地がある。攻撃を主導したのが第五六四軽歩兵大隊であることを複数の目撃者が証言しており、屋敷の中庭で処刑を指揮したと見られる人物（将校）の名前も特定されている。

■男性四一歳（流通・卸売業）マウンドー郡　ミャンマーでの虐殺を逃れた後、さらなる悲劇に見舞われた家族もいる。マウンドー郡カデルビル村のラシッド（四一歳）は、食料品や日用雑貨の売買を幅広く手掛け、妻との間に四男二女にも恵まれて比較的裕福に暮らしていた。

ロヒンギャは移動の自由を著しく制限されているが、やり手のラシッドはラカイン人のパートナーと組んで、例えばパートナーが州都シットウェ周辺の農村で玉ねぎを買い付け、トラックでマウンドーまで運送して、ラシッドがロヒンギャ地域で売るというシステムを確立していた。需給をつなぐ当たり前のビジネスに思えるが、ロヒンギャの村では少しばかり画期的な成功だった。社会的差別は受けていても、それなりに幸せだった生活は、八月二五日の惨劇に続く思いもよらない忌まわしい事件によって打ち砕かれた。

カデルビル村は八月二五日昼前、治安部隊と民兵グループの攻撃を受けた。村人たちが次々と殺されるのを見て、一家は近隣の村に逃げたが、避難先の村々もことごとく焼き払われ、一〇日間かけて命からがらナフ河にたどり着いた。現金は充分持っており、後は船を雇って対岸に渡るだけだったが、家族にとって本当の試練はこれからだった。

九月七日の夜、老朽化した底引き網漁船に一緒に乗り込んだ五四人は、ラシッドと同様に割と裕福な家族が多かった。目には見えない国境線を越えてバングラデシュ側の水域に入り、テクナフ郡シャプリディプの船着き場が近付いた時、満潮で接岸できるにもかかわらず、船主が「ここには降りられない。他の場所を探そう」と言ってエンジンを停止した。乗客たちがいぶかしく思っていると、数人が乗った小型モーターボートが高速で接近して来て、船体をぶつけるように横付けした。バングラデシュ人の強盗団だった。「彼らは乗客を銃で脅しながら現金や金の腕輪など貴金属類を奪うと、船底に向けて銃を乱射し、自分たちのボート

ラシッド

に飛び乗って逃げた」。木造の老朽船はたちまち浸水して沈没した。川に投げ出されたラシッドたちは約二〇分間、水面を漂い、別の漁船に助け上げられた。一夜明けた八日朝の捜索で、川岸に漂着した三四人の遺体が収容され、その中にラシッドの年少の息子二人、妻の兄弟二人が含まれていた。

しかし、一七歳の長女と一三歳の次男の姿はどこにもなかった。必死に探していると、地元住民が「朝早く怪しい連中が来て、岸に倒れていた女の子と男の子を連れ去った」と伝えた。長女は服の下に多額の現金を巻き付けていた。船で一緒だった他の乗客は「どうやら船主が強盗団とグルで、金持ちが乗っていると知らせたらしい。ボロ船を失っても構わないと計算したんだ」と悔しがったが、真相は確かめようもなかった。

　ラシッドはバングラデシュ軍や国境警備隊に助けを求めたが、ただの事故だとして取り合ってもらえなかった。子供たちの行方を捜すために現場近くに二週間留まり、さらにテクナフ市内に部屋を借りて一カ月間粘った。拡声器を持って街頭に立ち、情報提供を呼び掛けたこともあるが、手掛かりはつかめなかった。「娘は八年生（中学校三年相当）、息子は七年生（中学二年相当）を終えたところで、自慢の子供たちだった」。事件の数カ月後、ミャンマーにいる親戚に男の声で電話があり、「子供たちは元気にしている。心配は要らない」と話して一方的に切れたという。男の名前も子供たちの居場所も分からなかった。

　ラシッドはテクナフ郡のレダ難民キャンプで、ひとりずつに減ってしまった息子と娘、妻、バングラデシュで生まれた赤ん坊と五人で暮らしている。妻はショックから立ち直れず、精神的に不安定な状態が数カ月続いたが、援助団体の診療所で心理カウンセリングを受けて回復しつつある。しかし、余りに理不尽な形で四人もの子供を失ったことを忘れられるはずはなく、今も子供たちの夢を見て泣き出すなど苦しみの日々が続いている。

闇に葬られた衝撃の事実

ここで少し補足しておく。難民の証言内容は、その出来事が起きた場所や日付、人数など基本的な事実関係については、国連報告や現地の英字新聞、ロイター通信などの記事と照合し、できるだけ裏付けを取った。彼らの記憶は目撃したという犠牲者の数が実数より多くなる傾向を除けば（遺体の山を見れば誰でもそうなる）、村が襲われた日時、あるいは自らの避難の過程に関しては、日記でも付けていたかと思うほど正確かつ具体的である。それだけ鮮明に刻み込まれているのだろう。後から聞いたことが記憶に上書きされている部分があるかも知れないが、事実を曲げたり虚飾したりしていないと確信できる。

しかし、ラシッドの衝撃的な証言を裏付ける記事は、いくら探しても見付からなかった。ロイター通信の特集記事「死の渡河」[*41]によると、二〇一七年八月末～一一月初旬にナフ河で二八件の沈没・水難事故が発生し、確認されただけで一九六人が死亡した。主な事故はすべて網羅されているが、「強盗団に襲われて三四人水死」という見落としようがない大事件は出て来ない。日時や人数の記憶違いではないかと確認すると、ラシッドは「私がウソをついていると言うのか。何もかもはっきり記憶している」と語気を強めた。そして「地元のベンガル語新聞の記者にこの話をしたのに、記事にはならなかった」と残念がった。

何かが隠されていると直感して探ってみると、報道されていない驚くべき事実が判明した。難民流入当時、ロヒンギャ難民が漁船でベンガル湾やナフ河を渡り、バングラデシュ側にたどり着く様子が未曽有の人道危機を象徴する場面としてニュース映像や報道写真で繰り返し流れた。バングラデシュの漁師たちが（たとえ高額の報酬目当てだとしても）難民を救出する感動的なシーンとさえ思えたのだが、実態はかなり違っていた。

誰もが口を閉ざす中、シャプリディップ集落の漁師アジラン（三八歳）が絶対匿名を条件に打ち明けた。ミャンマー国軍がラカイン州で掃討作戦を展開し、何千人ものロヒンギャが殺されていることは、すぐにナフ河対岸のテクナフ地域に伝わった。村々が炎上する煙もはっきり見えた。船が足りないので難民が海岸や川岸に滞留していると知ったアジランたちは九月九日、漁船を出して、ナフ河の河口に近いマウンドー郡のナカンディア海岸に向かった。違法に越境していることは分かっていたが、仲間の四〇～五〇隻が一緒なので平気だった。海岸では数え切れないほどのロヒンギャが脅えた表情で船を待っていた。コックスバザール独特の三日月形をしたアジランの漁船は、全長八メートルで通常は四～五人乗りだが、一度に約三〇人を乗せて運んだ。一人当たり一万タカ（約一万三〇〇〇円）見当を要求したので、一回で軽く月収の二〇～三〇倍になり、アジランは三往復して荒稼ぎした。難民たちはミャンマー通貨のチャット札、あるいは貴金属の指輪や腕輪で渡船料を払った。

河口からナフ河を斜めに横切る途中、船から落ちたのか女性や子供の水死体があちこちに漂っていた。ふと気が付くと、他の船で漁師が難民から金品を奪おうとしているのが見えた。助けを

多数の難民が上陸したバングラデシュ最南端テクナフ郡シャプリディプ。ナフ河の河口とベンガル湾が一体となった西岸に位置する

求める叫び声を聞いて別の方角に目を向けると、銃や山刀を持った強盗グループがスピードボートで漁船を襲っているところだった。後日聞いたところでは、合わせて三〇隻近くが乗客ごと川の真ん中で沈められ、強盗と漁師が示し合わせていたケースもあったという。

無事にバングラデシュ側に着いても、難民から現金や貴金属を強奪する事件が続発した。

ミャンマー領を指呼の間に臨むシャプリディプは、テクナフ市街から数キロ南下し、さらに広大な塩田地帯を抜けてたどり着く最果ての孤立した地区で、漁民や塩田労働者の家々は一見して貧しく、すさんだ雰囲気がある。難民の上陸地点となったのは、そういう場所だった。長大な桟橋が一本あるが、難民を乗せた漁船は数百メートルの遠浅の泥の岸に着けて、難民たちはそこを歩いて上陸した。

漁船でテクナフ郡シャプリディプに着き、幼児を抱えて岸まで運ぶロヒンギャの少年（2017年9月14日）＝UNHCR撮影

若い女性や少女は地元の男たちにしばしば誘拐されレイプされた。夜になると不良グループが女性たちを襲っては「警察に知らせたら殺す」と脅し、ご丁寧にもレイプ被害者を車で難民キャンプに送り届けた連中もいたという。アジランの船からも若者が少女を連れ去ろうとしたので、「そんなことをしてはいけない」と追い払った。少女は命拾いしたが、この一件で漁師仲間がアジランを敵視するようになった。

アジランと乗組員は九月一五日の朝、テクナフ側の岸に着いたところを待ち構えていた警察に逮捕され、テクナフ警察署に連行された。警官は「当局は漁師が難民を運ぶことを許可していない。すべての難民はバングラデシュに違法に入国した」と言って彼らを激しく殴った。アジランは不法入国を帮助した罪に問われ、コックスバザール地方裁判所で禁固五カ月の有罪判決を受けて刑務所に送られた。刑務所には同じ罪状で有罪となった漁師が他にも二〇人ほどいた。漁船は警察によって壊され廃棄された。

ラシッドの一件を尋ねると、アジランは「その事件は確かにあった。複数の住民に聞いたので間違いない。漁師や村人が本当のことを話さなかったので、取材に来た記者たちは水死体を見ても単なる沈没事故だと信じていた。被害者の家族も報復を恐れて、たいてい泣き寝入りした」と話した。ラシッドを取材した地元紙記者は、余りに衝撃的な証言が信じられなかったのか、警察から「書くな」と言われて自主規制したのか、恐らく後者だろうが、いずれにせよ重大な情報を握りつぶしてしまったらしい。少なくとも数百人のロヒンギャがバングラデシュを目前にして溺死し、あるいは上陸後間もなく命や財産を奪われたと見られるが、こうした非人道的な行為が国際的に報道されていたとすれば、〝悪玉〟ミャンマーに対する〝善玉〟を演じているバングラデシュのイメージが大きく損なわれたのは間違いない。

アジア最貧国でありながら、一〇〇万人規模の招かれざる難民を受け入れ、まがりなりにも保護しているバングラデシュ政府と地域住民は、さまざまな問題はあるにせよ、国際的に称賛されるべきだと私は思っている。本章で後述するが、大多数の住民は献身的に難民を助けたのであって、その暗部をことさらあげつらう気もない。しかし、公表されていないだけで、難民流入の大混乱に乗じた犯罪・不法行為が数え切れないほど起きていたのは事実である。地獄を逃れた先で次の地獄を見た難民の悲痛は計り知れないが、ラシッド一家の悲劇も無数の不条理の一片に過ぎないのだろう。

国連調査団報告

ミャンマー治安部隊の掃討作戦による人道犯罪の全体状況を把握するには、既に一部引用している国連調査団の最終報告（二〇一八年九月一八日）を読むしかない。全体で四四〇ページに及ぶ英文の報告書である。国連調査団は、ロヒンギャ難民が大量発生する五カ月前の二〇一七年三月二四日、国連人権理事会で設立された。当初の目的はミャンマーにおける国軍・治安部隊による人権侵害の実態を解明することであり、ラカイン州だけでなく、同じく少数民族問題を抱えるカチン州、シャン州の三州が調査対象だったが、折から今回の事態が発生したため、実際には調査・報告のかなりの部分をラカイン州で起きたロヒンギャ弾圧の背景と真相究明に充てている。

調査団を率いるマルヅキ・ダルスマン委員長は、インドネシア検事総長を務めた法律家で、国連ではスリランカ内戦や北朝鮮の人権状況の調査を行った実績を持つ。北朝鮮による日本人拉致問題の追及が日本でも評価され、二〇一七年の春の叙勲で旭日重光章を贈られている。それにラディカ・クマラスワミ元国連事務総長特別代表（スリランカ）、国際人権法専門家のクリストファ・シドーティ弁護士（オーストラリア）を加えたアジア大洋州出身の三人で構成された調査団は、国連人権高等弁務官事務所（ＯＨＣＨＲ）のサポートを受けて一年数カ月に及ぶ調査を実施し、二〇一八年八月二七日に要点を抽出した暫定版、九月一八日に人権理事会に最終報告を提出した。

さて、本章の主題は二〇一八年八月二五日以降の経緯である。国連報告はロヒンギャ掃討作戦の実態を詳述し、前述の通り「人権上の大惨事」の中でも「最も深刻な事件」として、ラカイン州北部三郡の六つの村・地域で起きたロヒンギャ弾圧を特に詳しく記録している。掲載順に、①ミンジ村、②シュトピン村、③マウンヌ村、④グーダルピン村、⑤コーエタンコック村、⑥マウンドー郡南部（シタフリカ村、ミンルエ村、アレタンキュ村、インディン村）である。このうち、③マウンヌ村、⑥マウンドー郡南部（シタフリカ村、ミンルエ村）の二件は、前掲した難民の証言に登場するので割愛し、ここからは他の四件に関する記載を紹介する。事実関係や文意を変えない範囲で適宜省略し、あるいは若干加筆するなど意訳を試みた。

なお、原文ではミャンマー国軍をビルマ語の発音の英語表記で"Tatmadaw"（タッマドー）と記している。ビルマ語から直訳すると「御軍」というニュアンスのミャンマー国軍に対する敬称になり、一般的な軍隊という意味で他国軍に対して使うことはない。

■ミンジ村　ラカイン州マウンドー郡のミンジ村（別称トゥラトリ村）は三方を川が流れ、約四三〇〇人のロヒンギャ、四〇〇人のラカイン住民が居住していた。八月二五〜二六日、ミンジ村付近でＡＲＳＡによる攻撃が二回あり、政府はＡＲＳＡが三〇軒の家を燃やしたうえ、仏教徒の少

焼失したミンジ村の衛星画像（2017年９月16日）＝国連報告

数民族ムロを襲撃したと発表した。国軍は二六～二九日、ミンジ村の東側の二つの村で掃討作戦を二回実施した。兵士たちは丘に向かって逃げる村人を撃ち、ランチャーで家々を焼いた。ある男性が三歳の息子を連れて逃げようとして大腿部を撃たれ、貫通した銃弾が息子の胸に当たって即死した。二つの村で約九〇〇棟の建物が破壊されたことが後日、衛星画像の分析で確認された。

　二つの村を脱出した村人はミンジ村に向かって逃げた。三〇日午前八～九時頃、国軍兵士が川を渡り、警察部隊や民兵グループとともに北側からミンジ村に入って銃撃を開始した。丘陵側に逃げ延びた者もいるが、広い河原に逃げた村人たちは銃撃を受けた。ある男性は「銃声を聞いて家から出ると、約五〇〇メートル離れたところで兵士たちが発砲していた。私はたくさんの村人と河原に向かって走ったが、多くの人が銃撃を受けて次々と倒れた。河原には膨大な数の村人が集まっており、私が着いた五分後、兵士たちが移動して私たちを包囲した」と証言した。ヘリコプターが近くのラカイン人の村に着陸し、ガソリンの容器を下すのを何人かが目撃した。

河原に逃げ込んだ村人たちは、川と兵士に挟まれて身動きできなくなった。川を泳いで東側に逃れようとした人々は銃撃され、多くの高齢者や子供たちが溺れて死んだ。水面に男性や女性、子供の遺体が浮かび、村人たちは対岸で数十の遺体を回収した。

兵士たちは河原に残された数百人を男性と女性・子供に分けて、男性たちに向かって銃弾を浴びせた後、まだ息がある負傷者をひとりずつナイフで刺殺していった。子供も殺された。ある女性は自分の夫が撃たれた後、首を切られて殺されるのを目の当たりにした。兵士と民兵は三カ所の穴を掘り、貴重品を奪ってから遺体を全部投げ込み、ガソリンをまいて火を付けた。その後、兵士たちは女性と子供の方に向かい、何人かの子供を撃ち、川や炎の中に投げ込んだ。兵士のひとりが母親の膝に座っていた幼児を取り上げて川に投げ込んだ。母親は子供の身体が流されるのを見ているしかなかった。逃げようとした一〇歳の男の子を兵士がナイフで刺し殺すのを見た女性は、恐怖で動けなくなった。

兵士たちは女性と少女を五〜七人ずつのグループに分けて、何軒かの大きな家に連れて行った。乳幼児を抱えた女性も多かった。女性と少女は部屋に連れ込まれ、宝飾品や現金を奪われた後、殴られてレイプされ、しばしば（刃物で）刺された。子供や幼児も刺されて死んだり重傷を負ったりした。それが終わると、兵士は女性たちを家屋に閉じ込めて火を放った。わずかに生き残った女性たちは、大火傷と刺傷を負った。ある生存者は妹、母親、隣人二人、子供たちと一緒に家に連れて行かれ、兵士たちにレイプされた。妹と母親、息子が殺された。「娘が『燃えている』と言って（気を失っていた）私を起こしたので、ドアを壊して二人で逃げ出した。私は服を着ていなかったので、ひどい火傷を負った」

掃討作戦の過程で、ミンジ村の民家やその他の建物は完全に焼失し破壊された。衛星画像の分析によって、この村が九月一六日までに破壊され、約四四〇の建物が焼失したことが確認された。すぐ南側にあるラカイン人の村は無傷のまま残っている。

バングラデシュの難民キャンプでロヒンギャのコミュニティ・ボランティアが集めた信頼性の高い情報によると、ミンジ村では八月三〇日に少なくとも七五〇人が死亡した。このうち四〇〇人以上が同村の住民で、総数には近隣の村から逃げて来た人々も含まれる。インタビューを受けた全員が、国軍兵士が主たる加害者であると断言した。これらの兵士が第九九軽歩兵師団の所属と確信する証拠があり、信頼できる情報源はこの攻撃中に同師団がミンジ村にいたことを認めた。ラカイン人と他の少数民族も攻撃に参加した。

■シュトピン村　シュトピン村（別称ショアプラン村）はラカイン州北部の三郡が接するシットウ

ェ県ラティダウン郡の北端に位置する。この村には約一二〇〇人のロヒンギャの集落があり、その近くにある約四〇〇人のラカイン人の集落、そしてもうひとつ別のロヒンギャ集落を含んでいる。ラカイン人集落に近いロヒンギャの村の北側に国軍と警察、国境警備警察の駐屯地があった。二〇一七年七〜八月にシュトピン村一帯で発生した多くの出来事によって、ラティダウン郡北部では緊張が高まっていた。国軍部隊が増強され、掃討作戦が始まるまでの数週間、村人たちの移動の自由は厳しく制限された。村々の代表が会合に集められて第三三軽歩兵師団幹部から恫喝を受けていた。

ミャンマー当局は八月二七日に「ARSAがシュトピン村の前哨基地を手製爆弾で攻撃したが、攻撃は撃退された」と発表したが、国連調査団はこの攻撃を確認できなかった。八月二七日午後二時頃、数百人の国軍兵士（第三三軽歩兵師団と他の治安部隊）が同村のロヒンギャ集落を包囲した。彼らは近隣の村から少数のラカイン人を連れて来た。治安部隊が発砲し、逃げようとする村人たちを撃った。兵士は家から住人を引きずり出し、何人かを至近距離で撃った。他の村人は大きなナイフで喉を切られて殺された。生存者のひとりは「撃たれて死ななかった人は、ナイフでとどめを刺された」と話した。

ある高齢の女性は「兵士は小銃の銃床で弟（七〇歳）の頭を殴り、脳みそが出るのが見えた。私は人々が大型ナイフで殺されるのを見た。兵士たちは銃を乱射し、村中が死体でいっぱいだった。彼らはまず人々を撃ち、まだ死なずに動いているとナイフで喉を切って殺した」。彼女は脚

焼失したシュトピン村の衛星画像（2017年９月16日）＝国連報告

を撃たれた一〇歳の孫娘と一緒に脱出した。「兵士は私たちを狙って撃っていたので、遺体の横を這うしかなかった」。その少女は父親と母親、妹、兄弟が殺され、少女と祖母は家族七人を失った。

腕を撃たれた別の女性は「彼らが家に火を付け始めたので私は走った。その時に撃たれた。銃弾を避けようと目に付いた物の陰に隠れなければならず、逃げるのは容易ではなかった。私は走りながら、他の人たちも必死で走っているのを見た。どこに逃げれば良いか分からず、誰もが絶望的になっていた」と証言した。

多数の女性と子供が攻撃の犠牲になり、幼児や赤ん坊を含む子供たちが特に狙われた。乳幼児は母親の腕からもぎ取られて地面に投げ付けられ、生きたまま火の中に投げ込まれた。乳幼児を連れた女性は逃げるのが遅いので狙われやすかった。家に火を付けられた女性は、生後二カ月の赤ん坊を抱き、八歳の子供を引っ張って逃げ出したが、弾が彼女と赤ん坊の両方に当たって二人とも即死した。八歳の娘もその夜、隠れていた水田で射殺された。二歳半の息子を撃ち殺された母親は、その最後の言葉が「お水ちょうだい、お母ちゃん、喉が渇いた」だったと話した。彼女は一晩中、遺体を胸に抱き続けた。

女性と少女はシュトピン村の掃討作戦の間、レイプ、集団レイプ、性的虐待、性的嫌がらせを受けた。兵士たちは女性を選んで軍事基地として使われている学校に連れて行き、そこで集団レイプした。女性と少女はレイプされる前あるいは後に、乳房の切除を含む重度の身体的損傷を受けた。ある証言者は、隠れていた場所から兵士たちが女性を捕まえるところを目撃し、兵士たちが後に死亡する女性の乳房を切り取っているのを見た。

五七人もの大人数の男性グループ（大半が教師あるいは教育を受けた人々）が掃討作戦中に兵士によって連れ去られ、その後の消息に関する情報はない。生き残った何人かが夜遅く村に戻ると、村中に遺体が散乱していた。数日後にシュトピン村を通った別の男性は「至る所に遺体があり、たくさんの子供の遺体が川に浮いていた。我々は恐怖を感じ、ひどい悪臭のために口元を覆わなければならなかった」と証言した。

生き残ったロヒンギャの村人たちは、近くのヘテナヤ村（別名ロキンビル村）に避難した。国連調査団はシュトピン村への攻撃を記録した八月二九日の日付入りのビデオ映像を入手した。負傷したロヒンギャの証言とともに、ヘテナヤ村の集団墓地が映っている。バングラデシュの難民キャンプでロヒンギャのコミュニティ・ボランティアが作成したリストは、シュトピン村でその日、三五八人が殺されたことを示している。リストによると、五歳以下の子供一二七人が殺され、九人の女性がレイプされ、九四人が四肢の一部を失うなどの重傷を負った。

シュトピン村の掃討作戦は、国軍の主導で行われた。多くの生存者が西部司令部の記章を確認した。信頼できる情報源によると、第三三軽歩兵師団が主導したか積極的に関与した。国軍は警察・国境警備警察とラカイン人のグループを連れていた。ラカイン人の一部は軍服ではなく私服を着て、剣や大型ナイフなどを持っていた。残りは軍服スタイルの制服を着て銃を装備しており、これは「ピィードゥースィッ」と呼ばれる民兵グループの関与を示唆している。

■グーダルピン村　グーダルピン村（別称グダンパラ村）はブティダウン郡南部に位置し、ラカイン人の三つの集落とロヒンギャの二つの大きな集落があるロヒンギャの主要な村である。グーダルピン村から約一・六キロ離れたチャウサルティン村には、警察の前哨基地がひとつあり、治安部隊の大幅な要員増強が見られた。

国軍と警察は八月二八日に掃討作戦を開始した。治安部隊は早朝、グーダルピン村の中核的な集落に入り、幹線道路側から発砲した。銃撃から逃れるには、村の東端を流れる川を渡らなければならず、子供を連れて逃げ延びた生存者は「雨が降って増水していたため、川を渡る途中で流

焼失したグーダルピン村の衛星画像（2017年10月10日）＝国連報告

されて死んだ子供もいた」と証言した。

本格的な掃討作戦が行われたのは翌二九日の午後だった。国軍兵士は警察とラカイン人を連れていた。治安部隊は村を見下ろす上の丘に集結し、村を取り囲むように複数の方向から侵入した。兵士と警官は逃げようとする村人たちに発砲し、子供を含む多くの人々が撃たれて殺傷された。ある証言者は、飼っていた牛を逃がそうとしていた一五歳の従弟がラカイン人に刀剣で殺されるのを見た。集落の建物は治安部隊とラカイン人によって焼かれた。兵士はランチャーを発射し、ラカイン人はガソリンをまいて火を付け、村は二〜三日で全焼した。

女性と少女はレイプ、集団レイプ、拉致など性的暴行を受けた。彼女たちは逃げようとして捕まり、森林や茂みの中で国軍兵士にレイプされた。掃討作戦が始まる前に家から連れ出されたケースもある。五〇歳の母親は「兵士たちが家に来て娘を連れて行った。娘に何が起きたかは分からないが、私たちが逃げる時に兵士がたくさんの美しい娘たちを捕まえるのを見た」と話した。

国軍と警察、ラカイン人たちは、あちこちに穴を掘って遺体を埋めた。数日後にグーダルピン村に戻った村人たちは、浅い墓穴で見付かった遺体が黒く膨れ上がっているのを見た。国連調査団が入手したビデオ映像には、腐敗して黒ずんだ頭部が映っている。掃討作戦の三日後に村に帰った生存者は、多数の遺体を見て、惨たらしい状況と悪臭で吐き気を催したと話した。一二日後に村に戻って大きな墓穴を見た村人は「遺体はきちんと埋葬されておらず、身体が膨れ上がり、顔が黒ずんでいるのが見て取れた。遺体が腐り切っていたので、葬儀を行うこともできなかった。多く遺体は頭部と胴体が別々になっていた。女性と子供の遺体もあった。余りに恐ろしくて、バングラデシュに避難する途中、私はずっと泣いていた」と証言した。国連調査団はグーダルピン村で殺害された人数を二四三人と推定した。

■**コータンコック村**　ベンガル湾沿いにあるラティダウン郡のコータンコック村（別称コータンコン村）は、マウンドー郡の最南端に接している。ロヒンギャとラカイン人の集落が二つずつあり、そのうちロヒンギャのコータンコック集落には約一〇〇〇世帯が暮らしていた。村内に二つの国内避難民（IDP）キャンプがあり、いずれも二〇一二年にラティダウン郡内の他の場所から移されたロヒンギャを収容していた。同村には国軍駐屯地と国境警備警察の前哨基地があった。

二〇一六年一〇月九日にARSAによる攻撃があった場所として、コータンコック村は絶えず監視され、国軍部隊が増強されるとともに、村人は常に抑圧されていた。同年一一月にはコミュニティが国連常駐調整官と接触したことへの報復措置として、大量の逮捕と拷問があった。二〇一七年八月には、ロヒンギャ住民にNVC取得を強要する会合が開かれ、さらに緊張が高まっていた。八月中旬までに海軍艦艇二隻も沖合に停泊した。

国軍は二〇一七年八月二五日午前四時頃、コータンコック村でARSAによる攻撃が二回あったと主張した。国軍兵士は八月二五日、他の治安部隊とラカイン人を伴い、発砲しながら南側からロヒンギャのチェンカリ集落に入った。ロヒンギャ住民は森に覆われた丘陵に向かって走ったが、多くの人々が逃げる途中で撃たれ、他の犠牲者はひとりずつ喉元を切られたり刺されたりして殺された。生存者のひとりは「妻の遺体の傍らに生後六カ月の息子が横たわっているのを見付けた。妻は撃たれていた。赤ん坊は胃の辺りを刺され、内臓がはみ出ていた。小さな体を抱き寄せた時、私は息子の血を浴びた」と証言した。

兵士たちは家々を順番に燃やしていった。ガソリンとマッチだけでなく、ランチャーも使われた。障害者、子供、高齢者を含む多くの人々が逃げられずに家の中で焼き殺され、たくさんの遺体が燃える家に投げ込まれた。

国軍は八月二八日、そこから北に一・五キロ離れたコータンコック集落でさらなる掃討作戦を行った。国軍部隊は早朝、他の治安部隊やラカイン人とともに両側から村に入った。国軍が先導して逃げ出した人々に発砲した。すぐ沖合に停泊した海軍艦艇からも艦砲射撃があった。兵士たちはランチャーを発射し、多くの高齢者や障害者が家ごと焼かれた。両方の集落でレイプも起きた。コータンコック集落では、少女が裸で血を流しているのが見付かり、兵士にレイプされたと言って息絶えた。チェンカリ集落の男性は、兵士が妻をレイプしたうえ喉を切って殺害し、五歳に満たない子供三人も殺されたと話した。

二〇一七年九月一六日の衛星画像分析では、ロヒンギャの集落と二つのIDPキャンプが焼失・破壊されたことが確認された。ラカイン人の二つの集落はそのまま残っていた。バングラデシュの難民キャンプでロヒンギャのコミュニティ・ボランティアが集めた死傷者数によると、チェンカリ集落とコータンコック集落でそれぞれ九四人、合わせて一八〇人以上が死亡した。信頼できる情報源によって第三三軽歩兵師団が攻撃を主導したことが確認された。

調査協力拒んだミャンマー

国連調査団による調査は、ミャンマー政府が入国を認めないなど協力を全面的に拒否したにもかかわらず、その報告内容は詳細を極めており、国軍が主導して国際法上の重大犯罪（ジェノサイド＝集団殺害、人道に対する罪、戦争犯罪）が行われたと断定した。これらの人権侵害を審理するために、国連安全保障理事会に国際刑事裁判所（ＩＣＣ）への付託、あるいは特別国際裁判所の設置を要求するとともに、一連の犯罪行為の責任者としてミンアウンフライン国軍最高司令官ら国軍幹部六人を名指しして訴追を求めている。また、同国のトップであるアウンサンスーチー国家顧問兼外相に対しても「ラカイン州で起きている迫害を止めるために、政府指導者としての地位と道徳的権威を行使しなかった」として無為無策を厳しく批判した。

調査手法は、ラカイン州から逃れたロヒンギャ難民八七五人の聞き取り調査、衛星画像分析を二本柱に据え、ミャンマー側の内部証言、関係五カ国（バングラデシュ、インドネシア、マレーシア、タイ、英国）での情報収集、さまざまな分野の専門家による分析・助言など多岐にわたる情報を基に裏付けと検証を重ねた。証拠写真やビデオ映像も多数入手した。国連調査団はこの間、ミャンマー政府に対して現地調査の受け入れを書面で三回要請し（二〇一七年九月四日、同年一一月一七日、二〇一八年一月二九日）、二〇一八年三月二七日には詳細な質問リストを送付したが、ミャンマー政府は一切応じなかった。

国連調査団は人的被害について、ミンジ村など「複数の村で大量殺戮が行われた。場合によっては何百人もの人々が死亡した」として、死者は全部で「控えめに見積もっても一万人」と推計したが、これは実際かなり控えめだと思われる。「ラカイン州内のロヒンギャ密集地域の三郡を中心に、主に火災によって体系的・意図的かつ標的を定めた破壊が行われた。同州北部の全居住地域の四〇％に当たる少なくとも三九二の村、三万七七〇〇棟の建物が部分的または完全に破壊された」。建物の約八〇%は最初の三週間に焼失したが、その大部分はミャンマー政府が掃討作戦の終了日とする九月五日以降であり、武力弾圧は実際には一〇月まで続いた。マウンドー郡では七〇%以上の村が破壊された。壊された建物のほとんどが民家で、学校や市場、モスクも焼かれた。ロヒンギャが多く住む地域が狙われた半面、ほとんどの場合「近隣のラカイン人の居住地域は無傷で残った」。

国連報告には、掃討作戦の前と後に同じ村を撮影した衛星画像が多数掲載されており、破壊・焼失の状況が手に取るように分かる。二一世紀の今日、衛星によって地上が丸見えなのはミャンマー国軍も重々承知のはずであり、証拠を示されても開き直れば良いと当初から考えていたのだろうか。その一方で、国連調査団メンバーは英国BBCのインタビューに「地上で撮影された証拠写真を入手するのは困難だった」として、「ラカイン州を出ようとする住民は身体検査を受けて、金品や携帯電話などを取り上げられた。証拠になるような映像や写真を奪うためだったのは明らかだ」と話している。

国連報告が指摘するポイントのひとつは、掃討作戦全体が統制された同じパターンで行われた点である。「作戦は地理的に広大な地域で行われたにもかかわらず、それらは驚くほど似ていた」として、国軍部隊が「同一のパターン」で村々を攻撃したことに国連調査団は着目している。それは「国軍兵士たちは早い時間帯に他の治安部隊を伴い、しばしばラカイン人男性たち、時には他の少数民族も加えて攻撃を行った。その作戦は激しい発砲と爆発、叫び声や悲鳴によって村人

焼失したザイディピン村の衛星画像（2017年９月16日）＝国連報告

たちが目を覚まし、たちまち恐怖に陥るように設計されていた。建物が燃やされ、国軍兵士は民家や村人に向けて無差別に発砲した」という手順であり、つまりＡＲＳＡ戦闘員を捜索する作戦ではなく、最初からロヒンギャ住民に恐怖を与えて殺戮するのが目的だったことを示唆している。

一連の人権侵害の「加害者」について、国連報告は掃討作戦を主導したのはミャンマー国軍であり、他の治安部隊（警察および国境警備警察）がそれに加わったと断定した。兵士たちの記章が所属部隊を明示しており、住民が顔を見知った将兵もいた。国軍西部地域司令部の部隊は増派された第三三および第九九軽歩兵師団とともに積極的に関わり、副司令官に直接報告していた。性的暴力のほとんどは国軍の責任が問われている。いくつかの村では、ラカイン人の男性が主に略奪と放火に関わり、ナイフによるロヒンギャ殺害にも加担した。他の少数民族の関与も一部で見られた。民間人グループの反復的かつ組織的な関与、および三郡の間で役割分担して任務を遂行した一貫性のある手法は、彼らが国軍によって動員・編成されたことを証明している。

女性に対する性暴力

掃討作戦中の残虐行為として突出しているのが、ロヒンギャの女性・少女に対する大規模かつ組織的な集団レイプなどの性的暴行である。国連報告によると、一三〜二五歳の女性と少女が特に標的とされたが、妊婦も例外ではなく、ごく一部では男性や少年も対象になった。レイプの八〇%が集団レイプ(mass gang rape)で、その八二%が国軍兵士によって行われ、それに国境警備警察や警察、ラカイン人男性が加わった。問題の性質上、私は被害女性から直接聞き取りしていないので、少し長くなるが、国連報告の「レイプ・集団レイプおよび他の性暴力」の項を省略しながら引用する。

複数の加害者と被害者が関わった集団レイプは「注目すべきパターン」であり、八月二五日〜九月中旬に少なくとも一〇カ所の村で発生した。たいてい公共スペース、家族や近所の人の目の前、村はずれの森の中、大きな民家で行われ、国軍・警察の複合施設に監禁された場合もあった。

いくつかの事件では最大四〇人もの女性と少女が同じ場所でレイプされたが、女性たちの多くは複数、時には一〇人もの加害者によってレイプされた。

マウンドー郡北部の村で九人にレイプされた三五歳の女性は「私は妊娠八カ月だった。兵士たちは私のお腹を踏み付けたり蹴ったりした後、私を裸にした。私は近くの駐屯地の（顔を知っている）国軍兵士がいるのに気付いた。私は目隠しをされ、手首を縛られて木にぶら下げられた。肛門と膣内を九回犯された。私はそれを数えていた。レイプしている間、彼らは私の胸や首を噛んだ。私は木に縛り付けたままにされ、夕方になって母が私を見付けた。まだ生まれていない私の赤ん坊は死んだ」と証言した。別の女性は国連調査団に「私は運が良かった。三人にレイプされただけで済んだのだから」と話した。

集団レイプは多くの場合、住民の中から女性と少女だけを選び出し、民家に連れ込むなどして行われた。マウンドー郡の若い女性は、国軍兵士によって他の二〇～三〇人の女性と村にある大きな民家に連れて行かれ、別々の部屋に押し込まれてレイプされたと証言した。ブティダウン郡の一八歳の女性は一二人の女性と一緒に森に連れ込まれ、兵士二人にレイプされた。同郡の二三歳の女性は、村の中心部に人々が集められた後、女性が四～五人ずつ国軍兵士に森に連れ出されたと話した。

国軍兵士による集団レイプは、単なる性的暴行を超えて残忍であり、肉体的・精神的拷問の意味合いが大きかったと思われる。女性たちの多くは銃床や棒、ワイヤー、拳で殴られたり、頭や腹部を蹴られたりした後、衣服をはぎ取られてレイプされた。目隠しが使われることも多かった。レイプの最中、兵士たちはしばしば女性の頬、首、胸、太ももに強く噛み付き、その傷跡は数カ月後も残っていた。国連調査団は法医学的観点から考察した結果、そうした行為は犠牲者に消えない傷跡を残し、彼女自身や夫、家族に屈辱を忘れさせないために、いわば焼印を押すように意図的に行われたと結論付けた。また、多くの犠牲者がレイプ後に喉を切られたり、家に閉じ込められて焼き殺されたりした。性器の周辺や胸を切断する残虐行為、あるいはナイフや棒などの道具を使ってレイプされた事例もあり、そのために内臓損傷で死亡したと見られる犠牲者もいる。

レイプはしばしば夫や両親、子供など家族の目の前で行われた。ある母親によると、娘は両脚を別々のドアに結び付けられて一〇人にレイプされ、喉をかき切られた後、家は放火された。母親たちは殺害された幼い子供の横でレイプされた。ある若い母親は警察の制服を着た五人にレイプされている傍らで、七歳の息子が大きなナイフで刺し殺されるのを見た。被害を受けた多くの女性たちは「レイプ自体は苦しみの一面に過ぎない」と話す一方で、家族、とりわけ子供や胎児を失ったことは母親として「耐え難い」と訴えた。

国軍や警察の複合施設や前哨基地での女性の誘拐・監禁も組織的に行われ、多くの女性や少女が強制的に連行されたまま行方不明になった。ブティダウン郡の一八歳の女性は、軍事施設に五日間監禁されてレイプされ続けたが、他にも最大二〇人の女性がおり、彼女は他の部屋で女性たちが叫び声を上げるのを聞いた。

レイプ被害者は性器の激しい痛みと失血、腹部の痛みなど訴え、歩くことができずに家族や隣人に運ばれて越境した。レイプされて数カ月後にも、多くの被害者は夫との性交を妨げる深刻な怪我を負っており、子供をもうけることができないという懸念を示した。マウンドー郡の女性はレイプによる負傷のためにバングラデシュで子宮摘出術を受けなければならなかった。治療を受けられず、避難する途中で死んだ女性や少女も少なくない。女性たちはミャンマーで差別され医療サービスを受けられなかった経験から、あるいはレイプされたことを恥じて隠そうとして、バングラデシュでも治療を求めようとしない場合もあった。

多くの女性と少女がレイプによって妊娠したが、その数は不明である。事態の発生から九カ月～一〇カ月経った二〇一八年五月から六月にかけて、国連その他の援助団体は、バングラデシュの難民キャンプで妊娠中の女性の数が急増したと指摘した。

難民キャンプ一帯の診療所では、二〇一八年三～四月頃に妊娠後期の中絶の依頼が増加した。一三～一七歳の少女たちが「国軍兵士にレイプされた」として中絶処置を求め、医療機関はバングラデシュの法律に準拠して対応した。医学的処置を受けられなかった女性たちは、バングラデシュ産の有害な流産薬を使用した。レイプによって産まれた赤ん坊は、母親に事件を思い出させ、乳児殺しや妊娠した少女の殺害が調査団に報告されている。レイプされた女性たちは不名誉を恥じ、夫や家族、コミュニティに知られることを恐れているが、未婚女性の場合は特に深刻で、レイプされたことが分かれば結婚できなくなると心配している。

二〇一七年一一月にコックスバザールの難民キャンプを訪問したプラミラ・パッテン国連事務総長特別代表（紛争下の性的暴力担当）は、記者会見で「広範囲にわたる性的暴力の行使は、大規模な強制退去の原動力あるいは"push factor"（押し出す要因）であり、集団としてのロヒンギャの絶滅と排除を目的とした計算されたテロの手段だった」「生存者の証言から性的暴力の形態には、複数の兵士による集団レイプ、人前での強制的な脱衣と屈辱、監禁による"sexual slavery"（性的奴隷）が含まれる。ある被害者は国軍に四五日間も拘束されていた」と述べた。[*42] そのうえで「ミャンマー国軍兵士によるロヒンギャ女性の集団レイプなど『人道に対する罪』に当たる残虐行為が組織的に行われた」として、この問題を国際刑事裁判所に提起する考えを示した。

誰がヒンドゥー教徒を殺したか

国軍の人権侵害が指弾される一方で、ARSAによる残虐行為も指摘されている。アムネスティ・インターナショナルは二〇一八年五月二二日、「ARSAが二〇一七年八月二五日、ヒンドゥー教徒が住むマウンドー郡北部アーナウッカマウンセイッ村を襲い、金品を強奪したうえ男性二〇人、女性一〇人、子供二三人の計五三人を殺害した。隣のイェーバウッチャー村でも同日、ヒンドゥー教徒四六人全員が行方不明になっており、ARSAに殺害された可能性がある」と計九九人の殺害を発表し、各国メディアでも大きく報じられた。[*43] この件については、ミャンマー政

クトゥパロン北方のキャンプで暮らすヒンドゥー教徒難民

府が二〇一七年九月二六日時点で「ヒンドゥー教徒の村で集団墓地に埋められた四五人の遺体を発見した」と発表し、ARSAによる犯行であると主張したが、ARSAは関与を全面否定していた。

ARSAによる犯罪行為として、国連報告は「(当局に通報していた)情報提供者と思われる数十人の殺害」など深刻な人権侵害があったことを認定したが、ヒンドゥー教徒殺害については「主な情報源は殺害(があった事実)を裏付けているが、加害者に関しては証拠が不充分である。他の過激派または犯罪グループもこの地域で活動しており、虐待の責任を負っている可能性がある」と断定を避け、アムネスティの発表に同調していない。

クトゥパロン難民キャンプの北方に、ラカイン州から逃れて来た約一〇〇世帯・四〇〇

マウンドー郡から逃れて来たヒンドゥー教徒難民の家族

人余りのヒンドゥー教徒難民が林の中でひっそり暮らすキャンプがある。ヒンドゥー教徒殺害の話が気になっていた私は、アムネスティの発表前の二〇一八年一月頃、ロヒンギャ難民から分離されたヒンドゥー難民キャンプを訪ねている。粗末なテントは同じだが、女性たちが着ているサリーも額の赤い印（ビンディ）も、当然ながらロヒンギャの女性とは異なり、おばあさんが慣れた手付きで煙草を燻らしている姿にも文化の違いを感じた。

ARSAの襲撃の状況について数人に尋ねたが、結論から言うと事実関係は判然としなかった。マウンドー郡から二〇一七年九月初旬に妻子三人を連れて逃れて来た家畜商の男性（三五歳）は、ロヒンギャと同じ言葉で「私たちヒンドゥー教徒を襲ったのは、アラカンの"Kalar Party"（黒い党＝ARSA）と呼ばれるグループだが、全員が黒い服を着て覆面をしていたので顔は見ていない。ラカイン北部の方言かビルマ語か、どちらを話していたかも覚えていない」と曖昧な証言に終始し、そんな話よりもという感じで、バングラデシュ人の商売相手と支払いでもめていることを延々と訴えた。他のヒンドゥー教徒も「カラー・パーティー」の名前を口にしつつも要領を得なかった。少数派の中の少数派なので、あるいはイスラム教徒の報復を恐れて発言を控えているのだろうと思った。

『Dhaka Tribune』は「本当は誰がラカインのヒンドゥー・ロヒンギャを襲ったのか」（二〇一七年一〇月一日付）[*44]と題する記事で同じように検証を試みている。それによると、ヒンドゥー教徒難民の証言はしばしば揺らぎ、当初は「ラカイン人の仏教徒に襲われた」と話していたのを「襲ったのはイスラム教徒。彼らに仏教徒を非難するよう強要された」と覆す証言者もいた。ロヒンギャが襲撃した動機は「（自分たちは持っていない）市民権を持つヒンドゥー教徒に憤慨し絶望的になった」と説明している。他方、一八歳のヒンドゥー教徒の女性は「ミャンマー軍兵士と仏教徒（ラカイン人）は、ロヒンギャを殺して追放することに協力しなかった夫を射殺した」と証言し、その後ロヒンギャの村に逃れ、彼らと一緒にバングラデシュに来たと説明した。また、ヒンドゥー教徒とイスラム教徒は長年共存して来たが「（大惨事が起きる直前の）一カ月余りで関係が著しく悪化した」との別の男性の証言も紹介されている。

ミャンマーの国営英字日刊紙『Global New Light of Myanmar』（二〇一七年九月二六日／電子版）は「ヒンドゥー教徒の村人二八人の遺体が発見された翌日の日曜日（二四日）、マウンドーのイェーバウッチャー村で、約二〇〇ヤード離れた場所から新たに一七人の遺体が発掘された。この捜索はヒンドゥー教徒が虐殺を逃れてシットウェに避難したという情報に基づいて行われた」とするミャンマー国営通信社（MNA）の配信記事を掲載した。[*45] 同紙は英国植民地時代の一九一四年創刊の英字雑誌を前身とする国営新聞『New Light of Myanmar』に二〇一四年、同国の民間資本が入ってリニューアルされたが、実際は情報省の管理下に置かれており、「国営プロパガンダ紙」と考えて良いだろう。記事（つまり政府発表）によると、遺体は両手を縛られて目隠しされ、喉をかき切られており、検視官は「証拠はARSAの犯行であることを示している」と断言した。村人たちは「イスラム教徒のテロリストが八月二五日に（犠牲者を）殺害し、財産を略奪したうえ、男性・女性・子供を誘拐して森に逃げ込んだ」と訴えたという。

九月二七日には犠牲者の遺族六人のインタビュー記事が、悲しみに暮れる姿の写真とともに掲載された。[*46] 最初に発見された二八人の遺体の中から別の村に住む兄を確認した男性は「兄は（嫁いだ）娘の家で一晩過ごすために（事件があった）村を訪ねていた。その日、テロリストはヒンドウー教徒を誘拐するためにやって来て、兄も犠牲になった。八人の女性と子供が拉致され、バングラデシュに向かう途中で殺された。女性たちはレイプされた」と語った。別の男性は「私の八歳の娘、義理の両親、義理の弟が犠牲になった。私の娘は私の義理の両親と一緒にカマウンセイッ村に住んでいた。この残虐な出来事の後、妻は精神的におかしくなってしまった。全員がのどを切られ、一部は頭や手足を切断されていた。テロリストは子供を含むヒンドゥー教徒を殺害しただけでなく、女性をレイプした」と証言した。

夫と息子二人が殺されたという女性は「私は服装を覚えていたので（遺体の中から）彼らを識別することができた。のどをかき切られ、手足が切断されていた。私は行事があってマウンドーに出掛けていたので生き残った。私の親戚のうち一五人がまだ見付かっていない」。別の女性は「二人の息子と娘ひとりが（事件があった村に）住んでいた。長男と娘は結婚し、もうひとりの息子は独身だった。息子たちは金細工師として生計を立てていた。昨日、息子たちは遺体で見付かった。長男の子供たち、私の娘と孫たちは拉致されたが、（他の）ヒンドゥー教徒たちが見付けて連れ戻してくれた。娘たちと電話で話したところ、息子たちの店から金が盗まれたことが分かった」と証言している。

もちろんアムネスティもヒンドゥー難民の証言の揺らぎに気付いており、彼らをバングラデシュ側に連れて来たロヒンギャから強要されたのが原因と見ている。それも踏まえて、アムネスティは難民の証言や状況証拠などを慎重に検討した結果、「ARSA戦闘員が虐殺の責任を負っている」と結論付けた。アムネスティの責任者が「（ARSAと国軍）双方とも非難されるべきであり、一方による人権侵害または虐待は、他方による人権侵害や虐待を決して正当化しない」と述べている通り、いかなる理由であってもARSAがヒンドゥー住民を殺害していたとすれば、自らの闘争の大義まで損なう恥ずべき行為と言わざるを得ない。

その後、ARSAの内情に詳しい情報筋は「実はARSAがヒンドゥー教徒を殺害した事実はある」と私に話したが、「アムネスティやミャンマー政府の発表とは状況が異なる。国軍による掃討作戦が始まり、ＡＲＳＡ戦闘員がロヒンギャ集落とヒンドゥー教徒の集落の中間地点に潜伏していた時、その場所を国軍に教えたヒンドゥー教徒がいて、それに気付いた戦闘員が数人のヒンドゥー教徒を問い詰めて殺したと聞いている。しかし、数十人を殺害するなどあり得ないし、そんなことをする理由もない」と説明した。

多数のヒンドゥー教徒が惨たらしく殺害されたのは事実だが、誰がやったかは別の問題であり、この件に関して国連報告が綿密な調査の末に断定を避けたのは、アムネスティとは何か別の情報があるからだろう。掃討作戦の初期にヒンドゥー教徒の村で何が起きたのか、非常にもやもやした後味の悪さが残るが、ただひとつ言えるのは、イスラム教徒だけが大惨事の犠牲者ではなかったということである。

難民救ったバングラデシュ住民

八月二五日の掃討作戦開始以降、バングラデシュ国境には弾圧を逃れようとするロヒンギャの人々が殺到した。翌二六日に約二〇〇〇人が国境付近に滞留しているのが確認され、一日数千人規模で徐々に越境が始まったが、九月に入ると爆発的に流入が進んだ。国連児童基金（ＵＮＩＣＥＦ）によると、ピーク時の九月四～一〇日の間に約二二万人がなだれ込み、発生から三週間足

2017年８月以降の流入時にロヒンギャ難民を助けたウキア郡の村人たち

らずの一二日時点で難民の数は早くも三三万人超に達した。[*47] 初期の流入速度は週一二万人という世界的に見ても最速クラスの異様なスピードだった。

最も危機的だった九月上旬、ロヒンギャ難民の命を救ったのは、バングラデシュ政府でも国連機関でもなく、国境近くの農村で暮らすバングラデシュの貧しい住民たちだった。コックスバザール県で話されるベンガル語のチッタゴン方言とロヒンギャの言葉は似通っており、両者は民族的にも近く、何よりイスラム同胞である。ごく一部で先述したような非人道的行為があったが、ほとんどの村人たちは雨と泥にまみれ、息も絶え絶えに国境を越えて来たロヒンギャ難民に心底同情し、自主的に食事や水を与え、家に招き入れて休ませ、重傷者を町の病院に運んだ。

クトゥパロン難民キャンプから数キロのウキア郡コリブニア村は、水田の中に木々に囲まれた集落が点在する長閑な農村だが、すぐ東側に見える小高い丘陵の向こうはミャンマー国境である。この村で暮らす農民のスウィド・アロム（三〇歳）は、難民が通ったという集落脇の小道に立って当時の様子を振り返った。「彼らは山の向こうから次々と切れ目なく現れた。すぐにミャンマーから逃げて来たロヒンギャだと分かった。彼らはそれこそ着の身着のままという感じで、雨に濡れて泥だらけだった。わずかな荷物を持ち、誰もが腹を空かせて、よろけるように歩いていた。私たちは総出でコメの炊き出しをしたり、井戸の水を飲ませたりして助けた。あの姿を見たら誰だってそうするだろう。家の軒先や土間、納屋を提供して、ひと家族が四〜五日泊っていった。一〇〜一二日間ほどは常に数千人が村に留まっていた感じで、ひと息付くと西方にあるクトゥパロンに向かって歩いて行った」

アロムによると「特に気の毒だったのは年寄りやお腹の大きい妊婦、幼い子供たちだった。兵士に性的暴行を受けたらしい少女もいて、ひどく苦しんでいた。逃げて来る途中、野外で赤ん坊を産んだ女性もいた」。ミャンマー国軍の地雷による被害者もいて、別の住民が携帯電話で撮影した写真を見ると、両脚の足首から先を吹き飛ばされた男性が、気を失ったまま車椅子で運ばれる凄惨な場面が写っていた。「この村で力尽きて亡くなった年寄りも何人かいた。村はずれの丘に埋葬して今も村人が墓を守っている。私たちはできるだけのことをしたと思う」

同じくウキア郡トゥリパロン村のルストン・アリ（七八歳）は一九九一〜九二年当時、イスラム系の国際援助団体に警備員として勤務し、ロヒンギャ難民の流入を目撃していた。「二五年前、私たちは負傷者を見付けては病院に運んだ。あの時も悲惨だったか、今回は規模が全く違う。すぐに気付いたのは、前回と比べて銃で撃たれたり刃物で切られたりした負傷者が桁外れに多いことだ。ミャンマー軍は女性や子供、年寄りまでお構いなしに、本気でロヒンギャを皆殺しにしようとしたのだろう。そうでなければ、こんな惨たらしいことにはならないはずだと思う」と話した。

八月末から九月初旬にかけて、テクナフ郡のナフ河沿いで難民流入を取材した地元バングラデシュ人記者（三一歳）は、「対岸の村々が焼かれ、煙が上がるのが見えた。難民たちは雨の中、漁船で主にテクナフ最南端のシャプリディプまで運ばれ、家族ごとにまとまって泥の浅瀬を歩いて上陸した」と振り返る。難民たちは「国軍、警察、ラカイン人が私たちの家を燃やし、たくさんの村人を殺した。着替えがひと組あるだけで、他に何も持っていない。この二～三日は食べ物も水もなくて、子供たちが腹を空かせている」と記者に向かって口々に訴えたという。

「イマームや近隣住民たちがビスケットや菓子パンを与え、雨をしのげるようビニールシートを提供し、難民キャンプまでのバス代を渡した。地域にある学校が数校、臨時の収容施設になったが、そこに入れなかった難民たちは道端にゴザを敷き、木や竹の棒とシートで急場しのぎの小屋を作って、倒れこむように眠った。最初は正規の食料配布がなかったので、通り掛かりのバングラデシュ人に物乞いする者もいた。かと思うと、どこかのイスラム団体のトラックが前触れもな

バングラデシュ最南端シャプリディプからテクナフ市街に向かう塩田の道

く乗り付け、食料を配り始めることもあって、そんな時は難民たちが殺到して奪い合っていた」。国連機関やNGOなどプロの人道支援活動では、人々が救援物資をめぐって争うような無秩序な配布はあり得ないが、当時の極限状況では、それもやむを得なかっただろう。

意外だったのは、そんな状況にあってもロヒンギャの人々が頑固な面を見せたことである。地元住民がバングラデシュの薄黄色の炊き込みご飯「キチュリ」（結構おいしい）を連日炊き出しで提供したところ、持て余し気味でバケツごと捨てていたとか、新品の衣類は受け取るが古着は決して着ようとせず、特に服装に保守的な女性たちは着られると思った服だけ選り分け、残りは道端に山積みに放置していたといった当時の逸話を聞いた。良かれと思っていたバングラデシュ人たちも、さすがに少々鼻白んだらしい。あるロヒンギャ男性に理由を尋ねてみると「私たちの村では白い米飯と副菜しか食べないいんだ」。つまり彼らは食文化も味覚も極めて保守的で、目新しい料理に喜んで手を出したりしないのである。また、疲労困憊していたからこそ、少しでも食べ慣れた食事がほしかったのかも知れない。

前出の地元記者によると「ナフ河を渡る時に船が沈んで多くの難民が溺死し、たくさんの幼児の遺体が岸に流れ着いたことも一度や二度ではなかった。地元住民が小さな遺体を集めて弔いの祈りを捧げ、近くの墓地に埋葬した」。記者が撮影した写真には、一様に口を半開きにした幼児の遺体が数体、人形のように並べられた痛ましい場面が写っていた。ミャンマーで重傷を負いながら緊急処置を受けられなかった人、体力を使い果たした高齢者など、到着後に亡くなる人も少なくなかったという。

難民たちは漁船でベンガル湾やナフ河を渡って来たが、しばらくしてバングラデシュ当局が漁師たちを取り締まって越境を規制したので、ミャンマー側の岸に残された難民たちはいよいよ追い詰められた。そんな中で一〇月一一日、ロヒンギャの若者一一人がポリタンクを浮きにして、ナフ河口近くのナカンディア海岸から泳ぎ始め、約二時間半後にバングラデシュ沿岸警備隊の巡視艇に収容される出来事があった。その後もポリタンクや丸太、竹を組み合わせた粗末な筏で渡ろうとする難民が多数現れたが、「波が穏やかな時ならともかく、途中で溺死した人も多かったと思う」と記者は話す。まさに「死の渡河」であった。

テクナフ郡に上陸してキャンプに向かう難民（2017年９月18日）
＝MSF/Antonio Faccilongo撮影

日本人医師が見た惨状

国際ＮＧＯ「国境なき医師団」（ＭＳＦ）日本会長の加藤寛幸医師は二〇一七年九月一六日、事前調査のためにコックスバザールに入り、一〇月一日にバルカリ難民キャンプの一角に診療所を開設した。当時の様子について、加藤医師は「山中を越え、あるいはナフ河を渡って来た難民たちは着の身着のままで何日も食べておらず、憔悴し切っていた。自分たちの身に何が起きているのかも理解できていないようだった。たいてい家族単位で逃げて来るが、全体的には二〇～四〇歳代の女性と子供が多い印象で、『ミャンマー軍に村を焼かれ男たちは殺された』と訴える女性もいた」と振り返る。

膨大な数の難民が狭いエリアに密集し、難

クトゥパロンに到着して急造のテントを建て始めた難民たち(2017年 9 月19日)
=MSF/Antonio Faccilongo撮影

民キャンプの衛生状態は劣悪だった。「住居やトイレ、食料、清潔な飲料水など何もかも不足していた。難民たちは竹材の柱にビニールシートを張っただけの粗末なシェルターを建てて雨風をしのいでいた。急ごしらえの手掘り井戸は清潔な水を得られるだけの深さがなく、トイレの多くも浅い穴を掘っただけだった。井戸とトイレの間が充分離れておらず、モンスーン期の降雨で至る所がぬかるんで、トイレの汚水が井戸水を汚染する恐れもあった」。はしか、コレラ、チフスなど重篤な感染症の蔓延も警戒する必要があったが、幸運にもそうした事態は避けられた。

国連機関がバングラデシュ軍を通じて食料配給を始めていたが、「難民の急増に供給が追い付かず絶対的に不足している。キャンプ到着時に一世帯当たりコメ二五キロと食料油

クトゥパロンのMSF診療所に収容された母子たち（2017年９月18日）
＝MSF/Antonio Faccilongo撮影

が支給されると聞いたが、配給は不定期で滞りがちなため、乳幼児を抱えた母親たちが炎天下や雨の中、いつ来るとも分からない食料を待って路上にあふれる姿が見られた。しかも難民の多くは鍋釜など調理具や日用品を持って来ておらず、コメを支給されてもどうやって食べるのだろうと不思議に思った。近隣住民からもらった米飯を家族で分け合って食べることもあるようだった。難民の表情や様子を見ていると、この数週間で体力的にも精神的にも限界に来ているという印象を受けた」。

大型テントの診療所で診察・治療を開始し、加藤医師は一〇月一〜五日、日本人看護師や薬剤師、現地医療スタッフらとともに診療に当たった。「私たちの診療所には一日約三〇〇人の患者が殺到したが、治安の関係で夕暮

クトゥパロンのMSF診療所で診察を見守る加藤寛幸医師（右から２人目）

れ前に閉めるため、翌朝出直してもらうこともあった。症状としては風邪や肺炎などの呼吸器感染症、下痢や嘔吐などの消化器感染症、皮膚病のほか、難民の半数が裸足で歩いて来たせいか足のケガが目立った。汚染された水を飲んでいるために起きる下痢性疾患の中には、脱水症状で生死の境をさまよう成人患者も多かったが、これは成人にはめったに見られないことだ。ミャンマー軍兵士に銃で撃たれたり切り付けられたりした重傷者、性的暴行を受けたと見られる若い女性もいた」

加藤医師は小児救急などが専門だが「乳幼児の栄養失調も深刻で、意識もうろうとした状態で運び込まれる子供が少なくなかった」と振り返る。バングラデシュ政府の手続きに時間がかかり、医薬品や資機材の調達、現地スタッフの雇用が滞って非常に歯がゆい思いをしたという。

一カ月間で六七〇〇人を殺害

誰もが気になっていた弾圧による死者数について、MSFは二〇一七年一二月一四日、「最初の一カ月間で少なくとも六七〇〇人が殺害された」と初めて具体的な推計を発表し、この数字はたちまち世界中のメディアで報じられた。"No one was left"（誰も残らなかった）と題するMSF報告（二〇一八年三月九日発行）は、二〇一七年一一月初旬に難民キャンプ六カ所で実施した聞き取り調査に基づいている。それによると、調査対象世帯の八月二五日～九月二四日の総死亡率は一日一万人あたり八・〇人で、この期間中にミャンマーから避難した五〇万三六九八人の死亡率は二・二六％と推定される。死者数は九四二五～一万三七五九人となり、そのうち五歳未満の子供は少なくとも一〇〇〇人いる。これが病死などを含む死者の母数である。

次に死亡原因を調べると、少なくとも七一・七％が暴力によるものだったことが判明した。これを死者数（最少九四二五人）に掛けて、少なくとも約六七〇〇人（うち子供七三〇人）が殺害されたと結論付けた。仮に最大の一万三七五九人を母数として計算すると、九八六五人と実に一万人近くが殺害されたことになる。

暴力による死因の内訳は、銃撃六九・四％、家での焼死八・八％、殴打五・〇％、性的暴行二・六%、地雷一・〇%、拘束・誘拐〇・三%、喉の切断〇・二%など。五歳未満の子供に限ると銃撃五九・一%、家での焼死一四・八%、殴打六・九%、地雷二・三%となっている。銃撃と焼死が多いのは国連報告でも裏付けられるが、「喉元をナイフで切る」という死因が国連報告の証言と比べて非常に少ない感じがする。撃たれた後に切られたケースは銃撃として申告されたか、あるいは喉をかき切るという残虐行為の印象が強烈だったために実際より多かったように記憶されているのか、その辺りは判然としない。

入国直後に各地に拡散

表向きは七〇万人以上が越境して難民キャンプに収容されたことになっているが、実際はこれ以外にも相当数が混乱に紛れ、最初からキャンプには向かわずバングラデシュ各地に散って行った。『Dhaka Tribune』（二〇一七年九月一六日付）[*48]は「全国に広がる未登録のロヒンギャ難民」という見出しで、ミャンマーから入国した難民がバングラデシュ政府や国連機関による生体認証の登録作業を受けず、そのままテクナフ市街からバス、トラック、ミニバンに乗って、家族や親戚が待つ他の地域に向かっていると報じた。特に受け入れ態勢が整っていなかった流入初期は、相当数の難民が何のチェックも受けずに公共交通機関を使って拡散したと見られ、警察はダッカ、チッタゴンをはじめ国内各地で親戚宅に潜んでいた難民を相次いで拘束した。

記事の中で目を引くのは、バングラデシュ国内はもちろん、中東など海外の家族や親戚からも〝出迎え〟や仕送りがあったことである。数年前にサウジアラビアに移住したマウンドー郡出身の男性は、テクナフで「伯父と叔母が到着するのを待っている。私は親戚をラカイン州から救い出すためにカネを使っている。彼らが到着したら、まずダッカに連れて行き、それからどうするか決める」。四三歳の難民の女性は「息子のひとりがカタール、もうひとりがコックスバザールにいて、それぞれ送金してくれた。今こうしてここに来たのだから、落ち着いて尊厳を持って暮らしたい」と話した。ラカイン州北部は封鎖された空間ではあったが、人々は治安部隊に見付からないように携帯電話やスマートフォンを所持し、バングラデシュや他の海外に住む同胞とも普通に連絡を取り合っていた。

ところで、銀行口座を持っているはずがないロヒンギャの村人たちは、どうやって海外からの送金を受け取っていたのか。そこで使われるのが、インドやベンガル地方に古くからある「フンディ」（Hundi：手形の一種）と呼ばれる送金システムである。バングラデシュでは近年、テロ資金の移動を摘発する目的で銀行間の送金が厳しく監視されており、今も違法な送金業者が数多く活躍している。例えば、サウジアラビアに出稼ぎに来ているロヒンギャの息子が、マウンドー郡に住む両親に送金するとする。サウジアラビアにいるロヒンギャの送金業者Aに現金を預けて送金を依頼し、受取人（両親）の名前と携帯電話番号を告げる。業者Aはマウンドーにいる受取人の最寄りの業者Bに電話で受取人と電話番号、送金額を連絡する。業者Bは常に多額の現金（チャット）を用意しており、受取人（両親）に電話して「息子さんから送金があった。取りに来るように」と知らせる。コックスバザールからマウンドーに送金する場合も同じで、現金が実際にナフ河を渡る訳ではない。

業者AとBは同じシンジケートに所属し、適当な時期にまとめて決済する。もちろん業者は手数料を取って稼ぐ。フンディは古来、信用第一の取引であり、業者が客を騙すことはないという。面白いのはバングラデシュ、ミャンマーとも治安当局は誰が送金業者なのか知らない（あるいは目をつぶっている）ということで、徹底的に身元を隠さないと、このシステムは成立しない。特にラカイン州北部のフンディ業者は、素晴らしく度胸があって賢くないと務まらないだろう。

少し後の話になるが、同じく『Dhaka Tribune』（二〇一七年一一月二二日付）[*49]のパスポート偽造に関する記事もリアルで面白い。国籍を持たないロヒンギャ難民が中東など海外に渡航するために、地元住民やブローカーにカネを支払って、バングラデシュの正規のパスポートを申請するケースが多発しているという。コックスバザールの旅券事務所は「二人のロヒンギャ女性が実在する地元の女性二人の真正の書類を使ってパスポートを申請して逮捕された」と証言した。要は〝成りすまし〟である。実在する二人は一九九一年にバングラデシュに来て、バングラデシュ人女性と結婚したロヒンギャ男性の娘たちであり、逮捕された二人はこの男性の姪で、今回流入した難民だった。つまり二〇年以上前に入国し、現在はバングラデシュ国籍を持って定住するロヒンギャの一家が、新たに避難して来た親戚の娘たちを助けて、自分たちの正規の身分を貸してパスポートを取らせようとしたのだった。スカーフを被ったイスラム女性の証明写真は、年齢が近く顔立ちが似ていれば見分けが付きにくい（もちろん顔認証システムには引っかかる）。男性は「ロヒンギャ女性を保護しただけだ」と関与を否定したが、犯罪行為として指弾するには余りに切ない事件である。同じような試みはコックスバザールだけで二五〇件に上ったという。

このほか、地元のバングラデシュ人高校教師がロヒンギャから一人当たり一万～二万タカ（約一万三〇〇〇～二万六〇〇〇円）を受け取り、地元行政当局者のサインを偽造して関連書類を作成したり、ロヒンギャ女性がカネで雇った〝母親〟と親子関係を装って申請したり、ありとあらゆる涙ぐましい手口が摘発されている。バングラデシュ外務省筋によると、過去二〇年間に少なくとも一〇万人のロヒンギャ難民がバングラデシュのパスポートを入手して他の国に出国したという。最近になってこうした不正行為が発覚し、サウジアラビアから強制送還された不法滞在者もいるが、逆に言うと従来は堂々と通用していたことになる。

国軍による謀略説

ところで、ロヒンギャ問題の抜本解決を促す「アナン勧告」（第7章で詳述）が二〇一七年八月二四日に発表された数時間後の二五日未明、ＡＲＳＡによる襲撃事件が発生し、ミャンマー国軍が徹底的なロヒンギャ掃討作戦を発動するという出来過ぎたタイミングに、何かおかしいと感じたのは私だけではないと思う。警察・国軍側の死者一二人（政府発表）は実に軽微な損害であり、少なくとも一万人（約二万五〇〇〇人とする説もある）のロヒンギャ住民が虐殺され、集落が焼き払われ、七〇万人以上が難民化して隣国バングラデシュに流出した甚大な被害とは、どう考えても釣り合わない。

コフィ・アナン元国連事務総長が発表した意義深い報告・勧告は、日本の新聞でも二五日付朝刊に載っているが、読者が紙面を開く頃には事態は激変しており、地味ながら非常に重要なニュースは、国際社会が関心を寄せる暇さえなく瞬時に吹き飛んだ。ラカイン州の人権状況を論議するどころか、ミャンマー国軍にすれば、かすり傷程度の被害を口実にロヒンギャを根こそぎ追い出し、帰還できない状況を既成事実化したのだから、まさに「思う壺」である。「ARSAははめられたのではないか」という謀略説が頭に浮かぶ。

あるミャンマー研究者は「客観的にはミャンマー国軍、ARSA双方に騒動を起こす動機があったと考えられる。国軍にとっては、言うまでもなくアナン勧告は論外であり、アウンサンスーチー国家顧問が国際社会の後押しを受けて論議を本格化する前に、勧告自体を有名無実化する思惑があった。一方のARSAはアナン勧告ひとつで国軍や国内世論の強硬姿勢が変わるはずはないことを知っており、却って中途半端な妥協を強いられ、ロヒンギャの国籍を認めさせるという政治的要求がうやむやにされる危機感があったのではないか。もちろん、ラカイン州で暮らす一般のロヒンギャ住民が混乱を望むはずはなく、海外にいるARSA関係者がけしかけた可能性が高い」と分析する。私もこの見立てに賛成だが、残念ながら推測の域を出ない。

確たる証拠とは言えないが、『Dhaka Tribune』（二〇一七年一〇月一八日）の「ミャンマー軍はARSAの攻撃を意図的に許したのか？」と題する記事が興味深い。[*49] ARSA内部に多くの教え子がいるというロヒンギャのイスラム宗教学者は「国軍は警察の前哨拠点への攻撃を事前に知っていたが、ロヒンギャにテロリストのレッテルを貼るために、それが八月二五日に起きるのを黙認したのかも知れない」と述べ、直接の根拠として「ロヒンギャは通常、自分たちの地域にあるすべての検問所でチェックされるが、その日（八月二四日）は多くのARSA戦闘員が頻繁に動き回っていたにもかかわらず、どういう訳か誰も検問所で止められなかった」ことを挙げている。この宗教学者は「国軍はすべてを知っている。家の中に銃弾を隠しても、彼らにはそれがどこにあるかまで分かってしまう。国軍はロヒンギャを完全に壊滅する計画を立てており、ロヒンギャの中にも情報提供者がいるので、彼らに知らないことなど何もない。反乱によってロヒンギャがテロリスト集団であると実証できるように、アタウラーに攻撃を実行させたのだ。国軍はアタウラーがどこにいるかも把握しているだろう」と説明したうえで、ARSAによる攻撃がミャンマー当局を利する結果になってしまったとして、「もちろん、私たちは抑圧的なミャンマー政府に立ち向かう必要があるが、それと同時に世界中が今どのような目でイスラム教徒を見ているのか、つまり私たちにテロリストのレッテルを貼りたがっているのだということを考えなければならない。ロヒンギャはイスラム教徒であり、国軍は私たちを滅ぼす準備をしていた。したがって、私はＡＲＳＡが〈今回〉したことは正しい方法ではなかったと思う」との見解を述べている。

ロヒンギャは確かに追い詰められていた。ＡＲＳＡ指導部は八月二四日の声明で「ラティダウン〈郡〉のロヒンギャ・コミュニティが二週間余り、ビルマ政府が後押しする残虐行為と封鎖の下にあり、彼ら〈ロヒンギャの人々〉を餓死に追いやっている。ビルマ治安部隊とラカイン過激派はこの二日間、同郡内で数十人を殺害した」として、一刻の猶予もないことを主張したが、それは事実だったと思う。国連報告も二〇一二年六月の大規模な衝突以降、「国家機関や他の権威者の関与によって、ラカイン人とロヒンギャの間で暴力が煽動された結果、ロヒンギャが大量に逮捕され、有刺鉄線に囲まれた不潔な再定住キャンプに隔離・収容されて、六年以上にわたり恣意的に拘禁されてきた」と指摘して、「二〇一六年と二〇一七年にラカイン州北部で起きたロヒンギャに対する最大級の暴力と大規模な排斥」につながる状況が醸成されていた事実を認定し、「ロヒンギャの村落周辺で治安部隊の存在が二〇一六年一〇月以降増加した」「〈二〇一七年八月上旬から〉ラカイン州北部で国軍の増強が進んでいた」とＡＲＳＡの主張を裏付けている。

太平洋戦争の幕開けとなった日本軍の真珠湾奇襲攻撃〈一九四一年一二月八日〉について、「フランクリン・ルーズベルト米大統領は事前に攻撃を察知していながら、日本と戦う大義名分を得るために、あえて多大な犠牲を払った」とする陰謀説が今も一部で信じられていて、それが本当かどうかは知らないが、彼我の戦力差が歴然としていて勝つ自信があれば、挑発を重ねて相手が爆発するのを待つ戦略はあり得る。もちろんミャンマー国軍とＡＲＳＡでは比較の対象にもならないが、国軍が「長年にわたる未完の仕事」（ミンアウンフライン最高司令官）を完結させる口実を、結果的にアタウラーが恭しく差し出してしまったのは、紛れもない事実だろう。

二〇一七年の大惨事で「民族集団」としてのロヒンギャが被った被害は甚大であり、数世代にわたって影響を受けるのは間違いない。客観的には、ロヒンギャを代表する訳でもないARSAが国軍の掌中で思惑通りに踊り、掃討作戦を発動させ、ロヒンギャ同胞に塗炭の苦しみを味わわせたとも言えるが、では、追い詰められたロヒンギャ側にどんな反撃の選択肢があっただろうか。国軍は過去の衝突と難民流出に際して、国際社会の反発の度合いを値踏みし、非難の声を上げる以外は何もできない（何もしない）と見透かしていた。すべては時間をかけて執拗かつ巧妙に仕組まれ、導火線にはとっくに火が付いており、後は爆発の瞬間を待つだけだったのだろう。

容易に往来できた国境

総延長二七五キロに及ぶミャンマー・バングラデシュ国境のうち、ロヒンギャが暮らしていたラカイン州北部とバングラデシュ最南端のコックスバザール県の間には、形状が異なる二つの境界がある。コックスバザール県ウキア郡から北は低い丘陵地帯に国境線が引かれ、ミャンマー側が二〇〇九年頃から無人地帯に建設したフェンスが両国を隔てる。ミャンマー国境警備警察の監視所を備えた堅固な金網フェンスの区間がある一方、コンクリート柱の間に有刺鉄線を数条張っただけの場所も多く、容易に乗り越えたり潜り抜けたり、あるいは反対側に乳幼児や荷物を手渡しすることができる。このような越境地点が約二〇カ所あると言われ、難民たちは陸路を歩いてバングラデシュに入った。プロローグで紹介したアイシャ姉妹は、こうした山中のルートをたどったと見られる。

他方、ミャンマー領内に源流を持つナフ河は、ウキア郡に接する辺りから細く蛇行しつつ南下し、テクナフ郡に沿ってベンガル湾に流れ下る約三五キロは、川幅三〜四キロの茶色く濁った流れの中央線が国境になる。両岸は指呼の間にあり、空気の澄んだ日にテクナフ側の岸辺に立つと、対岸のマユ山脈の山並みが樹木の一本一本まで識別できるほど鮮明に見える。テクナフ市街と難民キャンプ群の間に位置するテクナフ河川港は、ミャンマーとの正規の貿易の窓口として機能している。

国境は領域国家の厳格な境界線であると同時に、地元の人々にとっては村境程度の意味しかないことが少なくない。かつては両国側の検問所でいくらか支払えば、日帰りの出入国は日常的に認められており、対岸に親戚や商売相手がいる場合もあるので、コックスバザールとラカインを行き来するのは珍しいことではなかったという。クトゥパロン難民キャンプで雑貨屋を営む元農民の男性（五四歳）は「国境近くの村に住んでいたので、ウキアの市場に日常的に買い物に来ていた。二〇一六年以降は警備が強化されて、さすがに難しくなったが、移動許可を申請してラカイン州内を動くよりも、目の前の国境を越える方が手っ取り早かっ

ウキア郡内のローカル市場。ロヒンギャの人々はしばしば越境して買い物に来ていたという

たからね」とこともなげに話した。

　バングラデシュ・ミャンマー両政府は一九九〇年代後半以降、この地域を相互の物流拠点として開発する構想を策定し、クトゥパロン難民キャンプの東側では、ウキア郡からミャンマー側に抜ける「バングラデシュ・ミャンマー友好道路」と名付けられた立派な二車線道路の建設工事が完成しつつあるのだが、今回の事態で両国間には実際以上に距離ができてしまった。ウキア郡の幹線道路の交差点に国境まで二キロと表示があって、途中の検問で止められるだろうと思いつつ車を走らせると、あっという間に国境の小さな鉄橋に着いた。国境線の低い尾根の上にフェンスが走り、ミャンマーの国境警備警察と思しき簡素な監視所が見える。無人の緩衝地帯があることを想定

バングラデシュ・ミャンマー友好道路の国境の鉄橋。木立の奥にミャンマー側の施設が見える

していたのだが、鉄橋の向こう側、わずか数十メートル先に入国管理局か何かの施設があって、ミャンマー国旗が翻っているのには驚いた。つまり、難民キャンプとミャンマー・ラカイン州の間は、歩いて最短一時間かからない距離なのである。

第４章

渦巻く非難

アウンサンスーチーの沈黙

バングラデシュの方針転換

未曽有の人道危機に直面したバングラデシュ政府は、ロヒンギャ難民の大量流入の最中、難民政策の転換を余儀なくされた。度々繰り返される難民流入に業を煮やし、ラカイン州での二〇一六年一〇月の衝突後、シェイク・ハシナ首相は同年一二月に「バングラデシュは一九八〇年代から五〇万人以上のロヒンギャを保護しており、ミャンマーからこれ以上の難民流入を認める訳にはいかない」と議会で答弁していた。[*51] それが一転、国際社会との協調の下で受け入れざるを得ないと判断することになるのだが、国家の重大事に関して瞬時に方向転換できるはずはなく、受け入れ方針を正式発表するまで発生から二週間余りかかった。

バングラデシュ治安当局は八月半ばの段階で、ラカイン州側の国境地帯でミャンマー治安部隊が急速に増強されていることを察知し、前例に照らして難民発生の前兆と判断していた。受け入れ拒否の方針にしたがって国境の警備を強化し、難民が来ても越境を認めず押し返す構えだった。しかし、八月二六～二七日頃に早くも想定以上の数の難民が押し寄せ始め、次第に物理的に食い止めるのが難しくなっただけでなく、銃創などの負傷者が異常に多かったことから「見るに見かねた国境警備隊の指揮官が現場の判断で国境を開いた」と当地では広く信じられている。しかし、あるバングラデシュ軍関係者は、この〝伝説〟について「軍も国境警備隊も中央の指令なしにそんなことは絶対にできない。あくまで推測だが、首相府が一般には公表せず、早い段階で秘密裏に難民受け入れを指示したのではないか」と話す。

バングラデシュ政府は過去の経験を踏まえ、二〇一三年九月にミャンマー難民に対する国家戦略を閣議決定し、こうした事態が発生した際は防災救援省を中心として、関連省庁と地方行政、バングラデシュ軍、国境警備隊などが国連機関と連携して対応するメカニズムを持っていた。同国は難民条約（難民の地位に関する条約）に批准しておらず、「招かれざる不法入国者」を難民認定して保護する義務を負っている訳ではないが、国際基準に照らして適正な人道的対応をとるのが基本方針である。付記すると、難民の定義や保護義務などを規定した難民条約は一九五一年に採択（一九五四年発効）され、これを補足する議定書と合わせて一四八カ国が加盟（二〇一八年現在）するが、南アジア・東南アジアは加盟国が少なく、もちろんミャンマーも批准していない。

コックスバザールに逃れたロヒンギャ難民の悲惨な姿と彼らの生々しい証言は、リアルタイムで世界中に流れ、国際社会に大きな衝撃を与えた。最初は「武装勢力と治安部隊の衝突」として、先に仕掛けたARSAへの批判が先行したが、治安部隊による一方的かつ常軌を逸した住民虐殺の実態が明らかになるにつれ、ミャンマーを非難する国際世論が渦巻いた。バングラデシュの初期の対応にも混乱があり、警察が越境した難民数十人を捕らえて強制的にミャンマー側に送り返す事件も起きた。UNHCRは八月二九日、バングラデシュ政府に支援の準備があることを伝えると同時に、「越境が妨げられた事例が数件報告されている」と懸念を表明し、難民受け入れを強く要請した。イスラム諸国からもミャンマー非難の声が次々に上がり、バングラデシュの対応

クトゥパロン・キャンプで難民を見舞うハシナ首相（2017年 9 月12日）＝The Daily Star

に注目が集まった。

難民受け入れを拒否する選択肢は既になかった。「バングラデシュ建国の父」シェイク・ムジブル・ラフマン元大統領の長女である七〇歳のシェイク・ハシナ首相は九月一二日、クトゥパロン難民キャンプを訪問して難民たちを見舞うとともに、記者団に対して「人道的理由で彼ら（ロヒンギャ難民）を我が国に避難させる。私たちの家も一九七一年に（バングラデシュ独立戦争でパキスタン軍に）焼かれ、私たちはどこにも行けずにインドに逃れた。私たちはロヒンギャを助けるために全力を尽くす」と表明した。難民の男性や女性、子供たちがミャンマーで受けた被害を訴えて泣き崩れると、ハシナ首相はしばらくの間、感情を抑え切れなかったという。[*52] バングラデシュ独立に際して、パキスタン軍による弾圧・虐殺から逃れた大量の難民をインドが助けてくれたという四〇数年前の伝説的な記憶は、ロヒンギャ難民を受け入る倫理的裏付けとして好んで語られ、私も実際に何度か耳にした。

ハシナ首相はキャンプ訪問後、「私たちは一億六〇〇〇万人の国民を養う能力があり、七〇万人の難民を食べさせるだけの充分な食糧安全保障を備えている」と述べるとともに、「国民（ロヒンギャ難民）を帰還させるために、ミャンマー政府に対して圧力を加えるよう国際社会に求める。バングラデシュは近隣諸国との平和と良好な関係を維持したいと考えるが、ミャンマー政府の不正行為を受け入れることはできない」とミャンマーを批判した。[*53] 英国BBC放送のインタビューでは、首相は「無実の人々、子供や女性たちが苦しんでいる。何百年もそこに居住している人々を、どうやったら市民ではないと否定できるのか」「彼らは（ARSAによる襲撃事件の）責任を負っていない。ミャンマー政府はこの状況に辛抱強く対処するべきだった。軍隊や法執行機関が一般住民を攻撃することを許可してはならなかった」と強い不快感を示した。[*54]

留意する必要があるのは、バングラデシュ政府は新たに流入したロヒンギャを「難民」として受け入れた訳ではないことである。公式には“Refugee”（難民）ではなく“Forcibly Displaced Myanmar Nationals”（FDMNs：強制退去させられたミャンマー国民）と呼ぶ。難民と認めているのは一九九一〜九二年の流入時に登録キャンプ（RC）に収容した約三万四〇〇〇人だけであり、その他の数十万人は人道的見地から受け入れるものの、一日も早く帰ってほしい「招かれざる客」という扱いである。あくまでもミャンマーへの早期帰還が大前提となっている。

西に向かって拡張が進むクトゥパロン難民キャンプ（2018年１月頃）

ハシナ首相がキャンプを訪問した二日後の一四日、首都ダッカのテジガオン地区にある首相官邸で緊急会合が開催され、クトゥパロン難民キャンプ西側の国有丘陵地二〇〇〇エーカー（約八〇〇万平方キロ）に新たなキャンプを造成し、難民を収容することを軸とする広範な救援プログラムを決定した。[*54] 国連難民高等弁務官事務所（ＵＮＨＣＲ）、国際移住機関（ＩＯＭ）、国連世界食糧計画（ＷＦＰ）などの国連・国際機関や援助機関、国際ＮＧＯとの連携の下、約四〇万人の受け入れを想定してシェルター（テント）一万四〇〇〇張、仮設トイレ八五〇〇基、医療施設二〇カ所、救援物資の仮設倉庫一四カ所を大至急建設することになった。

　ハシナ首相は九月二二日、ニューヨーク国連本部の第七二回国連総会で演説し、「ここに来る直前、私はコックスバザールで、ミャンマーから避難したお腹を空かせて困窮し絶望的になっているロヒンギャたちに会って来た」と述べ、次の五項目を提案した。①ミャンマーはラカイン州における暴力と民族浄化を即時無条件・無期限に停止すること、②国連事務総長は直ちにミャンマーに事実調査団を派遣すること、③ミャンマー国内に宗教・民族に関係なくすべての市民を保護するための「安全地帯」を国連の監督下で創設すること、④強制退去させられたすべてのロヒンギャを持続可能な形でミャンマーに帰還させること、⑤「コフィ・アナン委員会」（ラカイン州諮問委員会）報告の勧告を無条件かつ直ちに実施すること――である。[*56] まさに進行中の人道危機であり、ハシナ首相の提案は概ね賛意をもって受け止められた。

ところで、ロヒンギャ難民受け入れを決断したハシナ首相にはこの間、"Mother of Humanity"（人道の母）なる称号が冠されている。英国の公共放送チャンネル4が最初にそう呼んだと言われるが、与党アワミ連盟がこれに目を付けて、二〇一八年末の総選挙に向けて宣伝に励み、同年一一月には閣議で「人道の母賞」の創設を決めた。社会福祉に貢献した個人・団体を顕彰するものだが、いわゆる忖度というか、少々やり過ぎ感がある。「ハシナ首相はノーベル平和賞を狙っている」というまことしやかなウワサも信じられており、受賞できるかどうかは別にして、隣国のアウンサンスーチー氏の評価が急落したのと対照的に、同首相が国際的に株を上げたのは確かだろう。ちなみに総選挙はアワミ連盟が議席の九割を獲得し、バングラデシュ民族主義党（BNP）を中核とする野党連合に圧勝した。

バングラデシュ軍の奮闘

バングラデシュ軍は難民流入時、国境警備隊とともに国境地帯の治安を維持する任務に加え、キャンプへの難民移送、食料の輸送・配給など多くの役割を担った。ウキア郡で指揮を執った陸軍将校（佐官級）が当時の様子を匿名で証言する。「ハシナ首相から『難民救援のために軍としてできることをすべて実行せよ』という指令が出て、我々の部隊は即日、現場に出動した。雨が降り続く中、クトゥパロン難民キャンプに向かう唯一の幹線道路は軍用トラックや援助団体の車両などで混雑し、さらに国境地帯まで行くのはひと苦労だった。国境近くのある地点で『約一〇〇〇人のロヒンギャ難民が食料もなく滞留している』という情報を得て、四～五人の部下と非常食一〇〇〇人分を持って急行すると、そこには腹を空かせて殺気立った四〇〇〇～五〇〇〇人の群衆がいた。情報が不正確だったのだ。彼らは『食べ物をくれ！』と叫んで我々に向かって殺到した。暴徒化する寸前の五〇〇〇人に囲まれ、手元には一〇〇〇人分の食料しかなく、次の瞬間に殺されるかも知れないと思った。想像してみてほしい、こんな状況で何ができたと思う？」。指揮官として部下の生命を守る義務がある彼は、自分の権限を行使し（具体的に何をしたかは言わなかった）、辛うじて群衆を抑え込んだ。

「我々軍人は命令があれば国を守るために相手を殺すし、救えと言われれば救う。最初は難民流入を食い止めるはずだったが、首相の命令で一転、彼らを受け入れて助けることになった。こう

国境を越えてウキア郡に到着したロヒンギャ難民（2017年11月２日）＝UNHCR撮影

いう方針転換に現場で即応するのは容易ではない。しかし、我々はひとりでも多くの生命を救い、彼らに安全な避難場所を与えようと寝食を忘れ休まずに働き続けた。何をすべきか、どういう基準で行うのか、部外者が口先だけで言うのは簡単だ。現場がどんな状況だったか、我々がいかに多くの任務をこなしたか誰も知らないだろうが、もし我々がいなかったらどうなっていたか考えてみてほしい。バングラデシュ軍は今回の非常事態にあって、生命の損失を少しでも減らすために何をすべきかという模範を世界に示したと思う」と軍人のプライドを見せた。

「民族浄化」への非難

ラカイン州でロヒンギャ虐殺が進行してい

ることを知った国際社会は、国軍の残虐行為だけでなく、沈黙を守って動こうとしないアウンサンスーチー国家顧問を激しく批判した。イスラム協力機構（ＯＩＣ）は八月三〇日、ユーセフ・アル・オサイミーン事務局長名でアントニオ・グテーレス国連事務総長、アウンサンスーチー国家顧問に書簡を送り、治安部隊による暴力行為の即時停止と避難民の帰還、人道支援機関によるアクセスの許可を求めた。[*57] 中東諸国やバングラデシュ、マレーシアなど五七カ国が加盟するＯＩＣは、かねてロヒンギャ問題に重大な関心を寄せており、ラカイン州の事態にいち早く反応を示した。

グテーレス国連事務総長は九月一日、人道的大惨事の発生に深刻な懸念を表明する声明を発表した。[*58] 声明によると、事務総長は「ラカイン州におけるミャンマー治安部隊の作戦中の暴力行為に関する報告に深く懸念しており、人道的大惨事を回避するための自制を求める。すべての人々に安全と援助を提供し、国連とそのパートナーが人道支援を拡大するためのミャンマー政府の責任を強調する。現在の状況は、暴力の複雑な根本的原因に対処するために総合的アプローチを模索することの緊急性を示している。ミャンマー政府に対し、ラカイン州諮問委員会の勧告（アナン勧告）を実行するよう要請する」としている。併せて「バングラデシュ当局および地域社会が、この間到着した人々の差し迫ったニーズに応えている努力を高く評価する。同国政府が国連およびパートナーによる支援を難民が利用できるよう保証することを奨励する」として、バングラデシュにさらなる協力を求めた。グテーレス事務総長は六日に国連安保理に異例の書簡を送り、人道危機の発生と国境を越えた地域不安定化のリスクを警告した。

ＯＩＣ議長国トルコのレジェップ・タイップ・エルドアン大統領は九月二日、「ジェノサイドが行われている」とミャンマーを批判し、五日にはアウンサンスーチー氏との電話会談で人権侵害へのイスラム社会の強い懸念を伝えた。英国ＢＢＣによると、国家顧問は「政府は既にラカイン州のすべての人々をできる限り守り始めている。私たちは人権や民主的な保護を奪われるのがどういうことか、誰よりもよく知っている。（ロヒンギャが弾圧されているという）フェイク・ニュースの写真が多数流布しているが、それは異なるコミュニティ間に問題を生み出し、テロリストを利するために計算された誤った情報の〝氷山の一角〟に過ぎない」と反論したという。[*59] 大惨事の発生を受けたノーベル平和賞受賞者の最初の対外的発言は、ロヒンギャ弾圧に関する海外のニュースは「虚偽報道」であるという主張だった。

他のノーベル平和賞受賞者からも速やかな対応を促す声が相次いだ。パキスタンのマララ・ユスフザイ氏（二〇一四年受賞）は九月四日、自身のツイッター上の声明で「ニュースでロヒンギャの苦難を見るたびに胸が張り裂ける思いだ。何世代にもわたって住んでいたミャンマーが祖国でないと言うなら、どこに彼らの祖国があるのか。ロヒンギャの人々は彼らが生まれたミャンマーで市民権を与えられるべきである」「私はロヒンギャに対する（ミャンマー政府の）悲惨で恥ずべき扱いを何年も前から繰り返し非難してきた。ノーベル賞受賞者であるアウンサンスーチーが同じように（非難）してくれるのを待っている。世界もロヒンギャの人々も待っている」と呼び掛けた。南アフリカのデズモンド・ツツ元大主教（一九八四年受賞）は同月七日、アウンサンスーチー氏に宛てたツイッター上の公開書簡で「あなたが公的な立場に就いたことは、ロヒンギャへの暴力に対する私たちの懸念を和らげた。しかし、〝民族浄化〟あるいは〝スロー・ジェノサイド〟（時間をかけた集団殺害）と呼ばれるものは消えずに最近加速した。愛する妹よ、ミャンマーで最高の地位に上り詰めたことへの政治的代償があなたの沈黙だとすれば、その代償は余りにも高過ぎる」と諭した。インターネット上では、アウンサンスーチー氏のノーベル平和賞剝奪を求める署名活動が広まり、七日までに三六万人を超える署名が寄せられた。[*60]

ゼイド・ラアド・アル・フセイン国連人権高等弁務官は九月一一日、スイス・ジュネーブの国連人権理事会で「民族浄化の教科書（a textbook example of ethnic cleansing）のような様相を呈している」と言明した。[*61] 人権高等弁務官は、ＡＲＳＡの襲撃事件をきっかけとする大規模な掃討作戦は「明らかに不均衡であり、国際法の基本原則を無視している」と断じ、ミャンマー政府に対して「ロヒンギャが自分たちの家に火を放ち、村々を荒廃させているなどと主張するのを止めるよう呼び掛けるとともに、「この現実を全面否定することは、（ミャンマー）政府の国際的立場を著しく損ねる。残虐な軍事作戦を終了させて、すべての違反行為の責任を明らかにし、ロヒンギャに対する苛烈で広範な差別を転換することを求める」と強い調子で批判した。

少し後になるが、レックス・ティラーソン米国務長官（当時）は同年一一月一五日にミャンマーを訪問し、アウンサンスーチー国家顧問との会談後、共同会見で「治安部隊による広範な残虐行為の報告を非常に懸念している」として、アウンサンスーチー政権の主導で信頼できる公平な調査を行うよう求めるとともに、その時点では「民族浄化」と断定するのを避けて「ラカイン州で起きたことは人道に対する罪の特徴の多くを含んでいる」と述べるに留めた。経済制裁についても、民主化の進展を妨げる恐れがあるとして否定的な見解を示した。[*62] しかし、同長官は一週間後の一一月二二日、「ビルマの軍、治安部隊、自警団による虐待行為が多大な苦痛をもたらした。入手した事実の慎重かつ徹底的な分析の結果、ラカイン州北部の状況はロヒンギャに対する民族浄化を構成することは明らかである」と見解を一転させた。[*63]

米国務省は二〇一九年七月一六日、ミンアウンフライン国軍最高司令官、ソーウィン副司令官（陸軍司令官）、准将二人の計四人に対し、その家族を含めて米国への渡航を禁止する制裁措置を発表した。マイク・ポンペオ国務長官は、四人がロヒンギャ弾圧の「重大な人権侵害」に関与した信頼できる証拠があるとし、「ビルマ（ミャンマー）政府が人権侵害の責任を追及しようとせず、ビルマ軍による人権侵害と虐待が続いていることを懸念する」と表明するとともに、「米国はビルマ軍最高幹部に対して公式な措置を取った最初の政府である」と述べた。ＣＮＮによると、二年近く経って制裁を科したことについて、国務省高官は「必要な証拠を集めるのに時間を要した」と説明し、この制裁は「ミャンマー当局者に対して、残虐行為や人権侵害への関与が認められれば、米国の法律によって裁かれるというメッセージになる」と強調した。

国際社会に向かって演説するアウンサンスーチー国家顧問（2017年９月19日）
＝Global New Light of Myanmar

アウンサンスーチー氏の反論

ほとんど沈黙していたアウンサンスーチー国家顧問が公式の場で発言したのは、九月一九日である。首都ネピドーの国際会議場で行った「国民和解と平和に関する政府の取り組み」と題する三〇分近い演説で、同国家顧問は「世界の注目がラカイン州に集まっていることは知っている」としたうえで、「政府は平和と安定を回復し、ムスリムとラカインのコミュニティの間の調和を促進するためにあらゆる努力をして来た。（二〇一六年一〇月以降の）こうした事態が発生する前から、国家の長年にわたる問題を解決するためにコフィ・アナン博士率いる委員会を設立していたが、すべての努力にもかかわらず、私たちは衝突が起きるのを防げなかった」と力が及ばなか

ヤンゴン市庁舎前でアウンサンスーチー国家顧問の支持を叫ぶ群衆（2017年９月19日）
=Global New Light of Myanmar

ったことを認めた。[*64] しかし「すべての人権侵害と違法な暴力を非難する」と述べる一方で、「一見して静かで平和な数カ月の後、八月二五日に警察・国軍が武装集団に攻撃された。その結果として、政府はテロ対策法に基づき、アラカン・ロヒンギャ救世軍とその支援者をテロ集団と宣言した」（この固有名詞以外は「ロヒンギャ」の呼称は使わなかった）、「治安部隊は作戦遂行において行動規範を厳格に順守し、二次的被害や無実の民間人に危害を加えることを避けるため、充分な措置を講じるよう指示されている」「九月五日以降、武力衝突はなく、作戦は行われていないにもかかわらず、多くのイスラム教徒がバングラデシュに越境していると聞いて懸念している。なぜこの流出が起きているのか知りたい」「大多数のイスラム教徒が出国していないことは、ほとんど知られていないと思う。イスラム教徒の村々の五〇％は無傷なままである」などと事実と異なる見当はずれな発言を連発した。国際社会が見守る中、国家顧問を道化に仕立てるために、誰かが意図的に虚偽の情報を上げていたのではないかと思えるほどだった。

それでも「私たちは（アナン）委員会の勧告を実行する決意である。ラカイン州の平和と調和、発展をもたらす全ての勧告を可能な限り速やかに実行する」「私たちはミャンマーを宗教上の信仰、民族性、政治的イデオロギーで分断された国にしたくない。私たちは全員、多様なアイデンティティを有する権利、自分たちが信じるやり方で人生を全うする権利を持っている」といった発言は、アウンサンスーチー氏の偽らざる本心だろうと思う。

この演説はテレビで生中継され、最大都市ヤンゴンの市庁舎前では大群衆が大型スクリーンに見入り、国家顧問のポスターを掲げて支持を叫んだ。市民からは「指導者の演説を尊重し評価する」「これで国際社会の圧力が軽減されるだろう」という声が聞かれた。[*65] しかし、国連本部では同日、各国首脳級による国連総会の一般討論演説が開かれようとしており、直前になって総会欠席を発表したアウンサンスーチー氏は「ロヒンギャ問題で非難が集中するのを恐れた」と見なされた。

大統領の上に立ってミャンマーを率いるはずのアウンサンスーチー国家顧問が積極的に動こうとしないのには、それなりの理由があった。現行の二〇〇八年憲法の規定上、国家顧問や大統領は国軍・警察を指揮する権限を持っていないのである。つまり、シビリアン・コントロール（文民統制）のシステムがない。この憲法は軍事政権時代の二〇〇八年五月、サイクロン・ナルギスによって約一四万人の死者が出る大混乱の最中に国民投票が強行され、九二・四％の賛成で成立した経緯がある。その規定によると、国軍・警察の指揮・人事権は国軍最高司令官にあり、同司令官は内務相、国防相、国境相の任命権をすべて持っている。つまり、ロヒンギャ問題の根幹と言うべき国防（国軍）と治安維持（警察）、国境管理の権限を国軍が一元的に握っており、ミンアウンフライン国軍最高司令官が発動した掃討作戦に対して、国家顧問が中止を命じることは、そもそもできない仕組みになっていた。

アウンサンスーチー国家顧問は二〇一八年六月七日、NHKの単独会見に応じ、いくつか本音と思われる発言をしている。[*66] ロヒンギャ問題について尋ねられた国家顧問は、治安部隊による迫害について説明を避け、難民帰還の遅れはバングラデシュ側に問題があるとの見解を示したが、記者が食い下がると「これは数世紀前から続く問題で、数カ月で解決することはできない。ミャンマー国内でさえ、歴史的な背景をすべて理解している人はほとんどいない。最も重要なのはなぜ対応することが必要なのか、ミャンマーの国民が理解することだ。問題のさまざまな側面を考慮せずに先を急ぐのは危険である」と答えた。また、国軍との関係について「軍の影響力がミャンマーの課題を複雑にしている。今のミャンマーは完全に民主的であるとは言えない。憲法が真に民主的ではないからだ。憲法では、選挙で選ばれた政府が軍事作戦を指揮することができないと規定されている。真に民主的な国家のように、政府がすべてをコントロールすることはできない」と踏み込んだ。

多くの反対を押し切ってラカイン州諮問委員会を設置し、アナン勧告の実現を公約したように、アウンサンスーチー国家顧問はロヒンギャ問題に無関心ではなく、むしろ抜本的な解決を図りたいと考えていたと思われる。しかし、国家顧問に就任して約一年半の間に二度、決定的な事態が発生し、何もできない状況に陥ってしまった（そう仕組まれたのかも知れない）。二〇一七年九月の演説で「（政権に就いて）一八カ月という時間は、期待されるすべての課題を解決し克服するには短過ぎる」と弁明した通り、複雑な背景があるロヒンギャ問題の責任をひとり現政権に負わせるのは確かに無理がある。ただし、大惨事が発生した際に頑なに黙り込むのではなく、少なくとも人道的な観点に立って国軍の暴走をたしなめ、ミャンマー政府として人権侵害を容認しないことを国内外に発信するべきだった。それさえ怠った国家顧問が国際社会から激しい非難を浴びたのは当然だと思う。

スーチー氏見限ったロヒンギャ

八八八八民主化運動（一九八八年）の最中に英国から帰国し、軍事政権によって自宅軟禁状態に置かれながらも、国民民主連盟（ＮＬＤ）を率いて民主化運動をリードしたアウンサンスーチー氏は、一九九一年一〇月にノーベル平和賞を受賞した。二〇一一年の民政移管を経て二〇一六年四月に国家顧問兼外相に就任し、ミャンマー民主化のヒロインとして欧米社会でも人気があっただけに、その反動で「裏切られた」という失望感が世界に広がった。ノーベル賞剝奪を求める声が高まっただけでなく、報道によると米ホロコースト記念博物館「エリ・ヴィーゼル賞」、アムネスティ・インターナショナル「心の大使賞」、母校がある英国オックスフォードやパリ、カナダなどの名誉市民の称号が相次いで剝奪された（ノーベル平和賞選考委員会は「賞を剝奪する規定はない」とコメントした）。

アウンサンスーチー氏に最も失望したのは、他ならぬロヒンギャだった。難民キャンプで意見を聞くと、マウンドー郡出身の鮮魚卸売業の男性（五〇歳）は「軍事政権によって自宅軟禁されている間、私は民主化指導者としての彼女をずっと応援し、二〇一五年の選挙では彼女の政党（国民民主連盟：NLD）に投票した。我々ロヒンギャを含めて、ミャンマーのすべての国民のために働くと誓っていたからだ。ところが選挙で勝ったにもかかわらず、彼女は我々のために何もしなかっただけでなく、その後ずっと国軍と協力している。二〇一七年のロヒンギャ虐殺が起きた時、国際社会がミャンマー政府に圧力を掛けたのに、彼女は沈黙を守り続けた」と怒りをぶちまけた。二〇一五年総選挙ではロヒンギャは選挙権を剝奪され、立候補も投票もできなかったはずだが、よく聞くとNLDの優勢が伝えられる中、旧軍事政権系の連邦団結発展党（USDP）の得票を積み増すために、国軍がイスラム住民に投票させるケースもあったという。しかし、彼らは気骨を見せてUSDPには投票しなかった。

ラティダウン郡出身の商店主の男性（五五歳）は「アウンサンスーチーは殺人犯だ。自宅軟禁されていた時代、我々は彼女を応援したが、国軍によってロヒンギャが虐殺されている時に彼女は我々を守ろうとしなかった。見殺しにしたのだ」。ブティダウン郡の農民の男性（四〇歳）は「アウンサン将軍もアウンサンスーチーもロヒンギャの英雄だった。しかし、権力の座に就いて以降、彼女は我々を裏切ってロヒンギャの権利を否定し、国軍と一緒になって迫害を強めた。二〇一七年の大虐殺について彼女は国軍を止めなかっただけでなく、国際社会に大きなウソをついた。ロヒンギャは彼女を二度と支持しないだろう」。彼らの中では、アウンサンスーチー氏は「救世主」から「裏切り者」へと転落した。

正反対のミャンマー側報道

ミャンマーは二〇一七年八月二五日以降、一連の事態を国民あるいは世界に対してどう発信したのだろうか。既に紹介した国営英字日刊紙『Global New Light of Myanmar』（電子版）、あるいは同紙に掲載されたミャンマー国営通信社（ＭＮＡ）の記事をフォローすることで、ミャンマー政府の公式見解や意図を知ることができる。

大惨事の第一報は、八月二六日付の同紙「過激派テロリストが北ラカインの警察の前哨拠点を攻撃[*67]」である。ＭＮＡ配信記事によると「過激派テロリストは昨日（二五日）、ラカイン北部で数十の警察の前哨拠点に対して一連の組織的攻撃を行い、七七人（の遺体）を遺棄し、二人が逮捕され、治安部隊の一二人が死亡した。午前一時に始まって終日続いた戦闘は、昨年一〇月に同じような攻撃が軍事的な掃討を招いて以降、ラカイン州で進行していた紛争の大規模な拡大だった」と報じ、「国家顧問府の情報委員会は声明で『組織的攻撃はラカイン州諮問委員会の最終報告発表と、九月一二〜二五日に開催される国連総会に合わせて計画された』と述べた」との公式見解を示した。攻撃グループについては「ロイター通信によると（昨年）一〇月の攻撃を引き起こし、以前はハラカ・アル・ヤキンと呼ばれていたアラカン・ロヒンギャ救世軍（ＡＲＳＡ）が犯行を認めた」と伝えている。襲撃事件発生後、「アウンサンスーチー国家顧問は緊急会議を招集し、ラカイン州の平和と安定を回復するための緊急措置と長期計画について、内務相、国防相、国境相、国家顧問府担当相、国家安全保障顧問が出席して協議した」。

記事によると、一連の攻撃は午前一時に警察署に即席爆発装置（ＩＥＤ）が投げ込まれたのを皮切りに、各地の前哨拠点（検問所など）が相次いで襲撃され、午前五時三〇分まで続いた。各拠点への攻撃時刻はバラバラで、人数は一カ所だけ一〇人前後としている以外は一〇〇〜一五〇人となっている。テロリストはマウンドー、ブティダウン、ラティダウン三郡の警察三〇カ所を攻撃し、警官一〇人、国軍兵士一人、入国管理官一人を殺害したほか、ラティダウン郡では自分たちの村を焼いたという。

政府のテロ対策中央委員会はテロ対策法に基づき、ＡＲＳＡをテロ組織に指定したと宣言した

（八月二五日付）。一連の経緯として以下の通り事実認定している。[*68]

・二〇一六年一〇月九日、テロリストは第一国境警備警察司令部本部、コータンコック警察署、および地方自治体事務所に奇襲攻撃を仕掛けた。この事件では警官九人が殺害され、各種の武器四八丁、銃弾六六二四発、銃剣四七本、カートリッジ（弾薬）一六四発がテロリストに奪われた。調査によると、テロリストは住民の大多数をイスラム教徒が占める地域に侵入し、その地域でテロ行為を拡大するために暴力的な攻撃を組織した。

・この状況に対応して、第一国境警備警察は部隊を増強し、地域の安全のためにTatmadaw（国軍）と協力した。複数の殺害、脅迫、プロパガンダが地域の平和と法の支配のプロセスに悪影響を及ぼしていた。マユ山脈での掃討作戦で何カ所ものテロ訓練キャンプが発見された。

・過激派テロリストグループは八月二五日、マウンドー、ブティダウン、ラティダウン郡の警察の前哨拠点三〇カ所とタウンバザール村の（国軍）連隊本部を攻撃した。警官一〇人、国軍兵士と入国管理官一人ずつが殺害された。九人の治安要員と多数の民間人が負傷した。銃器六丁が失われた。

国営メディアはロヒンギャという呼称を使わず、ＡＲＳＡを過激派テロリストとして激しく非難する一方で、イスラム教徒全体を攻撃するような論調は控えている。治安部隊によるロヒンギャ住民の殺害やレイプ、焼き討ちには一切触れず、逆にラカイン人仏教徒、ヒンドゥー教徒住民の被害を強調しているのが顕著な特徴である。「担当大臣が現地に飛んで遺族を慰めた」「政府か

避難先のシットウェから村に戻り始めたラカイン人避難民（2017年９月26日）
＝Global New Light of Myanmar

ら見舞金が支払われ、食料が届けられた」などの記述も散見され、政府・治安当局が地域住民の保護・救援に全力を挙げていることをアピールする狙いが見て取れる。

「ＡＲＳＡが村々を焼き払う」（九月五日付）[69]という見出しの記事は「ＡＲＳＡの戦闘員がマウンドー郡に侵入し、政府情報委員会によると数百軒の家屋に放火した。疑わしい動きを察知して治安部隊が現場に向かうと、ＡＲＳＡが発砲してきた。村に追い詰めたところ、ＡＲＳＡは五〇軒を焼き払った」などとして、ＡＲＳＡが複数の村々で三〇〇〜四〇〇軒を焼き払ったとする治安部隊の報告を伝えている。

「マウンドーでテロ容疑者一三人逮捕」（九月九日付）[70]では、「政府情報委員会によると、ラカイン州北部の治安作戦で最近のテロ行為への関与が疑われる一三人が逮捕され、テロ対策法に基づいて起訴された。これまでのARSAメンバーの逮捕者は五〇人に上る」としている。証拠らしい証拠もなく手当たり次第にイスラム教徒を拘束したのだろうが、記事の内容よりも気になるのは、手錠を掛けられた男性たちが一様に痩せこけている写真である。他のインタビュー記事に登場するラカイン人住民が、押し並べて健康そうで（人によっては）よく肥えているのと見比べると、その差は歴然としており、食料事情を含めてロヒンギャが過酷な環境に置かれていたことが、報道の意図とは逆に読み取れてしまう。

ARSAの残虐性をことさら際立たせる一方で、一般のイスラム教徒はむしろ巻き込まれた被害者という扱いである。「マウンドーのイスラム教徒がイード・アル・アドハー（犠牲祭）を迎える」（九月三日付）[*71]という取って付けたような記事もあり、あたかも通常の生活が営まれているような印象を与えるが、短い記事はファクトが一切なく、添えられた写真も殺伐としている。プロパガンダとしても仕事が雑な感じがする。

『Global New Light of Myanmar』の論説記事は、ミャンマー政府の公式見解を代弁していると見て良いだろう。「我々は忍耐と真実をもって虚偽の主張に答えなければならない」と題する論説記事（九月三〇日付）[*72]は、国連総会で「残虐行為」「民族浄化」といったミャンマー批判が行われたことに真っ向から反論している。同国のハウドスアン国連大使は一般討論で「ラカイン州の状況に関して、民族浄化などと根拠のない主張が繰り返されたことを非常に残念に思う。残虐行為、民族浄化、ジェノサイド（集団殺害）などの用語は軽々に使用すべきではなく、確かな証拠がある場合だけに考慮されるべきだろう」と主張した。これを受けて、論説記事は「実際にミャンマーでは民族浄化やジェノサイドは行われていない。破壊的分子が故意にニュースを歪め、インターネットやYouTubeにフェイク・ニュースを投稿して、ラカイン州北部で人権侵害が起きているかのように国際社会や世界の人々を混乱させ、民族的・宗教的憎悪を巻き起こしている」「ラカイン州北部ではイスラム教徒が人口の九五％を占めており、残り五％の少数派は地元住民やその他の少数民族である。彼らは暴力的に攻撃され、冷酷かつ非人道的なやり方で殺された。ミャンマー政府は民族・宗教・立場に関係なく、地域のすべての人々を善意と人権尊重によって守っている」と論じている。

非常に興味深い記事もある。「イスラム教徒が自ら進んでバングラデシュに移住」(九月三〇日付)[*73]という記事は「ブティダウン郡のイスラム教徒住民がバングラデシュに移住するため国境地帯に集まった。ほとんどの親戚がバングラデシュに行ってしまい、人口がまばらになった地域に残るのは不安だと彼らは訴えた。バングラデシュにいる友人や親戚と連絡を取り、(バングラデシュに)来るよう求められたので、彼らはミャンマーを去ることにした」と伝える。マウンドー県の高官が駆け付け、「民族・宗教に関係なく、生き延びるのが困難な地域に住むすべての人々に(政府は)食料を提供している」と説明し、当局が地域の平和と安定のために全力を挙げていることを知らせて引き留めたが、彼らは「今の状況も当局の努力もよく知っているが、それでも自分たちの意思でバングラデシュに行きたい」と主張したという。

ミャンマー以外の海外メディアで報じられていること、コックスバザールで難民から直接聞いたこととは、白黒反転させたように全く正反対の〝事実〟ばかりであり、読み続けていると摩訶不思議なラビリンスに迷い込んだ気分になる。しかし、「ロヒンギャは国民でもないのにミャンマーに居座っている悪い奴らだ」と聞かされ続けていれば、同じ事象を前にしても、まるで違った世界が見えるだろうということは容易に想像できる。

言うまでもなく、プロパガンダは今日、旧来型メディアだけで行われる訳ではない。一九九四年のルワンダ虐殺ではラジオ局が殺戮を煽動したと言われるが、二一世紀のミャンマーではソーシャルネットワークが世論形成の役割を担った。国連調査団が暫定報告を発表した二〇一八年八月二七日、米フェイスブック社は「憎悪と誤った情報」の拡散を防ぐために、ミンアウンフライン国軍最高司令官、国軍のテレビネットワーク「ミャワディ」など二〇の個人・団体をフェイスブックから削除すると発表した。同社は一二月一九日にも、一般ニュースや健康、グルメなど一見何の関係もない情報発信を装いつつ、実際は国軍とつながっている多数のページやアカウントを追加削除した。

国連のミャンマー非難決議

ロヒンギャ問題はこの間、国連でも最優先の議題として急浮上し、激しい応酬と駆け引きが繰り広げられた。国連安全保障理事会は二〇一七年一一月六日、ミャンマーによるロヒンギャ弾圧を非難し、同国政府に対して軍事力行使の抑制と難民の帰還促進を求める議長声明を全会一致で採択した。[*74] 安保理は九月一三日に英国とスウェーデンの提案でロヒンギャ問題の協議を開始し、一〇月上旬にフランスと英国が共同起草した安保理決議案の検討を重ねたが、予想通り中国とロシアがミャンマーを擁護して反対し、法的拘束力のない議長声明に格下げして採択に持ち込んだ。議長声明はＡＲＳＡの治安部隊への攻撃を非難したうえで、治安部隊によるロヒンギャ住民の殺害や性的暴行、家屋や財産の焼失・破壊などの人権侵害に重大な懸念を表明し、「ミャンマー政府に対してラカイン州での軍事力のさらなる過度な行使を抑止し、文民統治の回復、法の支配の適用、人権の尊重という義務と公約に従って直ちに措置を講じるよう求める」とした。女性に対する性的暴行にも注目し、ミャンマー政府に国連事務総長特別代表（紛争下の性的暴力担当）と協力することを奨励したほか、「ラカイン州諮問委員会」の勧告を実施するという同国政府の公約を支持した。ミャンマー代表は「不当な政治的圧力であり、宗教間の緊張を高めかねない」と反発したが、ここでは中国とロシアも議長声明に賛成せざるを得なかった。

国連総会第三委員会（人権問題など）は一一月一六日、ミャンマーのロヒンギャ弾圧に対する非難決議を採択した。イスラム協力機構（ＯＩＣ）を代表してサウジアラビアが提出し、米英仏などが共同提案国になった決議案に対して、ミャンマーは「ミャンマーは困難な課題を克服するために奮闘している。人権にかこつけて我が国に政治的圧力を掛ける強制的な措置は受け入れられない」と反発し、ＡＲＳＡを率いるのは「パキスタン生まれサウジアラビア育ちの人物であり、ラカイン州の問題解決の努力を損なおうとしている」と主張した。中国が「ミャンマー政府は問題解決に向けて取り組んでいる」とミャンマーを擁護したが、投票の結果、賛成一三五、反対一〇（ミャンマー、中国、ロシアなど）、棄権二六（日本など）で採択された。[*75] 翌二〇一八年の同じ一一月一六日には、国連調査団の最終報告（二〇一八年九月一八日）を踏まえて、加害者の責任追及などを求めたＯＩＣと欧州連合（ＥＵ）の決議案に対し、ミャンマーが「絶望的に非建設的」として全面的に受け入れを拒否するなど激しい論議になったが、賛成一四二、反対一〇、棄権二六（日本など）で採択された。[*76] 日本の棄権については後述する。

国連人権理事会は二〇一七年一二月五日、「ミャンマーのロヒンギャ・ムスリムおよび他の少数民族の人権状況」に関する特別会合を開き、組織的かつ重大な人権侵害を非難する決議を採択した。[*77] バングラデシュ、サウジアラビアなどが提出した決議案は「ミャンマー、特にラカイン州における女性や子供を含むロヒンギャのムスリム・コミュニティや他の少数民族に対する組織的かつ重大な人権侵害を強く非難する」などと指弾し、ミャンマー代表は「ミャンマーの主権を侵害し、真実からかけ離れている。ラカイン州における諸問題は限りなく複雑であり、国際社会はその状況をもっと理解しなければならない」と反論した。投票結果は賛成三三、反対三（中国など）、棄権九（日本など）。

二〇一八年九月二七日、国連人権理事会は国連調査団の最終報告を受けて、ロヒンギャ迫害を非難する決議を賛成多数で採択するとともに、刑事責任追及のための調査を行う新たな独立機関の設置を決めた。[*78] ミャンマーは「決議は我が国が拒否したバランスを欠く一方的な国連報告に基づいている」と強く反発した。採択は賛成三五、反対三（中国など）、棄権七（日本など）。さらに、二〇一九年三月二二日の国連人権理事会定例会合における「ミャンマーの人権状況」に関する決議は、ラカイン、カチン、シャン各州における暴力および国際法違反を直ちに止めるようミャンマー政府に求めるとともに、特に国軍によるラカイン州で暴力の激化について深刻な懸念を表明した。投票結果は賛成三七、反対三（中国など）、棄権七（日本など）。[*79]

国軍司令官ら六人「訴追を」

国連調査団を率いたマルヅキ・ダルスマン委員長は二〇一八年九月一八日、最終報告を提出した第三九回国連人権理事会（国連ジュネーブ欧州本部）での演説で、個々の虐殺事件に触れながら「これは自然発生的に起きたコミュニティ間の暴力沙汰ではない。赤ん坊を含むあらゆる年齢層の民間人の殺害を、テロ対策と主張することはできない。女性や少女をレイプし、人々を生きたまま焼き殺すことに軍事的必然性はない。それは特定の民間人（グループ）を狙って充分に計画された意図的な攻撃だった」と断言し、国軍の残虐行為の特徴である性暴力について「その規模、残酷さ、組織的な形態から見て、レイプが戦争の戦術として用いられたことに疑いの余地はない」と断じた。さらにミンアウンフライン最高司令官ら国軍幹部六人について、国際法上の犯罪行為を裁くために国連安保理として国際刑事裁判所（ＩＣＣ）に付託あるいは特別国際裁判所を設置すること、国連総会あるいは人権理事会によって刑事捜査と訴追の準備を行う仕組みを設けることなどを提言した。[*80]

ダルスマン委員長は「私はこれほど恐ろしく大規模な犯罪行為に向き合ったことはない」と述べるとともに、「国軍が超法規的な存在である限り平和は実現しない。国軍は民主主義国家としてのミャンマーの発展にとって最大の障害である。ミンアウンフライン最高司令官をはじめとする指導部をすべて交代させ、完全な文民統制の下に置くために再編しなければならない。ミャンマー民主化はそれにかかっている」と問題の本質に踏み込んだ。また、ラカイン州だけでなくカチン、シャン両州でも国軍など治安部隊による「国際法に基づく最も重大な犯罪」に当たる同一パターンの人権侵害が繰り返されていると指摘した。[*81]

人道犯罪の訴追権限を持つ国際刑事裁判所（ＩＣＣ／オランダ・ハーグ）は二〇一八年九月六日、ミャンマー治安部隊によるロヒンギャの強制的な国外追放について、予審裁判部が「ＩＣＣは管轄権を行使できると判断した」と発表した。ミャンマーはＩＣＣ設置を定めたローマ条約に加盟していないが、ＩＣＣは「国境を越える犯罪の一部はバングラデシュ（条約締結国）の領土で起きた」と認定した。[*82]ミャンマー政府はＩＣＣの判断を「断固拒否する」との声明を出したが、検察官は強制退去につながった基本的権利の剥奪、殺害、性的暴力、破壊・略奪などに焦点を当てた

ミンアウンフライン国軍最高司令官と握手するアウンサンスーチー氏（2015年12月2日）
写真：ロイター／アフロ

予備調査に着手した。

ミャンマー国軍は対抗策として独自に「軍事裁判所を設置した」と二〇一九年三月一八日に発表した。[*83] 国連や人権団体の申し立てに応じて人権侵害事件を調査するとしているが、「国軍が自らを調査し、正義と説明責任を果たすというのは妄想だ」（アムネスティ・インターナショナル）と批判される通り、実効性は全くない。

焦点のミンアウンフライン国軍最高司令官は二〇一九年二月一四日、朝日新聞の単独会見に応じ、国際社会の批判に反論した。二〇一七年の大惨事の後、外国メディアのインタビューに答えたのは初めてで、長文の詳報を読むと弾圧した側の論理がよく分かる。

同司令官は、国軍の行動はARSAの攻撃から国民を守る「自衛行為」だったとし、難民の被害の訴えについて「我々は全員、規律の下にある。だから、レイプ事件に関与することは不可能だ。治安部隊のひとりか二人はそういった事件に関わったかも知れない」と組織的な人権侵害を全面否定した。七〇万人が流出したという数字に疑念を示しつつ、「（ミャンマー当局は）彼らにバングラデシュ側に行かないようお願いした。彼らはミャンマーで暮らすよう促された」「彼らは恐怖もなく、規律正しい状態でバングラデシュ側に行った。彼らは心配を抱かず逃げて行った」と主張し、難民たちの証言について「彼らはみな同じ話をしている。誰かが指示して証言させている」との認識を示した。また、帰還希望者には厳格な審査があるが「受け入れ準備はできている」と強調し、自らに対する国際刑事裁判所の訴追の動きについては「ミャンマーはICCのメンバーではない。我々はICCに関連する何ものにも従う必要はない」と牽制した。

国連調査団や国際NGOの精緻な検証、あるいは私が聞いた難民たちの訴えと食い違うというレベルではなく、異なる事象を語っているかのような隔たりがある。国軍最高司令官の主張に真実味があるとは全く思わないが、国軍はこうした揺るぎない論理を堅持し、ミャンマー国民の大部分もその認識を共有している訳で、そもそも国際社会（中国などを除く）と議論が嚙み合う余地はないのだろう。

日本外交の独自のアプローチ

ロヒンギャ問題をめぐる国連での対立の構図は決まっており、欧米やイスラム諸国が提起するミャンマー非難決議に対して、当然ながらミャンマーは反発し、中国、ロシアなどがミャンマーを擁護して反対する中、日本は常に棄権に回っている。これだけの国家的犯罪を非難せず、しかし決議に反対もしない一見不可解な対応は、賛否両論あるだろうが、ミャンマーとの特別な関係に基づく日本外交の独自のアプローチとしか言いようがない。

コックスバザールから見た日本外交は、面白くもあり悩ましくもある。河野太郎外相は、国境を挟んでバングラデシュ・コックスバザール、ミャンマー・ラカイン州マウンドー県の両方の現場を訪問した恐らく最初の外国要人である。二〇一七年一一月のバングラデシュ訪問では、欧州諸国の外相らとともに一九日、クトゥパロン難民キャンプを訪問したほか、首都ダッカでハシナ首相らと会談し、国連世界食糧計画（WFP）を通じた一五〇〇万ドル（約一六億五〇〇〇万円）の緊急無償資金協力を伝えた。続いて年明け二〇一八年一月にミャンマーを訪問し、アウンサンスーチー国家顧問兼外相、ミンアウンフライン国軍最高司令官と会談した翌一三日、マウンドー県マウンドー郡に飛んで、わずかに残ったロヒンギャの集落や国境地帯などを視察した。日本の外相が他国に先駆けていち早く国境の両側に立った事実は、それ自体は評価されるべき話だろう。特にマウンドー視察はミャンマーが国際社会の批判をかわすために利用されたにせよ、日本が両

ネピドーで会談する河野太郎外相とアウンサンスーチー国家顧問（2018年１月12日）
＝Global New Light of Myanmar

国とのパイプを生かして独自の立場でロヒンギャ問題に貢献する姿勢を表明したものと私は理解し、「少しばかり面白くなるかも知れないな」とコックスバザールでひとり喜んでいた。

ネピドーで二〇一八年一月一二日に行われた会談では、河野外相はラカイン州情勢に関して、①国連を含む人道支援アクセスの拡大、②安全で自発的な避難民の帰還と再定住、③「アナン勧告」の実施を通じた根本問題への対応——を働き掛けた。そのうえで、ラカイン州の道路舗装、送電線整備、約一五校の学校建設のほか、帰還民の受け入れ・再定住の緊急支援として約三〇〇〇万ドル規模の物資供与、住民への人道支援として約二〇〇〇万ドルの追加支援を伝えた。また、ミャンマー政府による信頼性・透明性のある事実調査の実施、国連やメディアの現地アクセスの確保、国家機密法違反容疑で逮捕・起訴されたロイター通信記者に関する適切な対応を促した。アウンサンスーチー国家顧問は「安全で自発的な避難民の帰還受け入れをバングラデシュとの合意に沿って進める。地元コミュニティ間の融和、報道の自由や法の支配などさまざまな側面を考慮しつつ取り組みたい」と答えている。[*84]

ミャンマー、バングラデシュはともにアジアの親日国であり、日本の政府開発援助（ODA）を通じた開発協力や民間投資に大きな期待を寄せる。バングラデシュでは、開発協力に携わっていた日本人七人を含む外国人二二人が犠牲になったダッカ・レストラン襲撃事件（二〇一六年七月一日）が記憶に新しいが、これは余りに不幸な例外的な出来事であって、日本に対する敬意と信頼は一方ならぬものがある。ミャンマーと日本はビルマ独立の経緯をはじめ、歴史的にも経済的にも関係が深く、軍事政権時代も欧米の人権外交と一線を画して、軍首脳とアウンサンスーチー陣営の双方と付き合う独自路線をとった。今回もミャンマー政府と国民感情に配慮して、ロヒンギャの呼称を使わず、非難一辺倒でミャンマーを追い詰めるのではなく、長年の信頼関係を生かして対話のルートを閉ざさずに、国際社会との橋渡しをしようというスタンスである。

二〇一八年三月にはアウンサンスーチー氏と親しい外務省〝ノンキャリ〟のミャンマー専門家、丸山市郎大使を起用した。大使を知る複数の日本人記者は「非常に親しみやすい人柄で、ミャンマー側から絶大な信頼を得ている」「キャリア外交官と違って腰が低く、こういう人が核心の情報を取って来るのだろうと思った」と評する一方、在留邦人の中には「ミャンマー政府に寄り過

シットウェ郊外のIDPキャンプを訪問する丸山市郎大使（2018年５月27日）
＝Global New Light of Myanmar

ぎではないか」との声もあるという。その丸山大使はＮＨＫの取材に「日本が問題の解決に向けて協力するために、まずは我々の話を聞いてもらえる関係を作っておくことが重要だと思う。ロヒンギャ問題でアウンサンスーチー氏をより困った立場に追い込むのではなく、政権が成功するよう、いかに協力できるのかを考えていくべきだ」と答えている。アウンサンスーチー国家顧問も先のＮＨＫとの会見で「ラカイン州の支援と問題解決に向けて、日本は前向きに現実的な支援をしてきてくれた。大変感謝している。この先も長く、理解ある友人でいてくれることを期待している」と話した。

ミャンマー政府は二〇一八年六月六日、自発的で安全な難民帰還・再定住に向けて、国連難民高等弁務官事務所（ＵＮＨＣＲ）、国連

NGOの案内でクトゥパロン難民キャンプを視察する河野太郎外相（2019年７月30日）。2017年11月に続く２度目のキャンプ訪問で日本外交の存在感をアピールした。左はカラムRRRC長官

開発計画（ＵＮＤＰ）と覚書を締結し、それまで立ち入りを拒んでいたラカイン州北部での国連職員の活動を認めた。日本外務省は「避難民帰還の早期かつ着実な実施の重要性に鑑み、覚書の早期締結のため、ミャンマー政府と国連機関との橋渡しを行ってきた」と日本外交の貢献をアピールしている。[*85]

しかし、こうした日本の独自路線が確たる成果を上げているとは現時点では言い難く、外形的には中国と一緒になってミャンマーを庇っているようにさえ見えるだろう。コックスバザールにいると雑多な話が耳に入ってきて、ある国連機関の日本人職員が「欧州出身の同僚から『日本はロヒンギャ問題でミャンマー政府を支持してるんだってね？』とからかい半分に尋ねられた」とこぼしたことがある。また、二〇一八年四月頃、バシャンチャ

ール島への難民移送計画（第5章で詳述）に関して、コックスバザールの援助関係者の間で「日本政府が計画の早期実施に向けてバングラデシュ政府に資金援助の意向を伝えた」という情報が流れ、AARにも問い合わせがあった。真偽は別にして「日本は裏で妙な真似をしているのではないか」といううっすらした警戒感があるのかも知れないと感じた。

独立調査委員会への疑念

日本外交の独自路線は理解するとしても、さすがに問題ではないかと思うのが、ミャンマー政府が設立した独立調査委員会である。同国政府は国連調査団の入国を拒み続け、国連報告の受け入れを全面的に拒否した。国連報告暫定版の発表（二〇一八年八月二七日）に対して、政府報道官は「我が国は人権理事会による決議には賛成しないし受け入れもしない」と表明するとともに、「国連機関やその他の国際社会による間違った申し立て」に対応するために、ミャンマーには「独立調査委員会」があると主張した。[*86]

その独立調査委員会が設置されたのは二〇一八年七月三〇日のこと。大統領府は声明で「ラカインの和解、平和、安定および開発に取り組むための自国のイニシアティブの一環として」独自の委員会を発足させ、二〇一六年一〇月と二〇一七年八月の「ARSAによる攻撃後の人権侵害および関連する問題の申し立てについて調査する」と発表した。メンバーに選ばれたのは、委員長のロサリオ・マナロ元フィリピン外務副大臣、大島賢三・元国連大使、ミャンマー人のミャテイン元憲法裁判所長官、アウントゥンテ大統領経済顧問の四人である。日本として大物大使（OB）を送り込んだ以上、外務省は国連や欧米諸国が少しは納得できる方向にミャンマーを導くのだろうと期待したが、それが見込み違いだったことはすぐに分かった。

独立調査委員会が二〇一八年八月一六日、ネピドーで開いた記者会見で、今後一年実施する調査の透明性・公正性を問われたマナロ委員長は「我々は誰かを指差して非難したりはしない。そうした方法では何も達成できない」と言明した。[*87] つまり、最初からミャンマー当局の責任を追及する気はないと宣言したのも同然だった。さらに耳を疑ったのは、二〇一八年一二月一二日の記者会見である。マナロ委員長は、国防省や国軍幹部と面談したが「治安部隊による大規模な人権侵害があったとする決定的な証拠は今のところ見付かっていない」としたうえで、「被害を受けたという人は確かな証拠を添えて委員会に申し出てほしい」と言い放ったのである。アウントゥンテ委員は「(二〇一九年)一月二一日までにミャンマー語、英語、アラカン語、またはベンガル語で、写真や音声、ビデオ映像などの証拠とともに委員会事務局まで提出する必要がある」と付け加えた。[*88] 委員会として自ら証拠を集める意思もなく、それどころか家族を殺され、家を焼かれ、レイプされた被害者に「証拠写真かビデオを持ってミャンマー政府の委員会に名乗り出るように」と言った訳で、記者会見での政府委員会の発表とは思えない異様な態度だった。

そもそもアウントゥンテ委員は同委員会の発足前、「(ロヒンギャへの) 拷問はあった。しかし、それをジェノサイドだの民族浄化だの戦争犯罪だのと言うのは、私が知ったことではない」「ラカインで何が起きたとしても、それは組織的なものではない。ミャンマーが現在、彼らの帰国のために働いているのは、明らかに民族浄化の意図がなかったことを示している。もし民族浄化しようとしたのなら彼らを受け入れるはずがない」（『The Daily Star』二〇一八年四月一九日）と主張するなど、頑迷な偏向発言を繰り返していた人物である。それを承知でアウンサンスーチー国家顧問は彼を委員に任命した。

ミャンマー政府に独自の公正な事実調査を行うよう勧めたのは日本である。日緬外交筋から漏れ聞いた話では、国家顧問のイニシアティブで委員会を設立するに当たって、ミャンマー側は当初、日本に対して「日本人の委員長とミャンマー人二人の三人体制にしたい。（大島大使など）適任者を出してほしい」と打診したという。日本側は同委員会が何の成果も挙げられなかった場合（そうなることは目に見えていた）、国際社会でメンツを失うのを懸念する一方で、ミャンマーとの信頼関係も維持しなければならず、最終的に「外国人を二人入れて四人体制とし、委員長ではなく委員であれば大島大使を送り込んでも良い」という妥協案に落ち着いたらしい。建前はあくまで大島氏個人としての参加だが、そこは日本の関与を薄めて予防線を張ったのである。

国連事務次長（人道問題担当）、国連大使、ＪＩＣＡ副理事長などを歴任した広島出身の大島大使は、平和構築や人道支援に熱意を持っていることで知られる。同委員会設立時の会見で「独立性・公平性を持って誠実に行動する。独立した調査のために最善を尽くす」と述べておられたが、

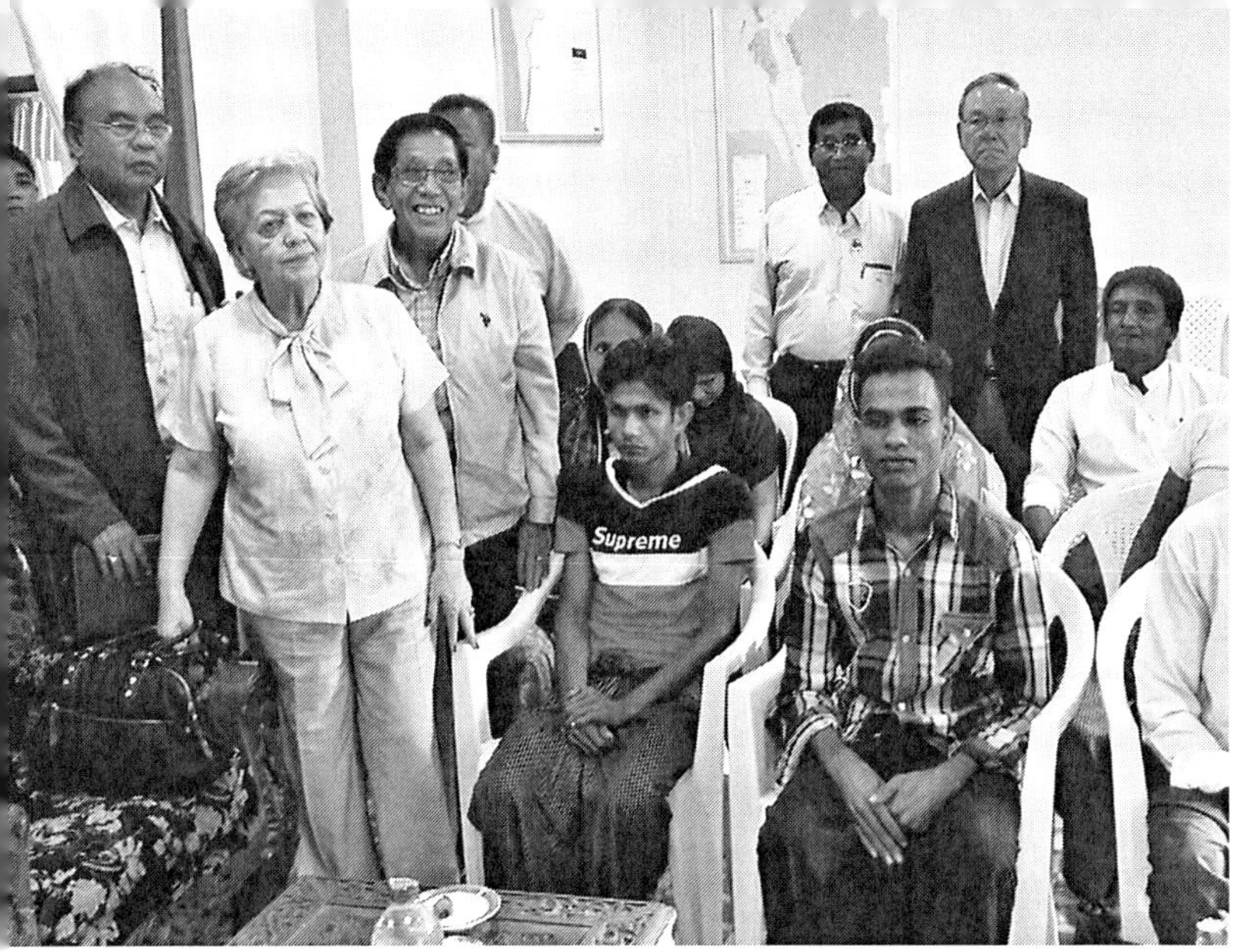

マウンドーを訪問したミャンマー政府の独立調査委員会。右奥が大島賢三大使（2018年８月31日）＝Global New Light of Myanmar

調査らしい調査はできずにいるのだろう。同委員会が二〇一八年八月三一日にマウンドー県を訪問した時、住民との面談を前に笑顔を浮かべる他のメンバーからひとり離れて、大島大使が憮然とした表情で立っている写真があり、図らずもその心中を表しているように見える。

二〇一九年八月に発表される独立調査委員会の最終報告が信頼に足る内容になるとは、誰も思っていない。これには前例があって、二〇一六年一〇月の衝突以降の人権侵害を調査した政府調査委員会は二〇一七年八月六日、「治安部隊による人権侵害の証拠は一切なかった」と発表した。委員長を務めた国軍出身のミンスエ副大統領は「国連が言うような人道に対する罪の可能性も民族浄化の証拠もない」「ジェノサイドがあったと主張するニュースが海外で捏造されたが、我々はいかなる証拠も見付けていない」と言い切った。[*89] 今回の独立調査委員会は、コックスバザールに来てロヒンギャ難民たちに聞き取り調査することもなく、逆にミンスエ副大統領ら国軍・警察関係者には話を聞いている。既に国連報告など信頼性の高い調査報告を共有している国際社会が注目する中、前回同様のお粗末な調査結果を発表した場合、かかる委員会に人身御供に出された大使自身の名誉、そして日本外交の信頼性はどうなるのか、心配でならない。

ロイター記者の不当逮捕

ロヒンギャ難民問題に絡んで、もうひとつ国際社会に波紋を広げたのが、国家機密法違反容疑によるロイター通信記者の不当逮捕である。ラカイン州でのロヒンギャ弾圧を取材していた同通信ヤンゴン支局のワロ

ラカイン州マウンドー郡インディン村で治安部隊と仏教徒住民に捕らえられた10人のロヒンギャ男性。この後、全員が処刑された（2017年９月２日）写真：ロイター／アフロ

ン、チョーソウーの二人のミャンマー人記者が二〇一七年一二月一三日、「海外メディアと共有する目的で機密情報を不正に入手した」として警察に逮捕され、禁錮七年の有罪判決を受けた事件は、言論・報道の自由や公正な裁判が保障されず、ミャンマーの民主化が幻想だったことを顕わにした。レックス・ティラーソン米国務長官（当時）が「記者の即時釈放」を求めるなど、欧米各国や国連、メディアは「報道の自由を脅かす不当逮捕で容認でき

ない」とミャンマーを一斉に非難したが、アウンサンスーチー国家顧問は「記者が逮捕されたのはラカイン州の問題を取材していたからではなく、国家機密法に違反したのが理由である」として静観を決め込んだ。

この事件は、最初からミャンマー当局による異常な〝でっち上げ〟だったことが明らかになっている。二人の記者はラカイン州でロヒンギャ一〇人が治安部隊によって処刑されたインディン村虐殺事件を取材中、警官に呼び出されてヤンゴン市内のレストランで面会し、中身が分からないまま資料を手渡されたという。店を出た直後に別の複数の警官に取り囲まれ、所持品検査で〝機密文書〟が見付かり逮捕された。国家機密法は英国植民地時代の一九二三年に制定された法律である。二人は「資料の内容は見ていない」として無実を主張した。

一審の裁判では、検察側証人として出廷した警官が「逮捕は罠だった。警察幹部が部下の警官に記者に文書を渡して店を出たところを逮捕するよう指示した」と暴露して大騒ぎになったが、地方裁判所は二〇一八年九月三日、この証言に一切触れずに禁錮七年の有罪判決を下し、高裁（二〇一九年一月一一日）、最高裁（四月二三日）とも記者側の訴えを退けた。ミャンマーでは司法さえ独立性があるとは言えず、最高裁判事の過半数を国軍出身者が占める。

ロイター通信は二〇一八年二月八日、二人の記者が同僚とともに追っていたミャンマー国軍による残虐行為に関する特集記事〝Massacre in Myanmar〟（ミャンマーの大虐殺）を配信した。ロヒンギャ掃討作戦の最中の二〇一七年九月二日、マウンドー県マウンドー郡南部のインディン村で発生したロヒンギャ男性一〇人の殺害事件を克明に検証し、犠牲者ひとりひとりのプロフィールまで描いている。拙訳は以下の通り（一部省略）。

ミャンマーの大虐殺

仏教徒の村人たちとミャンマー国軍は（二〇一七年）九月二日、ラカイン州で一〇人のロヒンギャを殺害した。ロイター通信は虐殺事件を発見し、それがどのように起きたかを検証した。この記事の取材中に二人のロイター記者がミャンマー警察当局に逮捕された。

◇

【インディン（ミャンマー）発】捕らわれた一〇人のロヒンギャは一緒に縛られて、仏教徒の隣人たちが浅い墓穴を掘るのを見ていた。その後間もなく、九月二日の朝、一〇人全員が死んだ。少なくとも二人が仏教徒の村人に殺され、残りはミャンマー国軍によって撃たれたと、二人の墓掘り人は言った。

「一〇人にひとつの墓穴だった」と五五歳のソー・チャイは言った。インディン村出身、ラカイン仏教徒の退役軍人である彼は墓穴を掘るのを手伝い、殺害を目撃した。兵士たちはひとりに付き二、三発ずつ撃ち込んだという。「埋葬する時、何人かはうめき声を上げていたが、他は死んでいた」

海辺のインディン村での殺戮は、ミャンマー西端のラカイン州北部を襲った民族抗争におけるもうひとつの流血のエピソードである。八月以降、六九万人近くのロヒンギャのイスラム教徒が村を逃れ、バングラデシュに越境した。一〇月時点でインディン村の六〇〇〇人のロヒンギャは誰も残っていなかった。

ロイター通信は一〇人のロヒンギャ（成人男性八人、一〇代後半の高校生二人）の殺害に至るまで、その日インディンで何が起きたのか（証言を）つなぎ合わせた。

これまでラカイン州のロヒンギャに対する暴力は、その犠牲者によってのみ語られてきた。ロイター通信は今回初めて、ロヒンギャの家を焼き、遺体を埋葬し、イスラム教徒を殺害した仏教徒の村人たちの告白を引き出した。

この記事はまた、治安要員自身の証言によって、国軍兵士と武装警官の関与を初めて立証した。武装警察のメンバーは、インディンからロヒンギャを追い払うための作戦について、ロイター通信に内部情報を提供し、国軍が主導したことを確認した。

現在バングラデシュの難民キャンプに避難している殺害された男性たちの家族は、ロイター通信が示した写真を見て犠牲者を特定した。殺されたのは複数の漁師と商店主、一〇代の学生二人、そしてイスラム教師ひとりだった。

仏教徒の村の長老がロイター通信に提供した三枚の写真は、ロヒンギャの男性たちが兵士に拘束された九月一日夕方から、九月二日午前一〇時過ぎの処刑までのインディン虐殺事件の重要な瞬間をとらえている。最初の日と殺害の日に撮影された写真には、一〇人が跪いて一列に並んでいる場面、最後の写真には浅い墓穴に積まれた男性たちの血まみれの遺体が写っている。

ロイター通信によるインディン大虐殺の調査は、ミャンマー警察当局が報道機関の記者二人を逮捕するきっかけになった。ビルマ国民である二人の記者、ワロンとチョーソウウーは一二月一二日、ラカイン州に関する機密文書を入手したとして逮捕された。

国軍は（二〇一八年）一月一〇日、ロヒンギャ一〇人が村で虐殺されたことを認め、ワロンとチョーソウウー、そして同僚たちが報道する準備を進めていた事実の一部を確認する声明を出した。仏教徒の村人が刀剣で男性の何人かを襲い、兵士が他の人々を射殺したことを認めた。

この声明の発出は、英国統治時代にさかのぼるミャンマーの国家機密法に基づき、ワロンとチョーソウウーを起訴した検察官による裁判所への申し立てと同時だった。有罪になれば最長一四年の禁固刑が言い渡される。

しかし、国軍による説明は、ラカイン人仏教徒とロヒンギャの証人がロイター通信に証言した内容と重要な点で矛盾している。国軍は一〇人の男性が治安部隊を攻撃した二〇〇人の「テロリスト」グループに属していたと主張した。その地域で激しい戦闘があったため、彼らを警察に移送できなくなり、兵士が男性たちを殺すことにしたと陸軍は言った。陸軍は関係者に対して措置を講じると述べた。

取材を受けた仏教徒の村人たちは、インディン村では多数の反乱者による治安部隊への攻撃はなかったと述べた。ロヒンギャの証人たちはロイター通信に対し、付近の海岸に避難していた何百人もの男性、女性、子供たちの中から兵士が一〇人を選び出したと証言した。ラカイン人仏教徒の村人たち、兵士、武装警官、ロヒンギャのイスラム教徒、および地元行政官ら多くのインタビューによって、以下のことが明らかになった。
・国軍と武装警察はインディンの仏教徒住民を組織し、少なくとも二つの他の村のロヒンギャの家々を焼いたと、十数人の仏教徒の村人が証言した。一一人の仏教徒の村人は、仏教徒が殺害を含む暴力行為を行ったと述べた。政府と国軍はロヒンギャの反乱者が村や家を焼いたと繰り返し非難していた。
・インディンにあるロヒンギャの集落を一掃せよとの命令が国軍の指揮系統で伝達されたと、匿名を条件に証言した三人の武装警官、および州都シットウェの情報部の警官ひとりが語った。治安部隊は急襲中、身元が発覚しないように民間人の服を着ていたと武装警官のひとりが述べた。
・村の行政官マウンテインチャイと武装警官のひとりによると、何人かの武装警官は売り払うために、牛やオートバイを含むロヒンギャの財産を略奪した。
・四人の警官によると、インディンでの作戦は、国軍の第三三軽歩兵師団が武装警察第八警備隊大隊の支援を受けて行われた。四人は全員大隊のメンバーである。
(https://www.reuters.com/investigates/special-report/myanmar-rakhine-events/)

以上は特集記事の冒頭部分の引用に過ぎず、この後に法的観点からの解説、関係者の詳しい証言、衛星写真の分析、白骨化した遺体の写真などが掲載されている。ロイター通信の取材に対し、ミャンマー政府スポークスマンは「我々は人権侵害に関する申し立てを否定しているのではない。信頼できる明確な証拠があれば調査を行い、人権侵害の事実が確認された場合は法律に従って必要な措置を講じる」という原則論で回答したが、仏教徒が自らの関与を告白したことには驚きを隠さず、「多くの異なる主張があるが、誰が(犯罪行為を)行ったか検証する必要がある。それは現状では非常に難しい」と述べた。また、同スポークスマンは「国際社会は最初にテロ攻撃を仕掛けたのは誰か理解する必要がある」とロヒンギャ掃討作戦を重ねて正当化している。

仏教徒住民や治安部隊の関係者が何を意図して証言し、決定的な写真を提供したのかは分からないが、細部に至るまで徹底したロイター通信の取材には感動すら覚える。犠牲者の数こそ違うが、この事件はベトナム戦争中に世界的な反戦運動が高まるきっかけとなった「ソンミ村虐殺事件」(一九六八年)を想起させる。無抵抗の村人五〇四人が米軍部隊に虐殺された同事件も、闇に埋もれかけた真相を暴いたのは米国人のジャーナリストだった。

国際社会が注目する中、決定的かつ詳細な証拠を突き付けられて、ミャンマー国軍は「一〇人はテロリストだった」と主張しながらも、さすがに殺害の事実は否定できなかった。兵士の一部が殺害に関与していたことを認める異例の声明を出したうえで、二〇一八年四月一一日に「将校四人と兵士三人が除隊処分、および重労働を伴う懲役一〇年の判決を受けた」と国営新聞などを通じて発表した。[*90] 独立した調査による真相究明を求める国際社会の要求には応じず、裁判は非公開で行われた。そもそも数え切れないほどの人権侵害や残虐行為があった中で、七人の将兵をスケープゴートにしたところで何の意味もなく、しかも七人はわずか数カ月で釈放されたことが後日、明らかになっている。

インディン村事件を含むロヒンギャ弾圧に関する一連の報道で、ロイター通信は二〇一九年のピューリッツァー賞を受賞した（四月一五日発表）。ジャーナリズムの世界で最高の栄誉であり、当然とも言える受賞だった。ワロン、チョーソウウー両記者は二〇一九年五月七日、大統領令に基づく恩赦で釈放され、五一二日ぶりに家族や同僚の元に帰った。ワロン記者は収監中に娘が生まれていた。二人の無罪を主張して釈放を求めてきた同通信のスティーブン・アドラー編集主幹は「勇敢なジャーナリスト」と彼らを称え、「二人の記者は世界中で報道の自由の重要性を示す象徴となった」という声明を発表して帰還を歓迎した。

ブルドーザーで痕跡を一掃

二〇一八年二月、治安部隊によって焼き払われたロヒンギャの村々が重機で一掃され、掃討作戦の痕跡が消し去られたことが衛星画像の分析で判明した。国際人権団体ヒューマン・ライツ・ウォッチの発表（二月二三日）[*91]によると、ミャンマー当局は二〇一七年後半以降、掃討作戦で全面的または部分的に破壊されたラカイン州の三六二の村のうち、少なくとも五五の村で建物や木々を一掃して更地にした。火災の被害を受けていなかった二つの村、部分的に焼けた一〇の村でも数百棟の家屋が取り壊された。

ヒューマン・ライツ・ウォッチは二〇一七年一一月一一日～二〇一八年二月一九日の間に撮影された衛星画像を分析し、マウンドー郡ミンルエ村の二つの集落が一月九日～二月一三日の間に取り壊され、重機で更地にされているのを確認した。最初の撤去作業は二〇一七年一一月にマウンドー郡で始まり、約一カ月の中断の後、二〇一八年一月初旬にマウンドー郡南部のベンガル湾沿岸の村々で再開され、急速に同郡北部に広がったという。『Global New Light of Myanmar』は二〇一八年一月一一日、「マウンドー県フラポーカウン村で、バングラデシュから帰還する難民の収容施設を建設するための造成工事を開始した」と伝えており、この時期にロヒンギャが住んでいたエリアの再開発が本格化したと見られる。

ヒューマン・ライツ・ウォッチの担当者は、こうした村々は「ロヒンギャに対する残虐行為の

マウンドー郡ミンルエ村の衛星画像。㊤焼失した集落が残る（2017年12月16日）、
㊦ブルドーザーで村の痕跡が一掃された（2018年２月13日）＝ヒューマン・ライツ・ウォッチ

現場であり、国連の専門家が加害者を特定するための証拠を適切に評価できるように保存されるべきである」と指摘し、「これらの地域を更地にすることは、そこに住んでいたロヒンギャの人々の記憶とともに、法的責任まで葬り去られる恐れがある」と懸念を表明した。

ミャンマー政府は二〇一八年三月中旬、一部の海外メディアにラカイン州北部の取材を許可した。『共同通信』の配信記事は「ミャンマーのイスラム教徒少数民族ロヒンギャが住んでいたラカイン州で、地域開発が急速に進んでいる。道路建設などのインフラ整備は、ミャンマーでも特に貧しい同州の経済発展に不可欠だが、多くのロヒンギャが隣国バングラデシュに逃れたままで、置き去りの状態だ。北部の主要都市マウンドーにつながる幹線道路では、ショベルカーなどの重機による工事が行われ、多くの人々が土木作業に当たっていた。昨年7月に訪れた際には目にしなかった光景だ。ミャンマー政府は道路整備などで地域の発展につなげようとしている。一方、昨年の衝突後に焼き打ちされたロヒンギャの村とみられる跡も各地に残されていた。仏教徒の少数民族ムロの村には、真新しい住宅が並んでいた。当局者によると、政府の支援などで完成した。イスラム教徒の集団に村が襲われ、人々が避難したことに伴う措置だという。近くにはロヒンギャの再定住予定地もあったが、家は三軒しかない。当局者は、ロヒンギャ向けの住宅整備が遅れているのは『(国外に)逃げなかった人を優先したためだ』と述べた。国際人権団体が『焼き打ちしたロヒンギャの村に、当局が治安施設を建てている』と非難した地域もある。重機で整地したように見える土地には新しい建物が立ち、銃を持った治安要員が警備していた」と伝えた。

「損害賠償は総額六〇億ドル」

「ミャンマーが支払うべきロヒンギャ危機の賠償金は六〇億ドル」というバングラデシュの英字紙の見出しに思わず目が行った。オーストラリアのスウィンバーン工科大学を中心とする共同研究チームが損害賠償の観点で今回の大惨事を考察したユニークな調査結果は、二〇一九年二月一二日にダッカで開かれたロヒンギャ問題に関する研究会で発表された。"Forced Migration of Rohingya: The Untold Experience"（ロヒンギャの強制移住：知られざる経験）と題する共同研究は、コックスバザールの難民キャンプ三三〇〇世帯の聞き取り調査などで収集したロヒンギャの資産状況や土地の所有、収入のほか、経済社会関連の各種統計など膨大なデータを集計・分析した大規模かつ野心的な内容である。

研究報告によると、二〇一七年八月以降の武力弾圧によって約三〇〇の村が焼かれ、「二万四八〇〇人が殺害され、女性と少女一万八五〇〇人がレイプされ、四万三〇〇〇人が銃傷を受け、一一万六〇〇〇人が殴打されたと推定される」。調査対象者の八二%が「逃げる際にミャンマーで隣人の死を目撃あるいは死体を見た」、五九%が「レイプの犠牲者を目撃した」、八五%が「自宅ないし近隣の家が全焼したのを目撃した」と回答した。犠牲者数は国連報告など他の調査の「控えめな」推定値を大幅に上回る。

多様な要素を取り込んで試算した結果、「ミャンマーはロヒンギャ難民とバングラデシュに対し、経済的損失・心理的損失合わせて六〇億二〇〇〇万ドル（約六七四〇億円）の損害賠償（二〇一九年一月時点）を支払う必要がある」と結論付けた。バングラデシュ政府には約四三〇〇エーカーの森林・丘陵地の環境破壊に対する補償、その他の支出と合わせて二六億ドル（約二九〇〇億円）。ロヒンギャ難民の経済的損失は一二億五四〇〇万ドル（約一四〇〇億円）で、内訳は土地の損失一億六五〇〇万ドル（約一八五億円）、移住費用七億七一〇〇万ドル（約八六三億円）、住居の損失九八〇〇万ドル（約一一〇億円）、その他の資産の損失二億二〇〇〇万ドル（約二四六億円）。これに加えて、ロヒンギャが被った心理的損失を二一億ドル（約二三五〇億円）と算出した。この精神的苦痛に対する賠償額は、キャンプにいる難民を九〇万人として計算すると、一人当たり約二六万円になる。

この推計とは別に、バングラデシュ政府が二〇一八年までに二一カ国と国際機関から受けた約七億三〇〇〇万ドル（約八一七億円）相当の緊急支援を加算すると、今回のロヒンギャ難民流出に関して、ミャンマーがロヒンギャ難民とバングラデシュ政府、国際社会に支払うべき損害賠償の総額はざっと六七億五〇〇〇万ドル（約七五六〇億円）に上る。世界各地の難民キャンプの通例から言って、この先一〇年二〇年にわたって〝塩漬け状態〟のキャンプを維持せざるを得ないとすれば、貧困国バングラデシュを支えるために、日本を含む各国政府は今後ずっと巨額の資金を拠出し続けなければならないことになる。

第５章

難民キャンプの日々

過酷な楽園

竹材とビニールの大都市

九〇万人超のロヒンギャが暮らすコックスバザール県の難民キャンプとはどんな所だろうか。「竹材とビニールシートで建てたテントが異様に密集した大きな町、あるいは都市といった感じで、衛生状態は悪く、難民たちが援助物資を求めて配給所に並びます。乾季は砂埃が舞い、雨季には至る所が水没して泥まみれになる過酷で悲惨な場所です」などと通り一遍の説明をするのは簡単だが、キャンプを日々観察している者として、二つの理由でそんな退屈な話はしたくない。

ひとつには、コックスバザール県南部のウキア、テクナフ両郡に散在する個々のキャンプには、それぞれ違った表情があり、しかも刻々と変化し続けているので、ひと言で描写するのは難しいということがある。難民キャンプは新陳代謝が激しい「巨大生命体」と言っても良いだろう。二〇一九年に入って多少落ち着いてきたが、流入初期のテントが撤去されて改良型テントに建て替えられたり、丘の上に新たな配給所やバングラデシュ政府の出先事務所が建設されたり、未舗装だった道路にレンガが敷き詰められて側溝が設けられたり、掘っ立て小屋の雑貨屋兼茶屋が新規開業したりと、常に何かが動いている。そういう意味では東京の街と何ら変わらない。特に最初の頃は、日本に一時帰国して二週間ほど留守にしただけで風景が変わってしまい、自分たちが建てている施設に向かう途中で道に迷うことさえあった。

もうひとつの理由は、いささか誤解を生みかねないが、ロヒンギャの人々にとって、難民キャンプは生まれて初めて自分たちの存在が認められ、安心して暮らすことができる「楽園」あるいは「別天地」なのではないかと常々感じているからである。「ミャンマーから逃げて来て正解でしたね」と言っているのではない。すべての土地と財産を奪われ、粗末なテント生活を余儀なくされ、生業にも就けず、キャンプの外に自由に出られない状況が不本意でないはずはないが、ここでは少なくとも自分と家族の安全が保障され、誰からも不当に差別されたり生命を脅かされたりしない。同じ道路整備でも国軍・警察のための強制労働ではなく、自分たちの生活に役立つ生産的な共同作業である。国連機関やＮＧＯはすべて自分たちの味方であり、長年踏みにじられて来た尊厳をいくらかでも取り戻して生きることができる。国籍・市民権問題はいったん脇に置いて、こうした点は何にも増して重要であり、その意味で当地のキャンプは計り知れない大きな役割を果たしている。

　コックスバザール県の難民キャンプ群は昨日今日形成された訳ではなく、それなりに複雑な経緯があるので、既述の部分もあるが再度整理してみる（記録が乏しく一部正確さを欠くかも知れない）。一九七八年に最初の難民流入があった際、バングラデシュ政府は赤十字社と対応を試みたが、初めての事態に対処し切れず、国連に支援を要請してＵＮＨＣＲの協力で国境付近に一三カ所のキャンプを開設した。[*92] これがすべての起源になる。

一九九一～九二年の流入時にはＵＮＨＣＲや援助団体が二一カ所のキャンプを設けたが、バングラデシュ政府公認の難民キャンプはクトゥパロン（ウキア郡）、ナヤパラ（テクナフ郡）の国有地

ナフ河沿いにあるドンドミア地区（テクナフ郡）。難民キャンプとしては閉鎖されたが、2017年以降に新たな難民が流入・居住している

二カ所に限定された。これは「登録（Registered）キャンプ」（RC）と呼ばれ、同国政府との合意の下、UNHCRによって難民登録された約三万四〇〇〇人が収容された公式キャンプである。今日のRCでは、長く塩漬け状態にある難民はテントではなく土壁の家などに住み、掘っ立て小屋の店舗が並ぶ通りもあって、この界隈の農村よりよほど賑やかな町を形成している。ただし、バングラデシュ政府は当時それ以上の難民登録を認めなかったので、その他の難民（避難民）は非公式キャンプに入れられた。

二〇〇七年には、イスラム系援助団体や国際NGOがナフ河の河畔にある環境劣悪なドンドミア地区（テクナフ郡）から難民を移すための「一時滞在（makeshift）キャンプ」をクトゥパロンRCの隣接地、およびナヤパラ北方のレダに設営した。[*93]いくつかの非公式キャンプは閉鎖されて、残りが現在のキャンプ群の原型になり、二〇一七年八月下旬に大量流入が始まった時点では公式・非公式合わせた難民キャンプは一二カ所あった。

これらのキャンプ群は二〇一八年以降、三四地区（二〇一九年七月現在）に区割りされ、旧来の地名ではなく通し番号が各キャンプの正式名称になっている（例：Camp5など）。二〇一八年初め頃まで暫定的にアルファベットで呼んでいた時期もある（例：BBゾーンなど）。あくまで行政上・管理上の便宜的な区割りであって、例えばクトゥパロン・バルカリだけで二三地区に分かれており、キャンプが三四カ所に散らばっている訳ではない。通し番号では地理的な関係を把握しにくいので、本書では旧来通り地名で表記している。

巨大キャンプの風景

前置きが長くなったが、約六二万八五〇〇人（JRP 2019／二〇一八年一二月三一日時点）が暮らす世界最大規模のクトゥパロン・バルカリ拡張キャンプに皆さんをご案内したい。国連機関や国際NGOなど援助関係者の大半は、ベンガル湾に面したコックスバザール県都コックスバザール市に拠点を置いている。早朝そこから車でベンガル湾沿いに南下し、途中で左折してウキア郡の農村地帯を南東に進む。この狭い対面通行の国道が、ウキア郡から最南端のテクナフ郡にかけて散

ウキア郡の難民キャンプ群に向かう唯一の幹線道路

在する難民キャンプを結ぶ唯一のルートであり、援助物資輸送の生命線である（二〇一九年二月頃から整備工事中）。時々現れる田舎町を抜けて順調に走れば、コックスバザールから一時間余り、賑やかな市場に紛れるようにクトゥパロンRCの入り口があるが、ここは素通りする。進行方向の右手に丘を埋め尽くすテント群が現れ、配給所に集まる人々の姿が見える。道路沿いには膨大な竹材などを積み上げた資材置き場があり、バングラデシュ全土の竹を全部切り尽くしてしまうのではないかと思う程だが、国際移住機関（IOM）のロジスティック担当者によると「せいぜい国内全体の数%程度」だという（こんな計算もしているらしい）。難民流入以降、交通容量の数倍の車両が往来するため事故も多く、キャンプの建設資材を過積載した大型トラックが横

建設資材としてキャンプ周辺に集積された膨大な竹材（ウキア郡）

転し、トゥムトゥム（三輪タクシー）数台が押し潰されて多数の死傷者が出たこともある。

しばらく南下して、バングラデシュ陸軍が物資輸送用に建設した「アーミー・ロード」と呼ばれる幅の広い未舗装道路で右折する。以前は入り口で兵士が車両の出入りをチェックすることもあったが、この地点に限らず、私自身は止められて身分証やアクセスパス（難民キャンプへの通行許可証）の提示を求められたことは実は一度もない（車両には団体のステッカーを貼っている）。キャンプはフェンスや鉄条網に囲まれている訳ではなく、境界を示す杭の一本もない。地元の人々は日中、自由に出入りしているが、バングラデシュ人を含む援助関係者は治安上の理由で午後四時までにキャンプを退去しなければならない。難民たちはキャンプ間の移動はできるものの、地

クトゥパロン・バルカリ拡張キャンプの市場

牛肉や山羊肉を扱う精肉店。店主（左）はバングラデシュ人、店員はロヒンギャ難民

域外に出るのは禁止されている（検問をすり抜ける手立てはある）。

キャンプに入って三〇〇メートルほど進むと、道路の両側に掘っ立て小屋の露店が並び、難民の買い物客で賑わう市場が形成されている。衣類や日用雑貨、野菜や果物、コメや豆類、料理のベースになる小ぶりのタマネギと唐辛子、ニンニクや香辛料を積み上げて客を待つ店主のほとんどは、ささやかな商機に目を付けた地元のバングラデシュ人で、いくらかの元手を工面できた難民も混じる。ウキア郡出身の野菜売りのバングラデシュ人男性は「ダッカに上京してリキシャー運転手を数年間やっていたが、商売替えのチャンスだと思って郷里に戻って来た」と話す。

私が当地に来た二〇一七年一一月頃から二〇一八年前半にかけて、こうした店は見る見るうちに増えた。最初からあったのは、道端の野菜売り、サモサや飲み物を出す軽食屋ないし茶屋、安物を揃えた衣料品店、棚いっぱいに商品を並べた薬局、養鶏場を兼ねたニワトリ屋、調理用の薪を売る店、東南アジアでお馴染みの嗜好品キンマ屋などだが、そのうちに鮮度が心配な鮮魚屋、ガスボンベとコンロの販売店、冷蔵庫を備えたアイスキャンディー屋などが目に付くようになり、二〇一八年の半ばに「結婚式の招待状屋」なる商売を見付けた時は、完全にフェーズが変わったと思った。また、難民たちは中国製の安い携帯電話やスマートフォンを持っていて、支援団体が配った小型ソーラーパネルをテントの屋根に置いて充電し、キャンプ内外にあるブースで通話料金をチャージしている。ＳＩＭカードは業者が利用者名を登録せずに売るので、厳密に言うとすべて違法である。

サモサや飲み物を出すバングラデシュ人経営の軽食屋（クトゥパロン）

調理用の薪を積み上げた露店（クトゥパロン）

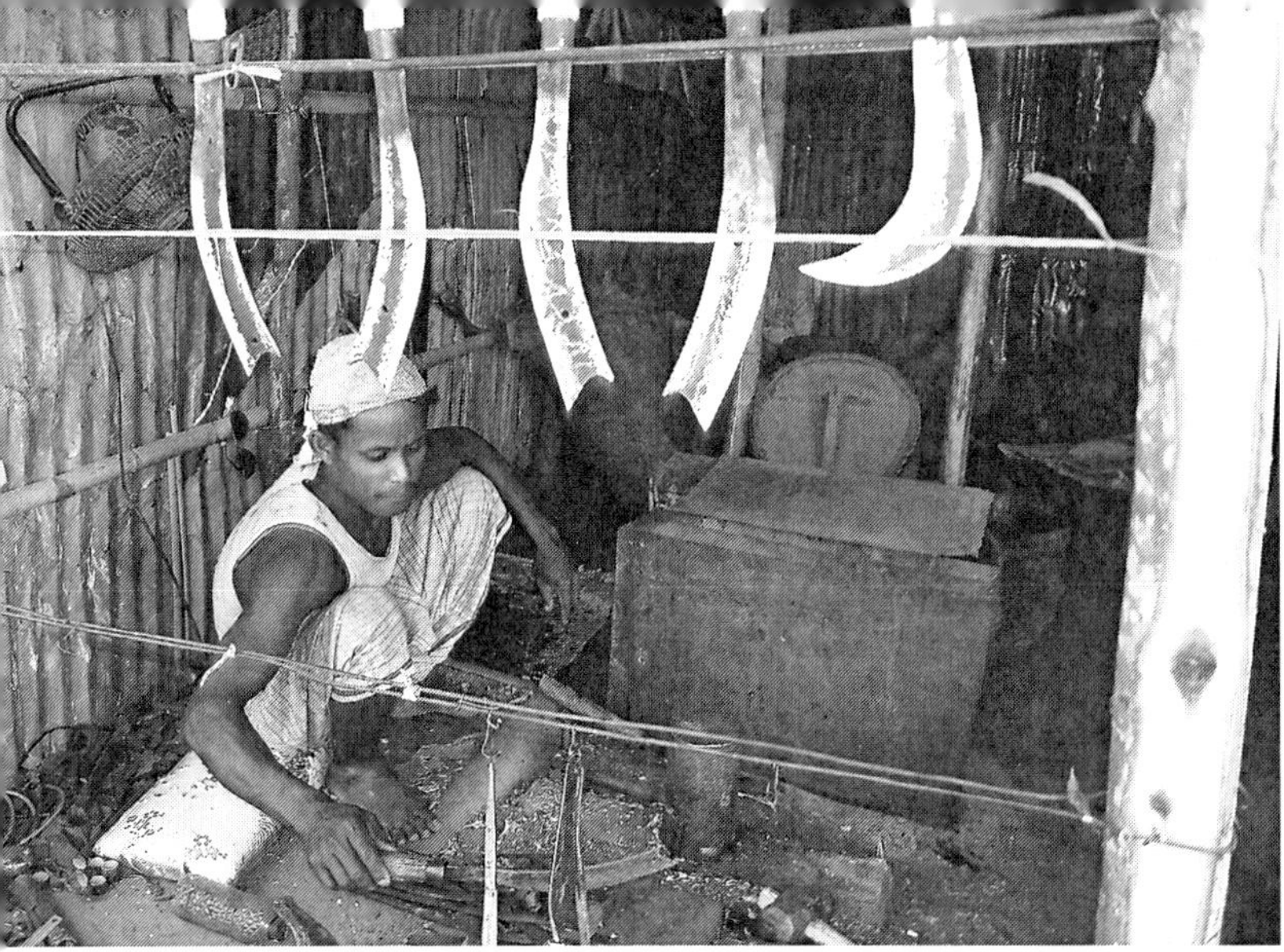

難民キャンプの鍛冶屋（ナヤパラ）

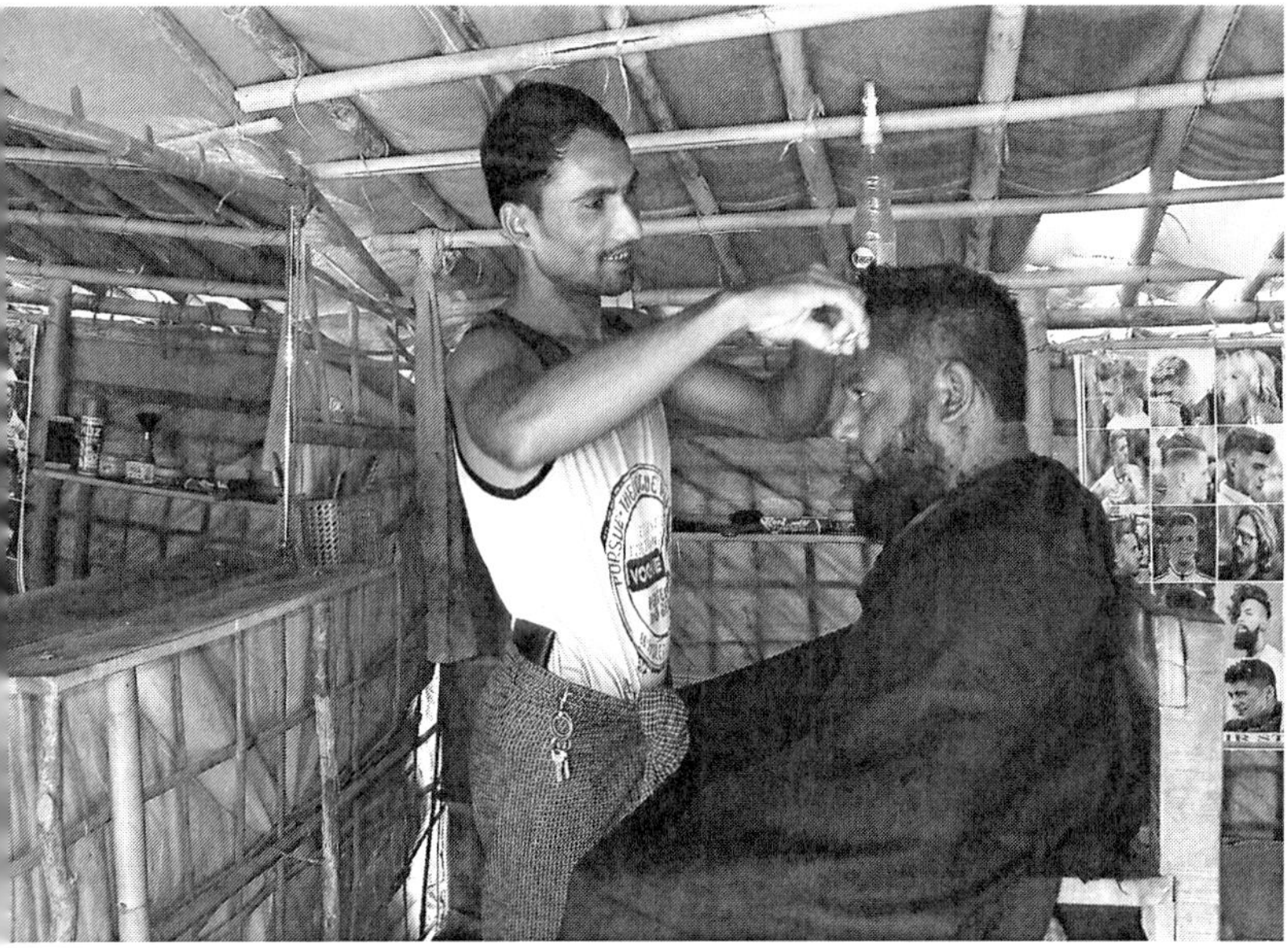

掘っ立て小屋の散髪屋。客は男性しかいない（クトゥパロン）

難民キャンプで見掛ける棒手振りの鮮魚売り（ナヤパラ）

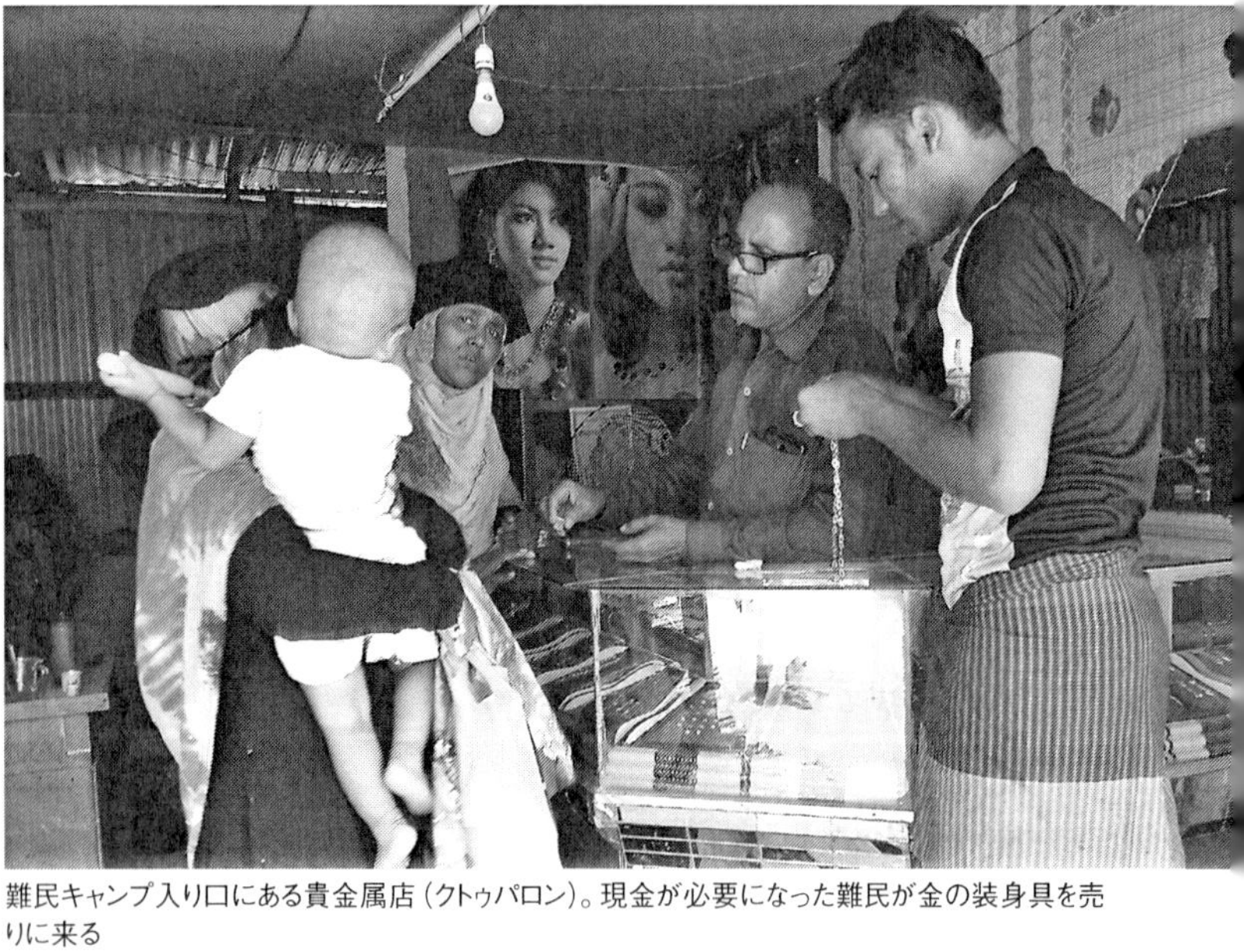
難民キャンプ入り口にある貴金属店（クトゥパロン）。現金が必要になった難民が金の装身具を売りに来る

早い時期から難民自身が営んでいた商売のひとつは散髪屋だろう。身辺を常に清潔に保つことを信仰上重視するイスラム教徒の彼らは、難民といえどもだらしない髪形や身なりはしていない。椅子と鏡がぽつんと置かれた店の散髪代は四〇タカ（約五二円）で、客は男性だけである。他方、外出の機会が少ない女性のために、衣類やスカーフ、アクセサリー、あるいは日用雑貨を担いで、一軒一軒売り歩く古典的な「棒手振り」も多い。売り手はバングラデシュ人もいれば、雇われたロヒンギャもいる（難民の就労は表向き禁止されている）。最近は地元業者による鮮魚の流通ルートが整備され、干物ではない魚売りの棒手振りとキャンプですれ違った時はさすがに驚いた。

クトゥパロン難民キャンプの界隈には、バングラデシュ人経営の貴金属店が何軒かある。かつて政情不安定だった東南アジアや中国の人々は、どこにでも持ち運べる資産として金製品を好む傾向があるが、それはロヒンギャも同じらしく、腕輪や指輪をしている女性が多い。ロヒンギャが持っている金製品の純度は尋ねてもよく分からないのだが、店頭で相場を調べると指輪六〇〇〇～八〇〇〇タカ（約七八〇〇円～一万四〇〇〇円）、イヤリング一万一五〇〇タカ（約一万四九五〇円）、腕輪四万五〇〇〇タカ（約五万八五〇〇円）であり、彼らの生活水準を考えると大変な財産である。現金が必要になった難民が今も時々売りに来て、店側は売値の二割引くらいの買い値で引き取るが、大量流入時は完全な買い手市場だったことに加え、突然の事態で店側が充分な現金を用意できなかったため、難民たちは相場の半額以下で手放さざるを得ないケースもあったという。

市場を抜ける手前、右手に日本赤十字社の診療所があり、左手には国際協力機構（ＪＩＣＡ）

が無償資金協力で掘削した地下四〇〇メートルの深井戸がある。ソーラーパワーの汲み上げポンプ、総延長九九〇〇メートルの水道管、計三五八個の給水口を備えた給配水網をＩＯＭなどが整備し、二〇一九年七月に完成した。給水対象は約三万人という難民キャンプ最大の給水システムである。開発協力の実施機関であるＪＩＣＡは直接の難民支援はできない建前だが、この深井戸はホストコミュニティを含めた地域全体に安全な水を供給することを目的としている。

丘陵地に造成された難民キャンプはアップダウンが激しく、急坂を上って尾根伝いの道まで来ると眺望が開ける。高台に立って三六〇度ぐるっと見回すと、南北五・五キロ×東西四キロ余りに見渡す限りテントが広がっている。この前代未聞の巨大空間を創造した人々の生きるエネルギーに圧倒され、個人的には悲惨と言うよりも、何か偉大なモニュメントのように感じる。大きな建物は援助物資の配給所、医療系ＮＧＯの診療所、ラーニング・センター、モスクなどの公共施設で、電話ボックスのような青色や緑色の建築物が多数散在しているのは、汲み取り式トイレと水浴び室である。高い建物がないのでキャンプの空はやたらに広く、東に目を向ければラカイン州のマユの山並みを遠望できる。

イスラム諸国の存在感

キャンプを一望すると、色も形状も異なるテントが混在していることに気付くだろう。二〇一

JICAが建設した給水システムの深井戸（クトゥパロン）

七年一一月段階では、黒色の薄いビニールを継ぎ接ぎした哀しくなるようなテントがまだ残っていたが、IOMやUNHCR、NGOが防水性の高い良質なプラスチックシートを配布するとともに、工具を貸与して安全なテントの建て方を指導したので、全体的には大幅に改良されている。風通しが良さそうな自然素材のお洒落なテント（小屋）もある。二〇一八年以降は、ひとつの区画に同じデザインのテントをまとめて建設する効率的な〝建売住宅〟方式が増えた。例えば、トルコの援助で統一規格の濃紺のテントが数十棟、丘の周りに整然と建てられた一角は「トルコ村」と呼ばれ、丘の上にはバングラデシュとトルコ両国の国旗が翻っている。

ロヒンギャ難民支援には、日本や欧米諸国などの先進国が国連機関への拠出金、あるい

高台から眺めたクトゥパロンの風景。一本だけ残ったランドマークの木が見える

は現場レベルのＮＧＯや赤十字社などの活動を通じて参画しているが、気付いたのはイスラム教の国々が一定の存在感を示していることである。受け入れ国バングラデシュは別として、キャンプを歩くとトルコ、サウジアラビア、アラブ首長国連合（ＵＡＥ）、クウェートなどの国名を刻んだバナーやプレートを見掛けるほか、現場で活動するマレーシアやインドネシアのＮＧＯ関係者に会ったこともある。それは「不当に虐げられたイスラム同胞を救済する」という彼らの大義と義務に基づく援助だが、同時にイスラム世界において互いの存在をアピールする競合の場になっているようにも見える。

中でも目立つのが先述のトルコである。二〇一六年からイスラム協力機構（ＯＩＣ）議長国を務めるエルドアン大統領は、二〇一七

トルコ政府の支援で整備されたクトゥパロンの通称トルコ村

年の大惨事発生直後の八月末時点でいち早くミャンマー政府を非難し、九月二日にイスタンブールで行った演説で「民主主義を標榜しながら、現在行われている虐殺に目を閉ざす人々は虐殺の共謀者である。(虐殺に遭った人々を)森で道に迷った鹿、傷付いて庭に落ちた鳥、銛に刺された海の魚ほどにも気に掛けない世界のメディアも共謀者だ」と主張し、グテーレス国連事務総長、バングラデシュのアブドゥル・ハミド大統領、アウンサンスーチー国家顧問と矢継ぎ早に電話会談を行った。[*94] 九月七日にはエミネ大統領夫人を外相とともにコックスバザールに派遣し、相前後して外国政府からの最初の援助物資を送り込んだ。

現地ではトルコ国際協力調整庁、災害緊急事態管理局、トルコ赤新月社、トルコ政府宗教局基金を通じて、テント村や診療所建設な

家族５人が暮らすテントの外観（クトゥパロン）

ど二〇一七年八月〜二〇一八年一二月に総計一一二六万ドル（約一二億五〇〇〇万円）を投入した。サウジアラビアの支援総額一六八〇万ドル（約一八億六五〇〇万円）より少ないが、存在感を効果的にアピールしている印象を受ける（金額は両国政府発表）。ここで率先して動くことで、イスラム世界のリーダーとして影響力を高めたいトルコの自負、あるいはエルドアン大統領自身の政治的野心が見て取れる。

１K相当のテントの我が家

さて、肝心のテントの中はどうなっているのか。通り掛かりのジャミル（三五歳）の自宅にお邪魔してみよう。夫婦と子供三人という標準サイズの五人家族が住むテントは約六・〇×三・五メートル、畳数にして一二〜

テントの父親の寝床兼居間

テントの台所兼寝室

一三畳見当を二部屋に仕切っており、日本のアパートで言うと1Kだろうか。竹材を組んで厚めの高品質ビニールで覆い、ひさしを張り出した開き戸の入り口の脇には薪が積み上げてある。入ってすぐの部屋は父親の寝床兼居間、奥の部屋にはLPガスの調理用コンロと薪のかまどを併用する台所があって、鍋と水差し、食器が少しだけある。母親と子供たちはこちらの部屋で寝る。家具は一切なく、衣類や毛布、布製ランドセルが竹の梁に掛けられている。床は叩き締めたヒンヤリした土間で、ビニール製のゴザを敷いて座る。夜はソーラー式の小さなライトを灯す。快適とは言い難いが、屋内は清潔に保たれている。テントのすぐ横に簡易給水栓があり、AARが建設したトイレと水浴び室も近くにあって、日当たり良好な比較的恵まれた物件と言える。「食料配給所が少し遠い」のが不便だが、二五キロのコメ袋を担いで急な階段を上り下りするのは誰もがしていることなので仕方がない。

国連機関から竹材とビニールの支給を受け、工具を借りて自分たちで建てたテントの難点は「暑い時期はとんでもなく蒸し暑くなること」(ジャミル)。当地で「冬」と呼ばれる乾季の一月~二月頃は最低気温が一二~一三度まで下がり、早朝は肌寒いこともあるが、それ以外は雨季・モンスーン期の高温多湿の季節が長い。熱暑の四~五月頃の日盛りにキャンプを歩くと、テントの扉を開け放って土間にグッタリ寝転がる姿をよく見掛ける。

難民たちは当初、薪で煮炊きしていたが、二〇一八年後半からLPガスボンベ(一二キロ)と調理用コンロが普及しつつある。クトゥパロン・バルカリ拡張キャンプの約六三万人が消費する

休憩や雑談の場にもなるクトゥパロンの雑貨屋兼茶屋

薪は、一日七二〇トン、サッカーグラウンド四面分の森林が必要とされ、急速に森林伐採による環境破壊が進んだのに加え、狭いテントで薪を燃やすことで健康被害も多発したため、UNHCRを中心に導入を進めた[*95]。籾殻を円筒状に固めた燃料も早い時期から配布されたが、人気が今ひとつだったのに対し、LPガスは使い勝手がよく薪集めの苦労がなくなると好評で、あっという間に普及している。

乾季は炎天下で砂埃にまみれ、雨季には長靴を履いて泥道を歩き回っていると、二〜三時間でかなり消耗し（実際に体重が減る）、難民たちはこんな場所でよく耐えているものだと思う。そんな時は難民が営む雑貨屋兼茶屋に立ち寄り、竹製のベンチに座ってひと休みする。売っているのはビスケットや駄菓子、ジュース、タバコ、玉子などで、ミャンマー

クトゥパロン難民キャンプのテント群の風景

産の安い袋菓子もある。冷蔵庫がないのでジュース類はぬるいが、二〇一九年前半からアイスボックスを置く店が現れ、私たちも冷たい炭酸飲料にありつけるようになった。こうした店では、ロヒンギャの男性たちが無駄話しながら暇をつぶしていることが多く、援助団体のスタッフを除くと女性の姿を見掛けることは一切ない。保守的なイスラム教徒であるロヒンギャの女性たちには、男性のように家の外で気楽に集まれる社交の場がほとんどない。これが第6章で述べる女性のためのウーマン・フレンドリー・スペース（WFS）のニーズにもつながっている。

モスク・マドラサ・学習センター

正午を過ぎると、イスラムの礼拝を呼び掛けるアザーンがあちこちから湧き上がるように聞えて来る。ラカイン州北部では多くのモスクが閉鎖され、拡声器を使ったアザーンなどもっての外だったが、ここは一〇〇％イスラム教徒なので誰にも遠慮は要らないし、見張りを立てて脅えながらモスクに集まる必要もない。いずれもトタン張りの簡素な造りながら、キャンプ内にはかなりの数のモスクがあり、金曜日正午の集団礼拝には規模によって数十人から二〇〇人程が集まる。あるモスクのイマームに建設資金はどうしたのか尋ねたところ、「タイで成功したロヒンギャのビジネスマンから寄付があった」と答え、日本円にして二〇〇万円相当の金額を明かした。モスクに隣接してマドラサ（イスラム学校）が併設されていることが多く、子供たちが幼いながら男女

クトゥパロンのマドラサに集まる子供たち

分かれてゴザに座り、大声でコーランを読み上げる可愛らしい光景も見られる。

「エー、ビー、シー、ディー…」と英語のアルファベットを元気に発音する声が聞こえるのは、国連児童基金（UNICEF）などの資金で地元NGOが運営するラーニング（学習）センターである。これはバングラデシュの初等教育の指針に準拠し、英語とビルマ語、算数、日常生活や衛生に関する啓発などノンフォーマル（非正規）な基礎教育（幼児教育を含む）を提供する施設で、四～一四歳の子供たちを対象としている。学習施設はキャンプ全体で四三五二カ所（二〇一九年三月現在）あり、約二六万人が通っている。このうちUNICEFは約一六〇〇カ所の学習センターを運営し、一四万五〇〇〇人（二〇一九年一月現在）が学ぶ。UNICEFは最終的に二五〇〇カ

UNICEFのランドセルを背負ってクトゥパロンのラーニング・センターに通う子供たち

所を整備する計画を進めている。[*96]

国連機関などの集計（JRP 2019）によると、ロヒンギャ難民の五五％が一八歳未満の子供で、そのうち七五％が一二歳未満という非常に若い集団である。ラカイン州では小学校にも満足に通えなかった子供が多く、難民化したことで、一〇代の若者を含む全体の半数以上が「失われた世代」にならないように、基礎教育から職業訓練まで手厚く支援する必要がある。子供たちはUNICEFがキャンプおよび周辺地域で配布した空色の布製ランドセルが大好きと見えて、肌身離さず背負っている子もいる（市場で転売もされているが）。ロヒンギャの言葉はベンガル語の一方言だが、バングラデシュの母語であるベンガル語をキャンプで教えることは、定住を容認することになるとして同国政府が禁じている。

難民キャンプで勉強どころではあるまいと思うかも知れないが、難民・避難民の親たちは一般的に教育熱心で、子供たちは学校好きという傾向がある。これは約二〇年間続いた紛争が終結したアフリカ・ウガンダ北部で、JICAの平和構築支援プロジェクトで以前ご一緒した内海成治お茶の水大学教授（当時／国際教育協力論）に教わったことだが、「紛争経験国・地域で難民・避難民になった家族にとって、子供の教育は重大な関心事である。国連などの支援を受けたキャンプは、村にいる時よりも教育環境が整っており、親たちは子供が教育を受けておけば、土地や財産を失っても他所で職を得て生きていけることに気付き、かえって教育熱が高まる」。内海教授はこれを教育の「難民化効果」と呼んでいた。ロヒンギャ社会にはもともとコーランやアラビア語を学ぶマドラサがあるので、子供たちも勉強する習慣がなかった訳ではないと思う（もちろん個人差はあるだろうが）。

キャンプの子供たちは私たち外国人を見ると、「ハロー！」「ハウ・アー・ユウ？」あるいは「サラーム！」と元気に挨拶して来る。もっと幼い子たちは語感が面白くて覚えやすいのか「バイバイ！」がお気に入りで、さようならの意味とは関係なく、会った瞬間に「バイバイ、バイバイ！」である。いささか逆説的だが、子供たちはミャンマーの辺境でまともな教育も受けられず、〝天井のない檻〟に閉じ込められている限り出会うこともなかった外国人に日常的に接し、キャンプの外には出られないにしても、広く世界とつながった環境で刺激を受けて生きている。だからと言って「じゃあ、かえって良かったね」という話にはならないが、難民になったことで子供たちが得た新たな機会や可能性は間違いなくある。

一日六〇人の新生児

難民キャンプで目立つのが乳幼児を抱えた若い母親である。UNICEFによると、キャンプ全体で一日平均六〇人の新生児が誕生している。[*97] もともと保守的な体質を持ち、ラカイン州で公共の保健サービスに充分アクセスできなかったロヒンギャの女性たちは、伝統的な助産婦（産婆さん）を呼んで自宅（テント）で出産する傾向が強く、診療所での出産は二〇一八年前半時点で一八％に留まっていた。これはアジア・アフリカの開発途上国で普遍的に見られる現象であり、コックスバザールの農村部も同じである。勝手が分からない診療所は怖いだろうし、まして男性医師がいると行きにくいのは当然として、保健分野の支援では出産に伴う感染症から妊産婦と新生児を守るために、産前産後のサービスを提供して診療所の利用を呼び掛けている。診療所での出産は少しずつ増えていると言われるが、二〇一九年一月に確認された出産数七六四件のうち施設分娩率は一七％というデータもあって、思うように伸びていないのかも知れない。[*98]

キャンプ内には国連機関や各国赤十字・赤新月社、国際NGOなどの保健・医療施設として、病院八カ所、二四時間対応の診療所三二カ所、基礎保健ユニット一四二カ所（ISCG／二〇一九年三月現在）が設けられている。[*99]（特活）ピーズ・ウインズ・ジャパン（PWJ）がハキンパラ難民キャンプで現地の医療団体DCHTと運営する診療所は、二〇一八年一月の開設以来、一日平均二〇〇人が受診に訪れる。産婦人科医を含む医師四人をはじめ、看護師、助産師、薬剤師、救急隊員など三〇人余りのスタッフが交代で勤務し、年中無休で急患にも二四時間対応している。血液検査用のラボ、二〇〇種類以上の薬を揃えた薬局があり、簡単な手術もできる。規模こそ小さいが機能的な造りの診療所は、フレンドリーな雰囲気があって、ラカイン州では満足に医療サービスを受けられなかったロヒンギャの人々も安心して通っているように見える。

患者は風邪などの呼吸器疾患が多いが、最も力を入れているのは母子保健と出産で、伝統的な助産師と一緒にキャンプを巡回する訪問診療も行う。診療所を訪れた日は、数時間前に産まれたばかりの赤ん坊がタオルにくるまれて眠っており、マウンドー郡出身の母親（三五歳）は「六人目の子供です。テント暮らしですが元気に育ってほしい」と話した。課題はやはり診療所での出産を増やすことで、「出産前の妊婦検診の登録者二九一五人のうち、ここで出産したのは六八人（二〇一九年四月現在）、月平均五件に留まる。産前産後のケアの大切さと合わせて、診療所での出産を呼び掛けていきたい」（PWJ担当者）。

医療系の巨大NGO「国境なき医師団」（MSF）の病院となると、規模が大きく設備も充実し、コックスバザールの地元総合病院よりも信頼度は高い。確かにMSFは素晴らしい仕事をしていて、医療スタッフだけでなくロジスティックや総務系の専門チームを備え、その資金力・機動力には恐れ入るしかないが、割と傍若無人に広大な一等地を占有してしまうので、クトゥパロンで

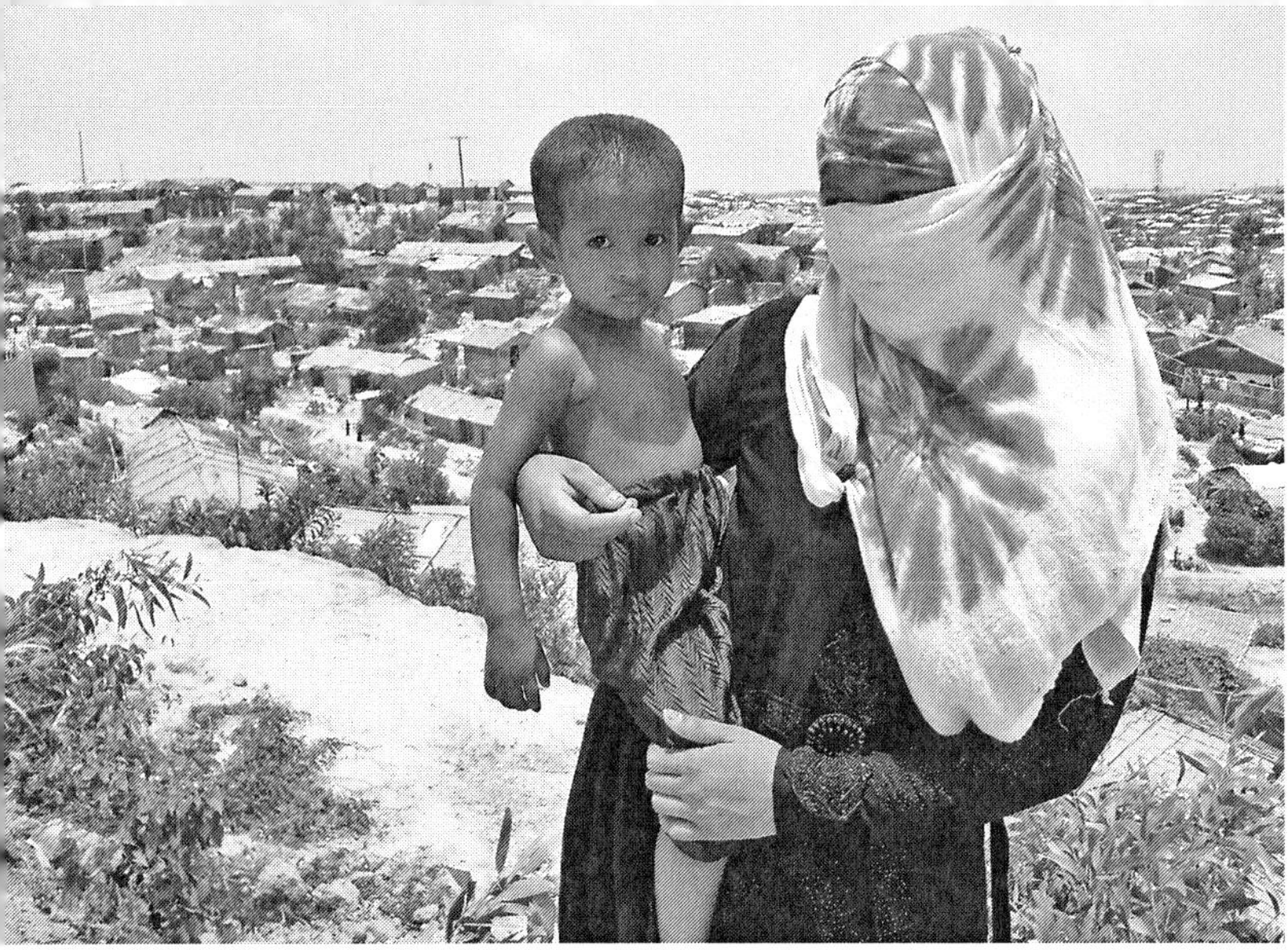

クトゥパロンで生まれた女児と母親。診療所ではなく「自宅のテントで出産した」

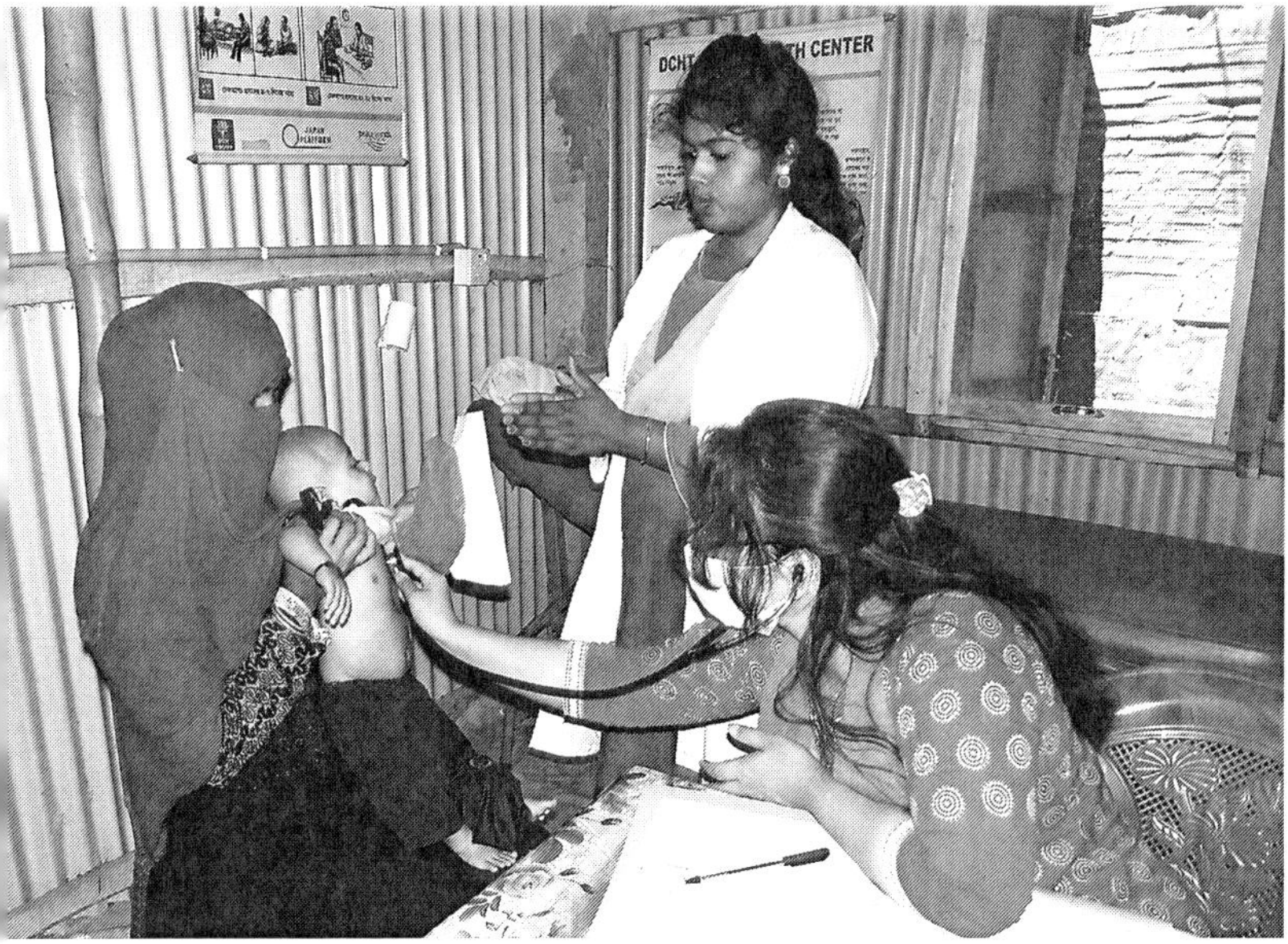

ハキンパラ難民キャンプでPWJが運営する診療所

トイレや水浴び室を建てる場所を選定していた頃、MSFが囲い込んだ建設用地の周辺を鼻白んだ気分でウロウロ歩き回ったのを思い出す。

ところで、難民キャンプでは二〇一七年一一月から二〇一八年初頭にかけて、急性感染症のジフテリアが蔓延し、子供など少なくとも三七人が死亡した。世界保健機関（WHO）やUNICEFの支援でバングラデシュ政府が大規模な予防接種を実施して終息したが、MSFの医師は当時、「開発途上国でも子供の予防接種が普及した今日、ジフテリアの感染は世界的に珍しく、私たちも実際に治療した経験がない『教科書に載っている病気』と言える。ミャンマーでも予防接種は普通に行われているので、これはロヒンギャだけが公的な保健サービスにアクセスできていなかった証拠だろう」と解説した。

クトゥパロンの巨大キャンプは二〇一七年後半から二〇一九年前半にかけて大きく変貌を遂げた。私は最初期の地獄絵図は見ていないが、二〇一七年一一月頃はまだ大混乱の中で急ごしらえされた、いかにも難民キャンプらしい荒々しい気配が色濃く漂っていて、食料配給所も殺伐としていた。それが次第にシステマチックに整備され、あくまで個人的な感覚だが、二〇一八年前半のある時期を境に、私の目には難民キャンプではなく「セツルメント」（居留地）に見えるようになった。雨季・モンスーン期の到来に備えて道路をレンガ舗装したり、斜面に土のうを積んだり、テントの建て替えが進んだ四～五月頃だと思う。難民を早々に帰還させるつもりだったバングラデシュ政府は、すぐに撤去できる仮設建築を奨励し、しっかりした土台を伴うセミパーマネント

バングラデシュ政府の出先として各キャンプを統括するCIC事務所（クトゥパロン）

（半恒久的）の建築物は、診療所やラーニング・センターなど特に安全性が重視される公共施設だけに例外的に認めていた。それが徐々に規制が緩み、二〇一九年に入ってキャンプ行政官（CIC：Camp in Charge）事務所など政府の施設が次々に新築されるようになった。公式には決して表明しないが、この状態が間違いなく長期化するという現実を、バングラデシュ政府が事実上受け入れたものと私は理解した。

表情異なるキャンプ群

各国政府要人や国連機関トップ、あるいはアンジェリナ・ジョリー、ケイト・ブランシェットのようなハリウッド・スターが親善大使として訪れ、ニュース映像や写真になるのは、例外なくクトゥパロン難民キャンプだが、実際には難民の約三割は他のキャンプや周辺ホストコミュニティで暮らしている。巨大キャンプのすぐ南側には、ハキンパラ（三万一九二〇人）、ジャムトリ（四万九四四〇人）など中小四つのキャンプ群がある。（巻頭の地図参照）

ウキア郡の南に位置するテクナフ郡まで南下すると、ベンガル湾沿いにシャムラプール、内陸にウンチプランの両キャンプがある。シャムラプール（一万九六〇人）は静かな漁業の町で、河口手前の河川敷を中心に狭いキャンプがあるほか、テントや小屋が至る所に散在している。河川敷は少しでも増水すれば水没するような立地だったため、二〇一八年四～五月頃に大規模な地盤のかさ上げと護岸工事が行われた。

シャムラプールの大きな特徴は、ロヒンギャ難民が町に浸透し、地域と半ば融合してしまっていることである。ある裕福な家では、夫を失った難民の女性と子供を離れに住まわせ、一〇代半ばのロヒンギャの少女を同年代の娘たちと姉妹のように母屋で一緒に生活させていた。その代わり少女は家事を手伝っていたが、難民としては破格の待遇だろう。

シャムラプール一帯の海岸には、童話にでも出てきそうな、この地方独特の三日月形をしたカラフルな漁船が何十艘も並び、幹線道路沿いの集落は大量の魚を天日で干す匂いに包まれている。砂浜で作業している漁師たちに声を掛けたところ、驚いたことに大半がロヒンギャだった。ある漁船では、バングラデシュ人船主の下で働く三〇～四〇代と思しき五人全員が「もともとラカイン州で漁師をしていた。二〇数年前にバングラデシュに来て、そのまま帰らずに定住した」と答

ベンガル湾沿いの河川敷に広がるシャムラプール難民キャンプ

バングラデシュ人の家に姉妹のように同居するロヒンギャの少女（中央）

えた。恐らく一九九二年頃の難民の残留組だろう。船主は「みな漁師の経験があって魚の扱いには慣れているし、言葉も通じるから困らない。ロヒンギャは真面目に働く。バングラデシュでも最近の若い連中は、漁業や農業みたいなきつい仕事は余りやりたがらないんだ」と話した。

魚を一面に広げて干している集落で出会ったロヒンギャの若者二人は従弟同士で、ムハマディ（二五歳）は両親が一九九二年初頭にバングラデシュに逃げて来た直後に生まれた。国籍はないが、バングラデシュの出生証明を持っている。少し遅れてラカイン州で生まれた従弟のアリ（二四歳）は、二〇一七年八月の大惨事に巻き込まれ、家族二人を失いながら逃げ延びて、ムハマディたち親戚を頼ってこの漁村にたどり着いた。アリによると「難民キャンプには行かず、真っすぐここに来た。途中の検問には引っかからなかったし、今まで警察や軍が探しに来たこともない」。二人とも雇われて漁船に乗っており、「ミャンマーに帰っても何もないし、他に行く場所がある訳でもない。ここで食べて行けるなら、ずっとこのままでも構わない」。話を聞いている間、女性たちが忙しく干物を取り込んでいたが、彼女らも日当一〇〇～二〇〇タカ（約一三〇～二六〇円）で働くロヒンギャだった。

ウンチプラン難民キャンプ（二万二二一〇人）は国道から少し入った山陰にあり、数千棟のテントがびっしり盆地を埋める風景は、クトゥパロンよりも異様である。狭いエリアに大量の難民が流れ込んで土地を占拠したため、早い時期から水源の問題や治安悪化など地元住民の不満が聞かれた。ここは他のキャンプから隔絶されたような場所にあって、幹線道路から一本道でアクセス

シャムラプールの海岸で作業する漁師たち。大半が1990年代にバングラデシュに流入して帰還しなかったロヒンギャ

シャムラプール界隈で盛んな干物作り

狭い盆地にテントが密集するウンチプラン難民キャンプ

する袋小路の形状なので管理しやすいのか、二〇一八年一一月のミャンマー帰還第一陣の対象キャンプになったが、難民の激しい抗議活動で送還が中止された経緯がある（第7章で詳述）。

クトゥパロンから約三〇キロ南下すると、西側を小高い山並み、東側をナフ河に挟まれた細長いエリアに、北から順にアリカリ（九五〇〇人）、レダ（三万三五四〇人）、ナヤパラ（六万七九七〇人＝RC含む）、ジャディムラ（一万四二七〇人）の各キャンプが南北六キロにわたって連なっている。コックスバザール市からは海岸沿いの舗装道路を通って約二時間の距離である。テクナフ地域は日照時間が長いのか、大型ソーラーパネルを並べた広大な太陽熱発電施設が建設されているほか、塩分濃度が高いナフ河の汽水を使った天然塩の産地

テクナフ郡の難民キャンプ周辺で11〜５月頃に見られる塩田の製塩作業

でもあり、キャンプ群とナフ河の間には一一〜五月頃だけ塩田が一面に広がる。隣接したキャンプに住むロヒンギャは打って付けの安価な労働力になる。

テクナフ地域は自然豊かで雰囲気ものんびりしており、ミャンマーの山並みを間近に眺められるので、私がロヒンギャ難民だったら、殺伐としたウキア郡の巨大キャンプよりもテクナフ郡のキャンプを選ぶ。しかし問題もあって、①多数の援助団体がウキア郡に集中し、コックスバザールから約二時間と遠いテクナフ郡は支援の絶対量が少ないこと、②テクナフ郡一帯は地下水が塩分を含むなど飲用に適さず、難民キャンプに限らず給水が地域全体の深刻な課題になっていること、③国有地に造成されたクトゥパロンと違って私有地にキャンプがあるため、地主から地代（世帯当た

2018年２月頃のナヤパラ難民キャンプ（シャルボン地区）。この頃はスペースに余裕があったが、その後も転入が続き、南隣のジャディムラ方面に拡張が進んだ

り月額五〇〇タカ程度＝約六五〇円）を請求されること——といったマイナス要因に加え、テクナフはミャンマー産の違法薬物ヤバなどの密輸拠点なので治安が悪く、当局の取締りで死者が出ることもある。

ナヤパラはクトゥパロンと並ぶ政府公認の登録キャンプ（RC）、レダは一時居住（make-shift）キャンプとそれぞれ歴史があり、国連機関の事務所が置かれ、年季が入ったささやかな商店街もある。ジャディムラはナヤパラから、アリカリはレダから拡張する形で広がった「新興住宅街」で、特にナヤパラ（シャルボン拡張地区）とジャディムラは、私が通い始めた二〇一八年二月以降も密集度が高い他のキャンプなどからの転入が続き、見る見るうちにテントが増えて、キャンプ自体がアメーバのように広がる様子が手に取るように観察できた。

食事と買い物事情

難民の日々の暮らしを見てみよう。難民キャンプの朝は早い。時季にもよるが、午前四～五時頃にキャンプのそこかしこにあるトタン屋根のモスクからスピーカーでアザーンが流れる。ナヤパラ難民キャンプで暮らすマウンドー郡出身のハザラ（五〇歳）の一番大切な仕事は、夫と三人の子供の食事の支度である。食事は朝七時、昼一二時半、夜七時半頃の三食で、鍋でコメを炊き、主に豆や野菜のカレーを食べる。コメや豆、食料油は国連世界食糧計画（WFP）の配給頼みだが、ハザラは干し魚や小魚を買うために、コメを蓄えて一キロ二五タカ（約三三円）で転売業者に売って現金にすることもある。先日、夕食に小さな魚と豆、オクラを煮込んだカレーを作ったが、「魚を食べるのは一週間ぶりだった。牛肉は一キロ四〇〇～五〇〇タカ（約五二〇～六五〇円）、鶏肉は一羽三五〇タカ（約四五五円）もするので、なかなか手が出せない」。

WFPの食料配給は毎月二回、二週間ごとにキャンプ全域に約二〇カ所配置された配給所で行われ、約七〇万人／一〇万世帯をカバーしている（新たなシステムは後述）。一世帯の配給量は一カ月当たりコメ五〇キロ、豆類（主にレンズ豆）九キロ、植物油四リットルが基本である。五人家族が標準になるが、例えば成人した子供たちが独立して別のテントに住めば、家族を分けて受給す

難民キャンプの家庭の食事風景（いずれもナヤパラ）

バルカリの食料配給所でコメや食料油を受け取る女性たち（2018年１月頃）

ることもできる。日本式に計算するとコメ一キロ＝六〜七合見当として、五人家族では一人一日二合以上になるが、副菜が乏しい時代は日本人も一日に四〜五合食べていたらしく、「子供が多いので足りない」と訴える家族もいる。

同じくナヤパラ難民キャンプに住むアフマド（四五歳）の四人家族は、朝食はＮＧＯが配ったブレンド食品（穀物や豆類にビタミン、ミネラルを添加したオートミール状の食品）で済ませ、昼食（昼一二時半）と夕食（夜七時）に炊いたコメを食べる。妻が魚カレーを調理した時は、コメ三キロを売って作った現金で干し魚二五〇グラムを八〇タカ（約一〇四円）で買い、野菜と一緒に煮込んだ。干し魚は三日に分けて食べるので、一人当たりの量はいくらもなく、食べ盛りの息子は「もっと大きな

テントで調理する女性たち（ジャディムラ）

魚を食べたい」と文句を言っている。

　テクナフ地域は干し魚の生産が盛んで、一番目に付くのは小振りの細い太刀魚、それにアジやイワシの類である。最近は鮮魚も売っているが、中程度の大きさの魚が一尾二〇〇～三〇〇タカ（約二六〇～三九〇円）、小魚は一キロ一〇〇タカ（約一三〇円）する。アフマドは「キャンプの外で働けないので現金収入がなく、配給された食料や日用品を転売する以外に他の物を買う方法はない。ラカイン州では一一人家族で割と大きな家に住んでいたが、ここでは結婚した子供たちは別々に暮らしている。狭いテントの暮らしは辛い」と不満を訴える。

　難民キャンプの食事は、ロヒンギャがトルカリないしサロンと呼ぶカレーと米飯の一汁一菜が基本である。ロヒンギャは魚が大好き

テントで調理する女性（クトゥパロン）

で、一番のご馳走は鮮魚だが干物も好まれる。昼時に通り掛かったテントでカレーの味見をさせてもらったことがあって、肉や魚の油煮のようなミャンマーのカレーとは異なり、割とサッパリさらさらしている。具材を食べてしまっては申し訳ないので、スープを味わっただけだが、唐辛子などのスパイスがストレートに効いた激辛で、少しの副菜で米飯をたくさん食べるパターンである。ごく希に鶏肉とカボチャ、オクラなどを贅沢に煮込んでいるテントもあったが、普通はせいぜい具材の少ないカレー（スープ）と野菜もう一品くらいである。

しかし、本来は豊かな食文化があるらしく、前出のフォトグラファー、新畑克也氏がラカイン州ミャウー県のロヒンギャ集落で撮った料理の写真を見ると、来客用の特別料理だが

ラカイン州ミャウー県のロヒンギャ集落の来客用料理＝新畑克也氏撮影

結構なご馳走である。「メインはカレー二種（チキン、マトン、レバー、牛肉、魚、エビ、野菜のいずれか）で、茹で卵を揚げたもの、トマトやキューリのサラダ、野菜スープなどが添えられる。鶏の丸焼きが出たこともある」（新畑氏）。激辛カレーで米飯を食べるのは同じだが、カレーに油をたっぷり使う場合もあるという。難民キャンプでは食料油も節約モードなのかも知れないし、同じラカイン州でもマウンドー界隈とミャウーでは地域差もあるのだろう。

難民たちはささやかな季節感も楽しんでいる。三〜四月の西瓜の出盛りには、家族のために大玉一〇〇タカ（約一三〇円）を奮発して家路を急ぐお父さん、切り分けられた一片にかぶり付く子供たちの姿をキャンプでも見掛ける。道端に捨てられた西瓜の皮を観察する

ナヤパラの西瓜売り。乾季が終わる３～４月頃が旬になる

と、緑色の外皮ぎりぎりまでかじっていて、嬉しかったのだろうと思う。また、雨季の頃にロヒンギャの好物というミャンマー産ジリンマメが出回る時があり、試しに買って栗の感覚で茹でてみたが、干しシイタケを戻したような独特の香りが立ち込めるばかりで、どうやっても硬いままだった。確かスパイスと一緒に炒めるか煮込むようなことを言っていたので、今度売っていたら誰かに頼んで調理してもらおうと目論んでいる。

ロヒンギャ難民キャンプにも祝祭があって、二〇一八年六月一五日のラマダン（イスラムの断食月）明けのイード・アル・フィトル（略称イード）はちょっと楽しかった。この日は日本の正月のような晴れがましくも緩い空気が漂っていて、男の子は真新しいシャツ、女の子は化繊のドレス（と言っても三〇〇円程度の代物）を着て、少しばかり小遣いをもらい、友達と駄菓子やジュースを買い食いして歩く。テクナフ郡のナヤパラ難民キャンプには、高さ四メートル程の手動の木製観覧車が地元業者によって仮設され、子供たちが殺到していた。大人は「キャンプでイードと言ってもなあ」と喜びも半分だが、往来で堂々と大型のサイコロを使った博打に興じたり、大音響の音楽に合わせて踊り狂う青年がいたり、この日ばかりは大いに羽目を外しても良いらしい。

ロヒンギャの好物というミャンマー産ジリンマメ（ナヤパラ）

「イード・ムバラク！」（イードおめでとう）と挨拶して訪ねた顔見知りの家（テント）では二軒連続、全く同じように米粉にコンデスミルクを掛け回したようなスイーツとオレンジジュースをご馳走してくれた。

折からサッカーW杯ロシア大会が開幕したところで、キャンプの一角で地元住民が経営する茶屋でもテレビ観戦ができて、対戦ボードが張り出されたり、バングラデシュ人が熱狂的に応援するブラジルやアルゼンチンのユニフォームを着たロヒンギャの少年たちが空き地でボールを追い掛けたり、何だか分からないなりに便乗して楽しむ感じが良かった。

ラマダン明けの祝祭でナヤパラに登場した手動式観覧車（2018年６月）

サッカー強豪国のユニフォームを着た難民の少年たち（ジャディムラ）

売買される援助物資

難民キャンプでは食料を含む援助物資、保健・医療・教育などのサービスはすべて無償だが、難民は正式に仕事に就くことはできない。第6章で触れる通り、実際には有給ボランティアとして労働対価を得るシステムが整備され、現金収入の機会が増えているが、配給以外に野菜や肉類、魚などを買って食べたい、家族に食べさせたいと思った時、最も手っ取り早い手段が援助物資の転売である。これは当地に限らず、世界各地の難民支援の現場で見られる〝お約束〟の事象である。無駄な援助をばら撒いている訳ではなく、数万世帯、数十万世帯に行き渡るように大量の物資を供給すれば、どこかで必ず余剰が生じる。

巨大キャンプを抱えるウキア郡では、ロー

援助物資を転売するクトゥパロン近くのマーケット

カル市場でWFPの袋に入ったコメや豆類、UNHCRのロゴ入り毛布やバケツなど、大量の援助物資が普通に売られている。コックスバザール市内のAAR事務所兼宿舎の近くでも、通称「ロヒンギャ・ショップ」と呼ばれる援助物資専門の小さな食料・雑貨店が繁盛している。

バングラデシュ人のハサン（四五歳）は、ウキア、テクナフ両郡を結ぶ幹線道路の道端に露店を構え、地元バングラデシュ人の客を相手に食料から日用品まで手広く売っている。コックスバザール県内の別の地域で小売業を営んでいたハサンは、援助物資に目を付けて二〇一八年初頭、テクナフ郡に住む兄の家に居候して新商売を始めた。「バングラデシュ人や難民の仲買人を通じて、複数のキャンプから、なるべく多くの種類の商品を集めるの

UNHCRのバケツを売るウキア郡のローカル市場

WFPの食料を扱うコックスバサール市内の「ロヒンギャ・ショップ」

がコツなんだ」。例えば、難民キャンプの仲買人の男性（三三歳）は、難民の女性からコメ一〇キロを二五〇タカ（約三二五円）で買い取った。この仲買人は複数の売り手からある程度の品数を集めてハサンに転売し、商品と量によって二〇〇〜三〇〇タカ（約二六〇〜三九〇円）の手間賃を稼ぐ。

転売業者から聞き取った主な商品の買値／売値の相場は、ざっと次の通りである（日本円に換算するには一・三を掛ける）。食料品は、コメ（五〇キロ）一三〇〇タカ／一四五〇〜一五〇〇タカ▽豆（四キロ）八〇タカ／一三〇タカ▽植物油（一リットル）四五タカ／六〇タカ▽ブレンド食品（一袋）二〇タカ／三五〜四〇タカなど。その他の援助物資は、毛布（一枚）一〇〇〜一五〇タカ／三〇〇タカ▽厚手のプラスチックシート（一枚）七〇〇タカ／一〇〇〇タカ▽バケツ（一個）八〇タカ／一一〇タカ▽歯ブラシ（一本）三〇タカ／六〇タカ▽石けん（一個）一〇タカ／二〇タカなど。

商品によっては売値が買値の倍以上になり、それなりの利ザヤを稼げるが、それでもウキア郡にある一般の市場よりかなり安い。近隣の市場では、例えばコメ（五〇キロ）三〇〇〇〜三二五〇タカ、豆（四キロ）三八〇タカ、植物油（一リットル）一〇〇タカなので、相場の半額から三分の一という価格破壊の安売りである。ソーラー式電灯、懐中電灯付きラジオなどの優れ物も格安で販売している。バングラデシュ当局は援助物資の転売を違法行為と見なしており、国境警備隊が転売を行った複数のバングラデシュ人を逮捕し、禁錮一カ月〜六カ月の有罪判決に至った事例のほか、転売に関与したロヒンギャ難民を多数拘束して厳重注意したこともあるが、全くなくなる気配はない。

ハサンは「難民は現金を得るために余分なコメを売りたい。私はそれを買い取って安く売り、少しばかり儲ける。地元の客は相場より安く買えて喜ぶ。誰も困らないだろう?」。先の難民の仲買人も「家族を養うためにこの仕事をしている。強制的に援助物資を買い集めている訳じゃないから、悪いことをしているとは思っていない」と話した。

こうした状況をどう思うか、コックスバザールのWFP責任者に尋ねたところ、ひと言「これが現実だ」。難民が必要な物を買うために転売するのであれば、それもやむを得ないというのが援助関係者の共通認識で、要するに難民たちの生きる知恵として目くじらを立てる話ではない。各国政府の拠出金(つまり税金)で賄われた援助物資が転売され、地元業者の商売になっているのはどうかと思わないでもないが、全体から見れば微々たるものであり、ホストコミュニティに還元されたと考えて納得するしかない。

とはいえ、WFPはよりニーズに即した効果的・効率的な食料配給を目指し、従来の配給に代えて、コメや豆だけでなく必要に応じて玉子や野菜、干し魚などを選べる電子バウチャー制度の導入を進めている。これは世帯ごとに発給される生体認証付きの身分証に、家族一人当たり七七〇タカ(約一〇〇〇円)が毎月自動的にチャージされ、カードを持ってキャンプ内の指定された店舗に行けば、月々の限度額内で食材を購入できるシステムである。翌月への繰り越しはできない。

二〇一九年三月末時点で難民全体の四割超に当たる約四〇万人に発給され、読み取り端末を備え

WFPによる電子バウチャー方式の食料品店（クトゥパロン）

た一九カ所の店舗が開設されており、二〇一九年一〇月までに難民全員をカバーする計画である。[*100]

事業地に行った帰り道、クトゥパロン難民キャンプ（Camp2）の店舗に立ち寄ってみると、フェンスに囲まれた仮設の建物は、簡素ながら店内に米袋や香辛料などさまざまな食材が積み上げられ、品揃えが少し寂しいスーパーマーケットといった印象だろうか。バングラデシュ人の二業者を一組にして、ひとつの施設に二店舗並べて品質やサービスを競わせているのが面白い。コメ（一キロ三三タカ）、レンズ豆（一キロ四六タカ）、植物油（一リットル九三タカ）、玉子（一個八・二五タカ）、砂糖（一キロ五一タカ）、チリパウダー（一キロ一四七タカ）など必ず置いている一二種類の定番商品のほか、不定期に入荷する商品が八種類あり、この日は青菜（一把一〇タカ）、小麦粉（一キロ四八タカ）、干し魚（一キロ三〇五タカ）などが売られていた。精肉や鮮魚は扱っていないので、これらは結局ローカル市場で（現金を工面して）買うしかない。レジに並んだ買い物客は圧倒的に女性が多く、買い物袋を提げた五人家族の主婦（四九歳）は「自分で商品を選べるので、このシステムはとても気に入っている。七七〇タカが五人分（三八五〇タカ＝約五〇〇〇円）あるので上手にやり繰りしたい」と上機嫌だった。

ラカイン州では日々の食事にも事欠き、地元の市場を歩いただけで治安当局に難癖を付けられて殴られていた人々が、ここではカード一枚で食材を自由に買える（もらえる）のだから、夢のような話ではないか。保健・医療サービスや初等教育も満足に享受できなかったことを考え合わせると、徹底的な迫害から一転、手厚い保護を受ける現在の境遇は、文字通り天と地ほどの差がある。誰も好き好んで粗末なテントに住みたいとは思わないだろうが、やはり難民キャンプという特殊空間は、ロヒンギャの人々が何もかも失い、苦難の果てにたどり着いた摩訶不思議な「過酷な楽園」という気がする。

難民キャンプのドラえもん

あれ、今の何だろう？　バングラデシュ最南端テクナフ郡のナヤパラ難民キャンプで、炎天の昼下がり、日陰に座り込んでいると、幼い男の子二人が小さな緑色の人形で遊びながら目の前を

ナヤパラで出会ったドラえもんと仲良し二人組

通り過ぎた。呼び留めてじっくり見ると、何と粗悪なプラスチック製の「ドラえもん」である。型が甘く輪郭のぼやけた哀しくなるような代物だが、こんな場所でドラえもんに出会えるとは思わなかった。

六歳と四歳の仲良し二人組は、二〇一七年九月初旬、それぞれの家族とともにナフ河を渡ってバングラデシュ側に逃れてきた。ドラえもん人形は、地元NGOがUNICEFの資金で運営するチャイルド・フレンドリー・スペース（CFS：子供の保護施設）でもらったそうで、ドラえもんの名前こそ知らなかったが、英語で"Cartoon"（漫画）と呼んで大のお気に入りである。よく知られる通り、ドラえもんの漫画やアニメは一九七〇年代からアジア諸国を中心に世界で親しまれ、バングラデシュでは「ドリモン」として今も子供たち

アイスキャンディー売りの少年たち（ジャディムラ）

に人気があり、ノートや玩具などにデザインされている（もちろん海賊版）。
二人は毎朝六時にキャンプ内のマドラサに行ってコーランを習い、九時からCFSでお絵描きをしたり、ゲームをしたりして遊ぶ。午後はドラえもんと一緒に起伏の多いキャンプを駆け回り、きれいとは言えない溜池で水遊びし、サンダルを使ったメンコ遊びなどをして過ごす。二人にドラえもんの名前を教え、「毎日楽しい？」と尋ねると、はにかんでうなずき、歓声を上げて砂埃の中を走って行った。
難民キャンプの子供たちは実に忙しい。現在はLPガスボンベの普及が進んでいるが、それまでは薪集めが欠かせず、それは専ら子供たちの役目だった。クトゥパロンから数キロ離れた山中で薪を運ぶ難民の少年に遭遇し

薪の束を運ぶ12歳の少年（ウンチプラン）

たこともある。二〇一七年末頃のことだが、ウンチプラン難民キャンプで大きな木の束を担いだ一二歳の少年は「両親と兄弟姉妹九人の家族一一人分の薪が要るので、朝七時に少し離れた山まで行って午前中いっぱい刈り集め、丘の上のテントまで運ぶんだ。午後はラーニング・センターの授業があるので、ミャンマーにいた頃のように友達とサッカーをする暇なんかないよ」といっぱしの大人の表情で話した。水汲みも子供たち、それも主に女の子の仕事らしく、アルミ製の水瓶やポリタンクに水を満たして運ぶ姿を日常的に目にする。二〇一八年後半から流行り始めたアイスキャンディー売りは、完全に子供の仕事（児童労働？）だが、自分で商品を食べたりしているので遊び感覚なのだろう。

不特定多数の出入りがある広大な迷路のよ

井戸の水を運ぶ少女（ウンチプラン）

うなキャンプでは、特に初期の混乱の最中に若い女性や子供がさらわれたというウワサが絶えず、二〇一九年になっても人身売買業者が暗躍している。キャンプ内の性犯罪も実は非常に多い。あるキャンプで女の子に道案内を頼んだところ、人さらいとでも思われたか、しばらく母親が後を付いて来たことがある。
また、顔見知りになったイスラム教師の男性に「家族全員揃った写真を撮らせてくれないか」と頼んだところ、「娘たちを人前に出したくないなあ」とかなり渋った。やっと了承して男性が家族に外に出るよう命じると、テントから化粧をした年頃の可愛らしい三姉妹が現れ、「父親が外に出すのを嫌がる訳だ」と納得した。

クトゥパロンのイスラム教師一家。後方はやっと出て来た三姉妹

子供だけで暮らす世帯

ロヒンギャ難民約一九万四〇〇〇世帯のうち、両親がいない子供だけの世帯（Child-headed households）が七二〇〇世帯（三・七％）あると言われる。[*101] クトゥパロン難民キャンプの小川を見下ろす急斜面に、マウンドー県マウンドー郡から逃れてきたヌル（一八歳）、弟のフセイン（一四歳）、妹のヤーシン（七歳）が子供三人で暮らすテントがある。山で竹材を伐採して生計を立てていた貧しい一家の両親は、二年ほど前に相次いで病死してしまい、ヌルは母親代わりとして弟妹の面倒を見て来た。二〇一七年八月の大惨事が起きた時、三人は着の身着のまま五日間歩いて国境を越え、難民キャンプにたどり着いた。「逃げる途中、兵士に殺された村人の遺体が道端に転がって

両親がおらず子供３人で暮らすヌルたち（クトゥパロン）

いるのをたくさん見た。私たちの家がどうなったか分からないが、きっと焼かれてしまったと思う」

ヌルは毎朝五時前に起床してコーランを唱えた後、テントの片隅で火を起こして朝昼二食分のご飯を炊く。マドラサから帰って来た弟たちと午前九時頃、三人で豆カレーと米飯の朝食を取る。月二回のＷＦＰの配給の日が来ると、丘を下り、竹橋を渡って徒歩二〇分程の配給所までコメや豆類を受け取りに行く。キャンプの中では野菜や玉子、干し魚、菓子などを売っているが、「私たちはおカネを持っていないので何も買えない。特に食べ盛りの弟は今の食事では足りないんだけど…」。同じ地区にいる叔母が心配して時々様子を見に来ては、魚カレーなどを差し入れてくれるのが唯一のご馳走である。

ヌルは日中、斜面の下にある井戸から水瓶で飲み水を運び、井戸端で洗濯などをして過ごす。妹は近くにあるラーニング・センターに通い、午前一一時半から午後二時まで勉強している。ヌル自身はミャンマーで小学校（五年生）まで終えたが、「弟や妹はもっと上の学校まで行って、将来は自分たちがやりたい仕事に就いてほしい」と、すっかり母親の感覚である。ミャンマーへの帰還について尋ねると、ヌルは少しだけ考えて「帰りたくない。ミャンマーではいつ襲われるか、どんな嫌がらせをされるか、いつも怯えて暮らしていた。ここでは誰も私たちを傷付けないし、少なくとも夜、安心して眠れるから」と答えた。

本書の表紙写真の少女についても触れておきたい。ナヤパラ難民キャンプのホスネ（一〇歳）も両親がおらず、三人の兄弟、姉ひとりと一緒に暮らしている。マウンドー県ブティダウン郡出身の兄弟姉妹は、日雇い労働者の父親と病弱な母親という典型的な貧しい家庭で育った。父親は四年前、山仕事の最中に崖から転落して亡くなり、後を追うように母親も翌年病死した。七歳上の長兄たちが日雇い仕事をして、わずかな稼ぎを得ていたが、大惨事発生後の二〇一七年一〇月に叔父一家とともにバングラデシュに逃れて来た。

難民キャンプでは、ホスネたちは親代わりの叔父一家の隣のテントに住んでいる。ホスネは毎朝六時にマドラサに行き、朝食後は近くのラーニング・センターで英語とビルマ語、算数を習う。午後二時に帰宅すると、叔父の雑貨店を手伝い、生まれたばかりの甥っ子の世話をしながら夜まで過ごす。子供なりに忙しい日々である。

ミャンマーでは小学校もほとんど通えなかったというホスネにとって「同じ年頃の友達と一緒に勉強している時が一番楽しい」。ラーニング・センターの仲間たちと弾けるような笑顔を見せるホスネを見ているうちに、幼い頃から辛い経験ばかり重ねてきた少女にとって、初めて安心できる居場所が見付かったのではないかという気がした。（巻頭カラー写真参照）

難民キャンプの花嫁

ピンクのショールを被った一八歳の花嫁は二〇一八年七月末の午後、泥道を歩いて、新郎の一族が暮らすナヤパラ難民キャンプのテントに着いたところだった。新郎側のおばあさんたちに手を引かれた新婦に、少女二人が花束を持って付き従う。婚礼は天候が良い乾季が好まれ、こんな雨季の最中には余り多くない。その日の作業を終えて帰りかけた時、殺風景なキャンプの中を妖精のようにフワフワ歩く姿が視界に入り、とっさに嫁入りだと気付いて、お祝い代わりのジュースを道端で買い込んで大急ぎで後を追った。おばあさんに「婚礼でしょう？　私もお祝いして良いですか」と声を掛けると、鷹揚な感じでうなずき、テントに招き入れてくれた。

薄暗いテントの奥で新婦は顔を伏せて座っていたが、新郎の姿はない。「結婚おめでとう。新郎はどんな人なの？」と尋ねると、「まだ会ったこともありません」。三つ歳上の新郎とは今夕初めて引き合わされるという。おばあさんが「どうだい、別嬪だろう？」とでも言いたげにショールを少し上げると、ふっくら健康そうで可愛らしい花嫁がはにかんでいる。新郎の父親ハジブラ（六〇歳）によると、いずれも農民の両家は遠戚関係にあり、激しい弾圧を受けたラカイン州マウンドー郡から二〇一七年九月、それぞれ国境を越えて別々の難民キャンプに避難していた。両親がいない新婦が兄弟姉妹五人とクトゥパロン難民キャンプに身を寄せていたところに、ハジブラが知人を介して「末息子の嫁に」と縁談を持ち掛け、話がまとまった。ウキア郡のキャンプからテクナフ郡のキャンプへの嫁入りである。保守的なイスラム教徒であるロヒンギャ社会では、こうして親が決める結婚が今も一般的なのだという。（巻頭カラー写真参照）

ずっと見届けたかったが、午後四時以降はキャンプに残れないので、その夜の婚礼には立ち会えなかった。ハジブラは鶏をつぶしてカレーを作り、コメを炊いて集まった親族にふるまったという。差し入れのジュースも少しは宴席の役に立ったらしい。「本当は牛肉や魚のご馳走を出さなければならないが、今はこれが精一杯。それでも久しぶりに嬉しい出来事だよ」。末息子に嫁をもらって、白髪の父親は肩の荷が下りたように穏やかな笑顔を見せた。

第2章で詳述した通り、ラカイン州のロヒンギャは結婚するのも容易ではなく、新郎側の親族男性のひとりは「俺たちの村では結婚を届け出るだけで一五〇万チャット（約一万八〇〇〇円）も支払わされるうえ、結婚式を開くと国軍兵士が六万～七万チャット（約七二〇〇円～八四〇〇円）もたかりに来るので、お祝いもままならなかった。俺なんか無届けで結婚したのが当局にばれて、新婚なのに嫁さんを家に残して逃げ回り、結局逮捕されてしばらく牢屋に入れられたん

ナヤパラの新郎新婦。二人は婚礼当日に初めて顔を合わせた

だ」と笑い話のように語った。

新郎の顔を見たくて、翌日すぐ近くの事業地に行ったついでに立ち寄ると、きりっとした精悍な感じの男前である。少し前までNGOの有給ボランティアとして、いくらかの日当をもらっていたが、今は残念ながら仕事がないという。こんな環境ではあるが、若い二人のめでたい門出には違いない。「子供をたくさんもうけて大家族で暮らしたい」と話す新郎の傍らで、両手で顔を覆い、身をよじって恥ずかしがる新婦に「良かったね。おめでとう」と改めてお祝いの言葉を伝えると、顔を伏せたまま小さくうなずいた。

二度目のキャンプ生活

過去に流入を繰り返してきたロヒンギャ難

民の中には、今回が二度目のキャンプという難民もいる。ジャムトリ難民キャンプ（ウキア郡）で暮らすシャヒド（五四歳）は、軍事政権時代の一九九二年初頭にマウンドー郡からコックスバザールに逃れ、一九九五年に事実上の強制送還でラカイン州に送り帰された後、実に二二年を経て二〇一七年九月初旬に再び国境を越えて当地のキャンプに収容された。

コメ商人だったシャヒドは一九九二年当時、ブティダウン郡から丸一日かけてコメを運び、マウンドー郡南部の海辺の村々で売って、妻と二人の子供を養っていた。しかし、国軍兵士やラカイン人住民に嫌がらせされて、検問所で大切なコメを奪われ、手ぶらで村に帰らざるを得ないことも多かったという。理由もなく逮捕・連行され、国軍がロヒンギャ住民から接収したエビ養殖場で働かされたり、駐屯地の設営に動員されたり強制労働を強いられることが度重なって、シャヒドは約二七万人の難民のひとりとして家族とともにナフ河を渡った。

テクナフで五日間待って「難民カード」をもらった後、軍用トラックでクトゥパロン近くの今はなくなったグムドゥム難民キャンプに運ばれ、そこに三年間滞在した。「ＵＮＨＣＲがテントを用意してくれたが、キャンプの状態はひどく、充分な食料を与えられなかった。高齢者や病人は適切な治療を受けられず、大勢が死んでいった。また、バングラデシュ軍や警察、Ａｎｓａｒ（政府公認の準軍事組織）が無理やり難民を帰還させようとして、抵抗した難民が殺された」。シャヒドも政府のＣＩＣ事務所に呼び出され、帰還を強く迫られた。シャヒドが「ラカイン州は平和な状況ではないので、安心して帰ることはできない」と拒むと、「ＵＮＨＣＲが一緒に行って保

22年ぶりに難民になった54歳のシャヒド。「何でも話すが、顔の写真はちょっとね…」

護してくれるから帰れ。帰還しないなら逮捕してバングラデシュの刑務所に送る」と脅され、やむなく帰還に同意したという。

一九九五年三月、わずかな食料を持たされたシャヒドたちは、テクナフ郡に移送された後、スピードボートでナフ河を渡ってミャンマー側に送り返された。「ボートの上で絶望的な気持ちだった。きっと殺されるに違いないと誰もが脅えていた」。村に戻ると以前の家は残っておらず、竹材とシートで小屋を建てたが、状況は以前よりも悪化していた。移動制限のために生業のコメの売買ができず、日雇い仕事で生き延びるしかなかった。国軍と国境警備隊ナサカの嫌がらせはますます激しくなり、夜間の歩哨任務や建設工事などの強制労働、夜間の外出や集会の禁止が課せられ、小さな家を建てた時は五万チャット（約六〇〇〇円）を払わされた。シャヒドたちはその日の食料にも困る状態に追い詰められながら、NVCの受け取りを強要するミャンマー当局者に一貫して抵抗した。

二〇一七年八月二五日に大惨事が発生し、シャヒド一家は九月五日、四半世紀前と同じようにナフ河を渡った。違いと言えば、子供が五人に増えていたこと、それに二五年前は乾季だったが、今度は雨季の最中で雨が降っていたことくらいだった。以前住んでいた場所から少し離れたジャムトリ難民キャンプにテントを建て、WFPによる食料配給体制が整備されるまでの数日間、地元住民が道端で不定期に配る食料を子供たちのために争うようにかき集めた。

二度目の難民キャンプで暮らしながら、シャヒドは「本当のことを言うと、今は少しだけ気分が良いんだ。二〇数年前と全く違って、バングラデシュ政府や国連、NGOが我々を親切に助けてくれるし、近くにある他のキャンプを訪ねることもできる。いろんな人たちに感謝している。ここの状況は人間扱いされなかったミャンマーとも、昔のキャンプとも比べ物にならない」と本音を打ち明けた。しかし、この先ずっとキャンプ生活を続けたいとは思っておらず、「国籍が認められ、失った財産が補償されるなら、やはりミャンマーに帰りたい。それが難しければ、子供たちがより良い人生を送れるどこか他の国（第三国）に移るしかない。親として子供たちをキャンプに閉じ込めておくことはできないからね」。

キャンプ生まれの二世・三世

■ある青年の独白＝難民二世　僕はアブドゥル、二二歳。生まれも育ちもナヤパラ難民キャンプ、生粋の〝キャンプっ子〟ってことだよ。まだ四一歳なのに苦労続きで年老いて見える母親、一年前に結婚した一八歳の妻、生まれたばかりの娘とテントで暮らしてる。奥さんは二〇一七年の騒動で逃げて来た時、キャンプで出会って僕がひと目惚れしたって訳なんだ。娘を見てよ、可愛いでしょ？　写真は恥ずかしいから嫌だって言う奥さんに目元がちょっと似てるかな。二人の兄たちはそれぞれ結婚して同じキャンプに所帯を持ってる、と言ってもテントだけどね。ナフ河の向こう側、ここから南東に四〇キロくらい離れたマウンドー郡南部の故郷の村には一度も行ったことがない。とても美しい場所だけど、余り良い思い出はないって母さんは言ってる。

キャンプの小学校に五歳から一〇歳まで五年間通って、ビルマ語と英語、算数を勉強した。ナヤパラはバングラデシュ政府公認のキャンプだから、ラーニング・センターじゃなくて、政府と国連が建てた正規の小学校を卒業したんだ。勉強は好きだったし、本当は進学したかったんだけど、生活のために働かなきゃならなかった。テクナフ市内のホテルの仕事をもらって、レストランで料理やグラスを運ぶ給仕係として働いた。バングラデシュ人のマネージ

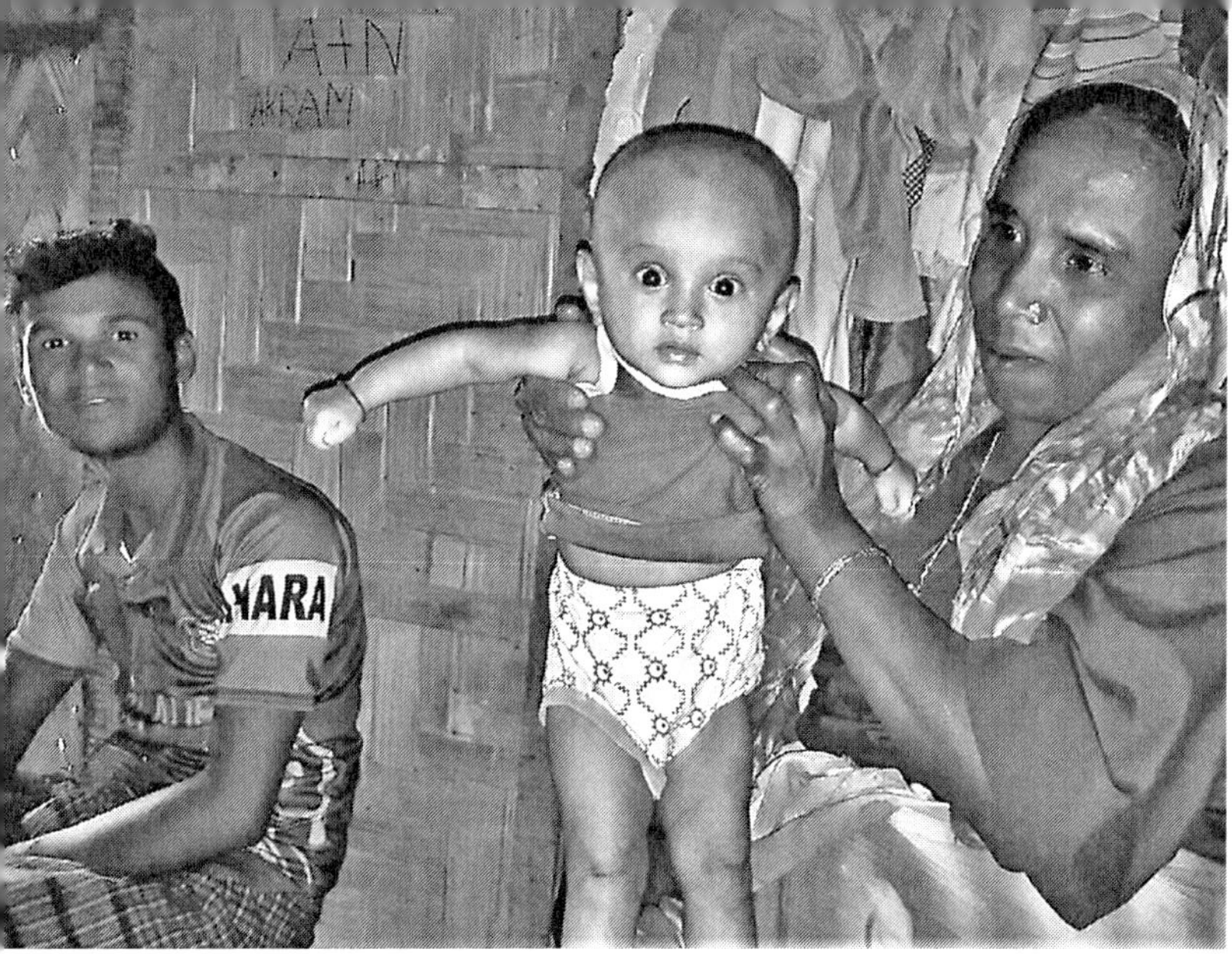

ナヤパラで暮らす難民一世～三世の家族。赤ん坊はキャンプで生まれた

ャーがくれる日給はたったの五〇～七〇タカ（約六五～九一円）で、しかも休みなんてなかった。そうそう、僕は父さんの顔を知らないんだ。ここで生まれて三カ月後、父さんはキャンプ近くの幹線道路でバスにはねられて死んでしまったからね。母さんがすごく苦労して僕たち兄弟を育ててくれたのは覚えている。ＷＦＰからコメや豆をもらえるけど、現金収入がないと野菜や鶏肉、魚が買えない。母さんを助けると思って毎日コツコツ働いたんだ。

　少しお金が貯まった二〇一七年一〇月、彼女と出会ってすぐに結婚したんだ。新しい難民がどんどん到着して落ち着かない時期だったけど、母さんも許してくれた。妻に一万三〇〇〇タカ（約一万六九〇〇円）の結婚指輪をプレゼントした。そんなに高価って訳じゃないけど、今の僕には精一杯だし、妻の両親も僕が貧乏だって知ってるから文句を言わなかった。一年くらい経って、女の子が生まれた。今は三世代が難民キャンプで暮らしてることになるね。僕はキャンプの中だけじゃなくて、これは内緒だけど、時々外で道路工事の日雇い仕事をして日当三〇〇タカ（約三九〇円）を稼いでる。母さんが病気がちで妻と赤ん坊もいるし、たくさん働きたいんだけど、一カ月の半分くらい仕事があれば良い方かな。

僕は勉強したかったけどチャンスがなかった。だから、生まれて来た娘には、ちゃんと教育を受けさせたいんだ。難民キャンプで生まれて死んでいく人生なんて、おかしいよね。ミャンマーでは僕たちロヒンギャの権利も市民権も守られないから、帰りたいとは思っていない。第三国定住っていうのが良いと思うんだけど、どこか受け入れてくれる国はないかな。

■ある母親の独白＝難民一世　アブドゥルの母親セヌララ、四一歳です。私が一九九二年一月、両親と兄ひとり、三人の姉妹と一緒にバングラデシュに来たのは一三歳の時でした。マウンドー郡の村では、父と兄がいつも国軍や警察に強制労働させられていました。国軍の兵士は村の男性たちを基地に連行し、暴行を加えたうえで強制労働に就かせました。このままでは父も兄も殺されてしまうと思い、私たち家族は村人とともにボートでナフ河を渡って、バングラデシュ最南端のシャプリディプに着きました。そこからトラックに乗せられてクトゥパロン難民キャンプに運ばれ、ＵＮＨＣＲから難民登録証をもらいました。同じ難民の夫と結婚したのは一五歳の時です。その後、両親はクトゥパロンで病死しました。

そのうち私たちはナヤパラ難民キャンプに移されましたが、難民登録のない他の難民たちは強制的にミャンマーに送還され、いくつかのキャンプは閉鎖されました。私たちは少しだけ運が良かったのかも知れません。ところが、末っ子のアブドゥルを生んだ三カ月後、夫はバスにはねられて死んでしまいました。それまでは夫が日雇い仕事で日当を稼いでくれていたので、私は三人の幼い息子を抱えて、ひとり途方に暮れてしまいました。WFPの食料配給でコメと豆はもらえましたが、息子たちに食べさせる野菜や魚、鶏肉を買うためのおカネがありません。それで私は毎日、近くの山や森に行って薪を集め、キャンプの市場で売りました。まだ二〇歳にもなっていませんでしたが、頼れる人はおらず、とにかく必死で働き続けました。

ありがたいことに三人の息子は無事に成長し、それぞれ結婚して今では孫たちもいます。生まれたばかりの孫娘は私たちの希望です。アブドゥルのお嫁さんの家族は、二〇一七年八月の騒動の時、二五年前の私たちと同じように逃げて来ました。ミャンマーでは相変わらず同じことが繰り返されています。私たちロヒンギャの国籍と権利が認められて、ミャンマーに帰ることはないでしょう。だからと言って、このまま難民キャンプに住み続けたいとも思いません。息子たちは国連やNGOに頼んで、どこか外国に移住するチャンスを見付けると言っています。私にはよく分かりませんが、息子や孫たちと静かに暮らせる日が来ることを願っています。

夜のキャンプは別の世界

　ここまで紹介したのは、ロヒンギャ難民の紛れもない素顔だが、それは難民キャンプの「昼間の顔」に過ぎない。「難民キャンプの昼と夜は別の世界」というのは、注意深くウォッチしている関係者の間では常識であり、援助団体やバングラデシュ軍の警備が引き上げた日没以降、その雰囲気は一変する。個人的にはキャンプの夜を是非とも体験してみたいところだが、人道支援に携わる立場で公然とルール違反はできない。その代わりに、難民キャンプの闇の部分に焦点を当てたさまざまなリポートを読んで見えて来るのは、ある意味で世界中の都会と何ら変わらない「竹材とビニールの巨大都市」の悪徳に満ちた「裏の顔」である。

「誘拐、殺人、失踪、強姦は日常茶飯事。夜は武装したロヒンギャのテロリストが支配する難民キャンプ」――。ベンガル語日刊紙『Kaler Kantho』（二〇一九年二月二五日付）に載った見出しは刺激的だが、内容は当地で日常的に耳にする話ばかりである。記事のポイントを拾うと「コックスバザールの法秩序は徐々に悪化し、メディアや外国人にとっても安全ではなくなっている。武装したロヒンギャのテロリストＡＲＳＡが夜間暗躍し、美しい女性を両親や夫の元から連れ去り、反対派とりわけ本国帰還を希望する人々を脅迫している。あるＣＩＣ（行政官）は、キャンプで少なくとも二〇〇人が誘拐され失踪していること、担当地区でひと晩に七人の女性がレイプされたことを認めた。武装勢力はますます増えている。テロリストたちはミャンマーに戻らず、キャンプで不安定な状況を生み出そうとしている」

記事は二〇一九年二月二一日、クトゥパロン難民キャンプで起きたドイツ人ジャーナリスト襲撃事件にも触れている。関係者の注目を集めたこの事件は、ドキュメンタリー映像の撮影に来ていた三人のドイツ人記者が、ロヒンギャの子供たちに服を配り、意図は不明だがワゴンカーに乗せたのを、周囲にいた難民たちが「外国人が子供を誘拐しようとしている」と勘違いして襲撃し、記者たちに暴行を加えて車両やカメラを壊したうえ、駆け付けた警官にも殴り掛かったという出来事である。記者ら六人が負傷し、ウキア警察署はロヒンギャ一一人を逮捕した。記者たちの不用意な行動がきっかけと見られるが、難民が暴徒化して外国人や警官に危害を加えた前代未聞の事件は、当地で衝撃を持って受け止められ、援助関係者を含む外国人排斥の機運が高まっているのではないかとの憶測を呼んだ。先の記事も（根拠は薄いが）イスラム過激派と事件の結び付きをほのめかしている。

夜のキャンプに関しては、さまざまな話を聞く。ある援助団体のバングラデシュ人技師は「給水設備が壊れたという連絡があり、仕方なく応急処置のため夜に現場に行った。ふと気付くと、すぐ近くで小銃を見せびらかすように若者グループが立っていた。本物かどうか分からないし、

クトゥパロンの夜景＝関係者撮影

単なる示威行動だったのだろうが、恐ろしくなって必死で逃げた」と言う。作業が遅れて帰りそびれ、夜九時頃まで難民キャンプにいた別の援助関係者は「日が暮れると、何て言うか難民たちの態度がガラッと変わって、昼間とは全く違う雰囲気になる。ちょっと危ない感じがした。数人ずつ集まってヤバ（違法薬物）を使っているらしい男たちのグループをいくつか見掛けた。こちらの姿を見られると面倒なので、急いでキャンプを抜け出した」と話した後、こう付け加えた。「だけど、一面真っ暗な広いキャンプで、たくさんの小さな灯りが星のように瞬く光景は本当にきれいだったよ」

誠に余談ながら、酒について。イスラム教徒は表向き飲酒を禁じているが、バングラデシュ人も案外飲んでいる。ロヒンギャの男たちが全く飲まないはずはないと思って、何人かにしつこく聞いてみると「余り一般的ではないが、ラカイン人の村で造られる自家製のコメ焼酎を買って飲んでいた者はいる。キャンプでもごく一部の不良連中がローカル焼酎を入手して飲んでいる」ことが判明した。コックスバザールの生活では酒に不自由するが、実は地元の仏教徒が焼酎を密かに造って売っている。〝蛇の道は蛇〟と言うべきか、ロヒンギャの不良たちも同じようなルートを確保しているに違いない。

ミャンマー産ヤバとロヒンギャ

テクナフ郡のホストコミュニティで聞き取り調査をしている時、住民の男性が傍らの水路を指差して「昨晩ここで怪しい連中が小舟で上陸しようとしてるところを、RAB（緊急行動部隊）に見付かって逃げたんだ。調べたら大量のヤバがあったらしい」と話した。

ヤバとはアンフェタミン系覚醒剤のことで、もともとタイで流通していたが、バングラデシュでは二〇〇〇年代以降、ミャンマー産ヤバが大量に密輸されて大きな社会問題になっている。直径数ミリのオレンジ色の錠剤で、経口摂取が一般的だが注射や吸引でも用いられる。品質にもよるが末端価格は一錠二〇〇～三〇〇タカ（約二六〇～三九〇円）程度。シェイク・ハシナ首相が二〇一八年五月、違法薬物根絶を宣言して取り締まりが強化され、新聞では連日のように「数千錠のヤバを押収」「密売人を射殺」といった記事を目にする。この一年間

押収されたミャンマー産ヤバ=関係者提供

に約三〇〇人の密売人が警察やRABとの銃撃戦で射殺され（ほとんどは撃ち合いではなく一方的な射殺と言われる）、その中にはロヒンギャが二〇人前後含まれるという。逮捕者は約二万五〇〇〇人に上る。

『Dhaka Tribune』の特集記事「ミャンマーからバングラデシュへ：一〇〇〇マイルのヤバの旅」（二〇一八年六月二日付）によると、中国・ラオス・タイと国境を接するミャンマー東部のシャン州に、少数民族の武装勢力などが運営するヤバ製造工場が三七カ所ある。バングラデシュ情報当局者の話では、二〇一七年八月の武力弾圧以降、五〇〇人以上のロヒンギャの密売人が入国した。難民キャンプに住む密売人のひとりは「シャン州では一二種類のヤバが生産されている。密輸業者はミャンマー連邦議会や

ナフ河の船着き場を監視するバングラデシュ国境警備隊。対岸はミャンマー・ラカイン州

シャン州議会の有力者とつながっており、ラカイン州のマウンドー、ブティダウン、ラティダウン各郡の密売人たちも司法当局や税関職員、旧ナサカ（国境警備隊）、警察などと強いコネを持っている」と証言する。

ヤバは密売人によってシャン州から最大都市ヤンゴン、ラカイン州都シットウェを経由してマウンドー郡に運ばれる。そこからナフ河をボートで渡ってテクナフ郡に上陸するのが一般的で、ラカイン人とバングラデシュ人の密売人の間の受け渡し役として、ロヒンギャが利用されることが多いと見られる（他に港湾都市チッタゴンに直行する海上ルートなどもある）。マウンドーからバングラデシュ側への密輸ポイントはテクナフ郡、ウキア郡、北隣のバンドルバン県に二七地点あり、難民キャンプ群が連なる幹線道路はまさに「ヤバ街道」である。二〇一九年三月三一日には、レダ難民キャンプに住むロヒンギャ女性（二〇歳）が警察の捜査中に射殺され、発表によるとハンドバッグからヤバ一万錠が見付かった。キャンプ内でも一部の若者グループが三〇タカ（約三九円）程度で買える粗悪なヤバを使っていると言われる。

ヤバの表玄関テクナフだけでも「ゴッドファーザー」と呼ばれる元締めが一五人ほどいて、彼らは地方政治家やイスラム指導者など地域の有力者でもある。難民キャンプに向かう道路には、警察や国境警備隊の検問が複数あり、特に路線バスやトラック、トゥムトゥム（三輪タクシー）が止められて徹底的に調べられる。たまたま国境警備隊の隊員と雑談する機会があり、彼らはスマートフォンで撮った容疑者や押収品の写真を私に見せながら、摘発の裏話を聞かせてくれた。「テクナフからコックスバザール経由でチッタゴン、ダッカにヤバを運ぶ運び屋には、いかにもって感じの男もいるけれど、一見すると普通の女性が案外多いんだ。ダッカの金持ちに雇われ、全身を覆った服の中に大量のヤバを隠していた若い女性を捕まえたことがあるし、一〇歳くらいの少女がワンピースの下に錠剤を巻き付けていたこともある。油断も何もあったもんじゃないよ。ヤバの売買は儲かるから、捕まえても捕まえてもイタチごっこだがね」

武装グループの戦闘訓練

「顔が分かる写真は絶対にだめだ。コマンダー（指揮官）に内緒で話すんだから、ばれたら殺される」。二〇一八年一〇月のある日、ウキア郡内の難民キャンプのテントで、二五歳の若者は声を潜めた。本人は名前を名乗ったが、仮にモハマドとしておこう。武装勢力ARSA関係者を探す中で出会ったモハマドは、ごく普通の健康そうな青年である。その彼がロヒンギャの言葉で証言したのは、耳を疑うような内部情報だった。

「ARSAは難民キャンプの若者を毎月二〇〇〜三〇〇人徴募し、今年（二〇一八年）一月から一年計画で戦闘訓練を行っている。いつかミャンマーに反攻するのが目的だ」。ARSAに加わった理由について、モハマドは「ARSAはテロ集団でも物盗りでもなく、ロヒンギャの自衛のために戦っていると思ったからだ。ミャンマーは国際社会の圧力なんか気にもしていない。民族の生存権を勝ち取るには自分たちで戦うしかない」と主張した。

マウンドー郡の農村に住んでいたモハマドは二〇一七年九月、家族とバングラデシュに逃れて来た。「ARSAに加わったのは二〇一八年一月。キャンプから少し離れた山の中で戦闘訓練に参加した。見付かりにくい秘密の訓練場が何カ所かある。一五〜三〇歳くらいの仲間が全部で二〇〇人いた」。難民キャンプは広大な丘陵地帯にあり、一歩踏み込めば野生の象が棲む熱帯林が広がる。訓練場は約六三万人が暮らすクトゥパロン難民キャンプ周辺の山中に点在していると思

「ARSAはキャンプの若者を集めて戦闘訓練をしている」と証言するモハマド

われる。

一カ月間の戦闘訓練では「小銃の撃ち方、ナイフや素手の格闘戦などを習った。もちろんミャンマー国軍や警察への襲撃を想定していた」。訓練は深夜に行われ、日没後にキャンプを抜け出して訓練場まで移動し、明け方に帰った。食事も出た。ただし武器は貧弱で、指揮官たちがわずかな小銃を持っているだけだった。ミャンマー領内で撮影されたと見られるアタウラー司令官の映像には、世界の紛争地でおなじみのAK系ライフルを持った戦闘員が映っている。今となっては調達するのは難しいだろうが、二〇一七年八月末以降の混乱に紛れて越境したARSAメンバーは、バングラデシュの武器商人がインドから仕入れた自動小銃を相当数入手したという。

話は少し逸れるが、二〇一六年五月にナヤ

パラのＡｎｓａｒ（準軍事組織）宿舎が二五〜三〇人のロヒンギャに襲撃され、指揮官が殺害されて、自動小銃と弾丸が強奪される事件があった。翌月、武装組織「ロヒンギャ連帯機構」（ＲＳＯ）メンバーとされる五人が逮捕されて犯行を認め、これらの武器は二〇一七年になってウキア郡内で発見された。ＲＳＯは二〇〇〇年代に入って事実上消滅し、一部がＡＲＳＡに合流したと言われる。この襲撃事件とＡＲＳＡの直接の関係は不明だが、極めて限定的ながら、コックスバザールのロヒンギャは全くの丸腰ではないと見られる（ただし、現時点では脅威になる規模には程遠く、大多数の難民とは関係ない）。

モハマドは「ＡＲＳＡは一年間の訓練計画を進めていて、一カ月の訓練が終了すると次のグループが集められた。訓練を受けた一部は密かにミャンマーに送り込まれている」と続けた。証言が正確ならば、最大で延べ三六〇〇人が動員された計算になる。モハマドは「キャンプごとに指揮官がいて、何かあれば召集される」として指揮官五人の名前を挙げた。「戦闘員は指揮官級が月額一万バングラデシュ・タカ（約一万三〇〇〇円）、中堅五〇〇〇タカ（約六五〇〇円）、一般兵士三〇〇〇タカ（約三九〇〇円）を支給される」。優秀とみなされたのか、モハマドは毎月五〇〇〇タカもらっているという。

気になるのは多額の資金の出処だが、モハマドは「中東から支援があると以前から聞いていたが、指揮官はサウジアラビアのカネだとはっきり言っていた」。サウジアラビア（政府という意味ではない）からＡＲＳＡに資金が流れているのは周知の事実だが、内情に詳しい別のロヒンギャ男性は「サウジアラビアのジッダに資金担当のロヒンギャがいて、同国の富裕層や現地在住のロヒンギャ、あるいはマレーシア、オーストラリアなどの在外ロヒンギャからサダカ（寄付）が集まる。それを銀行や送金業者を通じてバングラデシュ国内の協力者に送っている」と説明した。この情報は第2章で紹介した「ARSAの解剖学」とも矛盾しない。

バングラデシュ治安当局は当然、不穏な気配を察知している。軍は従来、早朝から夕方まで各キャンプの要所に少人数の部隊を配置していたが、「複数の不法グループが活動を活発化させている」との情報を得て、二〇一八年九月頃から夜間パトロールを開始した。クトゥパロンには二〇一九年現在、二四時間常駐する警察のコンパウンドがあり、国家安全保障情報局（NSI）も密かに拠点を持っている。現地の警察幹部は「ARSAはキャンプ内にアジトを設けて若者を勧誘している。地元の犯罪集団と不良ロヒンギャが組んで、ヤバ密輸や強盗に関わる事件も相次いでおり、特にテクナフ地域で検問を強化している」と説明した。もっとも、治安当局が夜間の戦闘訓練に気付かないはずはなく、あるいは矛先がバングラデシュに向かない限り静観の構えなのかも知れない。逆にミャンマー当局の情報要員あるいは通報者が難民に紛れてキャンプに入り込んでいるのは疑うべくもなく、虚々実々の情報戦が静かに繰り広げられているのだろう。

ナヤパラ難民キャンプを合同パトロールするバングラデシュ軍と国境警備隊

売春宿に売られる少女たち

バングラデシュ有数の観光地コックスバザールは、多くのホテルや土産物屋が建ち並び、特に気候が良い一二〜三月頃には首都ダッカなど国内各地から観光客が押し寄せる。ハイシーズンの週末ともなると、家族連れや若者グループ、社員旅行や研修の一団が長距離バスで続々と乗り付け、子供も大人も波打ち際で大はしゃぎする光景が繰り広げられる。とはいえ、リゾート気分には程遠く、その都市インフラは貧弱で毎日のように停電し、下水は海に垂れ流しで、道端に山積みされたゴミが悪臭を放つ開発途上国の地方都市に過ぎない。風向きによっては空港に降り立った途端、干物の匂いが強烈に漂って来るこの町は、援助関係者かバックパッカーでもない限り、先

国内観光客が集まるコックスバザールのシュガンダ・ビーチの夜市

進国の旅行者が好んで来る場所ではない。

ちなみに、バングラデシュでは珍しい英語の地名は、一八世紀末にこの地を治めた英国東インド会社のハイラム・コックス（一七六〇～九九年）の業績を称え、その名を冠したバザール（市場）が開かれたことに由来する。地元のバングラデシュ人はベンガル語風に「コックス・バジャール」と発音し、外国人は短く「コックス」と呼ぶ。

コックスバザールが男性客向けの裏の顔を持つことを知ったのは、この町に来て三～四カ月経った頃だった。英国BBCなど複数のメディアが「難民キャンプから連れて来られたロヒンギャの少女たちがコックスバザール市内のホテルで売春をさせられている」という〝アンダーカバー〟（潜入取材）に基づくニュースを報じた。それまで「売春している難民女性くらいいるだろう」と軽く考えていたが、いつも通る町の一角でロヒンギャの少女たちが売春を強要されているという事実には驚かされた。

ネット上に何本か記事があるが、最も克明かつ衝撃的なのは米国PBSニュース・アワー「ロヒンギャの少女たちが苦しむバングラデシュの売春宿」(Inside the Bangladesh brothels where Rohingya girls are suffering/二〇一八年四月二六日)である。非常に優れたルポルタージュなので、一部省略して翻訳・引用する。取材記者はバングラデシュ出身の女性フリージャーナリスト、タニア・ラシド氏である。

ロヒンギャの少女たちが苦しむ売春宿

援助団体の支援にもかかわらず、ロヒンギャの少女の売春が普通に行われるブラック・マーケットは繁盛している。警備要員と援助関係者が少なくなる夜間、それは難民キャンプに現れる。クトゥパロン難民キャンプの中で、私(取材記者)は売春宿のいくつかに案内された。売春宿のひとつは、バングラデシュ人男性と結婚したロヒンギャの女性が経営していた。竹材とビニールシートでできた小屋には四人のセックスワーカーがいて、バングラデシュ人とロヒンギャ両方の客を取っていた。

ひとりの若い女性は、虐待癖のある夫が自分から去った後、絶望してこの仕事を始めたと話した。「充分な食料配給がなく、子供がお腹を空かせて泣く時、私はどうすれば良いのでしょうか。私は家族を養うために（売春を）しているだけです」。彼女は一日に二人の客を取り、二〜六ドルを受け取る。客の多くはロヒンギャだが、時々バングラデシュ人も来る。彼女はロヒンギャの少女たちがキャンプから（コックスバザール）市内に売られて行くのを見ており、彼ら（バングラデシュ人たち）が関与しているのではないかと疑っている。

私たちは売春宿がどこにあるか調べることにした。夕方、コックスバザール市の観光エリアを抜けたすぐ近くの地区では、バングラデシュ人観光客がタバコ片手に小さなホテルの外に身を潜めているのが見える。明るい色の服を着たセックスワーカーが時々飛び出して来る。この界隈のホテルには、観光客を相手にするロヒンギャの若い女の子がたくさんいる。こうした場所に入るのは容易ではない。まず私たちは売春宿の近くで地元のポン引きの元締めと会った。彼は売春宿を経営するマダムのひとりに電話で話を付けてくれた。

狭い路地の奥で会ったマダムは、売春宿で何人かの女の子を抱えていると言った。私は小さな小屋の中がブロックで仕切られ、そこに幼い少女と客たちがいるのを見回した。私は彼女たちの目に苦痛と恐怖を見た。少女たちの何人かはロヒンギャだった。

ロヒンギャの少女と安全な場所で話をするために、ポン引きが経営する別の連れ込みホテルに午後一〇時に少女ひとりを呼び出した。私が部屋に入った時、彼女は伝統的なベンガルの服装に明るめの化粧をして不安そうに座っていた。私は話を聞きたいと説明し、彼女の許可を得てインタビューした。彼女が見せてくれたバッグには化粧品と潤滑油、そして暴力的な客から身を守るための護身用の棒が入っていた。彼女は別のロヒンギャ女性が最近、客に殺されたと言った。彼女の眼には絶望があった。

彼女はミャンマーで受けた恐ろしい行為について話した。「兵士たちは私を殴り、手足を縛って木から吊り下げた。私の隣にもうひとりの女性がいた。兵士たちは彼女の腹と膣を切り割き、胸を切り取ってビニール袋に入れた。私が悲鳴を上げると、兵士が私の頬に嚙み付き、木から降ろして集団レイプした」。三日後に裸の状態で意識を取り戻した彼女は、ナフ河を泳いで渡る決心をした。

難民キャンプの生活も大変だった。彼女は生き延びるために違法薬物ヤバをロヒンギャとバングラデシュ人相手に売っていたが、逮捕されて二〜三カ月収監された。キャンプに戻ったが、相変わらず悲惨な状況を何とかしなければと思った。ひとりの友達から「キャンプから逃げれば良い。助けてくれる人を知っている。縫製工場で働かないか」と持ち掛けられ、彼女は「そうする」と答えた。その友達はロヒンギャの人身売買業者だった。彼女は車でコックスバザール市に連れ出されたが、ポン引きがバングラデシュ軍と取り引きしたので検問所で止められることはなかった。着いた先は売春宿だった。

彼女は週七日働いて、ポン引きが手間賃を差し引いた後、客一人に付き一ドルもらう。この仕事をしていると、ミャンマーで受けた性的虐待のトラウマが毎日のようによみがえるという。「今日は五人の男を一度に相手にした。彼らはミャンマーの兵士がしたのと同じように、私の手をベッドに固定し、両脚を無理やり開かせて犯した」。ポン引きは彼女のふくよかさを保つためにステロイドを投与し、鎮痛剤も服用させているという。

そのポン引きの男は難民流入のおかげで商売が上手くいっていることに満足し、ロヒンギャの女の子は扱いやすいと話す。「バングラデシュに着いたばかりのロヒンギャの少女たちは何も知らない。『あなたと結婚したいが、そのためにおカネが必要だ』と言えば、彼女たちは簡単に信じる。まず私が彼女たちを抱く」。客のほとんどはバングラデシュ人観光客だが、時には白人男性もいる。「彼らは大きなホテルに泊まっていて、女の子を二~三日囲い込む。私が彼らと直接話すことはなく、ホテルのマネージャーが電話で私に少女の写真を送ってくれと頼んで来る」

彼女は絶望した表情でこう言った。「私は死ぬかも知れない。結婚して夫と一緒に暮らす未来は私には来ない。私の人生はもうどうにもならない。私は毎晩、男たちが私を絞め殺す夢を見る。もうすぐそうなるのが私の運命だと思う」

ＩＯＭの人身売買に関する二〇一八年一〇月のリポートによると、二〇一七年九月~二〇一八年九月の間にＩＯＭが確認した人身売買・搾取の被害は九九件で、その内訳は成人女性三五人／未成年の少女三一人／成人男性二五人／未成年の少年八人が何らかの強制労働に従事させられていた。[*102] このうち未成年の少女四人を含む女性九人が性的搾取を受けていたという。限られた範囲の調査のため、この数字はあくまで氷山の一角に過ぎない。当地で最も安い売春の相場が五〇〇タカ（約六ドル）なのに対し、ロヒンギャの女性たちは七〇～一〇〇タカ（〇・八～一・二ドル）しか受け取れないという。

ＡＦＰ通信などによると「身寄りを失った難民の女性が同じロヒンギャ男性から結婚話を持ち掛けられ、信じたところ売春業者に売り渡されて覚醒剤を投与され、一日最大七人の客を取らされた」「マレーシアや中東に送られる女性たちのパスポートを偽装するシンジケートがある」「縫製工場やメイドの仕事を斡旋されたが実は売春だった」といった話は枚挙に暇がない。狡猾な業者が困窮した難民を騙すなど造作もないことで「女性たちの両親は四万タカ（約五万二〇〇〇円）の前払い金で納得する。そして（娘が）五〇万タカ（約六五万円）をもたらすと信じている」。ラカイン州で過酷な弾圧を受けたロヒンギャが、難民となったバングラデシュでも弱い立場に付け込まれ、悪質業者の食い物にされる残酷な現実がある。

土砂崩れ・洪水への備え

年間を通じて暑いイメージがある熱帯のバングラデシュだが、案外はっきりした季節の変わり目がある。コックスバザール県は乾季の二〇一八年一月に異例の寒波に見舞われ（と言っても最低

クトゥパロンで急斜面に土のうを敷き詰める防災工事（2018年４月頃）

気温二二度程度だが）、一一〜三月は快適な天候が続いたが、四月半ば以降は空の色が変わり、恐ろしいような雷雨や暴風雨が起きて本格的な雨のシーズンに入った。

クトゥパロン難民キャンプを一度でも見れば分かるが、特に最初の雨季を控えた二〇一八年前半、援助関係者が危惧したのは「大型サイクロンの襲来や長雨に見舞われれば、広大なキャンプの各所で土砂崩れが発生し、数百人規模の死者が出る可能性がある」ということだった。押し寄せる数十万人の難民を収容するために、広大な丘陵地帯が切り開かれたが、木々を根こそぎ掘り起こし、表土をはぎ取った砂質土の斜面はただでさえ崩れやすく、大雨が続けば何が起きるかは容易に想像がつく。同年五月初旬には、薪拾いから帰る子どもたち三人が土砂崩れに巻き込まれ、八

クトゥパロンで道路をレンガ舗装する作業（2018年4月頃）

歳の少女が死亡する事故が起きた。

バングラデシュ政府も国連機関も手をこまぬいていた訳ではない。UNHCRが同年二月時点で公表したハザードマップ（被害予測地図）によると、この巨大キャンプでは広範囲の低湿地が洪水で水没し、八万五八七六人がテントを失うほか、斜面に住む二万三三〇〇人が土砂崩れに巻き込まれる恐れがあった。計一〇万人以上が生命の危険にさらされるだけでなく、周囲が水没して孤立したり、道路が寸断されたりして、食料配給所や診療所にアクセスできなくなるなど二〇数万人が深刻な影響を受けると予測された。

雨季・モンスーン期入りを前に、IOMとUNHCRを中心に厳重警戒エリアから安全な場所への大規模な引っ越しが進められ、風雨に耐え得るテントに建て替えられた。また、

雨季の大雨で水没したクトゥパロン難民キャンプ（2018年６月頃）＝関係者撮影

急斜面を階段状に削り、土のうやシートを敷き詰める大掛かりな防災工事のほか、道路のレンガ舗装、側溝の整備、無数にある竹橋の補強などが急ピッチで実施された。もちろん重機がフル稼働したが、大部分はロヒンギャの男性たちによる人力作業であり、小高い丘から見渡すと、戦国時代の築城や陣地の普請はこんな感じではなかったかと思わせるスペクタクルが広がっていた。幸い大型サイクロンが襲来しなかっただけでなく、防災対策の効果もあって、二〇一八年はほとんど人的被害がなかった。

しかし、二〇一九年は四月以降に二〇〇件以上の土砂崩れが発生し、七月前半の大雨で一〇人以上が死亡したほか、テント五〇〇〇棟が壊れる被害が出た。

自然との戦いと言えば、もうひとつ野生の

野生の象の保護を呼び掛ける看板（クトゥパロン）

象について触れなければならない。当地に来て間もない二〇一七年末頃、「象がキャンプを襲って死傷者が出た」という話を度々耳にした。丘陵地帯のクトゥパロン難民キャンプ一帯は、もともと野生のアジアゾウの生息地域だった。自分たちが棲んでいた森が消滅し、そこに数十万人の人間が現れたのだから、驚いたのは象の方だろう。『ナショナルジオグラフィック』の「ロヒンギャ難民とゾウが衝突、死者一三人に」（日本語版サイト／二〇一八年一一月二九日）によると、「ゾウも人間もパニックを起こした。ゾウは抜け道を探してやみくもに走り回り、人々はゾウに踏まれないよう必死で逃げ惑った。ゾウにゴミを投げ付けて追い払おうとした難民もいたが、それが余計にゾウたちを刺激した。こうして、二〇一七年九月から二〇一八年二月の間に一三人がゾウに殺されるという悲劇が起こった」。キャンプはアジアゾウの群れが西方の森林地帯から東のミャンマー領に抜ける移動経路（通り道）を塞いでいたのだった。国境付近ではミャンマー側が敷設した地雷で二頭が死んだという。

国際自然保護連合（ＩＵＣＮ）とＵＮＨＣＲは、通り道の周辺に住む難民五五〇人による対策チームを編成し、九八カ所の見張り台を建てて警戒に当たり、象が接近すると音を立てたり懐中電灯で照らしたりして進入を防いでいる。その後は事故のニュースを聞かないので、対策が功を奏しているのだろう。

しかし、それは自然環境と生態系の大規模破壊のごく一部に過ぎない。国連開発計画（ＵＮＤＰ）などの調査によると、ウキア、テクナフ両郡で難民キャンプの造成、施設の建設、あるいは燃料の薪を確保するために四三〇〇エーカー（一七四〇ヘクタール）の丘陵・森林が破壊され、このままでは生態系に回復不能な影響を与えるという。[*103] ざっと東京ドーム三七〇個分の広さである。切り出される薪は毎月六八〇〇トンに上り、無数の井戸掘削による地中の帯水層への影響、交通量の増加に伴う大気汚染、ペットボトルやビニール袋の廃棄などさまざまな問題が指摘されている。地表をはぎ取って切り刻んだ巨大キャンプを眺めていると、ロヒンギャ難民流入が未曽有の人道危機であると同時に、空前の環境破壊であることに気付かされる。私たちが誰もいなくなった一〇〇〇年、二〇〇〇年後ここがどうなっているのか、再び豊かな森林が蘇ることはあるのだろうかと思う。

〝泥の島〟への一〇万人移転計画

ミャンマーへの帰還プロセスが停滞する中、論議が続いているのがバングラデシュ政府による「無人島一〇万人移転計画」である。ベンガル湾に二〇〇六年頃に出現したバシャンチャール島にロヒンギャ難民を収容する構想は、政府が二〇一五年から検討していた荒唐無稽とも思える奇策だが、二〇一七年八月以降の難民流入を受けて、にわかに現実味を増した。同島はガンジス河が運んだ堆積物によって浅瀬に形成された島のひとつで、満潮時に大部分が水没する約三万ヘクタールの〝泥の島〟に過ぎない。しかし、ハシナ首相の承認の下、二〇一七年一一月に二億八〇〇〇万ドル（約三〇〇億円）の予算が計上され、バングラデシュ海軍が一〇万人分の居住施設の建設を急いでいる。発表資料によると、高さ九フィート（約二・七メートル）堤防建設と埋め立て工事は完了しており、第一期として一六世帯（一世帯標準四人）が入居する長屋ふうの住居一四四〇棟のほか、サイクロンに備えて避難所一二〇カ所などを整備するという。完成予想図を見る限り、簡素な仮設住居だが、顔見知りの難民救援・帰還委員会（RRRC）職員は「難民キャンプよりもずっと住みやすいに決まっている。難民たちは不安がっているが、実際に行けば気に入るはずだ」と強調する。

既に国家プロジェクトとして進行している以上、移転計画は既定路線と見られており、問題はタイミングである。バングラデシュ当局者は移送開始を過去何度か予告したが、二〇一九年七月

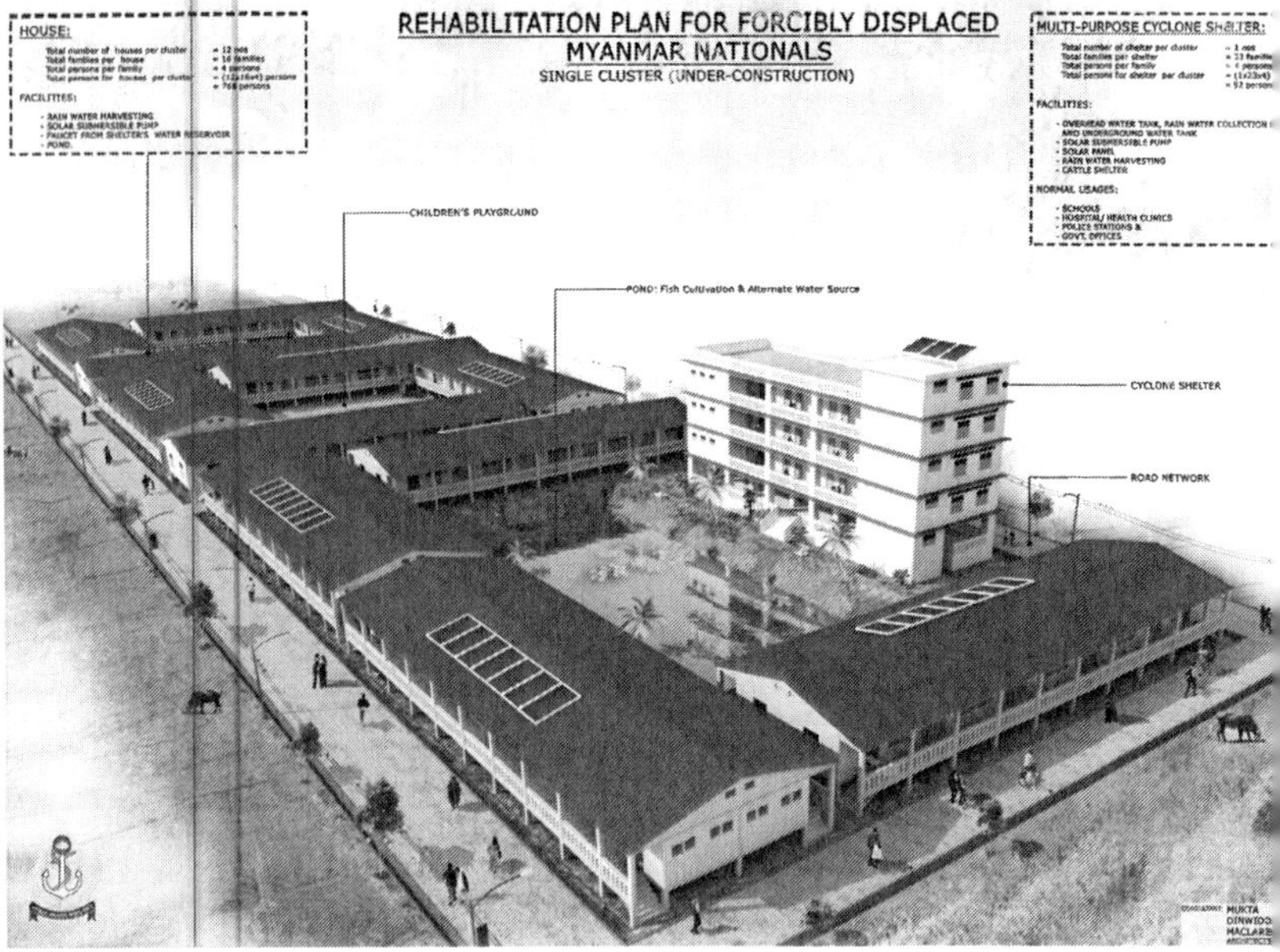

バングラデシュ政府が作成したバシャンチャール島の収容施設完成予想図

現在実現しておらず、国際社会や難民の反応を見る「観測気球」、あるいは地ならしをしているのかも知れない。人道的観点に立てば「サイクロンで流されてしまいかねない孤島に難民を収容するのは認められない」という話なのだが、防災救援省によると「移転の目的は良好な居住環境を提供し、難民を災害から保護することだ。あくまで自発的に移動してもらい、意思に反して強制的に送られることはない」。

　この計画に対して、国連機関や人道支援団体は頭ごなしに反対を叫ぶというよりも「本当に自発的な移転になるのか。難民たちの移動の自由、あるいは生計の機会はどうなるのか」「食料配給や給水はもちろん、保健・医療、教育など基本的なサービスは受けられるのか」「国連やＮＧＯのアクセスや援助活動は保証されるのか」といった点を申し入れて協議を重ねている。二〇一九年三月末には、UNHCR幹部のバングラデシュ訪問をとらえて、地元メディアが「UNHCRが移転を歓迎」「国連は移転計画支援を重視」「国連が移転を促進する計画を策定」など完全に飛ばし気味の見出しで、国連と政府が移転に合意したかのような記事を連発したが、実際は「建設的な議論を続ける必要がある」という段階に過ぎない。

バングラデシュ政府とすれば、国際社会との関係上、難民を強制的に移転させる訳には行かず、さりとてキャンプの異常な密度を放置することも、ホストコミュニティに過大な負担を掛け続けることもできない。安全保障の観点でも離島の方が管理しやすい。しかし、最初に計画が策定された二〇一五年時点では一〇万人を移転すれば充分だっただろうが、難民が一〇〇万人規模に膨れ上がった今、「大騒ぎして一〇万人移したところで何にもならない」（援助関係者）という冷めた見方が少なくない。

当事者たる難民たちはバシャンチャール移転をどう考えているのか。折に触れて何人かに聞いているが、例外なく「そんな離島に一度送られたら、外に出られる保証はない。そもそもサイクロンで沈んでしまうような島には住めない」という答えばかりで、少しでも前向きな反応を示した難民はひとりもいない。

第6章

人道支援の現場

国際社会の役割

援助の調整メカニズム

世界最大の緊急人道支援の現場に放り込まれた新人の私は、バングラデシュ政府や国連機関、各国NGOが入り乱れる各セクター（支援部門）の調整の仕組みがすぐには理解できず、全体像を把握するのに正直言って時間を要した。国連関係者、あるいは人道支援の実務者には常識に過ぎないだろうが、そうではない読者の皆さん、特に難民支援などの仕事に関心を持つ若い方々の参考になると思うので、ひとつひとつ説明してみる。

度重なる紛争や難民発生、自然災害を経験してきた国際社会は、過去の多くの経験（混乱や失敗）から学んで、大規模な人道危機に即応するための国連を中核とした調整の枠組み（フレームワーク）を構築している。その構造はやや複雑だが、私が理解した限りでは、緊急事態に対応するために世界中から駆け付けた多数のアクター（国連機関、国際赤十字・赤新月連盟、国際NGO、地元NGOなど）が当該国の政府機関と連携しつつ、難民・避難民、被災者のニーズに対して、分野的にも地域的にも支援が行き届かないギャップ、あるいは支援のオーバーラップ（重複）をなるべく減らし、各機関・団体が持つリソースを最大限に有効活用して、より効果的・効率的な支援を実現できるように調整するメカニズムということである。もっと平たく言うと、ただでさえ混乱した緊急支援の現場で、各アクターが好き勝手バラバラに活動するのではなく、せっかくの支援が困っている人々に最も役立つ形で届けられるように話し合って協力しましょう、といった感

資金拠出国のロゴを並べたバナー。日本を含む各国政府がロヒンギャ難民を支えている（クトゥパロン）

じだろうか。

バングラデシュにおけるロヒンギャ難民支援では、「部門間調整グループ」（ISCG：Inter Sector Coordination Group）と呼ばれるシステムが、バングラデシュ政府と連携しながら機能している。[*104] 国際的な人道支援活動は、国際移住機関（IOM）と国連難民高等弁務官事務所（UNHCR）、国連常駐調整官（国連開発計画：UNDP）の三者による共同議長の下、各セクターの調整が図られる。セクターには保健、教育、ロジスティック（物資輸送）、シェルター（テント）、水・衛生（WASH：Water Sanitation and Hygiene）、栄養、サイト・マネジメント、エネルギー・通信、食糧安全保障、プロテクション（保護）の一〇部門があり、プロテクションに関連して子供の保護、GBV（Gender Based Violence＝性差に基づく暴力）のサブ・セクターが置かれる。これらと並行して横断的課題（PSEA：Protection against Sexual Exploitation and Abuse＝性的搾取および虐待に対する保護、ジェンダーなど）を扱う六つのワーキング・グループがある。セクターごとにコーディネーション・ミーティングと呼ばれる調整会合を開いて、現場のニーズ、支援の進捗状況、施設の建築基準やサービス提供のルールなど情報共有を図るが、それにもコックスバザールでの全体会議、各キャンプでの現場レベルの会議がある。それぞれの専門性を有する国連機関が、例えば保健分野は世界保健機関（WHO）、食料供給は国連世界食糧計画（WFP）、教育は国連児童基金（UNICEF）というように、バングラデシュの省庁・政府機関や大手NGOと組んで各セクターを仕切る。

政府側は外務省を中心とした関係省庁タスクフォース、および難民問題を管轄する防災救援省の下で、難民救援・帰還委員会（RRRC：Refugee Relief and Repatriation Commission）や公衆衛生工学局（DPHE）、「DC」と呼ばれるコックスバザール県長官（District Commissioner）事務所、各郡事務所が現場レベルで対応する。各キャンプのキーパーソンはRRRCに直属する「CIC」と呼ばれるキャンプ行政官（Camp in Charge）で、このCICがそれぞれのキャンプを統括する政府の責任者になる。野心家の若手官僚もいれば、気の良い中年男性もいるが、私たちの支援事業の監督を含めて権限を握っており、施設の開設式やイベントには必ず招待しなければならない。軍・警察と国境警備隊、沿岸警備隊などが地域の犯罪取り締まりと治安維持を担い、キャンプ内の治安や物資配布などのロジ面は基本的に軍が受け持つ。

日本の支援で建設されたWFPの食糧輸送に使われる鉄橋（クトゥパロン）

難民を助ける会（AAR Japan）を含む国内外のNGOも最重要のアクターである。RRRCによると、難民キャンプでは二〇一九年六月現在、海外・国内併せて約一二〇のNGOが継続的に活動しているが、二〇一七年の最盛時には短期を含めて二〇〇以上の団体が活動したと見られる。AARは二〇一七年一二月以降、前述したセクターのうちWASH、プロテクションの二つの分野で支援事業を実施している。

この巨大な援助メカニズムは、「JRP」と呼ばれる合同対応計画（Joint Response Plan for Rohingya Humanitarian Crisis）に基づいて人道支援活動を展開している。これまでに二〇一八年版（二〇一八年三月）、二〇一九年版（二〇一九年二月）が共有されており、人道危機の現状分析からニーズと支援状況、支援の戦略が詳細にまとめられている。二〇一八年版の表紙は流入時の難民の惨状を写した写真だったが、二〇一九年版は難民の少女が大笑いする絵柄が使われ、緊急期を脱して前向きに進もうという気分を表現しているように見える。

二〇一九年版のポイントを見てみたい。まず、人道支援が必要な人口を一二〇万人（難民キャンプの難民七二%、ホストコミュニティの難民一%、ホストコミュニティの住民二七%）とし、そのための資金総額を九億二〇五〇万ドル（約一〇二五億円）と試算する。ちなみに日本政府は二〇一九年二月、難民キャンプとホストコミュニティ支援に国際機関などを通じて約三二五〇万ドル（約三六億円）の無償資金協力を追加で行うと発表し、二〇一七年八月以降の総額は約八二七〇万ドル（約九一億八〇〇〇万円）となっている。*105 しかし現実は厳しく、JRP二〇一八年版で必要とされた資金総額九億五〇〇〇万ドルは何とか六九%が集まったが、二〇一九年版は同年六月時点で九億二〇五〇万ドルの二二%しか達成されておらず、難民の大量流入から丸二年を前に早くも停滞感が漂いつつある。

人道危機の現況について二〇一九年版は「この一年余りで状況は徐々に安定し始めている。基本的な支援が提供され、キャンプの生活環境は改善され、災害リスク軽減対策は概ね成功した」とする一方で、依然として「ロヒンギャは非常に不安定な状況にある。ミャンマーにおける彼らの窮状の根本的要因は解消されず、その将来はまだ不確実である」との認識を示した。二〇一九年の戦略目標として、①すべての難民（女性・男性・少女・少年）に対して一括して保護サービスを提供すること＝個人やコミュニティに権限を持たせ、あらゆる観点で影響を受けた人々が権利と福利を享受できる環境（の創出）に貢献する。②影響を受けたすべての人々に対して命を救うための支援を提供すること＝女性・男性・少年・少女に公平に支援が行き届くよう質の向上とサービスの合理化を図る／災害のリスク軽減を主流化し、自然災害への備えを確実にする。③社会的結束を促進すること＝ホストコミュニティを含む影響を受けた人々に対して良質なサービスへのアクセスを公平に保証することで、バングラデシュ政府との緊密な協力関係による安定的かつ持続的な支援を実現する／強靭性の構築、能力強化、環境やエコシステムの回復を図る――を掲げた。

これだけでは非常に訳がこなれないが、後段では個々の部門を越えた分野横断的課題として、①プロテクション（保護）とジェンダー主流化、②環境と生態系の回復、③社会的結束、④自然災害への備えを強調している。加えて、私なりの解釈では、緊急期が過ぎて状況がやや落ち着いた今、難民自身が生活環境の改善や保護に関して主体性を持つこと、ホストコミュニティにも最大限配慮すること、長期化を見越してバングラデシュ政府の省庁・機関との協力関係を拡充することなどが大きな流れになるだろうか。

国連機関の微妙な関係

ところで、ロヒンギャ難民支援の枠組みには、人道支援関係者や専門家が「異例」と指摘するひとつの特徴がある。難民支援と言うと、まず頭に浮かぶのはUNHCRだが、当地ではどちらかと言うとIOMが存在感を示し、両者が共同で現場をリードしている。人道支援の超ビギナーである私は、初めて出席したWASH（水・衛生分野）のキャンプレベルの調整会議で、IOMとUNHCR職員が並んで議事進行役を務めているのを見て「仲が良いんだなあ」と間抜けな感想を抱いたが、実はデマケーション（縄張り争い）をめぐる火花が散っており、会議の最後に「この件はキャンプの真ん中を流れる小川のこちら側がUNHCR、向こう側をIOMが担当する」というような説明があったと記憶する。現在（二〇一九年）は、例えば各キャンプの施設建設や用地を管理するサイト・マネジメントの地域分担を見ると、クトゥパロン巨大キャンプの北半分がUNHCR、南半分および複数の飛び地キャンプがIOMであり、テクナフ郡に連なるキャンプ群は北半分（アリカリ・レダ）はIOM、南半分（ナヤパラ・ジャディムラ）はUNHCRといった具合である。

移住・移民問題を扱うIOMは元来、国連システムの枠外で創設された国際機関であり、二〇一六年九月にニューヨーク国連本部で開催された「難民と移民に関する国連サミット」に際して国連に加入した。つまり、二〇一七年の大惨事のわずか一年前に国連機関になったばかりである。

そのＩＯＭがＵＮＨＣＲと肩を並べるプレゼンスを示していることについて、公式な説明などないが、ウワサを含めて現地で耳にした理由を列挙すると、①過去のロヒンギャ大量流入・本国送還にあたってバングラデシュ政府とＵＮＨＣＲの間で多くの確執があり、それほど関係が良好ではないこと、②バングラデシュ政府はロヒンギャを「強制退去させられたミャンマー国民」（ＦＤＭＮ）と見なし、「難民」として扱っていないこと、③ＩＯＭバングラデシュ事務所の幹部がハシナ首相の近親者だったこと、④大惨事が起きる直前の二〇一七年七月二八日、同国政府とＩＯＭが協力協定を締結し、移民問題や人身売買などに共同で対処すると合意していたこと――などがある。真偽のほどは判断しかねる。

人道支援の調整メカニズムに詳しいＵＮＨＣＲ関係者と話す機会があり、前述のような事情をあけすけに尋ねたところ、こうした経緯を概ね認めたうえで「ＩＳＣＧの背景は政治的なんて言葉じゃ説明し切れない。政府とＵＮＨＣＲの関係は仲良しでばかりいられない。バングラデシュの最初の一年間は、我々だけではなく誰にとっても混乱してやりにくかったはずだ」と話した。他方でＩＯＭ職員に聞くと「ＵＮＨＣＲは世界中どこの現場でも当然のように自分たちが主役と思っているが、ここでは少しだけ大人しい。これくらいがちょうど良いんじゃないか」という本音が返って来たが、この辺りの感覚は私に分かるはずがない。ただ、後述するＡＡＲの支援事業の現地協力団体は別事業でＵＮＨＣＲと組んでいて、ある事案でＩＯＭとの協働を提案したところ、ＵＮＨＣＲに気を遣ってひどく難色を示したことがあり、両者の競合がこういう風に影響するんだと妙に納得したのを思い出す。

AARの難民支援

難民支援の現場をより具体的に理解してもらうために、AARがコックスバザールで取り組んでいる事業について説明したい。AARは二〇一七年一一月上旬に現地調査チームを派遣し、ニーズを確認するとともに現地協力団体を探した。翌一二月に若い同僚と私の日本人駐在員二人でコックスバザール事務所を開設した。二〇一八年一二月から二〇一九年六月まで実施した二期にわたる支援事業は、①支援物資の配布、②WASH（水・衛生）事業、③プロテクション事業の三つである。支援物資配布は第一期のみ、WASH事業は第一期・第二期を通じて実施し、第二期は難民キャンプに加えて周辺のホストコミュニティも対象とした。プロテクション事業は第二期に新たに開始した。これらの事業の主たる財源は、日本政府（外務省国際協力局）から（特活）ジャパン・プラットフォーム（JPF）を通じて加盟NGOの緊急人道支援に拠出される政府支援金である。二〇一九年七月からは第三期（WASH、プロテクション）が始まった。

初動対応として実施した第一期「ミャンマー避難民への越冬支援物資等の配付および水・衛生環境改善事業」（二〇一七年一二月一四日〜二〇一八年六月一〇日／事業総額約三九九六万円）は、①越冬支援物資等の配布、②トイレ・水浴び室および井戸の設置の二つのコンポーネントから成る。緊急対応期の第二期「ミャンマー避難民のための水・衛生環境改善および女性と子どものプロテクション事業」（二〇一八年六月五日〜二〇一九年六月三〇日／約二億一三八五万円）は、①水・衛生環境改善、②子供と女性の保護の二つのコンポーネントがある。バングラデシュでは正規のNGO登録をしていない団体は事業を直接実施できず、国際NGOの大半は現地協力団体（NGO）＝実施団体と提携し、自らはドナー（資金提供団体）として共同で支援事業を行っている（AARはNGO登録申請済み）。以下、AARの取り組みをコンポーネントごとに説明していく。

■支援物資の配布

第一期事業の「越冬支援物資等の配布」は、いわゆるNFI（Non Food Items＝食料以外の品目）、つまり毛布や衣類、日用品などの配布である。「熱帯地方のバングラデシュで越冬？」と思われるだろうが、例年一二〜二月頃の乾季は天候が比較的安定するものの、明け方の気温が一二〜一三度まで下がり、早朝は肌寒さを感じることもあって、当地では「冬」と呼ばれる。新規流入した難民にとってキャンプでの初めての越年だった二〇一七〜一八年の冬は、バングラデシュ観測史上最大級の異例の寒波に一時見舞われ、AARの物資配布は時宜を得た貢献になったと自負している。

クトゥパロン難民キャンプ内の二地区で二〇一八年一月二九〜三〇日、一二五九八世帯（約一万二九九〇人）に毛布二枚、蚊帳一張、大人用・子供用の衣類それぞれ二着をセットにして配布した。現地協力団体はキリスト教系NGO「Bangladesh Nazarene Mission」（BNM）。配布に当たた

支援物資配布の事前登録・クーポン配布を行うAAR Japanと現地協力団体スタッフ（2018年1月27日）

っては、事前に聞き取り調査を三日間行い、成人男性がおらず女性や子供が世帯主の家庭、高齢者や乳幼児、障害者がいる世帯を優先的に探し、難民の中でもより弱い立場にある人々が支援から漏れないよう最大限配慮した。テントを覗いて本当に何も持っていない家族も配布リストに載せた。最初にＣＩＣ事務所に相談したところ、市場や配給所に近い古株難民の地区を勧められたが、行ってみると援助物資が充分出回っていたため、キャンプに到着して間もない難民を優先することにして、クトゥパロン西方に拡大しつつある新しい造成区域で調査をやり直した。火星のような殺風景な場所だった。

キャンプには約一〇〇～二〇〇世帯ごとにマジ（船頭）と呼ばれるリーダー役がいる。難民の中で信頼され、ＣＩＣや軍に任命されるマジは長老という訳ではなく、ある程度教育があり、折衝能力に長けた三〇～四〇歳代が多いようだ。担当エリアの世帯を熟知している彼らにも相談して配布世帯を特定したうえで、前日までに事前登録とクーポンの配布を行った。大量の物資はコックスバザールでは揃えられず、約一〇〇キロ離れたチッタゴンから業者を通じて調達した。配布初日の一月二九日は、県のＤＣ事務所で検品に手間取って出発が遅れ（事前に承認されたのに単価が高いの何の難癖を付けられた）、配給所に詰め掛けた約一三〇〇人の難民がトラックの到着を待ちわびた。男女ごとに並んだ難民ひとりひとりに登録者リストに拇印を押してもらい、袋に詰めた物資を手渡し、砂埃が時折舞う中、一時間半で何とか配布を終えた。援助関係者がキャンプを出なければならない午後四時をとっくに過ぎており、心底へとへとになった。二日目はもう少しスムーズに進み、無事に配布を完了することができた。難民たちは誘導に従って整然と動き、「そうか、こっちは初めてだけど向こうは慣れてるんだ」と当たり前のことに気付いた。

しばらく経って任意抽出した四〇世帯に事後調査を行ったところ、三九世帯が「配布物資の品質・数量に満足している」と回答したので、配布の目的を果たしたと判断した。これとは別に、ＡＡＲは現地調査中の二〇一七年一一月二七日、自己資金（支援者のご寄付）による物資配布を実施し、クトゥパロンの別の地区で約四五〇世帯に毛布二枚、子供服二着ずつを配布しているので、合計三〇〇〇世帯余りに日本の善意を届けたことになる。全体から見れば微々たるものに過ぎないが、数カ月後その地区を訪ねた時、見覚えのある独特のアップリケが付いたパーカーを着た男

AARによるクトゥパロンでの支援物資配布（2018年 1 月29日）

の子を見掛け、「ちゃんと着てくれてるんだ」と安堵した。また、ある母親は受け取った子供服を開封せずに仕舞い込んでいたので、理由を尋ねると「ラマダン明けのイード（祝祭）の時に着せてやろうと思って大事に取ってある」という答えが返って来て、嬉しいような切ないような気持ちになった。

■水・衛生（WASH）改善事業　給水とトイレの整備は、人間らしく衛生的・健康的に生活するうえで必要不可欠な最優先の要件であり、WASH（Water Sanitation and Hygiene）と呼ばれる水・衛生事業は、難民キャンプの人道支援で最も重要な取り組みのひとつと言える。AARは第一期・第二期を通して、難民キャンプとホストコミュニティ合わせてトイレ四五〇基、水浴び室二二六基、井戸九二基を建設し、難民五四〇八世帯（約二万七〇四〇人）、地域住民三四四世帯（約一七二〇人）の合計五七五二世帯（二万八七六〇人）の衛生環境の改善を図った。

私たちが来る前、二〇一七年九月に始まる難民キャンプの緊急支援の最初期は、修羅場のやっつけ仕事で簡易トイレや浅い井戸が無秩序に設けられた。トイレは深さ六〇〜七〇センチほどのコンクリート製リングの上に、プラスチック製便器が真ん中に付いた蓋を被せただけの代物で、あっという間に汚物が溜まって使えなくなった。井戸は清潔な水が得られる深井戸ではなく、しかもトイレと井戸がすぐ横に並んで設置された場所も多かった。人道支援の現場では、水・衛生や食料供給などで守るべき最低基準を定めた「スフィア基準」（Sphere Standard／一九九八年制定）

緊急支援の初期に隣接して設置された井戸とトイレ（クトゥパロン）

という国際ルールがあり、例えばトイレと地下水源（井戸）は三〇メートル以上離さなければならないが、最初はそれどころではなく、全くお構いなしだったようだ。

難民キャンプ全体の既存のWASH施設数（二〇一八年一〇月時点）は、トイレ四万二四七四基（稼働率九一・九％）、水浴び室二万三三二七基（同九七・一％）、井戸一万六六九二基（同七五・七％）である。[*106] 稼働率が案外高いが、現場を歩くと放棄されて草むらや土砂に埋もれたトイレや井戸は数知れず、最初期を含めると実際に設置された施設の累計は恐らくもっと多く、稼働率はもっと低いような気もする。

AARが水・衛生事業に参画したのは、大量流入の混乱がいったん収まり、クトゥパロン西方へのキャンプ拡張が急ピッチで進んでいた時期で、WASHクラスターで地区ごとの建設計画を調整し、GPSデータによる全施設の一元管理が始まっていた。AAR第一期は当初、トイレ四基・水浴び室二基が一棟になった長辺約八メートルの長屋型の公共施設と井戸一基を組み合わせて、クトゥパロン難民キャンプの二二カ所に建設する計画だった。トイレはセプティックタンク

AARが建設中のトイレ・水浴び室併設の公共施設（ナヤパラ）

（便槽＝約四・二×二・四メートル、深さ一・八メートル）を施設の傍らに付設し、汲み取りを行えば数年間使える設計を採用した。

しかし、二〇一八年一～二月頃、建設用地の選定と確保で早くも問題が生じた。難民キャンプではトイレひとつ設置するにしても各団体が勝手に建てている訳ではなく、WASHクラスターが把握しているギャップ（既存施設がない空白）に基づいて、同じ地区で活動する他団体と調整を図る必要があるが、私自身初めての経験で、そうした手順を最初は正しく理解していなかった。現地協力団体C（団体名は伏せる）は、農村部のマイクロクレジットなどを手掛ける全国規模のNGOだが、実は彼らも大規模な緊急人道支援には慣れておらず、全く無秩序だった最初期に手当たり次第に建てた感覚のまま動こうとして、クラ

やぐらを使った人力による井戸の打ち込み作業（クトゥパロン）

スターとの調整を無視していた。
それに気付いて調整を試みた時は手遅れで、各団体の縄張りは決まっており、長辺八メートルというトイレ・水浴び室としては大型の造り（しかも便槽併設）もネックになって、クトゥパロンで建設用地二二カ所を確保するのが難しくなった。花見の場所取りに出遅れたようなものだった。クラスターと掛け合い、複数の団体と交渉したが用地を譲ってもらえず、必死に駆け回るうちに、テクナフ郡のキャンプ群は援助団体が少なく、まだまだニーズがあることが分かった。かなり遠隔地だが面白そうである。難色を示す協力団体Cを説得して（そもそも彼らの不手際なのだが）、施設のうち一七カ所をテクナフのナヤパラ難民キャンプ（シャルボン拡張地区）に振り分けることにした。ところが、ベンガル湾とナフ河の汽水域に面するテクナフ地域は、地下水が高濃度の塩分を含むなど飲料に適さず、WASHクラスターでも井戸を奨励していなかった。泣きっ面に蜂だがどうしようもなく、再度検討してトイレ・水浴び室と井戸を切り離し、井戸は全二二基をクトゥパロンに設置することで最終決定した。私自身かなり手際が悪く疲労困憊したが、この時ナヤパラで出会った現

完成した井戸とトイレ・水浴び室（後方）の公共施設（クトゥパロン）

地団体NGOフォーラム（NGO Forum）と次期事業でパートナーを組むことになり、個人的にもテクナフ地域にとりわけ強い思い入れができた。
紆余曲折を経て、二〇一八年五月までにクトゥパロンの複数の地区にトイレ・水浴び室五カ所、深さ約二〇〇メートルまで鋼製パイプを打ち込んだ手押しポンプ式の深井戸二二基、ナヤパラにはトイレ・水浴び室一七カ所が完成した。しかし、協力団体Cの施工管理がいささか不徹底で、建設業者によっては作業や資材の質が悪く、ドナー（資金提供団体）であるAARが現場に張り付いて口出ししなければならない場面が多かった。国連機関のWASH責任者から「地元NGOは絶対に信用するな。連中に任せると、とんでもない目に遭う」とアドバイスされたこともあり、そ

AARが設置した井戸を利用する難民たち。男性や子供は井戸端で水浴びする（クトゥパロン）

れは当会だけでなく外国のNGOの大半が直面する問題だった。情状酌量の余地があるとすれば、空前の難民バブルにある当地では、国連機関や有力な国際NGOが高額の給与で（さして優秀ではない者まで）人材を引き抜いてしまい、現地NGOは弱体化が著しかった。協力団体Cにも真面目で気の良いスタッフはいたが、現場のお粗末さは目を覆うばかりで、AARだけでなく他のドナーを次々失っていった。

WASH事業を手掛けて実感したのは、この仕事は施設が完成しておしまいではなく、むしろ維持管理が極めて厄介という当たり前の事実だった。トイレの場合、明らかな施工ミスで便器から便槽へのパイプが詰まったり、床が割れたりする不具合が見付かった。井戸も一本の井戸で数十世帯が入れ替わり立ち替

丘陵地帯を切り開いたクトゥパロン拡張エリアにAARが設置した井戸

わり水を汲むため、ハンドルの軸が折れたり、設置場所によっては充分な水量が得られなかったりして、苦情が来る度にできるだけ修理しなければならなかった。とりわけ渇水期の一～三月頃に井戸が完成すると、難民たちは本当に救われたと思うらしく、クトゥパロンで大勢に囲まれて「ありがとう！」「アッラーのご加護を」と次々に握手を求められた一方で、せっかく完成した井戸がしばらくして行ってみると使われていなかった時は、心底情けない思いがした。言うまでもなく、日本国民の税金を少しも無駄にはできなかった。

もっとも、設備の状態は利用者自身のオーナーシップ（主体性）によって左右される面も大きい。クトゥパロンのある地区では、AARが設置した井戸が故障する度に、マジが中心になって費用を集め、修理しながら大切

修理費を出し合ってAARの井戸を使い続けるアフマド一家（クトゥパロン）

に使ってくれている例があった。長老格の元高校教師、アフマド（七五歳）は「約五〇世帯が使うこの井戸は、私たちにとってなくてはならない公共の財産だ。修理が必要な時は一世帯当たり五〇タカ（約六五円）ずつ出し合うが、私は家族が多いし、少しばかり蓄えがあるので八〇〇タカ（約一〇四〇円）を二回寄付した。こんな環境だから助け合わないと暮らしていけない」と誇らしげに話した。

ナヤパラでも「トイレの掃除は誰がしてくれるんだ？」と文句を言う難民もいれば、数世帯が協力して清潔に保ってくれている施設もある。何かしてもらって当たり前と思う難民がいる半面、こんな環境にあって自分から動こうとする人もいて、それは個々の資質や人柄にもよるのだろう。言うまでもなく支援は無制限ではなく、避難生活の長期化に伴い、

AAR第２期事業で設置した独立型のトイレ（クトゥパロン）

彼ら自身が主体性を持って維持管理や修理に取り組めるように、難民による管理委員会の設立、修理技術の研修などソフト面の支援に徐々にシフトしていく必要がある。

　さて、第二期は前期事業の教訓を踏まえて見直しと拡充を図り、新たな現地協力団体としてＷＡＳＨを専門とするＮＧＯフォーラムと提携した。トイレ・水浴び室は長屋型ではなく、使い勝手が良く管理責任を明確化しやすい独立型に変更し、ウキア、テクナフ両郡の難民キャンプ（クトゥパロン三地区、アリカリ、レダ、ジャディムラ）にトイレ三一〇基、水浴び室一三〇基、井戸四六基を建設したのに加えて、両郡のホストコミュニティにもトイレ五七基、水浴び室五四基、井戸二八基を設けた。汲み取りトイレは深さ六メートルのコンクリート製便槽を一基につき二本備えたダブ

AARがクトゥパロンに建設した屎尿処理（FSM）施設

ル・ピット方式と呼ばれるバングラデシュ当局の推奨デザインを採用している。

そうなると、汲み取りした排泄物を独自に処理するシステムが必要であり、この事業では屎尿処理（FSM：Fecal Sludge Management）施設をクトゥパロン、ジャディムラ両キャンプに一カ所ずつ建設した。有給ボランティアが小型ポンプで排泄物を集め、微生物を活用したＡＢＲ（Anaerobic Baffled Reactor：嫌気性バッフル反応器）技術で化学薬品を用いずに処理する。液体はフィルターを通して浄化・無害化したうえで排出し、沈殿した固形物は決められた場所に埋めるか、植林の肥料として利用される。二〇一九年五月に二施設とも稼働開始した。

たかが汲み取りと思うかも知れないが、こうしたシステムが動いていること自体、二〇

水浴び室で洗濯する女性（ナヤパラ）

一七年当時と比べて飛躍的な進歩である。難民の男性たちは以前、道端に設けた高さ数十センチのビニールの囲いの中で小用を足し、テントから離れた草むらで排泄していた。そうした場所に知らずに入り込み、異臭に気付いて逃げ出したことも度々ある。女性たちはそうはいかず、自宅テントの傍らのビニール囲いで用を足すなど不自由な思いをしていた。水浴び室は何ということもない簡素なハコ（シャワーはないのでバケツの水を用意する）だが、特に女性たちにとって重要な意味を持つ。男性や子供は井戸端や溜池で日中、半裸で水浴びしているが、女性や少女たちはトイレと同様、テントの片隅に設けた狭い仕切りの中で、夜間に水差しを使ってチョロチョロと水浴びすることを余儀なくされていたため、キャンプで中年の女性陣に取り囲まれて「水浴び室を建ててほしい」と懇願されたこともある。水浴び室のドアには掛金の鍵が付いており、割とゆったりしたスペースで水浴びできるほか、コンクリートの床の使い勝手が良いらしく、昼間は専ら洗濯場として利用されている。もちろん男女用を区別する表示（ピクトグラム）をドアに貼っている。

ＷＡＳＨ事業では建設以外にソフト面の取り組みも大切である。難民キャンプでは各施設の利用者の中から合計六八二人のケアテーカー（管理人）を選任して基礎的な講習を行い、日常的な清掃や衛生チェックを任せるほか、手を挙げて選ばれた有給ボランティア一七人が現地協力団体スタッフによる衛生啓発活動（手洗いの励行、トイレの使い方、食品の衛生管理など）を手伝っている。衛生啓発は文字が読めない難民もいることに配慮して、イラストや写真を使い、彼らの言葉で話し掛け、男女別に毎回一五〜二〇人ほどの参加がある。私たちも幼い頃、うがい手洗いを厳しく躾けられたように、石けんで丁寧に手を洗うことは最も安価で効果的な衛生対策になる。とはいえ、充分に給水できていない地区で「手を洗いましょう、トイレを流しましょう」と呼び掛けるのは半分ウソっぽく、何だか申し訳ない気がしないでもなかった。

第二期ＷＡＳＨ事業では、難民流入の影響を受けるホストコミュニティに支援対象を広げたが、これについては後段のホストコミュニティ支援で説明するとして、テクナフ地域の給水事情を説明しておきたい。前述した通り、テクナフでは地下水が塩分を含み、地質学的にも深井戸の設置に適さないと言われており、給水システムの構築は難民キャンプに限らず地域全体の最優先の課

ナヤパラでの衛生啓発活動（第１期事業）

題になっている。一般の集落は井戸を使用しているが、試しに飲んでみると明らかに塩味がする。住民は煮沸したりフィルターを通したりして飲み水や料理に使っているらしく、もちろんホテルやレストランではペットボトル入りの水を買う。

難民支援ではナヤパラ（シャルボン拡張地区）の場合、国際ＮＧＯオックスファムがＵＮＨＣＲとともに小規模ダムなど五カ所の水源を設けて、ポンプで水を汲み上げ、パイプを通して簡易浄水施設に集めて処理した後、丘の上にある複数の配水タンクに送り、最終的にはキャンプ内の各所に設置した簡易水栓で午前・午後の一日二回、約一時間半ずつ給水している。簡易水栓の周りには絶えず順番待ちの水瓶やバケツ、ポリタンクが並ぶが、濁った溜池で水汲みしていたことを思えば格段の

ナヤパラの給水システムの水源のひとつである小規模貯水ダム

改善が見られる。ＡＡＲは難民キャンプとホストコミュニティ双方に役立つ天水利用システムの可能性を検討し、第二期事業でジャディムラに開設したチャイルド・フレンドリー・スペース（ＣＦＳ）に天水タンクを試験的に導入した。

ところで、第一期のトイレ建設中、ちょっとした発見があった。現場を見て回るうちに、場所によってトイレの個室の中で便器の向きが違う、つまり、しゃがんだ時にドアを背にしたり横向きだったり、同じ設計図のはずなのに揃っていないことに気付いた。「おかしいじゃないか」と指摘すると、建設業者の答えは「メッカにお尻を向けてはいけない」。世界中のイスラム教徒はサウジアラビアの聖地メッカの方角を向いて祈り、それはバングラデシュからほぼ真西に位置する。長屋型の

ジャディムラの簡易水栓で水を汲む難民たち

施設は建設用地のスペースや周辺の状況によって正面の方角がまちまちなため、メッカに尻を向けないように施設ごとに便器の向きを調整していたのだった。用を足す時にメッカが正面になってもいけないので、要するに便器は南北方向に設置しなければならない。イスラム文化圏で暮らすのは初めてではないが、便器の向きなど気にしたこともなく、自分でトイレ建設を手掛けて初めてルールに気付いた。日本でも「(恩人に)足を向けて寝られない」という言い回しや「北枕」を避ける慣習があるが、メッカとトイレの関係は「ああ、そうか」と素直に納得させられた。

■**プロテクション事業**　人道支援におけるプロテクション(保護)は、例えば赤十字国際委員会(ＩＣＲＣ)の定義によると「個々人の権利が国際的に確立されている条約（人権法、国際人道法、難民法）にしたがって完全に尊重されることを目的とする活動」のことで、これは「人種、国籍または出身、言語、性別に関係なく公平に行わなくてはならない」という。[*107] 要するに人道危機にあって、難民などの基本的人権を尊重して適切に保護するという意味だが、現場では特に女性や子供、高齢者、障害者など社会的に弱い立場にある人々を想定することが多い。ＩＳＣＧのプロテクション・クラスターには、チャイルド・プロテクション（子供の保護）、ＧＢＶ（Gender Based Violence＝性差に基づく暴力）の二つのサブ・セクターがあり、後者は主に女性に対する暴力や性的搾取などを扱う。すべての難民の人権や尊厳を守るのは当然として、当地のキャンプでは全体の四分の三以上を占める子供と女性がプロテクションの主たる対象となり、その活動のための施設がそれぞれチャイルド・フレンドリー・スペース（ＣＦＳ）、ウーマン・フレンドリー・スペース（ＷＦＳ）である。

ＡＡＲは第二期にプロテクション事業に参画し、この分野の援助が不足していたテクナフ郡のジャディムラ、アリカリ両難民キャンプを事業地に選んで、ＣＦＳとＷＦＳ二カ所ずつ計四施設を建設した。約五〇平方メートルのオープンスペースとカウンセリング・ルーム、事務室、トイレなどを備え、コンクリートの土台に青い金属波板の外装、プラスチック板の屋根の簡素な施設は約二カ月で完成し、二〇一八年一一月末に開設式を催した。ＣＦＳは五〜一八歳の子供たち（男女）を対象に各施設一〇〇人ずつ計二〇〇人、ＷＦＳは年齢を問わず二〇〇人ずつ計四〇〇人が登録している。ＣＦＳの開設式には、両施設とも明らかに定員を大幅に上回る子供たちと保護

アリカリにAARが建設したCFSの開設式に集まった子供たち（2018年11月29日）

者、行政関係者や住民代表らが参加し、賑やかな歓声の中でプログラムの開始を祝った。何もなかった場所に施設が建って、子供たちが集まっている光景は、自分が発案したにもかかわらず全く実感がなく、ただただ不思議な気持ちがした。

プロテクションの知識も何もないまま、この分野に手を出そうと東京本部に提案した理由は、他団体が運営するＣＦＳやＷＦＳをいくつか見学して、それらが難民キャンプのくすんだ風景の中で唯一希望を感じる場所として輝いて見えたという極めて情緒的かつ短絡的なことだった。現地協力団体はＷＡＳＨ事業と同じＮＧＯフォーラムで、彼らもプロテクションは初めての挑戦であり、経験者を新規雇用してチームを編成した。プロテクションがＷＡＳＨとは比べ物にならないほど高尚

現地協力団体NGO Forumとのテクナフ事務所での打ち合わせ

な理論や概念、厄介なルールと手続き、専門的なスタッフ育成など高いハードルがあるのを知った時は、もう引き返せなくなっていた。恥ずかしい限りである。

各施設の活動を紹介しよう。CFSは年齢別に五〜八歳、九〜一二歳、一三〜一八歳の三クラスに分けて、一日三編成（約二時間ずつ）のプログラムを設けた。低年齢のクラスはお絵描きやゲームなどのレクリエーション、年齢が上がるごとにビルマ語と英語の識字教育、詩の朗読、算数などを学ぶほか、プロテクション本来の目的として家庭内暴力や人身売買、児童労働、早期婚などのリスクを教え、そうした危険から身を守ることの大切さを伝えている。NGOフォーラムのプロテクション・オフィサーの下、施設マネージャー、心理カウンセラー、文化・啓発担当者、難民の

ジャディムラのCFSで行われるビルマ語の授業

有給ボランティアなど施設ごとに一三人のスタッフを配置し、悩み事を抱えた子供たちを心理面でもサポートする。子供たちの多くは早朝マドラサに行き、日中はラーニング・センターにも掛け持ちで通うので、近隣の類似施設との時間割調整も必要になる。

子供たちは「ミャンマーには同じ年頃の友達が集まって遊んだり勉強したりする場所ははなかった。こんな楽しい施設ができて嬉しい」と話し、いつも元気いっぱいである。六歳の男の子は習ったばかりの英語でホワイトボードに自分の名前を書き、私に得意げに見せた（逆にビルマ語は正しく書けないらしい）。「先生にも差別されるので小学校には余り行かず、マドラサに通っていた」という一〇歳の少女は「今は英語とビルマ語で名前が書ける」とはにかんだ。

ジャディムラのCFSで子供たちが描いたミャンマー国軍による武力弾圧の場面

しかし、CFS開設当初は難民流入から一年余り経つにもかかわらず、ミャンマーで目撃した住民虐殺や暴力行為、あるいは死んだり行方不明になった家族のことを思い出して、意欲の低下や孤独感、不眠症に陥るなど軽度の心的外傷後ストレス障害（PTSD）と見られる子供が少数ながらいた。図画の時間に絵を描かせた時、複数の子供がラカイン州で受けた武力弾圧の場面を描き、マウンドー県ブティダウン郡出身の一三歳の少年は「村の水路に国軍のボートが入って来て機関銃を乱射し、従弟が撃たれて死ぬのを見た。一五歳と一四歳の兄さんたちは兵士に連れて行かれて殺された」と話した（前ページ上段の絵参照）。子供に紛争の絵を描かせて「トラウマを抱えている」と診断するお決まりの手法を、私は余り信じていなかったのだが、実際に目にして「本当にこんな絵を描くんだ」と認識を改めた。心理カウンセラーによると「最初はふさぎ込みがちだったが、繰り返し面談するうちに明るさを取り戻し、仲間たちと一緒に普通に活動できるようになった」。また、すぐにケンカするなど家庭内暴力や体罰が原因と見られる粗暴な子供もごく少数いて、スタッフ全員で目配りしながら継続的にケアしている。

WFSは保守的なイスラム社会にあって、家の外で自由に集まる機会がほとんどない女性たちが安心して活動できる場所を提供している。同じく施設マネージャーや心理カウンセラー、啓発担当者、有給ボランティアなど施設ごとに一三人のスタッフを配し、啓発部門と心のケア部門を運営する。啓発部門は育児の悩みや生活の知恵など何でも自由に語り合う井戸端会議形式のグループディスカッション、型押しの染色や竹工芸、ビーズ細工などのワーク・セラピーに加え、家庭内暴力や人身売買、性暴力の予防、健康指導といった啓発活動を実施している。

心のケア部門では、悩み事を抱えた女性を心理カウンセラーがサポートし、WFS開設以来の半年間で延べ約一四〇人に対応している。相談の大半は家族内のトラブルだが、いわゆる青年期・思春期の女性たち（adolescents／一部CFSを含む）は、早期婚など周囲に結婚を強要され、それを誰にも打ち明けられないという悩みが多い。成人（既婚）女性は、夫からの暴力（言葉を含む）、望まない性交と妊娠、難民キャンプの生活や子供の将来に対する不安などの問題を抱える。家庭内暴力や夫の浮気、生活の不安といった悩みは世界共通とは言え、ロヒンギャの女性たちの場合、ミャンマーでの異常な体験、難民キャンプという特殊な生活環境がすべての面でネガティブに作用しているのは間違いない。

逆に言うと、そうした胸の内を吐き出せる唯一の場として、WFSは少なからぬ役割を果たしていると思う。過酷な経験から精神的に追い詰められていた女性が、救いを求めてAARのWFSに通ううちに笑顔を取り戻し、今ではボランティアとして活躍している実例もある。性暴力被害などより重篤な心理的外傷を負った女性がいた場合は、クラスターのルールにしたがって専門性の高い機関や専門医に照会するシステムを備えるほか、啓発チームが施設外でアウトリーチ活動を展開し、子供や女性の保護に関して男性を含めたコミュニティ全体の理解とサポートを促進している。

もともとロヒンギャ社会にそういう土壌があるのか、閉鎖空間で男性たちもストレスが溜まっ

ジャディムラにAARが建設したWFSの女性たち

ているのか、キャンプでは家庭内暴力や性犯罪被害の報告が後を絶たない。これはロヒンギャに限らず、バングラデシュでも大きな社会問題になっていて、レイプ事件は新聞でも頻繁に報道される。二〇一九年四月には、首都ダッカ南郊のマドラサで、校長によるセクハラ被害を警察に告発した女子学生（一九歳）が学校の屋上で灯油を掛けられて火を付けられ、全身火傷で死亡する衝撃的な事件が起きた。[*108] 校長を含む二〇人が逮捕され、政府は全国の学校・教育機関二万七〇〇〇校にセクハラ・性暴力防止のための委員会の設置を指示したが、それはこうした被害が蔓延した実態を示している。難民キャンプでは、啓発活動によって男性による暴力はある程度抑制されつつあるが、先が見えないまま避難生活が長引く中、引き続き留意していく必要があるだ

WFSの女性たちがワーク・セラピーで作った竹細工や型押し染色の布製品

ろう。

ところで、ＷＦＳは女性が通いやすく、かつプライバシーが守られるよう特に配慮することが求められている。設置場所は男性が集まるモスクや茶屋の近くを避けて（性的な冷やかしが多い）、中を覗けないようにフェンスで囲うなどの条件があるうえ、事業を実施する私たちでさえ男性は原則として立ち入れない。開設式の当日、特別にＷＦＳの中を見て回ると、オープンスペースの片隅に鏡を置いた「お化粧コーナー」が設けられていた。実はロヒンギャの年頃の女性や少女は化粧が大好きで、ＷＦＳのプレイベントでも女の子たちがアイシャドーや口紅を塗り、両腕にヘナで模様を描いて楽しんでいた。「メイク（化粧）セラピー」は心理カウンセリングの手法として日本でも確立されているが、難民キャ

WFSのプレイベントで化粧を楽しむロヒンギャの少女たち

ンプの単調な日常にあって、化粧が彼女たちのストレス発散と自己確認の手段になっているように見える。

■ホストコミュニティ支援　バングラデシュ政府は外国のNGOに対し、ロヒンギャ支援の予算総額の二五～三〇％を難民流入の影響を受けたホストコミュニティに充てることを推奨している。難民キャンプとホストコミュニティ間の確執は世界中で起き得る事象だが、コックスバザールの農村部は、当局に言われるまでもなく客観的にも支援が必要な状態にある。AARの第二期WASH事業では、現地協力団体を通じた事前調査や郡事務所の要請に基づき、貧困世帯が多くインフラ整備が遅れた八地区（ウキア郡五／テクナフ郡三）を選定し、合計トイレ五七基、水浴び室五四基、

衛生用品セットを受け取るホストコミュニティの女性（ウキア郡）

およびウキア郡に井戸二八基を設置した。これらの集落は幹線道路から遠く、茅葺・土壁の家屋はまだしも、庭先にあるトイレや水浴び場は難民キャンプよりもお粗末な場合が多い。事前調査で訪ねたウキア郡の集落では、自宅から二〇〇メートル離れた崖下の共同井戸まで水を汲みに行く辛い仕事を子供たちが担っていた。AAR事業でカバーできる範囲はごく限られているが、新たに井戸を設置した集落では「この井戸は水質が良く水量もあって、近所の数世帯が共同で使っている。外国のNGOの支援を受けるのは初めて」（住民の女性）と素直に喜ばれた。

また、WASH事業の一環として、衛生用品セット（水瓶、サンダル、石けん、歯ブラシ、爪切りなど）を、既に多くの支援物資が出回る難民キャンプではなく、あえて両郡のホス

AARによる衛生用品の配布に集まったウキア郡の村人たち

トコミュニティの七〇〇〇世帯を対象に配布したのも大きな特徴である。毎回三〇〇〜六〇〇世帯に配布するが、ウキア郡の集落で行われた配布に際して、集まった数百人を前に「ロヒンギャ難民が大量流入した時、皆さんが彼らを助けたことはよく知っている。今日は日本の人々からの贈り物を持って来た」と挨拶すると、しきりにうなずく住民が多いのが印象的だった。セットの単価は二五〇〇タカ（約三二五〇円）と決して少額ではなく、外国のNGOが難民だけではなく、地域住民のことも気に掛けているというメッセージになったと思う。

風変わりな事業地もある。クトゥパロン難民キャンプの北七〜八キロの丘陵地に少数民族の住民が孤立しているとの情報があり、事前調査の段階でウキア郡当局からも「行政として対処できておらず、NGOの援助も届いていない。支援してもらえないか」との打診があった。幹線道路から悪路を数キロ進んだ先にある現地を訪ねると、乾き切った無人の荒れ地に見すぼらしい小屋が散在していた。出迎えてくれたのは、コックスバザール県の北東に広がるチッタゴン丘陵地帯の先住民族のひとつ、トンチョンギャの人々だった。優しい顔立ちをした小柄な東南アジア系の少数民族で、「私も仏教徒だよ」と話し掛けるだけで彼らの表情がほころぶ。試しにトンチョンギャが使う文字を書いてもらうと、正確には分からないがビルマ文字のように見えた。

チッタゴン丘陵地帯のバンドルバン県で農業と日雇い仕事をして暮らしていた彼らは、悪質なベンガル人入植者グループから金銭要求などの嫌がらせを受け続け、身の危険を感じて二〇一九年初頭にコックスバザール県に逃れて来た。地元当局に充てがわれた土地は、とても人が住めるような場所ではなく、難民キャンプが楽園に思える。五二歳のリーダーは「既に二六世帯が住んでいて、もうすぐ五〇世帯が来る。誰にも助けてもらえず見捨てられていると思っていたので、私たちのために来てくれて本当に嬉しい」と話した。AARはここに井戸四基などを建設した。ホストコミュニティと呼べるかどうかは微妙だが、難民流入にあえぐ地域の貧困対策の一助として、日本のNGOが「忘れられた少数民族」に最初に手を差し伸べたことは間違いないだろう。

付記すると、バングラデシュ南東部はロヒンギャだけでなく、歴史的・民族的に複雑な問題を抱えている。インド、ミャンマー両国と国境を接するチッタゴン丘陵地帯では、「ジュマ」と総

チッタゴン丘陵地帯から逃れて来たトンチョンギャの女性たち（ウキア郡）

称される先住民族（一一〜一二民族／約六〇万人）が焼畑農業を営んで暮らしていた。最大民族のチャクマ、マルマなど仏教徒が多いが、ヒンドゥー教徒、キリスト教徒のほか土着信仰も見られる。丘陵地帯には一九五〇年代からベンガル人が浸透し、一九七一年のバングラデシュ独立後は同化政策としてベンガル人の入植が進んだことから、これに反発するジュマの武装組織とバングラデシュ軍が戦闘状態に突入した。難民六万人がインドに流出し、数千人に上る死者を出した激しい紛争は、一九九七年に和平協定が結ばれて表向き終結したが、奪われた土地の返還や軍の撤退は進まず、ジュマへの襲撃や誘拐が今も度々起きるなど問題は解決していない。私たちが出会ったトンチョンギャの人々は、その典型的な被害者と言える。ミャンマー側でベンガル系イスラム教徒のロヒンギャが仏教徒から受けたような迫害を、バングラデシュ側ではベンガル人が非イスラムの先住民族に加えているという現実が目の前にあった。

不満高まる地域住民

ホストコミュニティ支援の背景について補足する必要がある。大量流入当初はロヒンギャ難民を献身的に助けた地域住民の感情は、二〇一八年から急速に悪化した。ミャンマーへの帰還の見通しが立たず、地域の人口約三六万人（ウキア郡一六万人／テクナフ郡二〇万人）の三倍に上る難民が長期にわたって滞留することが明らかになるにつれ、「難民のために不利益を被っている」という意識が徐々に強まったのである。そもそもホストコミュニティの住民たちは、一部の大地主や有力者を除いて、零細農民や日雇い労働者、トゥムトゥムの運転手、テクナフ郡まで下がると漁師や塩田労働者など、貧しい世帯が圧倒的に多い。

地域住民の間では「ロヒンギャ難民に里山の木々を切り尽くされ、水源を占有されて困っている」「家畜を盗まれるなど治安が悪くなった」といった不満に加え、「難民キャンプでは食料も衣服も何でもタダでもらえて、無料の診療所まであるのに、昔から住んでいる我々には何の恩恵もない。彼らが逃げて来た時に助けてやったのに不公平ではないか」という声が数多く聞かれる。にわかに信じ難いが「今までなかった皮膚病や呼吸器系の病気になる住民が増えた。ロヒンギャ

ウキア郡のホストコミュニティの農家。地元住民はさまざまな形で難民流入の影響を受けている

が病原を持ち込んだに違いない」と主張する住民さえいる。

ウキア郡の農業兼日雇い労働者の男性（一八歳）は「地主の農地で田植えや収穫などの農作業を手伝って生活している。以前は日当五〇〇タカ（約六五〇円）もらっていたが、ロヒンギャが来てから三〇〇タカ（約三九〇円）に相場が下がった。連中は賃金が安くても働くので、同じ金額で引き受けないと仕事がもらえなくなる。しかもロヒンギャはキャンプに戻れば何でももらえるが、俺たちは自分で買わなきゃならない。ただでさえ貧乏なのに生活は苦しくなるばかりで、ロヒンギャにはとても迷惑している。早くミャンマーに帰ってほしい」。

さらに困窮しているのが、ナフ河の汽水域で魚を取っていた漁師たちである。難民の大

テクナフ市内の船溜まり。出漁を禁じられて漁師たちは困窮している

量流入以降、違法薬物の密輸や人身売買の取り締まり強化を理由に、バングラデシュ当局がベンガル湾の河口付近を含めたナフ河での操業を禁止した。テクナフ市内の船溜まりには出漁できない漁船が数十隻係留されたままになっており、漁師の男性(二二歳)は「ナフ河を自由に行き来して魚を取り、国境を越えてミャンマー領に入っても大目に見てもらっていたのに、二〇一七年以降は船を出すこともできなくなった。子供の頃から父親と漁をして来たが、こんなバカなことは初めてだ。漁師仲間は本当に困っていて、魚を売って稼いでいた一日五〇〇~六〇〇タカ(約六五〇~七八〇円)の収入がなくなったので、日雇い仕事をして日々しのいでいる。補償も何もない。政府に何とかしてほしい」と訴えた。

コックスバザール県は局所的に観光産業が

あるものの、バングラデシュの中でも決して豊かな地域ではない。住民に聞き取りした感触では、一日の世帯収入は四〇〇～五〇〇タカ（約五二〇～六五〇円）、月額九〇〇〇タカ（約一万一七〇〇円）といったところで、ダッカの製造業・一般工員の平均賃金約一〇〇ドル（約一万一〇〇〇円）と同じような水準にある。他方、建設業者や不動産業、レンタカー会社など儲かっている業種もあって、キャンプに向かう幹線道路沿いの小さな茶屋が立派な食堂に建て替えられ、援助関係者で賑わっている例を見ても、機を見て上手く立ち回った住民はそれなりに稼いでいる。つまり地元でも格差が広がりつつある。

難民キャンプで最近気になることがある。難民は就労できない建前だが、実際には国連機関による道路建設や防災工事の作業、NGO活動の手伝いなど有給ボランティアとして働き、「インセンティブ」と呼ばれる賃金を得ている。これは"Cash for Work"（労働対価による支援）という援助手法の応用で、日本国内の大規模災害の被災者支援にも用いられる正当なやり方である。RRRCとISCGのガイドライン（二〇一八年七月）[*109]では、労働日数に制限はあるが、日当三五〇タカ（約四五五円）を基準として、建設作業や荷運び、門衛、清掃など単純労働は時給五〇タカ（約六五円）、衛生啓発活動やプロテクション施設スタッフなどややレベルが高い業務は時給五〇～七五タカ（約六五～九八円）ないし月額七二〇〇～一万二六〇〇タカ（約九三六〇～一万六三八〇万円）と決められている。

これ自体がおかしいとは思わないが、難民はすべてのサービスを保証されたうえで、プラスア

クトゥパロンで国連機関の道路整備に従事する難民たち。女性の姿も見える

ルファの現金収入を得ており、現実にはキャンプを抜け出して近隣で日雇い労働に従事することさえできる。「最近は賃上げ要求がエスカレートして、まるで労働組合だ」と眉をしかめる地元援助関係者もいる。難民流入で困窮する貧しい地域住民にすれば到底納得できないだろうし、このままの状態が続けば国連・援助団体への反発が高まり、将来的には難民と住民の衝突が起きても不思議ではない。実際に二〇一九年前半には、国際NGOに地元の若者を雇用するよう要求するデモや抗議活動が起きている（背景には地方選挙の立候補者による人気取りの煽動もあった）。

国連食糧農業機関（FAO）、WFPなどによる"Global Report on Food Crises 2019"（食糧危機に関するグローバルレポート／二〇一九年四月二日）はコックスバザールを取り上げ、最貧国バングラデシュの中でも脆弱な地域に人口の三倍の難民が流入したことによる深刻な影響に懸念を示した。具体的な事例として、一〇〇ヘクタール以上の農地が難民に占拠され、あるいは土砂流入によって被害を受けた▽きれいな農業用水や生活用水が枯渇した▽二〇〇〇ヘクタールの森林保護区が破壊され、森林資源に頼る住民から生計の手段を奪った▽ナフ河の漁が禁止され、三万〜三万五〇〇〇人の漁師と家族を圧迫している――などの点を挙げて、「ホストコミュニティの食糧安全保障が著しく悪化し、食料の消費量が水準以下もしくは境界線上にある世帯の割合は、二〇一七年八月〜二〇一八年九月に三一％から八〇％まで急上昇した」「ホストコミュニティにおける食料消費水準の低下は、需要増加による主食の価格上昇、基本的サービスへのアクセスの減少が要因になっている」と指摘した。

ホストコミュニティの被害と言えば、さすがに同情するしかなかった話を思い出す。二〇一八年三月頃に訪ねたジャディムラ難民キャンプに隣接する集落で、地主の家の主婦が訴えたのは「うちの敷地に二〇世帯余りのロヒンギャ難民が入り込み、私たちの家を取り囲むようにテントを建てて住んでいる。気の毒だから土地を使うくらいは我慢するけれど、女性たちが屋外で用を足せなくて、家のトイレを昼も夜も入れ替わり立ち替わり借りに来るので、本当に困っている」ということだった。確かにとんでもない迷惑である。ＡＡＲはそこでは支援事業を実施していないが、しばらくして通り掛かりに見ると、他団体が難民用のトイレを建てたようなので、地主夫人の悩みはひとまず解消されたと思われる。

踊っちゃいけないの？

難民支援に当たっては、相手に敬意を払い、彼らの宗教・文化・慣習を尊重して接するのが基本中の基本である。ロヒンギャの場合、彼らが結構頑なに保守的なイスラムであることに配慮する必要がある。過激な原理主義という意味ではなく、都市部のすれたイスラム教徒と違って、田舎の素朴で真面目な（やや頑迷な）人々という感じだろうか。彼らの社会では「女性は基本的に外出したり働いたりせず、大人しく家に引っ込んでいるのが望ましい。とりわけ年頃の娘たちがみだりに出歩いて、他所の男性と接することは慎しまなければならない」という規範あるいは道徳観がある（日本も昔はそうだった）。また、タリバン政権（一九九六〜二〇〇一年）下のアフガニスタンほど極端ではないにせよ、大っぴらに歌舞音曲を楽しむことも推奨されない。

クトゥパロン難民キャンプで二〇一九年前半、関係者しか知らない厄介な出来事があった。複数の証言を総合すると、あるＮＧＯが歌とダンスのプログラムを催し、子供たちが音楽に合わせて踊る様子がスマートフォンで撮影されて拡散した。ロヒンギャの人々も本当は歌や踊りが好きだが（二〜三回見たことがある）、特に少女が人前で公然と踊ったことが、コミュニティの一部を刺激したらしい。正体不明のグループ（実際は特定されている）が夜間、地区のイマーム、マジ、少女たちの父親を訪ねて「ＮＧＯは我々の文化を破壊しようとしている。そうした活動に娘たちを参加させたり、ボランティアとして働かせたりするのは言語道断だ。二度と娘たちをＮＧＯの施設に行かせるな」と警告し、一部では殺害をほのめかして脅迫したと見られる。〝夜間の訪問〟を受けた後に殺害される事件は、実際にしばしば起きている。

激しい抗議を受けて、そのＮＧＯは問題のプログラムを中止して謝罪したが、他団体を含めて女性ボランティアが嫌がらせを受ける事態が一時相次いだ。最初はどこかの国際ＮＧＯかと思っていたが、むしろ外国人はそうした点に慎重に配慮していて、政府関係者によると「同じイスラム教徒だが、歌や踊りに寛容な地方から来たバングラデシュのＮＧＯ」が何ら悪気もなく引き起こした騒動だったらしい。

ＡＡＲが運営するＣＦＳの保護者懇談会でも、ある親から「子供たちが人形やぬいぐるみで遊んでいるのは、イスラム教の偶像崇拝禁止に触れないだろうか。外国のＮＧＯは子供たちを他の宗教に改宗させようとしていると聞いたので心配だ」という思いもよらぬ発言があり、ＣＩＣやマジと一緒に「子供の情操教育の一環であって宗教的な意味はない」と説明して納得してもらったことがある。キャンプ内では一部の強硬派が事実無根のウワサを流布させており、この手の問題は他団体でも時折耳にする。ほとんど笑い話なのだが、対応を間違って付け込まれると大変なことになるので、笑ってばかりもいられない。

NGOビザと事業認可

ここまで説明した難民支援活動は、実施に当たってかなり煩雑な行政的手続きを必要とする。世界中でNGO関係者を悩ませるビザ問題、政府の事業認可、難民キャンプへのアクセス許可、正規のNGO登録などクリアすべきハードルがいくつもある。しかも開発途上国の常として、当局の対応が私たちの感覚では極めて非効率的だったり不合理だったりすることも多く、AARだけでなく国際NGOは例外なく苦労している。

ビザについては、最初の渡航に際して現地協力団体からの招聘状を添えて在京バングラデシュ大使館にビジネスビザを申請したところ、「NGO局の許可証を取得した後にNGOビザを申請するように」と却下され、やむを得ず通常の観光ビザ（一カ月）で入国した。国内外のNGOの窓口である首相府NGO局（NGO Affairs Bureau）は、関連省庁のハブとなってNGOの事業許認可に関わる権限を掌握するが、「許可証」など待っていては何カ月経っても現地に入れない。第一期事業の期間は、国際NGOの外国人スタッフの九割がやっているのと同じように、ダッカ空港でアライバルビザを取得したり、ダッカ入管本部で期間延長したり、いったんバンコクに飛んで観光ビザで再入国したりといった面倒な対応でしのぐしかなかった。

バングラデシュの入国管理業務は、国家警察特別支部（SB：Special Branch）という英国植民地時代の諜報機関を前身とする部局が管轄しているが、当局は多数の外国人がNGO活動のために観光ビザで入国を繰り返していることを黙認しながら、無作為に出頭を命じて「違法行為」をとがめることがあり、団体によっては若干の〝袖の下〟を支払ったケースもあったようだ。

晴れてNGOビザを取得したのは、第二期事業が始まって約三カ月経った二〇一八年九月である。現地協力団体がNGO局から二カ月かけて取り付けた「外国人招聘認可」などの書面を添えて、一時帰国時に在京大使館で取得できた時は、やっと肩の荷が下りた気分だった。ところが、これで終わりではなかった。当初三カ月与えられるNGOビザは「ダッカ入管で必要な分だけ延長できる」と説明されていたが、私は五カ月延長が認められたのに対し、同僚はなぜか三カ月となり、しかも二度目の延長申請は二人とも却下されて、苦労して取得したNGOビザはあっさり失効した（その後に再取得した）。他方、最初から一年間のNGOビザを発給された団体もあり、厳格な手続きが求められる割には対応が不明瞭なのである。

当地でにわかに緊張が高まったのは、二〇一八年二〜三月頃のことである。治安当局がクトゥパロン難民キャンプに向かう国道で不定期に検問を行い、NGOビザを持たずに活動する外国人の摘発を始めた。二月二二日にRAB（緊急行動部隊）が国境なき医師団（MSF）の外国人一一人を「パスポート原本を所持していない」ことを理由に拘束したのに続いて、三月一一日には日本の医療関係者を含む三九人がウキア警察署に連行される事件が起きた。三月の一件は「もうキャンプには行きません」という自筆の誓約書を書かされて、約四時間後に全員釈放されたが、巻き込まれた日本人によると「警察は高圧的な感じはなく、警官たちがペットボトルの水を配るなど気を遣っていた」という。この取り締まりは二カ月ほどで終わった。

こうした混乱を受けて、いわばNGOのパートナーである政府機関の通称「トリプル・アール・シー」（RRRC）が四月初旬、「観光ビザであっても申請すれば難民キャンプへのアクセスパス（通行許可証）を発給する」と発表した時は、当地の援助サークルが珍しく沸き立ち、私たちも大喜びで取得した。しかし、治安当局を含む政府部内で異論があったのか、その後アクセスパスもNGOビザ取得者に限定された。あくまで推測だが、バングラデシュ当局は未曽有の人道危機に世界中から駆け付けた外国人の援助関係者を拒むことも野放しにすることもできず、省庁・部局間の立場の相違もあって対応が揺れ続けたのだろう。

もうひとつ重要なのはNGO局による事業認可である。後ほど詳述する正規のNGO登録を持たない外国のNGOは、支援事業を直接実施することはできず、現地NGOと提携する必要がある。AARの第二期の場合で言うと、ホストコミュニティでの活動は開発支援のFD6、難民キャンプは緊急支援のFD7という別のカテゴリーの認可が要る。FDとは"Foreign Donations"（海外からの寄付・拠出金）を意味し、私たちはドナー（資金提供団体）、現地NGOが実施団体という関係になる。FD6（一年間）とFD7（六カ月間）の取得は申請から通常一カ月程度と言われるが、二〇一七年以降は申請が殺到して二〜三カ月を要し、それでも現地協力団体の頑張りで第一期・第二期とも比較的スムーズに取得できた。こうした場合、その団体とNGO局の親密さが何より物を言う。例えば第二期WASH事業はAARとしては一年間の単一事業だが、バングラデシュ側では期間が異なるFD6とFD7に分かれるので、この調整も現地協力団体の腕の見せ所である。あるNGOはFD7取得に時間がかかり、見切り発車で事業に着手して、やっと認可が下りたのは事業終了の直前だったという笑い話のような例もある。

外国のNGOの大半は緊急支援ということもあって、NGO登録を待たずに活動しているが、登録がないと、①自分たちで事業を直接実施できず、現地協力団体と提携して間接的な形で（ドナーとして）事業を運営しなければならない、②団体としての銀行口座を開けない、③国連などの事業を請け負えない——といった制約がある（もちろん活動自体は違法ではない）。逆にNGO登録すれば団体としての地位が確立され、裁量がぐんと広がるが、登録申請はそれほど簡単ではなく、諸々準備して申請から八カ月〜一年かかる。申請にはバングラデシュでの活動計画、現地事務所の概要とスタッフ名簿、事務所賃貸契約書のほか、会の定款や理事会名簿、会全体の活動報告、財務状況などの書類が必要で、このうち日本語の文書は公証役場で認証を受けたうえで、在京バングラデシュ大使館で承認してもらわなければならない。これと並行して、現地では登録手数料九〇〇〇ドル（税別）を政府の指定口座に納付する。AARの場合、企業の法人登記を得意とするダッカのビジネス・コンサルタント会社に委託して、二〇一九年二月にNGO局に申請して受理された。

NGO局の書類審査を通ると、内務省、社会福祉省を回覧されて最終認可に進む。内務省は治安の観点で登録プロセスに絡んでおり、前出のSBや国家安全保障情報局（NSI）といった強面の諜報機関が、所在確認を兼ねてこちらの事務所まで聴取に来る。人道支援のために滞在しているだけなのに、ずいぶん大げさにも思えるが、バングラデシュは国内の過激派組織に海外から資金が流入して手を焼いた経緯があり、怪しげな団体ではないことを確認するというのが建前である。しかし、いかに手間暇かけて完璧な申請書類を揃えても、何かと難癖を付けられた挙句、暗に〝心付け〟を求められる場合もあるらしい。もちろん、そんなものに応じる訳にはいかないが、人道支援と言っても、きれい事ばかりで済む世界ではなく、むしろ開発途上国の負の部分に否応なしに直面せざるを得ない場面が少なくない。

全くの余談ながら、ＡＡＲコックスバザール事務所は二〇一七年一二月の開設当初、国内観光客向けの中級ホテルに事務所と駐在員居室を借りていた。海岸まで徒歩三〜四分の路地裏にあって、一二月〜三月頃の観光シーズンには都会から押し寄せる「行楽客」で賑わい、何だか昭和の熱海のような感じがした。外国のＮＧＯは最初ホテルに仮住まいし、アパートを探して移転するのが一般的で、私たちも二〇一八年五月に市街中心部の新築アパートに事務所兼住居を借りて引っ越した。すぐ近くに新鮮な野菜や魚が豊富に並ぶローカル市場があるのが嬉しかった。予算を節約しながら必要最小限の家具や家電製品、食器、掃除道具、電球に至るまで、地元の店を一軒一軒回って買い揃えたのも今となっては懐かしいが、市場の店頭で生地を指定して発注したはずのカーテンが二度続けて違う柄で仕上がって来た理由は未だに謎である。

また、ＡＡＲは幸い優秀な現地スタッフを複数確保することができたが、〝援助バブル〟で勘

コックスバザールの海岸で楽しむ都会からの観光客

違いしてしまった応募者もいた。多少英語が話せるだけで何の経験もない女子大学生が「外国の取材チームに同行したら日当一〇〇ドルだった」と言って、この国の賃金水準の数倍を恥ずかしげもなく要求したり、給与だけを考えて短期間で転職するジョブホッパーがいたり、しかもそうした人材を高給で雇う団体があるのが不思議でならなかった。第一期の現地協力団体CでAARを担当した若手エンジニアが、事業の途中で他団体に移ってしまい、実は当会とは別の案件で相当額を着服していたことが後に発覚した事件もあり、二〇一七年後半から二〇一八年にかけて、コックスバザールは仁義なき狂騒状態にあったと言える。その一方で、意欲のあるバングラデシュの多くの若い人材が人道支援に携わり、現場で活躍しながら自身のキャリアを形成していく機会になっているのも事実である。

ミャンマー避難民って誰？

「なぜはっきりロヒンギャと呼ばないんだ。おかしいじゃないか！」。ＡＡＲが二〇一七年一一月に東京本部で開いたロヒンギャ難民の緊急報告会で、参加者の男性が声を荒げたことがある。「ミャンマー避難民支援の現場から」と題するこの報告会では、「ロヒンギャ難民」ではなく「ミャンマー避難民」という呼称が用いられていた。実は日本のＮＧＯの多くはロヒンギャという呼称を使っておらず、ＡＡＲなど四三団体が加盟する（特活）ジャパン・プラットフォーム（ＪＰＦ）は「民族的背景および避難されている方々の多様性に配慮し、『ロヒンギャ』ではなく『ミャンマー避難民』という表現を使用します」。同様に日本赤十字社は「国際赤十字では政治的・民族的背景および避難されている方々の多様性に配慮し、『ロヒンギャ』という表現を使用しないこととしています」と説明し、自らの支援活動を「バングラデシュ南部避難民支援」と呼ぶ。

個人的には、日本のＮＧＯなどがロヒンギャという呼称を避けていることに強い違和感を覚える。配慮どうこうではなく、そもそもロヒンギャという単語を使わないと歴史的背景も問題の本質も説明できないからである（ＡＡＲは現在、報告会でも口頭でロヒンギャと呼ぶようになった）。

日本外務省は「ラカイン州のイスラム教徒」ないし「バングラデシュに流出した避難民」とし

ている。河野太郎外相は「いわゆる『ロヒンギャ問題』」（二〇一八年三月九日）と題する自身のブログで、「実はミャンマー政府は彼らのことを『ロヒンギャ』とは呼びません。『ロヒンギャ』という呼称はそう呼ばれる部族がいることを示唆しますが、ミャンマー政府は『ロヒンギャ』という部族は存在しない、彼らは国境を越えてきて住み着いたベンガルのイスラム教徒だと主張しています。日本政府は、この問題になるべく中立的な立場で関与するために、ロヒンギャという言葉を使わず、『ラカイン州のイスラム教徒』と呼ぶことにしています」と、ロヒンギャを連発しながら説明している。

米国務省や欧州連合（EU）は普通にロヒンギャと呼ぶ。バングラデシュ政府はロヒンギャという呼称は使うが、あくまで難民ではなく「強制退去させられたミャンマー国民」という扱いである。東南アジア諸国連合（ASEAN）は加盟国ミャンマーに配慮して「避難民」としているが、首脳などの個々の発言ではロヒンギャと呼んでいる。言うまでもなく、ミャンマーでは絶対にロヒンギャと呼ばず、蔑称の「ベンガリ」（ベンガル人）である。

私どもと同列に語っては畏れ多いが、ローマ法王フランシスコの二〇一七年の南アジア歴訪の際にも呼称問題が注目された。法王は一一月二八日、ミャンマーを訪問してネピドーでアウンサンスーチー国家顧問と会談した後、演説で「ミャンマーの将来は平和、それも社会のすべてのメンバーの尊厳と権利の尊重、それぞれの民族とアイデンティティの尊重、法の支配の尊重、そして民主的秩序の尊重に基づく平和でなければならない」「宗教の違いは分裂や不信の原因になる必要はなく、むしろ団結、許し、寛容、そして賢明な国家建設のための原動力になる」とロヒンギャ問題を念頭に訴えたが、呼称を含めてロヒンギャに直接言及することは避けた。[*110] ところが、続いて訪問したバングラデシュ・ダッカの聖マリア大聖堂で一二月一日、ロヒンギャ難民一六人と面会した際には、「神の存在は今日、ロヒンギャと呼ばれている」と発言し、世界が無関心だった中で「あなた方を迫害し傷付けた人々の名において許しを求める」と呼び掛けた。[*111] ミャンマーでロヒンギャの呼称を避けた理由について、法王は「ミャンマーの指導者との対話の機会を閉ざす危険性を避けるためだった」と説明したと伝えられ、具体的にはミャンマー訪問に際してカトリック教会の現地責任者である枢機卿から進言があったとされる。

日本のNGOの支援活動

ロヒンギャ難民支援には、AARを含むジャパン・プラットフォーム（JPF）加盟のNGO一〇団体が参画している。JPFは日本のNGO、政府（外務省）、経済界が対等な立場でパートナーシップを結び、難民の大量発生や大規模災害などに際して、緊急人道支援を迅速・円滑に実施するために二〇〇〇年に設立されたNGOの取りまとめ役のような組織（特定非営利活動法人）である。現状では財政基盤が弱いNGOの活動を政府開発援助（ODA）資金でサポートする意味合いも大きく、今回のような人道危機が発生した場合、外務省から一定額の助成金が割り当てられ、支援事業を実施しようとする加盟団体はＪＰＦに事業申請して厳正な審査を受け、事業資金を確保するシステムである。

ロヒンギャ難民の大量流入に際して、なぜかＪＰＦの動きは遅かった。二〇一七年八月末に難民流入が始まり、九月上旬には国連機関が緊急支援に向けて動き出す。バングラデシュ政府による難民受け入れ方針が九月半ばに発表され、第３章で紹介した国境なき医師団（ＭＳＦ）日本は九月一六日に第一陣が現地入りし、日本赤十字社も先遣隊を同日派遣した。これに対して、ＪＰＦが加盟団体を通じた支援実施を正式決定したのは一〇月一三日で、ピースウインズ・ジャパン（ＰＷＪ）が二〇日に現地で活動を開始し、ＡＡＲ、世界の医療団（ＭｄＭ）日本が調査チームを派遣したのは一一月初旬と発生から二カ月余り経っている。私がＡＡＲに入職したのは、その最中の一一月一日だったが、かかる最大級の人道危機にあってＪＰＦが即応しなかった理由が分からず、本書の執筆に当たってＪＰＦ事務局に問い合わせたところ、次のような回答を頂戴した。

「八月二五日、難民の大量流入が始まった直後から各加盟ＮＧＯと情報共有を始めた。バングラデシュ政府がロヒンギャ難民受け入れのための海外ＮＧＯの支援を要請・承諾するかどうかという懸念があり、様子を見ていたという状況だった。また、ＪＰＦ加盟ＮＧＯで現地に直接の拠点がある団体はなく、実際に支援をする場合は提携団体となる現地ＮＧＯが必要になる。このため、支援を考えていたＮＧＯは現地提携ＮＧＯとの調整や協議を行っていたものと思われる。ＪＰＦとしては、ＯＣＨＡ（国連人道問題調整事務所）本部ミャンマー担当と連絡をとり、ＯＣＨＡ本部で実施された緊急対応関連ミーティングにテレカン（電話会議）で出席するなど情報を得ながら、支援を検討しているＮＧＯとの情報共有や協議を進めていた。一〇月五日、加盟ＮＧＯ四団体（ＪＥＮ、ＭｄＭ、ＰＷＪ、ＳＣＪ）からの出動趣意書が提出され、ＪＰＦはその日のうちにコアチーム招集のためのメールを出した。日程の調整後、一〇月一一日にコアチーム（会合）を開催し、その結果を常任委員会のメール審議に諮り、委員全員からの承認を得て一三日にバングラデシュで人道支援を開始することを決定した」

緊急時にはその日のうちに加盟ＮＧＯの出動を決定する仕組みもあるが、客観的に見てロヒンギャ難民危機への対応がひどく遅かったのは事実である（そのおかげで私はコックスバザールに来ることになったのだが）。経験の浅い私がどうこう論評する話ではないが、現地協力団体を確保しなければならないルールが初動のネックになったとはいえ、のんびりし過ぎな気がする。

ところで、一〇月五日の出動趣意書に名前がないのを見ても分かるように、ＡＡＲは当初、ロヒンギャ難民支援に慎重だったようだ。ＡＡＲは長年にわたってミャンマーで事業を実施しており、現在ヤンゴンなど二カ所に現地事務所を構えている。ロヒンギャ支援を行った場合、ミャンマー当局の反発を受けて事業の継続に支障をきたすばかりか、駐在員の身に万が一にも危険が及ぶ可能性を否定できないというのが理由だった。「速やかにロヒンギャ難民支援を開始するべきだ」という主張がある一方で、不測の事態を懸念する慎重論も根強く、要するにミャンマー国内に人質を取られた格好で判断を迫られた。最終的にはバングラデシュでの活動を決定したが、そもそもロヒンギャ難民支援に参画しないという選択肢はあり得ず、こうしてコックスバザールに地歩を築けたことは本当に良かったと思う。

ＪＰＦを通じたミャンマー避難民（ロヒンギャ難民）支援の総額は、二〇一七年一〇月～二〇一八年四月が二億三七七六万円（民間資金を含む）、二〇一八年五月～二〇一九年四月が三億八〇四四万円（期間延長あり）。この間に事業を実施したのは、ＡＡＲおよび第5章で紹介したＰＷＪのほか、ＩＶＹ＝水・衛生、緊急開発支援機構（ＪＡＤＥ）＝女性支援、ＭｄＭ＝保健医療、プラン・インターナショナル（ＰＬＡＮ）＝防災教育、セーブ・ザ・チルドレン・ジャパン（ＳＣＪ）＝水・衛生／シェルター、ワールド・ビジョン・ジャパン（ＷＶＪ）＝物資配布／ＧＢＶ対策、災害人道医療支援会（ＨｕＭＡ）＝医療、グッドネーバーズ・ジャパン（ＧＮＪＰ）＝物資配布——である（ＪＰＦ資料による／初動調査・モニタリングを除く）。

それぞれの団体の特色と強みを生かした有意義な活動が展開されているのだが、初めての人道支援の現場で実感したのは、日本のＮＧＯが規模において欧米大手とは比べ物にならないほど小さいということだった。『日本経済新聞』（二〇一八年七月二六日付）は、外務省がＯＤＡ予算見直しの中でＮＧＯ活動への支援拡充を検討していると伝える記事で、日本と欧米のＮＧＯの職員数・収入額を比較した表（二〇一六～一七年度）を載せている。日本の最大手としてＡＡＲとＰＷＪが紹介されており、それによるとＡＡＲ三七〇人・二一億円、ＰＷＪ三六〇人・四二億円に対し、ワールド・ビジョン（米国）四万二〇〇〇人・三〇〇〇億円、セーブ・ザ・チルドレン（英国）二万五〇〇〇人・一二〇〇億円、国境なき医師団（スイス）三万九〇〇〇人・一九五〇億円とある。世界中に支部を展開するアライアンス系と呼ばれる組織と、日本単独の団体を単純比較しても仕方ないとはいえ、とにかく桁が違う。ＡＡＲをはじめ各団体は少なからぬ自己資金（ご寄付）を集めてはいるが、より根源的には欧米と日本それぞれの社会におけるＮＧＯの位置付け、あるいは市民社会のあり方が深く絡んでいて、ここで論じられるほど簡単な話ではない。

規模が小さいと言っても数千万から億単位の事業であり、各団体とも若い駐在員が何かと制約の多い環境にあって、文字通り難民に寄り添う支援を実現しているのだが、今回初めてＪＰＦへの助成申請と審査の過程を当事者として経験して強い違和感を覚えた。ＪＰＦは現地モニタリングに来ながら結果を適正に共有せず、現場の感覚から遊離した指摘を執拗に繰り返し、事業申請の「早い者勝ち」方式の乱暴な運用で混乱を招き、挙句の果てに一度決まった事業承認を一方的に取り消すなど支離滅裂な対応に終始した。公費を使ってコックスバザールまで視察に来ながら、目と鼻の先の難民キャンプに一歩も立ち入らずに帰国したケースもあり（その理由も知らないではないが）、ＮＧＯが現場を見ずに何を判断するのか、私には理解不能だった。私事ながらＪＰＦ事務局とは以前から付き合いがあって、従来は加盟団体とともに案件を形成していく基本姿勢があったと記憶する。何があったか知らないが、そうした気構えは消え失せて、ことロヒンギャ支援に関しては難題山積の現地で踏ん張るＮＧＯの足を引っ張り、緊急支援の貴重な時間と労力を空費させたように思えてならない。

今回のJPFの一連の対応に疑問を抱いたのは、NGO初心者の私だけではないだろう。最近はJPFに対する何かと厳しい批判があるようで、それに同調する気はないが、ロヒンギャ難民問題という歴史的な人道危機において、迅速かつ円滑な支援活動をサポートし、日本のNGOのプレゼンスを高めようという意識はあったのだろうか。（これは私個人の意見であり、AARの見解とは一切関係ない）

コックスバザールのラカイン人

ベンガル湾に面したコックスバザール市街は、大小のホテルが林立する海岸近くの観光エリア、雑然とした市場や住宅街が広がる下町に二分される。その下町の方に「バーミーズ・マーケット」（ビルマ人市場）と呼ばれる薄汚れた一角があり、バングラデシュ国籍を持つラカイン人の約六〇世帯三〇〇人が暮らしている。ビルマ風の仏教寺院が複数あって、オレンジ色の僧衣を着た僧侶もいれば、ゆるい顔立ちの寝仏（釈迦涅槃像）も安置されており、自分がどこに迷い込んだか一瞬分からなくなるビルマ仏教ワールドが広がる。当地のラカイン人はイスラム教国バングラデシュの仏教徒であり、仏教国ミャンマーのイスラム教徒ロヒンギャとは、国境を挟んで鏡写しのように多数派・少数派が逆転する。

夕方になると、ミャンマーの麺料理モヒンガーを一杯四〇タカ（約五二円）で食べさせる

コックスバザールのビルマ（ラカイン）人地区のモヒンガー屋

屋台が店開きする。本来は朝食に食べるものだが、夜鳴きソバの感覚で近所のラカイン人が小腹を満たしに次々と訪れ、なかなかの繁盛ぶりである。国連報告にロヒンギャ虐殺の共犯者として登場するラカイン人と肩を並べて、魚出汁の効いたモヒンガーをすすり、焼き鳥（たまに豚肉の串焼きも出る）をかじっていると、何とも言えない微妙な気持ちになるが、もちろん彼らはごく普通の気の良い庶民に過ぎない。

顔なじみになった屋台の店主（五七歳）は「祖父の代にラカイン州からコックスバザールに移住して、私はここで生まれた。仏教徒だからと言って差別されたことはなく、イスラム教徒とも仲良くやってるよ」と屈託がない。家族や隣人たちとはビルマ語、その他の相手とはベンガル語で会話す

ビルマ人地区にある仏教寺院の僧侶（右）

る。一九七一年のバングラデシュ独立戦争（第三次印パ戦争）の際、一家はラカイン州都シットウェに避難し、彼はそこで中学校まで通った。やがて結婚して二人の娘が生まれたが、一九八八年にミャンマーで民主化運動が弾圧され、軍事政権が誕生すると、混乱を避けて再び生まれ故郷のコックスバザールに戻った。当地で息子が生まれ、それからずっとここで暮らしている。家族で屋台を始める前、国境を行き来して商品を運ぶ貿易業で生計を立てていた時期もあるという。二つの祖国の間の往来が彼の人生である。

ロヒンギャ難民問題について何気なく尋ねると「彼らがラカイン人の土地を奪い、自分たちの権利を主張しているのは賛成できない。そうは言っても同じ人間同士だし、敵ではなく友人なのだから、いつか解決できると思う。私がこの町で普通に暮らしているようにね」。

当地の地名の由来となった〝キャプテン〟ハイラム・コックスが着任した一八世紀末は、アラカン王国が一七八五年にビルマ（コンバウン朝）に滅ぼされた後、アラカンの仏教徒諸民族が西隣のベンガル地方に数次にわたって流入するなど、地域情勢は極めて流動的だった。三万五〇〇〇人に上るラカイン人が一七九九年、ビルマ人による弾圧を逃れ、チッタゴン周辺に流入したという英国東インド会社の記録もある。そうした動乱を平定したことで、三九歳にしてこの地でマラリアに罹って命を落としたコックスの名声が今日に残る訳だが、現在のラカイン州とコックスバザール県を含むチッタゴン地方で、異なる民族・宗教が互いに越境し合い、溶け合って来た歴史が、一杯のモヒンガーに凝縮されている。

第７章

遠のく帰還

解決の道はあるのか

送還に抵抗する難民たち

「国籍なしに帰還はない」「我々は正義を求める」――。小高い丘に囲まれ、普段は静かなウンチプラン難民キャンプ（テクナフ郡）は二〇一八年一一月一五日、騒然とした雰囲気に包まれた。約一〇〇〇人のロヒンギャ難民が六台の大型バスやトラックを取り囲み、「強制送還反対」を叫んで道路を埋め尽くした。バングラデシュ・ミャンマー両政府が一〇月三〇日、ミャンマーへの本国帰還開始に合意したのを受けて、第一陣一五〇人がこの日出発するはずだったが、指名された家族は誰ひとり姿を見せなかった。バングラデシュ当局者が拡声器を使って「あなたたちのためにバスとトラックを準備し、食料も用意してある。ミャンマーに帰ることに合意するなら、国境近くのトランジット（一時滞在）キャンプまで送り届ける」と呼び掛けたのに対し、興奮した群衆は「行かない！」「帰らない！」と絶叫した。難民問題を管轄するバングラデシュ政府の難民救援・帰還委員会（RRRC）は日が傾きつつある同日午後四時をもって中止を決定した。

両国政府は第一期に帰還する四八五家族／二二六〇人をリストアップし、一日一五〇人のペースで送り返す計画だった。第一期の帰還者は既存の登録リストから抽出されたが、立地的に他のキャンプから隔てられた場所にある中規模キャンプのウンチプランを第一陣に選んだことに、混乱を避けて穏便に帰還をスタートさせたいバングラデシュ当局の意図が窺えた。しかし、UNHCRが帰還者リストに載った家族に帰還を希望するか（自発的に帰還する意思があるか）、世帯ごと

ウンチプラン難民キャンプでミャンマーへの送還反対を叫ぶロヒンギャ難民たち
(2018年11月15日)＝Dhaka Tribune

に聞き取り調査して確認したところ、「帰りたい」と答えた家族は皆無だったという。

私のところにも帰還開始の二～三日前、キャンプ内の関係者から「バングラデシュ当局の担当者がリストに載った家族に『もうすぐミャンマーに帰るから出発の準備をするように』と伝えて回ったところ、ひと晩で全員が姿を消してしまった。親戚のテントに隠れているか、他のキャンプに逃げたのだと思うが、今のミャンマーには誰も帰りたくないということだ」と連絡があった。別のキャンプでリストに載った男性（三六歳）は「不安で夜も眠れない。キャンプにずっと留まりたくはないが、皆は『命の保証もないミャンマーに強制送還されるくらいなら、ここで毒を飲んで死ぬ』と言っている。無理やり送り返そうとしたら大変なことになる」と訴えた。「ＣＩ

C事務所に呼び出され、帰還に応じるよう命じられて拒否したら殴られた」という説明付きで、昏倒した男性が仲間に抱えられてテントに戻る動画も送られて来て、難民たちがパニック状態に陥っているのが見て取れた。私はこの時点で「帰還は開始できないだろう」と思った。

これに先立ち、コックスバザールで活動するAARを含むNGO四二団体は一一月九日、「ミャンマーへの難民帰還は危険で時期尚早」とする共同声明を発表した。[*112] 声明のポイントは「ミャンマー・バングラデシュ政府は難民と国際社会に対し、本国送還は安全かつ自発的で尊厳が保たれる時にのみ実施されることを保証している。我々は両国政府に対し、その公約を順守するよう求める。国連は現時点でミャンマーは帰還を促進できる状況にないと繰り返し表明してきた。帰還の促進は時期尚早である。彼らの生活と安全が重大な危険にさらされるミャンマーへの自発的ではない難民の帰還は、ノン・ルフールマン（non-refoulement）の基本原則に反する」ということである。「ノン・ルフールマン原則」とは、迫害される恐れがある国に難民を追放・送還してはならないという難民条約に規定された大原則であり、国際的な規範として締約国以外にも適用される。また「自発性・安全性・尊厳」は難民送還の絶対条件である。

この時期にバングラデシュ政府とUNHCRが共同で進めていた生体認証付きの新たな身分証（スマートカード）発給も、帰還と結び付いて難民たちの過剰反応を引き起こした。一二歳以上に発給されるプラスチック製IDカードは、国籍を持たず難民認定もされていないロヒンギャの唯一の身分証になり、難民キャンプでの各種サービスへのアクセスに利用できるほか、本国帰還に

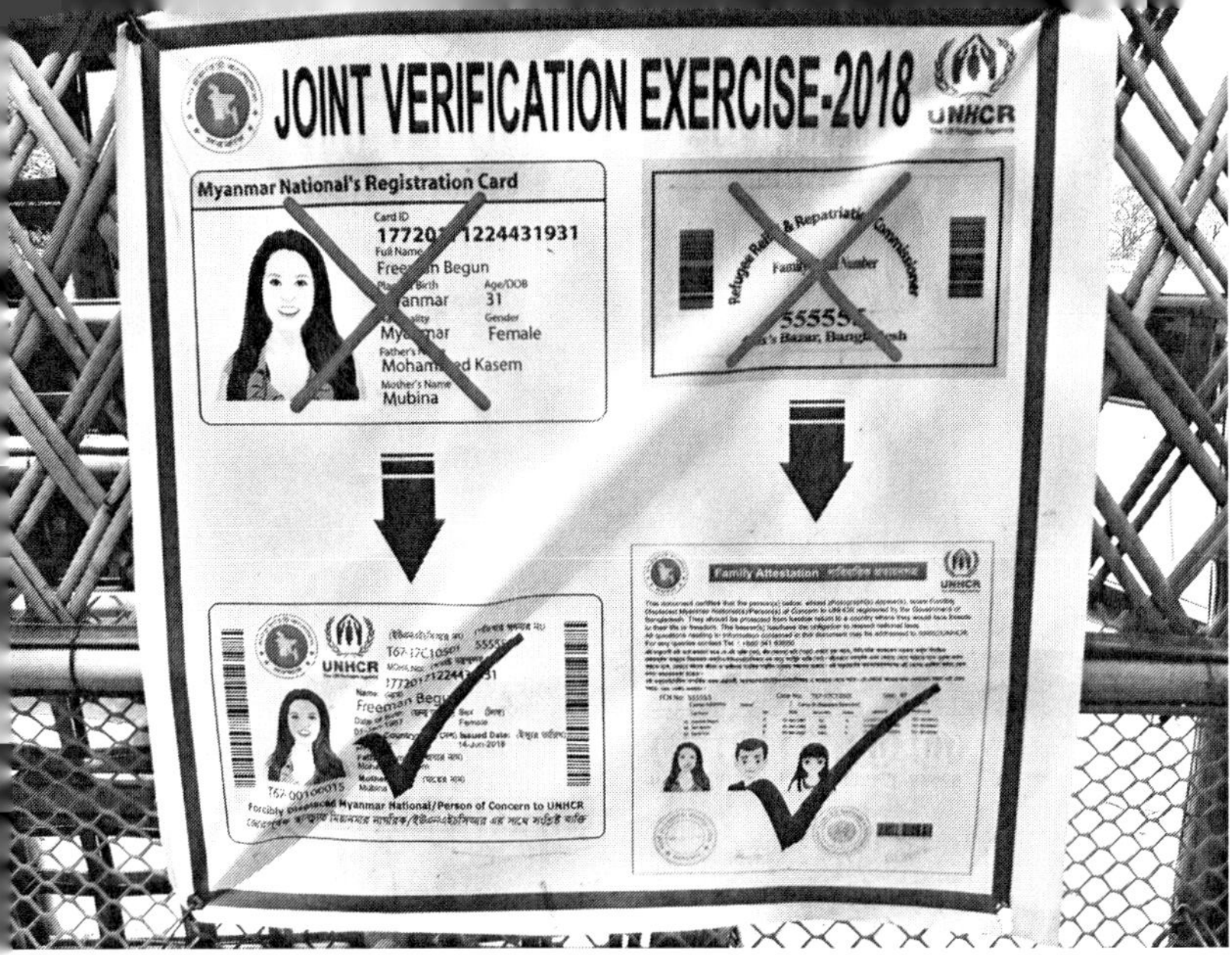

新たな身分証への登録更新を呼び掛けるバナー（ナヤパラ）

際しても個々人の特定に役立つはずだった。

しかし、その受け取りを断固拒否する難民も多く、抗議のストライキが行われる事態にまで発展した。

その理由は、発給される身分証にロヒンギャの表記がなく、「このカードを受け取ると、ミャンマーに戻ってもずっと難民（帰還民）の身分で扱われ、国籍を取得できなくなる」と思い込んでいるからである。明らかにミャンマーで強要された国籍未審査者向け身分証明書（NVC）と新しい身分証を同一視している。ロヒンギャの強硬派が吹き込んでいる面もあるのだろうが、彼らにとって一枚の身分証は、自分たちの存在そのものに関わる重大事なのだということが改めて分かる。

RRRCの冷静な対応

バングラデシュ政府は一九七〇年代、九〇年代の難民送還をめぐる不名誉な経験を踏まえ、今回はその轍を踏まないという明確な意思を持っているようだ。二〇一八年一一月の帰還中止に際して、RRRCのモハマド・カラム長官は「我々は自発的帰還の原則をしっかり順守していることを全世界に示している」と述べて決意と自負を示した。

複数の省庁でキャリアを積んできたエリート官僚のカラム長官は、難民政策の専門家ではないが、二〇一七年二月RRRCに移った後に未曽有の人道危機に遭遇し、コックスバザールで陣頭指揮を執っている。二〇一九年四月のある日、AAR事務所からリキシャー（人力車）で三〜四分のRRRC事務所に所用で出掛けたついでに、アポなしで長官室を訪ねてみると、書類仕事を片付けながら気さくに相手をしてくれた。挨拶代わりにAARの支援事業について説明した後、帰還プロセスが難航していることに話を向けると、長官は「帰還は開始できなかったが頓挫した訳ではなく、今もプロセスは進行している」としながらも、「ラカイン州の治安情勢が最近また悪化している。市民権の付与、安全の保障など（ロヒンギャの）要求にミャンマー政府が応えない限り、このままでは彼らは帰らない。現時点で市民権が実現可能だとは思えないが、我が国としてはミャンマー政府と粘り強く協議を重ね、必ず解決策を見出せると確信している」と述べた。責任者として他に言いようがないだろう。また、懸案のバシャンチャール島移転については「移転の準備は整いつつある。今のキャンプより居住環境は良いので、きちんと説明すれば移りたいという希望者がいるだろう。嫌がる難民を無理やり行かせることはない」と述べ、「移転開始は年内（二〇一九年）か？」との質問には、ひと言「Why not?」（もちろん）と答えた。

カラム長官は同月初旬、コックスバザールを訪問したクリスティン・ブルゲナー国連事務総長特使（ミャンマー担当）との会談後、『Dhaka Tribune』[*113]のインタビューで「国連特使は即効性のある解決策はないと考えている」と述べ、問題解決には時間がかかると強調するとともに、「ミャンマー政府がロヒンギャに市民権を付与すれば、すべての問題は解決する」と特使に伝えたことを明かした。記事の中で同長官は「バングラデシュはいつでも本国帰還を開始する用意があるが、ミャンマーは積極的ではない。帰還に向けて良好な環境を整えるという本来やるべきことをミャンマーは怠っている。（帰還の遅れは）人々を連れ戻す公約をミャンマーが守っていないことを、世界の国々に再認識させた」とミャンマー側の対応を批判し、「バングラデシュは非常に効率的に危機に対処して来たが、長期化すれば状況は間違いなく悪化する。一〇〇万人もの人々を数千エーカーの土地にいつまでも閉じ込めておくことはできない。将来的に暴力や過激化を含む多くの問題が生じる恐れがある」と治安悪化に強い懸念を示している。

話が逸れるが、カラム長官が「ラカイン州の治安情勢が悪化している」と指摘したのは、アラカン軍（AA）とミャンマー国軍の衝突のことである。アラカン軍はラカイン人仏教徒の自治権拡大を要求する反政府武装勢力で、同国北部カチン州のカチン独立軍（KIA）から二〇〇九年頃に派生したと見られ、二〇一八年後半からラカイン州の国境地帯で活動を活発化させている。アラカン軍は二〇一九年一月四日（ミャンマー独立記念日）、ブティダウン郡内の四カ所で国境警備警察を襲撃し、一三人を殺害して銃器四〇丁などを奪取したほか、三月九日にはシットウェ県ポナジュン郡で警察署を襲って九人を殺害した。[*114]

ミャンマー政府の大統領報道官は二〇一九年一月七日、「バングラデシュ側にAAの基地が二カ所、ARSAの基地が三カ所ある」と一方的に発表し、両者がバングラデシュで接触しているとして「マユ山脈の西側をARSA、東側をAAのエリアとして分割した」と主張した。[*115] バングラデシュ政府は「全く根拠のないウソの主張だ」と即座に一蹴し、アラカン軍もARSAとの共闘関係を否定した。[*116] アラカン軍は国内外から潤沢な資金を得て急成長していると言われ、ホームページの動画を見る限りでは、正規軍並みの現代的な装備と高度に訓練された大部隊を有し、山賊レベルのARSAとは比べ物にならない軍事力を持つ。ラカイン人は歴史的に多数派ビルマ人に抑圧されてきたという反発が根強く、独立意識が強い民族とされる。ロヒンギャ弾圧では政府・国軍側に付いたラカイン人だが、中央と一枚岩という訳では全くなく、屈折した民族感情があるようだ。いずれにせよ、アラカン軍が活動を活発化させたことで、ラカイン州の治安情勢はさらに混迷の度合いを増している。

二国間合意の罠

既に機能不全に陥った帰還プロセスをめぐる経緯を振り返る。ミャンマー・バングラデシュ両政府は二〇一七年一一月二三日、ミャンマーの首都ネピドーで「ラカイン州からの避難民の帰還に関する協定」に合意した。これが今回の起点になる。アウンサンスーチー国家顧問兼外相とバングラデシュのアブル・ハッサン・マームード・アリ外相の会談後に締結された協定では、バングラデシュ側の説明によると、両国の合同作業部会を三週間以内に設置し、二カ月以内（二〇一八年一月二三日）に帰還を開始すること、まず二〇一六年一〇月以降に流入した難民（避難民）を帰還させることが決まった。[*117]

しかし、一九九二年の両国間の協定に基づく帰還条件として、帰還希望者はミャンマー政府が発給した身分証を提示してラカイン州での居住歴を証明し、家族全員の氏名・生年月日・元の居住地、そして自発的帰還の意思表明をしなければなければならず、それができない難民の帰還はミャンマー側が一方的に却下できるという高いハードルが設定されていた。アリ外相が「これは第一歩だ。ミャンマーは（ロヒンギャ難民を）引き取るだろう。我々は今すぐ動き出さなければならない」と強調したように、バングラデシュとしては条件に目をつぶってでも、帰還プロセスを一刻も早く始動させることが至上命題だった。

ミャンマー国営通信はこの合意を「一九九二年にミャンマーとバングラデシュの外相が署名し

た共同声明に基づいており、ラカイン州からの避難民（Displaced Persons from Rakhine State）を体系的に認証し、受け入れるための一般的な指針と政策の取り決めを含む」として、これがミャンマーの独断ではなくバングラデシュとの一蓮托生の措置であることを強調し、「欧米諸国とイスラム協力機構（ＯＩＣ）は、この問題を国連人権理事会および国連総会で国際問題として描き、議長声明を決議した」が、「近隣国の間で発生する問題は二国間交渉を通じて友好的に解決されなければならない。友好的かつ親密な関係に基づいて両国間で合意した今回の協定は、ミャンマーの確固たる立場を示すとともに、双方にとってＷｉｎ－Ｗｉｎ関係をもたらす」という公式見解を伝えた。[*118] 真っ向から筋を通して来る国連・国際社会の関与を拒否し、現実に一〇〇万人規模の難民を抱え込んで呻吟するバングラデシュの弱みに付け込んで、寝技に持ち込む意図がありありだった。

二国間合意を伝えるニュースを読んだ瞬間、「帰還プロセスは動くはずがない。バングラデシュ政府は足をすくわれると考えなかったのだろうか」と不思議に思った。そもそも国籍がなく、家を焼かれて命からがら脱出した人々が、身分証や居住証明書などを（仮に持っていたとしても）後生大事に持って逃げて来たはずがない。ミャンマー政府は「引き取る気はありません」と宣言したのも同じであり、難民を隣国に押し付けたまま「バングラデシュが協力的ではない」と責任転嫁すれば済むからである。バングラデシュのメディアでも「帰還は難しいだろう。これはミャンマーが仕掛けた潜在的な罠であり、バングラデシュ政府は慎重に対処する必要がある」などとする有識者の否定的なコメントが相次いだ。

年明けの二〇一八年一月一五日、ネピドーで第一回合同作業部会が開催され、翌週一月二三日に帰還を開始し、二年以内に帰還を完了することを発表した（ミャンマー側は「帰還の期限を定めない」と説明）[*119]。ミャンマー外務省当局者は「バングラデシュに避難したミャンマー出身のヒンズー教徒五〇八人と、ラカイン州北部に居住することが判明している（イスラム教徒）七〇〇人以上のリストを（バングラデシュ側に）提供した。海外メディアは本国送還が遅れているとミャンマーを批判しているが、そうではないということを我々は示したい。陸路・水路それぞれの帰還を受け入れる二カ所のキャンプを準備しており、帰還者は審査を受けた後、フラポーカウン受け入れセンターに一時的に収容されて、必要なすべての宿泊施設とサポートを受ける。帰還者が最終的に再定住する村も建設されている」と強調した。そのうえで、一月二三日に帰還を開始した後は陸路・水路の両キャンプが週五日稼働し、一日三〇〇人、一週間で一五〇〇人の帰還を受け入れられると試算して見せた。併せて、国境を越えて逃げたARSAのテロリスト一〇〇〇人以上のリストをバングラデシュ側に提供し、引き渡しを求めていると述べた[*120]。

マウンドー郡北部の国境近くのフラポーカウン村に、中国政府の援助で建設された受け入れセンター（一時滞在キャンプ）は、一二四エーカー（約五〇万平方メートル）の荒れ地に八世帯収容の長屋タイプの仮設住居を六二五棟配置し、約三万人を収容する計画とされる。仮設住居の壁に中国・ミャンマー両国の国旗が並んで貼られた写真を見て、国境の向こう側では全く違うロジックで物事が進んでいるのが分かった。

そして迎えた帰還初日の一月二三日、コックスバザールでは何の動きもなかった。その前日、RRRCが「準備すべきことがたくさん残っている。帰還は計画通りには始まらない」と延期を表明したからである。両国の合意に直接関与していないUNHCRの報道官も「帰還者に対する必要な保護が現時点では保証されず、援助機関やメディアのアクセスも依然として制限されている。難民自身が安全だと考えた時にのみ自発的に帰還するべきである」と述べるなど、国連機関や国際NGOは軒並み「帰還は明らかに時期尚早」と考えていたので、延期は当然のこととして受け止められた。ミャンマー政府高官は「我々は受け入れ準備を整えて帰還を待っているのに、バングラデシュ政府から正式な説明はない」と困惑を装った。

国際NGOの国際救援委員会（IRC）が二〇一七年一一月に発表した調査結果によると、現在の状況で「ミャンマーに帰還したい」と考える難民は一一％に過ぎなかった。二〇一二年の衝突以降、IDPキャンプに収容された同胞たちが、半永久的に劣悪な環境に閉じ込められていることを彼らは当然知っている。難民キャンプの現状は不満だが、強制収容所のようなミャンマーのIDPキャンプより遥かにましだと考えているようだった。

『The Daily Star』の「欺く意図」と題する記事（二〇一八年三月三一日付）[*121]は、ダッカ大学の難民法専門家、ミザヌル・ラフマン教授の談話として「バングラデシュは誠意を持って（二国間協定に）に署名したが、ミャンマーは不誠実だった。このままではロヒンギャ危機は長期化する可能性が高い。バングラデシュが本国送還の（二国間の）取り決めに国連を巻き込まなかったのは失敗だった」と合意の致命的欠陥を指摘した。記事によると、バングラデシュが二月に手渡した帰還者リスト八〇三二人のうち、ミャンマー側は約六〇〇〇人しか帰還する資格がないと発表したという。ミャンマー外務省当局者は三月一四日、「バングラデシュから受け取った資料は双方が同意した様式ではない。（帰還希望者の）元の居住地、帰国の自発性、世帯ごとに全員の署名と指紋、鮮明な写真その他必要な補助文書を含む基本情報を（バングラデシュ側は）提供しなかった」としてバングラデシュ政府に落ち度があると主張した。

遅れ馳せながら、バングラデシュ政府は四月一三日、スイス・ジュネーブのUNHCR本部で、ロヒンギャ難民の自発的かつ安全で尊厳ある帰国に向けた協力の枠組みの覚書（MoU）を締結した。覚書は難民帰還に際して、同国政府とUNHCRが情報共有するとともに、強制を伴わない自発的な帰還かどうかの検証を行うことを定めている。[*122] 併せて、UNHCRはミャンマー政府に対しても物資輸送と安全な帰還のモニタリングのために、ラカイン州北部への国連機関の完全かつ妨害のないアクセスを許可するよう求めた。

帰還を捏造するミャンマー

どうにも分が悪いミャンマー政府は二〇一八年四月一五日、「バングラデシュに逃れていた難民の家族五人が帰還した」と発表したが、実はラカイン州内の混乱を避けて国境地帯まで行ってはみたものの、引き返して来た中途半端なケースで、コックスバザールの難民キャンプから帰還した訳ではなかった。[*123] 日本の新聞でも「両国の合意後初めての帰還」と報じられたが、この一家は政府のアレンジで海外メディアの取材を受けるなど、本人たちの真意は別として完全に対外宣伝に利用された。あるいは、小船で脱出したのに風波でミャンマー側に押し戻されてしまった難民も「帰還させた」ことにされた。

茶番の極みは、ミャンマー政府が同年六月下旬に催した外国メディアの取材ツアーである。これに先立つ五月二七日、コックスバザールの難民キャンプを抜け出して、ラカイン州北部に戻ろうと違法に越境した六二人がミャンマー側で拘束されるという事件が起きた。[*124] 共同通信によると、同ツアーでマウンドー郡の帰還者受け入れ施設を訪問した際、当局は「独自に国境を越えて帰還した」六二人のうち一〇人のインタビューを認めた。しかし「その一人、モハマド・インヌースさんは帰還者受け入れ施設で『そもそもバングラデシュには行っていない』のに、それを理由に当局に拘束されたと訴えた」。つまり、ミャンマー当局は帰還をでっち上げる、ないし水増しするために「難民ではない人を『帰還者』として拘束した疑いがある」という。[*125] 同じ場面をAFP通信は「ミャンマー政府当局者は六月二九日、不法に国境を越えて戻り、刑務所に収容された九人のロヒンギャを報道陣の前に連れ出した。九人は五月に釈放されたはずだったが、このストーリーはたちまち破綻した。何人かはバングラデシュに行ったこともないと言い、また別の者はミヤンマー国内の刑務所から『本国に送還された』と述べた。四人の子供の父親であるヤーセイン（三五歳）は『我々は昨年一一月に（ミャンマーで）逮捕され、移民法違反で禁固四年を言い渡された』と話した。『我々は逮捕され、バングラデシュから来たとして起訴されたが、バングラデシュに行ったことはないんだ[*126]』。」

ロヒンギャ問題を通じて不思議に思うのは、プロパガンダならプロパガンダで、それらしく精緻に話を組み立てて偽装・粉飾する必要があるのに、なぜミャンマー当局が簡単にばれる露骨なウソをつくのかということである。その典型的な例が、ロイター通信が二〇一八年八月末にすっぱ抜いた「フェイク写真事件」だろう[*127]。国軍の出版部門が同年七月に出版した書籍に掲載された写真のうち、①「一九四〇年代、地元の民族を残虐に殺害するベンガル人」とした写真は、実はバングラデシュ独立戦争（一九七一年）のパキスタン軍によるベンガル住民虐殺であり、②「ミャンマー領に侵入するベンガル人」とした写真は、何とルワンダ虐殺後の一九九六年にタンザニアで撮影されたフツ難民だったという笑い話のような不祥事である（ベンガル人はロヒンギャの蔑称）。特に②はどう見てもアフリカであり、他にもカラー素材をモノクロにして左右反転させた加工写真などを使っていて、随分と度胸のある編集者がいたものだと思う。ロヒンギャの残虐性を訴えて貶める意図が見え見えで、さすがの国軍も異例の訂正・謝罪に追い込まれた。

軍事政権による報道管制、言論の自由の抑圧が長く続いたミャンマーでは、当局発表がすべてという体質が未だに抜けないのか、理解し難いことが多い。ロヒンギャに対する甚大な人権侵害を全面否定する大きな虚構もそうだが、ロイター通信記者でっち上げ逮捕の露骨さ・粗暴さは国家ないし治安当局による謀略のレベルに達していない。単純な善悪の評価ではなく、なぜこうなってしまうのか、じっくり研究してみたい気がする。

キャンプを抜け出す難民たち

「二〇万人のロヒンギャ難民がキャンプから消えた」という記事が複数のベンガル語新聞に載ったのは、帰還中止からしばらく経った二〇一九年年明けのことだった。全国紙『kaler kantho』(一月一五日付)は「ロヒンギャが家族ごと難民キャンプから逃げている。マレーシアへの渡航を持ち掛けるブローカーに騙された者もいるが、多くは親戚を頼って、より良い生活を求めてバングラデシュ国内に広がりつつある。調査によると二〇万人がいなくなっている」と報じた。記事によると、匿名の政府当局者は「(新旧合わせて)一一一万八〇〇〇人の難民が生体認証システムで登録されたが、現在九一万五〇〇〇人しか確認できない。二〇万人足りない」と述べ、食料配給に従事するNGOスタッフも食料を受け取る世帯数が日々減っていると証言した。キャンプを抜け出した難民たちは、都市部で縫製産業などの仕事に就き、バングラデシュに永住することを望んでいるという。治安当局が取り締まりを強化し、魚を運ぶドラム缶の中に隠れてキャンプを出ようとしたロヒンギャ一〇人を発見した事件もあったが、こうした傾向に歯止めは掛っていないと記事は伝えた。

二万人ならともかく二〇万人となると次元が違う。記事の英訳を読んだ私は、周囲のバングラデシュ人に「本当だと思うか？」と尋ねると、彼らは「大いにあり得る。そもそもロヒンギャはバングラデシュの至る所にいる」と即答した。さすがに腑に落ちず、顔なじみのＲＲＲＣ職員に尋ねると「あの記事はフェイクだよ、フェイク！　政府当局者のコメントが載ってるけど、あんなこと誰が言ったんだ？」と一笑に付されたが、人数はともかく何かが起きているのは間違いなかった。

実は二〇一八年一一月～二〇一九年三月頃にかけて、しばらく鳴りを潜めていた密航・人身売買業者の動きが再び活発化していた。ベンガル湾は例年、モンスーン期の合間の一一～三月頃は荒天が少なく航海しやすいため、マレーシア方面への密航が増える。ＡＦＰ通信によると、バングラデシュ沿岸警備隊は二〇一八年一一月上旬、漁船で密航を図ろうとキャンプを抜け出したロヒンギャ難民三三人（男性一四人、女性一〇人、子供九人）を保護し、バングラデシュ人の密航業者六人を逮捕した。バングラデシュ最南端のテクナフ沖で捕まった業者のひとりは「地元の有力者に強要されて、漁船でロヒンギャをセントマーチン島近くまで運び、マレーシア行きの大きな船に乗り換えさせるよう指示された」と供述した。二〇一九年二月前半の一週間だけで一〇〇人以上が保護されたほか、ＲＡＢは同じ頃、コックスバザール市内の民家でロヒンギャ女性一二人（大半が二〇代）を保護し、人身売買業者二人を逮捕した。調べによると「難民キャンプの若い女

マレーシア北部の海岸で発見されたロヒンギャの女性たち（2018年３月１日）
＝アラカン・ロヒンギャ連帯機構（ARNO）ホームページ

性たちが業者に『マレーシアに行ける』と勧誘された。彼女たちはコックスバザールに連れて来られ、渡航を待っていた」。あるケースでは、難民たちは業者にひとり二万タカ（約二万六〇〇〇円）の渡航費を払っていた。[*128]

密航は危険な雨季・モンスーン期に入っても続き、沿岸警備隊が五月末、クトゥパロン難民キャンプを抜け出してマレーシアに向かおうとしていたロヒンギャ五八人をセントマーチン島近くで保護する事件もあった。

実際にマレーシアに到着した例もあって、同国最北端ペルリス州の海岸で二〇一九年三月一日、ロヒンギャの女性と子供三五人が発見され、入国管理局に保護された。[*129] 関係者によると二月中旬にバングラデシュから出航し、密航業者によってタイ経由で連れて来られ、海岸近くの浅瀬に降ろされた後、干潮の泥の上を歩いて上陸したと見られる。地元住民に発見された時、女性たちの多くは泣いていたという。六月一一日にはタイ南部サトゥン県の島に六五人が漂着するなど、密航が続いた。

難民キャンプからの流出はこの時期に始まった訳ではなく、『Dhaka Tribune』はちょうど一年前の二〇一八年一月、「難民の一部がキャンプを抜け出し、バングラデシュ各地で違法に就労している」と報じていた。[*130]「多数のロヒンギャの女性がコックスバザール、チッタゴン、バンドルバン県などで働いている」との情報機関の話に加え、同紙記者がコックスバザールやウキア郡内の商店、ホテル、レストランで身分を隠して働く青年たちを発見したという。この記事によると、二〇一七年の大量流入以前のバングラデシュ統計局の集計（二〇一七年六月時点）では、過去に入国したロヒンギャは全国六四県のうち五〇県に広がっている。難民キャンプを管轄する国家警察特別支部（SB）の担当者は「身分を隠して国内各地に住んでいるロヒンギャが、キャンプにいる親戚を迎えに来て連れ出している。彼らの言葉はチッタゴン方言に似ているので、他の地域出身の捜査官には識別が難しい」と話した。私も当初「難民はキャンプにいるもの」と思い込んでいたが、現実には既にバングラデシュ社会に広く入り込んでいるのである。

ミャンマーへの帰還が遠のき、このまま難民キャンプにいても未来がないことに気付いた難民たちがキャンプを抜け出すのは、むしろ必然的な選択かも知れない。すべてを奪われて逃げ延びて来たロヒンギャ難民にとって、これ以上失うものは何もない。とりわけ世間を全く知らない若い女性や少女たちは「良い仕事がある。縫製工場で働ける」といった甘いささやきに実に簡単に騙されるという。少しでも良い生活をするために、あるいは家族に仕送りするために、わずかな可能性に賭けてキャンプを抜け出し、もし捕まっても連れ戻されるだけのことである。

確執深まる両国関係

ミャンマーとの二国間関係を表向き尊重していたバングラデシュ政府だが、本国送還を開始できず、しかも何かと責任転嫁を図る隣国に対して、二〇一九年に入ると不信感と苛立ちを隠さなくなった。ハシナ首相は二〇一九年二月の中東訪問中、現地メディアのインタビューに「我々はミャンマー政府と協定を結び、彼ら（ミャンマー側）は（ロヒンギャ難民を）取り戻すことに同意したが、それは実現していない。残念ながら、ミャンマー政府は帰還に相応しい雰囲気を作り出すことに失敗している」と述べてミャンマー政府の対応を批判した。[*131] 同首相は「（難民たちは）帰還することに確信を持てずにいる。彼らが（帰国しても安全だと）信じられる環境を整えるのはミャンマー政府の義務だと考える」と述べ、「いつの日かミャンマーもこれが正しいやり方ではないと気付くだろう。（ロヒンギャ難民は）彼らの国民なのだから、ミャンマーは必ず引き取らなければならない」と主張するとともに、国際社会のミャンマーに対する圧力は充分かとの質問に「彼ら（国際社会）は間違いなくそうしている。しかし、どういう訳かそれが上手く機能していない」と失望感を露にした。

シャヒドゥル・ハケ外務次官は二〇一九年二月二八日、国連安保理で「バングラデシュはこれ以上、難民を受け入れることはできない」と表明するとともに、帰還をめぐる二国間協議が「空っぽの約束とあらゆる進行妨害」ばかりだったとして、帰還受け入れに向けた準備を進めようとしないミャンマーを直接非難した。[*132] 同次官は「帰りやすい環境が整っていないため、ラカイン州に戻りたいと希望したロヒンギャはひとりもいない」「バングラデシュは近隣国の迫害された少数民族に同情し、（一時的に保護する）責任を負うことに対する代償を支払わなければならないのか」と強い調子で訴えた。

バングラデシュを決定的に刺激する事件もあった。ミャンマー国営メディアと情報省は二〇一九年一月二四日早朝、ラカイン州マウンドー郡の国境警備警察の前哨拠点が正体不明の武装集団の銃撃を受けて三人が負傷し、「攻撃はバングラデシュ領内の国境フェンス付近二カ所と丘の上一カ所の三方向から行われた。テロリスト集団は国境の向こう側にいるので追跡できなかった」と発表した。バングラデシュ外務省は五日後の二九日、「バングラデシュ政府は、ミャンマー当局者による無責任な虚偽の申し立てに基づく同国メディアの報道に強い不満を表明する」との抗議声明を発表した。「バングラデシュ側からのいかなる集団の越境も、どの方向への発砲事件も当該する日に起きていないことを確認した。この主張は捏造であり、世界の平和と安定に貢献するバングラデシュの評価を著しく貶めている。こうした深刻かつ根拠のない主張を繰り返すのは、バングラデシュを誹謗し、平和を愛する我が国をミャンマーの絶え間ない内紛に巻き込む意図的な企てと解釈される」とミャンマーを痛烈に批判したうえで、ハシナ政権の下で「いかなる反体制派のいかなる目的のためにも、我が国の領土を使わせないことを固く公約している」と強調し、さらに政府のゼロトレランス（不寛容）政策によって「バングラデシュ国内にテロ組織が存在しないことを再確認する」と明言した。この部分はやや言い過ぎで、摘発が進んだとはいえ国内に過激派組織は存在するし、ARSAなどのグループが国境を往来していることも否定できないが、国境地帯の不安定要因は主としてミャンマー側に起因しており、バングラデシュ当局が激怒するのは当然だろう。

実際のところ、バングラデシュはよく耐えている。ハシナ首相は二〇一九年四月四日、国防省での訓示で「彼ら（ミャンマー）は私たちの身近な隣人であり、私たちは（ミャンマーと）いかなる衝突も引き起こしてはならない。（ミャンマーが）自国民を取り戻すよう交渉の努力を続ける必要がある。私たちの目的は対話を通じて彼ら（ロヒンギャ難民）を本国に送り返すことだ」と述べたほか、「我々がいかに膨大な数の人々に避難場所を提供し、彼らを救っているかは、世界にとって驚くべきことである」と自国の取り組みを自賛した。*133

しかし、そもそも話は嚙み合うはずがない。ミャンマー側の本音を端的に表した言葉として、ラカイン州の民族政党「アラカン国民党」（ANP）の女性幹部が二〇一五年一一月の総選挙前、ロイター通信のインタビューに答えた発言がある。エイ・ヌ・セイン副議長は「我々は国際社会で使われている『無国籍』という用語を受け入れない。彼ら（ロヒンギャ）はバングラデシュ出身であり、バングラデシュの人々と同じ宗教、民族性、認識と伝統を持っている」「キャンプに収容されるか国外退去にしてほしい」と主張した。[*134] ANPは二つの地域政党が二〇一三年に合併し、二〇一五年総選挙で連邦議会二二議席を獲得したミャンマー最大の少数民族政党として影響力を誇り、仏教ナショナリズムの強硬路線を掲げてロヒンギャ排斥を訴えている。国連報告によると、大惨事発生の半月前の二〇一七年八月九日、ANP代表団七人がネピドーでミンアウンフライン国軍最高司令官に面会し、同州北部の治安情勢について懸念を伝えて、イスラム勢力に対するさらなる措置を要請していた。

一政党幹部の見解とはいえ、この発言で分かるのは「ロヒンギャなるイスラム教徒はバングラデシュ人である」というミャンマー政府あるいは国民多数の共通認識である。二〇一七年の事態は「少しやり過ぎたかも知れないが正当な行為であって、国際社会にとやかく言われる筋合いはない。せっかく送り返したのに、なぜ再び引き取らなければならないのか」とミャンマー側は考えているのだろう。バングラデシュに一〇〇万人のロヒンギャ難民を押し付けていることも、恐らく何とも思っていない。国際的な圧力を受けている手前、帰還受け入れのポーズを見せてはいるものの、ミャンマー社会にロヒンギャを受け入れるスペースは一切ない。

誰が国民かを決めるのは国家であって、本来は他国が口出しすることではない。シンガポールのビビアン・バラクリシュナン外相は二〇一九年二月、同国議会で東南アジア諸国連合（ASEAN）としてロヒンギャの市民権（国籍）問題について議論する考えはあるかと質問され、「シンプルな答えはノーだ」と即答し、「市民権は根源的な政治的権利である。それこそ（国家の）主権の核心だ。その国が自国をどのように見て、誰が国民であり国民ではないかを識別する（国家の）構造の中核に行き着く。外国人が関与するような問題ではない」と答弁しているが、それ自体はまさしく正論である。[*135]六月二三日にバンコクで開かれたASEAN首脳会議は「ロヒンギャ難民帰還を積極的に支援する」との立場を確認したが、関与には自ずと限界があるだろう。

多くの国々が程度の差こそあれ、民族や国籍・市民権に絡む課題を抱えており、欧州諸国では難民・移民問題は今日、時に政権の命運を左右し、社会のあり方そのものにまで関わる主要なテーマになっている。日本は難民の第三国定住受け入れには消極的で、しばしば「難民鎖国」と批判されるほか、外国人参政権問題は特に在日朝鮮・韓国人を念頭に極めて微妙な論議を呼び起こす。いずれも国や社会の実情を踏まえて、それぞれの政府・国民が判断すべき事柄だが、国際法や国際基準に照らして著しく不合理で、ましてや集団殺害やレイプ、破壊・略奪など明らかな人権侵害が国家あるいは社会の意思として行われているとすれば、全く別次元の話だろう。同列に語れる問題ではないが、例えばイスラム教徒やヒスパニック系に不寛容なドナルド・トランプ米大統領も、数世代にわたって米国に居住するメキシコ系移民を無差別に虐殺して追い出したりはしない。ミャンマーがやったのは、要するにそういうことである。

私たちが陰鬱な気分になるのは、軍事政権の弾圧に抗して民主化を勝ち取ったミャンマーの人々、アウンサンスーチー氏を信じて闘った人々、私たちも共感し応援した人々が、ロヒンギャに対しては人権意識も法秩序もかなぐり捨て、自分たちを圧迫していた国軍による少数民族弾圧に賛同ないし加担しているという甚だ救いのない現実への幻滅と失望なのだと思う。あるいは、私たちはこの国の本質を実は何も分かっておらず、民主化の幻想に惑わされていただけなのかも知れないが。

アナン勧告のメッセージ

第1章で触れた「アナン勧告」に最終章でようやくたどり着いた。もし将来、ロヒンギャ問題の抜本解決があるとすれば、国籍法（市民権法）を見直し、ロヒンギャに国籍を付与することを求めた同勧告をミャンマー政府が実行する以外に道はない。

ロヒンギャ問題を中心としたラカイン州の課題を検討する「ラカイン州諮問委員会」（Advisory Commission on Rakhine State）は二〇一六年九月五日、アウンサンスーチー国家顧問の強い要請で発足した。ガーナ人のコフィ・アナン元国連事務総長を委員長に迎え、レバノン出身の国際関係専門家ガッサン・サラメ元国連事務総長上級顧問、オランダの元外交官レティツィア・ファン・デン・アッスム大使の三人の外国人有識者、ミャンマーの国会議員ら六人の計九人で構成された同委員会は、外国人メンバーが含まれるが、あくまで政府が設立した国内機関に位置付けられる。国家顧問から委託された権限は、民族・宗教の区別なく同州のすべてのコミュニティの現状を分

シットウェに到着したアナン委員長の車列に罵声を浴びせる仏教徒強硬派グループ（2016年9月6日）＝Frontier Mynmar

析し、暴力と強制移転、開発の遅れの要因を特定したうえで、五つのテーマ（紛争防止、人道支援、和解、制度構築、開発）で勧告を行うことである。国家顧問からは思い切った大胆な勧告を促されたという。

アナン第七代国連事務総長（在任一九九七～二〇〇六年）は、国連改革を積極的に進める一方、国際協調による世界平和への貢献が評価され、国連とともにノーベル平和賞（二〇〇一年）を受賞している。米国主導のイラク攻撃に反対して米ブッシュ政権と対立するなど気骨を見せ、歴代事務総長の中でも人気が高かった。そのアナン氏が最後の仕事として打ち込んだのが、このラカイン州問題だったが、同委員会を取り巻く環境は最悪だった。設立直後から連邦議会で同委員会を解散させようとする策動があり、ラカイン州議会は調査への協力をボイコットすることを決めて、調査活動を実質的に妨害した。アナン委員長が二〇一六年九月六日、初めてラカイン州都シットウェを訪問した時は、数百人の強硬派仏教徒が「アナン委員会は要らない」「外国人は介入するな」と罵声を浴びせた。[*136]

発足直後の二〇一六年一〇月九日、ラカイン州北部で大規模な弾圧が始まったのを受けて、同委員会は二〇一七年三月の中間報告で、治安部隊による重大な人権侵害に対して警告を発した。しかし、暫定的な勧告のうち実行に移されたのはIDPキャンプ三カ所の閉鎖だけで、それも適正に帰還できたのはごく少数のラカイン人避難民に限られ、ロヒンギャの収容者は元の居住地には戻れず、他所への再移転などさらに不当な扱いを受けた。

アナン委員会の最終報告『ラカインの人々のための平和、公正かつ豊かな未来に向けて』(Towards a Peaceful, Fair and Prosperous Future for the People of Rakhine／二〇一七年八月二四日)は、「ミャンマー西部のラカイン州は、長く誇り高い歴史と豊かな文化的伝統を有する。かつてアジアにおける繁栄した交易の中心地にして、主要なコメの産地だったラカインは今日、コミュニティ間の緊張と対立の蔓延によってミャンマーで最も貧しい州のひとつとなり、国際的な論議と注目の対象になっている。その大きな可能性は、ラカインの人々の利益と福祉のためにはほとんど活用されていない」というアナン委員長の前書で始まり、政府や国軍、議会、すべての地域住民に慎重に配慮した内容になっている。もちろんロヒンギャの呼称は使っていない。だからと言って論点をぼかすことはなく、ラカイン州が「開発の危機」「人権の危機」「安全保障の危機」に直面していると指摘し、人権問題については「すべてのコミュニティが暴力と虐待に苦しめられる中、長期にわたる無国籍状態と深刻な差別によって、特にイスラム教徒のコミュニティは人権侵害にさらされやすくなっている。世界の無国籍人口の約一〇%がミャンマーに住み、ラカインのイスラム教徒は世界最大の無国籍コミュニティを形成する。そのコミュニティは基本的権利や日常生活に影響を与える多くの制約を課せられている。IDPキャンプには未だに約一二万人が取り残されている。政治参加を否定され、ミャンマーの統治全般から排除されている。市民権請求を承認しようとする政府の努力は、イスラム教徒、ラカイン人いずれのコミュニティからも信頼を得られなかった」と問題の本質を明確化している。

六六ページに及ぶ最終報告(英文版)の大半を占める「調査結果と勧告」は、一七分野八八項目の勧告を行っているが、ここでは市民権、基本的人権などロヒンギャ問題の根幹に関わる重要なポイントだけを抽出する。なお、報告の原文は“nationality”(国籍)ではなく“citizenship”(市民権)という単語を使っている。

■市民権(国籍) 諮問委員会は「ミャンマーにおける市民権と諸権利に関する問題は、委員会が直面した最も解決が難しい問題のひとつ」だが、「これに対処しない限り重大な人権上の被害と不安定な状態が続いて、州全体の経済的・社会的発展の妨げになる」と指摘し、最も根本的な検討課題であることを強調した。勧告は二段構えになっており、現行の一九八二年市民権法(国籍法）の下で市民権の承認プロセスを加速する一方で、最終的には法律そのものの見直しを求めている。

市民権法について、諮問委員会は「過去三五年間、市民権法の欠陥のためにコミュニティ間で緊張が生じ、市民権を持たない者の不満を招くとともに、それは二〇〇八年憲法を含む法律とも矛盾し、ミャンマー政府も承認した国際基準を満たしていない」として、非差別を原則とする国際基準、出生した子供に速やかに国籍を付与する「児童の権利条約」などの国際法に反するとの見解を示した。「歴代政権はラカイン州のイスラム教徒の政治的権利や市民権を徐々に侵害する法的・行政的対策を採用してきた」と断じたうえで、「一九八二年の市民権法が現在の市民権の基礎になっているとの認識に立って、政府に対して同法を見直すプロセスを開始するよう勧告する」と単刀直入に迫り、具体的に以下の点を検討するよう求めた。

ミャンマーが締約国である国際基準や条約と市民権法を整合させること▽異なるタイプの市民（国民）の区別（国民・準国民・帰化国民）を廃止すること▽個々人が市民権（国籍）を喪失または無効にされて無国籍にならないようにすること▽市民権を喪失または無効にされた個人がそれを再取得できるようにすること▽ミャンマーに永住する個人に対し、特に無国籍の場合は帰化によって市民権（国籍）を取得できるようにすること▽市民権と民族性の関連付けを再検討すること▽市民権法（国籍法）見直しの計画を提示し、新たな法律ないし改正法が制定されるまで現行の市民権法を差別のない形で解釈・運用する暫定措置を講じること――などを挙げた。また、現行法の下で市民権の承認手続きを簡素化・迅速化し、NVC申請と同時に市民権（国籍）を申請できるようにすることを併せて勧告している。

■**移動の自由**　ロヒンギャ住民に対する「移動の制限」については第2章で詳述したが、諮問委員会は「政府は宗教、民族、または市民権と関係なく、ラカイン州のすべての人々の移動の自由を保障すべきである。移動の自由と各種サービスへのアクセスは密接に関連しており、並行して対処する必要がある。すべてのコミュニティが教育、保健（医療）、生計の機会など基本的なサービスにアクセスできるようにしなければならない」と勧告した。具体的には、コミュニティに影響を与えるすべての公式・非公式、社会的な制限を特定するマッピングを行うこと▽非公式な支払い（要求）、恣意的な道路封鎖、イスラム教徒のコミュニティに対する護衛代の要求といった間接的な移動制限を禁止し、それに違反した加害者を法律に従って訴追すること▽すべての移動制限を最終的に解除するまで、政府は移動許可制度を直ちに簡素化すること▽警察は法の支配を順守し、暴力や脅迫によって移動を妨害する者には法律に従ってその責任を問うこと▽法の下での平等を保証するために、政府はラカイン州の少数民族の権利や自由を制限するすべての規則や条例を見直すこと――などを求めた。

■**国内避難民**（IDP）　諮問委員会は暫定勧告に続いて、約一二万人のイスラム教徒が収容されたままのIDPキャンプをすべて閉鎖するよう重ねて勧告し、政府に閉鎖に向けた包括的戦略を策定することを求めた。「政府は国際的なパートナーと協力し、(避難民の)帰還・移住を国際基準に従って実施する必要がある」として、すべての帰還・移住は自発的かつ安全で尊厳を保てる方法で実施すること▽元の居住地への帰還を優先し、それ以外は避難民の選択を尊重すること▽帰還・移住や地域への統合の計画・運営に避難民自身を参加させること▽移住や地域への統合に際しては、基本的なサービスや生計へのアクセスがなく、安全を保証できない地域に避難民を追いやらないこと▽移住を選択しても元の居住地に尊厳をもって帰還する権利の放棄と見なしてはならず、後になって帰還するのも可能とすること▽IDPとホストコミュニティは徹底的かつ有意義な協議を行うこと――などの点を指摘した。

また、閉鎖に向けた途中の段階にあっても、キャンプでの尊厳ある生活を保障するよう勧告し、シェルターの改善(国際基準に沿った家屋の増築・拡張による過密状態の解消)▽水・衛生(WASH)の改善▽教育環境の改善(一時学習スペースを正式な学校として認め、その数を増やし、教員養成や教材を支援する)▽生計向上(キャンプ内での職業訓練や所得創出、キャンプ外での就労促進による雇用機会の改善を男女とも進め、国際社会の支援への依存度を低減する)――を求めた。

■治安部門　諮問委員会は、二〇一六年一〇月以降、治安部隊の関与が疑われるイスラム教徒への人権侵害や殺害によって、ラカイン州北部の緊張がいっそう高まったと指摘し、「治安部隊に対する信頼は低い」と明言した。狭い地域に国軍、国境警備警察、警察という別個の治安機関が併存して状況を複雑化させていると分析し、役割分担の明確化が必要としている。

そのうえで、治安部隊要員の人権意識に関するトレーニングを継続的に実施し、国際社会は技術面・財政面でミャンマー政府を支援すること▽治安部隊の行動を監視するために、要員に名前と識別番号を付けさせ、すべての検問所に監視カメラを設置すること▽治安部隊の高い水準を維持するために、その任務を査察する恒久的な仕組みを構築すること▽人権侵害を通報する独立した苦情処理メカニズムを確立すること――を勧告した。併せて「二〇一六年一〇月以降の軍事作戦で重大な人権侵害があったとする申し立てを踏まえて、政府は独立した公正な調査に基づき、加害者の責任を追及することを要請する」と畳み掛けた。しかし、ミャンマー治安当局がこの勧告を歯牙にも掛けなかったことは、八月二五日以降の弾圧がさらにエスカレートした事実が証明している。

アナン勧告はこのほか、ラカイン州の経済・社会開発、人道支援のアクセス、メディアのアクセス、教育、保健（医療）、コミュニティの政治参加と代表権、コミュニティ間の結束、司法へのアクセス、文化振興、バングラデシュとの国境問題および二国間関係、近隣諸国との関係、委員会勧告の実施――の各分野について勧告を行った。それらは大胆な提言と言うよりも、イスラム教徒（ロヒンギャ）に対する人権侵害を止めて、ラカイン人など他のコミュニティとの共存を図り、地域の健全な発展に向かうための至極妥当で常識的なアドバイスのように見える。それでも、指導層を含むミャンマーあるいはラカイン州の大多数にとっては受け入れがたい介入でしかなく、同州の経済開発や中央との資源分配など具体的な権益が絡む部分以外は、ほとんど聞き流されたものと思われる。

ひとつ興味深いのは、違法薬物（Drugs）問題を取り上げた点である。第5章で触れた通り、ミャンマー東部からラカイン州を抜けてコックスバザールに至るルートで「薬物（ヤバ）の密売が近年著しく増加した」と事実認定し、「薬物の製造・密売は長年にわたってミャンマー国内の紛争を激化させてきた。ラカインでは薬物の密輸がアラカン軍（AA）やアラカン・ロヒンギャ救世軍（ARSA）など武装グループの資金源になっている疑いがある。政府職員まで麻薬取引に関わったと指弾され、国境一帯は無法地帯の様相を呈している」と断じた。そのうえで、総合的な薬物対策の実施、末端の売人や使用者ではなく主要な製造組織や元締め業者の摘発に加え、「政府は国境付近で活動する治安機関の汚職撲滅を強化すべきである」と勧告した。つまり、ロヒンギャが暮らすラカイン州北部の国境地帯は、文民政権による法秩序が及ばず、治安当局がかなりの部分で恣意的に支配していたということになる。

アウンサンスーチー国家顧問にラカイン州諮問委員会の最終報告を手渡すアナン委員長（2017年８月24日）＝Global New Light of Myanmar

国家顧問「勧告を実現する」

アウンサンスーチー国家顧問、ミンアウンフライン国軍最高司令官らに最終報告を手渡した後、二〇一七年八月二四日にヤンゴンで記者会見したアナン委員長は「問題が悪化すれば、ラカイン州とミャンマーの将来は取り返しがつかない危険にさらされる」と警告し、「これはラカイン人とイスラム教徒にとって重要なステップである。（この勧告の実施が）暴力と絶望をもたらす敵意から抜け出すための唯一の道になる」と述べ、ミャンマー政府に勧告内容を速やかに実行に移すよう呼び掛けた。[*137]「（ラカイン州北部の）緊張は依然として高く、このままであってはならない。暴力は永続的な解決策をもたらさない」と訴えたアナン氏は、よもや数時間後、この最終報告が吹き飛ぶような未曽有の大惨事が勃発するとは想像していなかっただろう。

アウンサンスーチー国家顧問は、国際社会に向けた二〇一七年九月一九日の演説でも「アナン勧告を実行する」と明言し、その公約に沿って新組織を次々立ち上げた。「ラカイン州勧告実施委員会」を一〇月九日に発足させ、一二月には同委員会のための国際諮問会議（外国人四人・ミャンマー人五人）を設立して、隣国タイのスラキアット・サティアンタイ元副首相を議長に据えた。しかし、主要メンバーのビル・リチャードソン元米国連大使が初会合で国家顧問の不興を買って解任され、二〇一八年七月にはタイのコープサック・チュティクン元国会議員が「職務を遂行できる状態にない。（諮問会議自体が）ロヒンギャ問題の一部になりかねない」と批判して辞任するなど空中分解し、何の成果もなく八月一六日に解散した。[*138] リチャードソン氏は軍事政権下で軟禁状態にあったアウンサンスーチー氏に外国人として最初に面会した人権派だが、ロイター通信記者の釈放を面と向かって要求して国家顧問が逆上したと言われ、リチャードソン氏は「諮問会議は（事実を隠蔽するための）whitewash（漆喰）だった」と酷評した。また、勧告実施委員会の活動報告（二〇一八年一～四月）を読むと、始まったばかりとは言え、運輸・電力・農業などラカイン州全域の経済社会開発の概況を紹介しているだけで、ロヒンギャ問題は影も形もない。

もうひとつの目玉が、アウンサンスーチー国家顧問自ら議長を務める新組織「ラカイン人道支援・再定住・開発計画」（UEHARD：Union Enterprise for Humanitarian Assistance, Resettlement and Development in Rakhine）である。二〇一七年一〇月一二日に発足したＵＥＨＡＲＤは、政府と経済界、市民団体、ＮＧＯ、国際パートナーなどが包括的に連携する官民一体の組織として、難民の帰還・再定住、地域の安定と持続的開発に取り組むとしており、国家顧問は国際社会の批判に対して「言葉で反論するのではなく、行動によって世界に応えたい。団結して困難を克服しよう」と呼び掛けた。[*139] ＵＥＨＡＲＤホームページには、ラカイン州での各種会議やイベント、外国の視察団の来訪、アラカン軍に絡む治安情報などのニュースが随時掲載され、活発に活動しているように見えるが、トップページで「ラカインの国民たち」（Rakhine Nationalities）」として民族衣装の写真付きで紹介されたラカイン、ムロ、カマンなど五民族の中にロヒンギャの姿はない。国家顧問自身の真意はどうであれ、この開発プロジェクトはロヒンギャがいないことを前提に進められているのが分かる。ちなみにＵＥＨＡＲＤのチーフコーディネーターの要職を務めるのは、あの政府独立調査委員会のアウントゥンテ委員である。

　ミャンマー情勢をフォローする報道関係者は「アウンサンスーチー国家顧問が本気で実現しようとすれば、アナン勧告は非常に価値ある提言になったはずだ。しかし、実態は外国人委員を招いてアリバイ作りの組織をいくつも設立したに過ぎず、最初から実効性のない代物だった。何かしているように見せて時間を稼ぎ、国際社会の関心が薄れるのを待っているのではないか。ミャンマー国民はアウンサンスーチー氏があの手この手で国際社会の批判をかわしていることを評価している」と解説する。ビルマ独立以来の少数民族問題、インフラ開発など他の懸案事項が山積する中、国内的には優先課題でも何でもないロヒンギャ問題だけが一朝一夕に解決に向かうはずはない。UEHARDにしてもロヒンギャの帰還・再定住や国籍問題とは全く関係ない方向に集約されていくのだろうが、アナン勧告を完全消滅させないための足掛かりは、目下これしか見当たらない。

日本が支援する投資フェア

ラカイン州の経済開発を優先するミャンマー政府の方針に応えるように、ラカイン州南部サンドウェ県の観光地ガパリビーチで二〇一九年二月二一〜二三日、「ラカイン州投資フェア」が開催された。ラカイン州政府とミャンマー投資委員会、日本貿易振興機構（JETRO）、国際協力機構（JICA）の共催だが、『日本経済新聞』（二月二二日付）によると「JETROとJICAが開催費用の大半を拠出」しており、日本やタイの企業関係者など五〇〇人以上が参加して「地方で開かれる投資イベントとしては異例の規模となった」。アウンサンスーチー国家顧問は基調講演で「国際社会の関心がラカイン州北部の問題に集中しているが、政府は政権発足当時からラカイン州の法の支配の必要性と持続的な成長に高い優先順位を置いてきた。経済問題を解決するにはミャンマー国内外の企業による責任ある投資が必要だ」と訴えた。同国政府は特に水産業や観光業への投資に期待しているという。

ラカイン州は最貧国（後発開発途上国）ミャンマーの中でも特に貧しい地域である。世界銀行のミャンマー報告（二〇一四年一一月）[*140]によると、貧困率は全国平均三七・五％に対し、ラカイン州は七八％と、山岳地帯チン州の七一・五％を上回って全国一四州・地方域の最下位である。同国西端のラカイン州は電力、交通網など基礎的な社会インフラへの投資・開発が大きく遅れていることが要因だが、それに加えて世銀報告はビルマ語以外の言語・民族グループ（少数民族）は貧困リスクが高い傾向にあると指摘し、とりわけラカイン語を話すグループは多数派より一・八倍、「その他の外国語」を話すイスラム教徒ロヒンギャは二・四倍貧しいと分析する。また、ラカイン州内の県別貧困状況（二〇一〇年）はシットウェ県四〇％、チャオピュー・サンドウェ両県二三％に対し、マウンドー県六四％と突出している。ただでさえ開発が遅れたラカイン州にあって、ロヒンギャが暮らしていた同州北部は度重なる衝突の影響もあり、ミャンマーの中でも最も貧しい地域として、長年にわたって経済的・社会的発展から完全に取り残されて来たと言える。

国家顧問の発言でも明らかなように、ミャンマー政府は経済開発こそがラカイン州のさまざまな矛盾を解消するかのように意図的に論点をずらしているが、ロヒンギャ問題は全く別の文脈にあって、それは国籍（市民権）の付与であり、制度的・社会的な差別の解消である。仮に投資が加速して地域開発が進み、利権を握るごく一部（政治家や国軍関係者、富裕層など）が利益を得て、一般住民の生活水準がいくらか向上したところで（それも大切だが）、ロヒンギャがそうした恩恵を享受することは絶対にない。そもそも海外からの投資があったとしても同州南部に限られ、ロヒンギャの居住地域だった最北端マウンドー県界隈には波及せず、したがってロヒンギャの帰還・再定住には結び付かない。日本側は当然そんなことは百も承知で、ミャンマー政府が打ち出した虚構に付き合っているのだろう。

ＪＩＣＡの紛争復興・平和構築支援に数年間関わった経験があるので、私も紛争と貧困・低開発の因果関係、地域格差の問題、開発が人々にもたらすインパクトを少しは理解しているつもりだが、最も裨益すべき当事者が不在という状況は想像できない。ロヒンギャが置き去りにされるという以上に、彼らを抜きにして地域開発を進めるとすれば、まさにロヒンギャの存在が「消去」された後の「新しい社会の再構築」であり、それこそ国軍とその支持層が意図していた結果に他ならない。ラカイン州の開発の必要性は否定しないが、それがロヒンギャ問題の解決に結び付くかのような〝まやかし〟を日本は語らない方が良いと思う。

中国の開発プロジェクト

第４章で触れた通り、日本が欧米諸国と一線を画したアプローチをする背景には、ミャンマーが国際的に孤立して、中国への依存度を高めることへの危機感がある。中国は「一帯一路構想」の一部として、ベンガル湾に面するラカイン州中部チャオピュー県のチャオピュー経済特区開発を主導するなど、この地域に巨大な経済権益を持つ。チャオピューから中国雲南省・昆明を経由して重慶に至る約二四〇〇キロのパイプラインが二〇一七年に稼働開始し、ベンガル湾の天然ガス、中東産の原油がマラッカ海峡を経由せずに直接供給されるほか、工業団地や深水港湾の建設も進んでいる。チャオピュー港はインド洋展開をにらむ中国海軍の寄港地にもなり、中国にとってエネルギー安全保障や経済開発、軍事の面で重要な戦略的要衝と言っても過言ではない。

他方、現地では中国に対する警戒感も高まっている。チャオピュー深水港計画をめぐっては、事業規模が巨額で中国への債務返済に行き詰まる恐れがあるとして、ミャンマー政府が二〇一八年一一月に計画縮小を決めた。ミャンマーに限らず多くの開発途上国が、一帯一路に隠された借金漬けのリスクに気付き始めている。

もうひとつの焦点は、軍事政権時代の二〇〇九年、中国企業と契約したイラワジ川上流のカチン州・ミッソンダム建設計画（中国向け水力発電プロジェクト）で、民政移管後のテインセイン政権時代に反対論が噴出して凍結されたが、アウンサンスーチー国家顧問が建設容認とも受け止められる発言をして波紋を広げている。[*141] 二〇一九年四月二五～二七日に北京で開催された一帯一路国際会議に出席した同国家顧問は、習近平国家主席と会談して親密さをアピールしたが、ミッソンダム計画について結論を先送りしている。

中国はロヒンギャ問題をめぐって、国連でミャンマー非難決議に反対するなど一貫して同国政府の立場を支持しており、アウンサンスーチー国家顧問は国際社会の集中砲火を浴びていた最中の二〇一七年一二月一日、北京で習近平国家主席と会談し、欧米やイスラム諸国を牽制した。日本外交としてはミャンマーの中国傾斜を警戒せざるを得ないが、ロヒンギャ問題が動くとすれば、カギを握るのは結局のところ中国ではないだろうか。中国と距離を置いていたバングラデシュも、ハシナ首相が二〇一九年七月一～五日、中国を訪問して習主席、李克強首相と会談した。ハシナ首相は帰国後の会見で「中国政府はロヒンギャ難民の早期帰還に必要なことは何でもすると保証した。中国は常にミャンマー側に付いていたが、バングラデシュがロヒンギャを抱え続ける問題も理解している」と述べ、中国がミャンマーに対する影響力を行使して膠着状態を打開することに期待を表明した。[*142]

中国と言えば少々怪しげな話もある。二〇一九年三月に中国政府の特使が難民キャンプを密かに訪れ、難民二九人に「家の再建費用として（世帯ごとに）五〇〇〇～六〇〇〇ドルを提供したらミャンマーに帰還するか」と尋ね、難民たちは「市民権が先だ」と断ったという。[*143] これが本当だとしたら、中国は本気で何らかの計画を進めているのかも知れない。

ミャンマー人の本当の気持ち

国連報告を読むと、あらゆる悪意と狂気に満ちた二〇一七年八月二五日の大惨事の直前、人間味を感じられる場面が一瞬だけ出て来る。尋常ではないレベルで国軍部隊の増強が進んでいたラティダウン郡ザイディピン村で、あるロヒンギャ住民がラカイン人の友人から「あなたはここに留まってはいけない。私たちは人々の間違った行いを抑えることができない。政府はあなた方を追い払おうと計画している」と耳打ちされ、一刻も早く逃げるよう忠告を受けていた。ロヒンギャ以外の住民たちは、政府や治安部隊の意図を当然ながら知っていた、あるいは伝えられていたのである。ロヒンギャとラカイン人二人の村人の会話は、人目を避けて物陰で交わされたことだろう。苛烈なロヒンギャ弾圧に現地の誰もが同調していた訳ではなく、その異常さに気付き、正視に耐えない惨状に心を痛め、できれば助けてやりたいと思った他民族の人々は間違いなくいた。それは人間として当たり前の感情なのだが、実際にはそれを許さない同調圧力が地域全体を覆っていた。

さまざまな資料を渉猟するうちに、興味深い一枚の写真を見付けた。斎藤紋子氏の論考「ミャンマーにおける反ムスリム暴動の背景[*144]」の中に、ビルマ語で何やら書かれた紙を首に掛けられた男性が手錠姿で連行される異様な写真がある。写真説明には「『私は裏切り者です。ムスリムの奴隷です』と書かれた札を首に下げて連れまわされるヤカイン民族の男性。ロヒンギャ族の悲惨な状況を見かねて、食糧や衣服を渡したり、あるいはロヒンギャ族にこっそりと商品を販売したのが見つかると、写真のように町中を引き回されるという」とある（撮影場所・日時は不明）。ヤカインはラカインのビルマ語読みである。この写真を見た時、逆に私はミャンマー国民がこぞってロヒンギャを排斥し、弾圧を支持しているかのような単純化された理解は少し違うかも知れないと気付いた。

今回の掃討作戦の最中、マウンドー郡の農村部は無法地帯と化したが、郡都マウンドー町の中

ロヒンギャを助けたために手錠姿で引き回されるラカイン人男性（撮影日時不明）
＝斎藤紋子氏提供

心部では、刀剣を携えて〝ロヒンギャ狩り〟をするラカイン人民兵に対し、警察が「この地区のイスラム教徒は昔から住んでいた人々だ。手出しは許さない」と顔なじみのロヒンギャ住民たちを保護したという。また、前出のフォトグラファー、新畑克也氏によると、シットウェのIDPキャンプ周辺でも、ロヒンギャを密かに支援しているラカイン人がわずかながらいるらしい。「多少のいざこざはあったにせよ、もともと（ロヒンギャと）一緒に暮らし、仲の良かった同級生もいる。我々自身では解決できないくらい問題が大きくなってしまったが、このままで良いとは思っていない」と話す人もいるという。

　国軍による支配が長かったミャンマーの人々は、よほど気心が知れた相手でない限り、特に外国人に対して政治絡みの本音を言わない。ミャンマーに多くの友人を持つ日本人の知人が面白い話を聞かせてくれた。「ビルマ人の仲間と飲みながら、ロヒンギャ問題をどう思うか何気なく尋ねてみたことがある。年配の男性たちは『あんな連中とは一緒に暮らせない。追い出されても仕方ない』という頑迷な考え方が多いが、大学卒の若者が『女性や子供まで殺されたと聞いている。自分の家を焼かれ、長年住んだ村を追い出されたのはかわいそうだ。不法移民だとかイスラム教徒だとかの問題ではなく、そんなことはするべきではない』とこっそり本心を明かし、『僕らは政府からもメディアからも本当のことを知らされていないと思う。何が起きているのか教えてほしい』と言った。公然と口にできないだけで、そう考えているミャンマー人は結構いるのではないか」。

現政権にパイプを持つミャンマー人の情報源は「ラカイン出身の閣僚が『国軍はいくら何でもやり過ぎた。とてもじゃないが正当化できない』とこぼしていた。同じように感じている閣僚は他にもいる」と明かした。一般国民向けに粉飾された報道ではなく、本当に起きたことをつぶさに知る立場にある閣僚にすれば「とんでもないことを仕出かしてくれた。国際社会にどう弁明すれば良いのか」と思うのが普通の感覚だろう。反イスラム運動の煽動者、怪僧アシン・ウィラトゥ師についても、この情報源は「彼の過激な言動に眉をひそめる仏教徒は少なくない。ミャンマーの仏教徒は本来、あのような人物を好まない」と評した。しかし、同時に「政権内ではなく、ロヒンギャの優先順位は高くない。この問題はミャンマー自身によって引き起こされたのではなく、元はと言えば他国（バングラデシュ）が原因だと本気で思っているからだ。国際社会に対して、少しは問題に取り組んでいるように見せたくても、財政事情が厳しく何もできない。外資を呼び込んでラカイン州を開発すれば、状況が変わるくらいにしか考えていない。ミャンマー政府が自ら動くことはない」と話しており、アウンサンスーチー国家顧問の主導でロヒンギャ政策が転換される可能性は皆無である。

帰りたくない難民たち

ロヒンギャ難民がミャンマー国籍を付与され、他の国民と対等な扱いが認められて、安全にラカイン州に帰還するのが最も望ましい解決であるのは言うまでもない。しかし、ミャンマー側が彼らを受け入れる意思がない以上、数十万人規模の難民が帰還することはないだろう。国連機関やNGOは近い将来の本国帰還を前提として難民支援を行っているが、それも今やほとんど建前に過ぎず、地元バングラデシュ人を含む援助関係者の間では「難民は帰還しないだろう」という認識が暗黙のうちに共有されつつある。

難民自身の気持ちも流入当初から変化しているように思う。二〇一七年末頃に「ミャンマーに帰りたいか」と尋ねると、誰もが判で押したように「今すぐ帰りたい」と即答し、ただし条件として、①ミャンマー政府がロヒンギャという民族の存在を認め、他の国民と同等な立場で国籍を付与すること、②奪われた土地・財産を返還すること、③帰還に際して身の安全が保証され、国連機関や援助団体がラカイン州北部に常駐すること――の順番で付け加えるのが常だった。特に男性は建前を主張したがるのか、この傾向が強かったが、実は女性の中には早い時期から「あんなひどい目には二度と遭いたくない。ここにいた方が安心できるので帰りたくない」と本音を漏らす人が結構いた。

テクナフ地域のキャンプに居住する難民たちに、二〇一九年三～四月時点で改めて気持ちを聞いてみた。五人家族の男性（三〇歳）は「ブティダウン郡の村に戻るよりも、難民キャンプの方がずっと良い。ここでは仕事をして家族を養うこともできないし、制約が多くて自由ではないが、国連やNGOが我々を助けてくれる。国軍や国境警備警察から日常的に嫌がらせや暴力を受けていたのに比べると大違いだ。ここでは妻や子供たちと安心して暮らすことができる」。四人家族の女性（二八歳）は「マウンドー郡にいた時はいつも怯えながら暮らしていた。難民キャンプにいれば、自分たちの命を守るために逃げ回らなくて済む。兵士がいつ襲って来るか分からないので、若い女性は怖くて夜眠ることもできなかった。年頃の少女たちはもちろん、六～七歳の女児さえ安全ではなかった。あんな恐ろしい場所には帰りたくない。少なくともキャンプでは夜は安心して眠れる」と涙ぐんだ。

夫を亡くして四人の子供と暮らすマウンドー郡出身の女性（四一歳）は「自分たちの市民権と尊厳を保証されない限り、ミャンマーには戻りたくないので、当分キャンプにいるしかないと思う。けれど、バングラデシュは私の国ではないし、私たちはバングラデシュ人ではない。この国の人々と混同されるのではなく、あくまでロヒンギャとして生きたい。教師になりたいという息子の夢をかなえるために、バングラデシュで高等教育を受けさせたいと思う」と自分の考えを明確に話した。

地中海マルタに拠点を置く非営利団体Xchange Foundationが二〇一八年四〜五月、難民一七〇〇人を対象に実施した調査は、こうした難民たちの気分をデータ的に裏付けている。[*145] それによると、全体の九七・五％がミャンマー帰還を検討しているものの、ほぼ全員（九九・六九％）が特定の条件（国籍・市民権、移動の自由、他の民族と平等な扱い、宗教の自由など）が満たされた時にのみ帰還すると答えた。しかし、回答者の六九・八％は「ミャンマー政府が自分たちの権利を認めるとは思わない」と厳しい見方を示した。この点は男性がより悲観的で、権利が認められないと思うのは男性八七％、女性五五％だった。四〇人（うち女性三六人）は帰還を断固拒否した。将来の見通しについて、九一％がバングラデシュにおける自分と家族の未来を前向きに考えているが、九七％はバングラデシュに永住したいとは考えていなかった。かなり複雑な心理状態だが、要するに「本当はミャンマーに戻りたいが、自分たちの正当な権利が認められそうもないので帰れない。しかし、死ぬまでバングラデシュに住みたいとも思わない」という現実的な判断に基づく諦めが難民の間に定着しているということだろう。

二〇二〇年総選挙と改憲論議

ミャンマーでは二〇二〇年後半に総選挙が予定されている。アウンサンスーチー国家顧問の人気は依然として高く、与党・国民民主連盟（ＮＬＤ）の優位は揺るがないが、二〇一八年一一月の連邦議会・地方議会の補欠選挙で苦戦するなど、前回二〇一五年で圧勝した党勢は見られない。「少数民族の間では、国軍が強硬で和平が進まず、アウンサンスーチー国家顧問の消極的な態度に失望が広がっている。海外からの投資が減少して経済開発も思うように進まず、中国のミッソンダム建設をめぐる政府の混乱も続いている。軍事政権時代には戻りたくないが、アウンサンスーチー氏が何もしていないことが明らかになりつつあり、少数民族政党や非ＮＬＤ系の民主化勢力が支持を拡大する可能性がある」（報道関係者）。

アウンサンスーチー陣営の最大の政治課題は憲法改正である。連邦議会は二〇一九年二月六日、憲法改正案を検討する委員会の設置をＮＬＤなどの賛成多数で可決した。軍事政権が起草した現行憲法では、連邦議会の議席の二五％が軍人議員に配分され、国軍・警察の指揮権を含めて、国軍が強大な権力を維持する仕組みになっている。国軍の影響力を排除しない限り民主化が進まないことは、国家顧問自身が認めている。独立以来のミャンマー最大の懸案事項である少数民族問題については、少数民族に自治・自決権を付与し、適正な資源配分を図る「真の連邦制」の実現を目指しているとされる。また、外国人の家族がいる者は大統領に就けない規定があり、英国人の家族がいるアウンサンスーチー国家顧問は今のままでは大統領になれない。

ミンアウンフライン国軍最高司令官は、前述の朝日新聞との単独会見で「改憲にノーと言ったことは一度もない」としながらも、軍人議員枠の見直しは「我が国は未だに政治と治安の分野でもう少し安定性が必要だ。国軍は国家の安定のために議席を持っている」として反対し、大統領の資格についても「外国人に我々の主権を差し出す訳にはいかない。それは（アウンサンスーチー氏など）いかなる個人を意図するものではない」と主張した。要は真の民主化に向けた本質的な改憲論議には一切応じないということである。改憲には全議員の四分の三以上の賛成が必要とされるため、軍人議員が反対すれば成立しない。ＮＬＤが緊急動議として提案した改憲委員会設置に対し、国軍と最大野党・連邦団結発展党（ＵＳＤＰ）は強く反発しており、改憲論議は難航というよりも頓挫することが予想される。

総選挙と改憲論議を通じてミャンマーの民主化が進展し、ロヒンギャ問題に関して、いくらかでも前向きな兆しが期待できるかと言うと、その可能性は残念ながら全くない。

政策研究大学院大学（ＧＲＩＰＳ）の工藤年博教授（東南アジア地域研究）は「憲法改正による国軍の政治力排除は進まないと考える。アウンサンスーチー政権は憲法改正を掲げて前回二〇一五年総選挙で勝利を収めており、これに取り組む姿勢を見せることは政権として当然だが、現状では国軍の協力なくして国家運営は難しい。憲法改正は二〇二〇年総選挙で勝って、次の五年間で成果を上げるという時間軸で動くと思われ、改憲に向けた現在の取り組みは政治姿勢のアピールという面が強いのではないか。少数民族との政治対話の場である『二一世紀パンロン会議[*146]』も当初の想定とは異なり、一致団結して国軍排除を訴える場ではなくなっている」と分析する。

アウンサンスーチー氏が少数民族問題の解決をテコに改憲論議を進める戦略を描いていることに関して、工藤教授は「改憲論議が行われたとしても、そこにロヒンギャ問題が含まれることは一切ないし、国軍に対する（一連の人権侵害の）責任追及が進むこともない。ミャンマー政府はロヒンギャという言葉さえ使っておらず、ロヒンギャは少数民族問題の枠外にある。彼らは国籍もなく国民ですらない。アウンサンスーチー氏は国民大多数の反ロヒンギャ感情を逆なですることはできない。それは彼女の政治信条の問題ではなく、民主主義国家におけるリーダーとして、国民が反対することとは実施できないからである。連邦制における少数民族論議は、ミャンマー政府が公認した『タインインダー』（ビルマ語で土着民族）に限られた議論であり、ロヒンギャはその範疇に入っていない」と説明する。

根本敬・上智大学教授も「前向きな進展は期待できない。国軍の権限を制約する方向での憲法改正に対し、国軍の反対の意思は非常に強固であり、改憲論議が進まないまま総選挙に突入すると考える。少数民族に関する改憲も『真の連邦制』をめぐる定義が少数民族組織の側と国軍で一八〇度異なり、NLD政権はその板挟みになっているため、調整に取り組む姿勢は見せ続けるだろうが、具体的進展はほぼゼロに終わるだろう」と話す。

ロヒンギャ問題に関しては「アウンサンスーチー氏がアナン勧告の実現を国際社会に宣言した

以上、その旗を降ろすことはできないが、具体的な成果は当面期待できない。（国際社会が指弾する）国軍・警察の責任を追及できなければ、ミャンマーは国際社会から総スカンを食らってアウンサンスーチー政権が孤立し、国軍の影響力が今以上に高まる可能性があるし、逆に同氏が不法行為の責任を追及しようとすれば、政権と国軍の間により大きな緊張が生まれ、これも政権の不安定を生み出す」と指摘し、「ロヒンギャ問題は間違いなく長期化し、一〇年二〇年単位で取り組まなければならないだろう。この問題が忘れられてしまうことがないように、日本を含む国際社会は問題を継続的に取り上げ続ける必要がある」として次の五点を挙げる。①難民キャンプの生活環境の維持・改善につながる支援を進めること、②難民キャンプでの教育（特に女性に対する教育）支援を継続すること、③第三国定住を希望する難民の受け入れを推進すること、④ミャンマー政府がアナン勧告に沿った対応を進めやすいような支援と国際的な環境整備を行うこと（一方的非難だけに終わらず、ミャンマーが受け入れられる現実的な支援策を打ち出す）、⑤帰還準備が進むようにモニタリング制度を作ること——である。

バングラデシュを支え続ける

国際社会がバングラデシュ政府を支え続けるのは当然のことだが、『The Daily Star』の論説記事「これは誰の責任なのか」（二〇一九年五月）は現実を冷静に見透かしていて面白い。[*147]「世界の先例によれば、難民の帰還には平均一〇年かかる。ロヒンギャが二〇一八／二〇一九会計年度から五年間滞在するると、それを維持するための費用は二〇二三会計年度までに七〇億四六〇〇万ドル（約七七二七億円）に上ると推計される。人口増加とインフレ調整によってコストは増加し続けるので、一〇年間で一七二億ドル（約一兆八八六七億円）に達する」と試算したうえで、今のところ国際社会の全面支援によって人道支援活動が順調に展開されているものの、「いずれドナー（資金提供する国）が援助疲れする時が来る。それは（資金などの）リソースが不足するだけでなく、（国際社会における）優先順位が変わる可能性があるからだ。私たちは世界のどこかで一日おきに危機が発生する時代に住んでいる。そこでは国際的な安全保障と国境を越えたテロリズムが重大な関心事である。したがって、誰もが常に競合する優先課題に急いで参画しようとする」と論じる。もっと新味がある人道危機が起きれば、およそ展望がないロヒンギャ問題は飽きられ、忘れられるのは間違いない。国連機関やNGOの人道援助サークルも、メディアの国際報道も、サーカスの巡業のように次の興行場所を求めて世界を転々とする。ミャンマーはそれを待っている。

安全保障論の論客であるダッカ大学のアリ・アシュラフ准教授に、バングラデシュの国益の観点でロヒンギャ難民問題を分析してほしいとメールしたところ、明快な回答が届いた。「ロヒンギャの『亡命希望者』たちの自発的な帰還は、すべてミャンマー政府が安全で帰りやすい環境を創出するかどうかに懸かっている。しかし、同国に影響力を持つ中国や他の大国が何らかの圧力を掛けたり、インセンティブを与えたりしない限り、ミャンマーが帰還プロセスに本当に関心を示すことはないだろう。他方、バングラデシュ政府とコックスバザールの地域社会は、ロヒンギャに難民の地位を付与することに反対であり、ましてや定住を認めて地域に統合するのはもっての外と考えている」と現状を分析する。安全保障の観点から「ロヒンギャが難民キャンプで国連機関の保護と支援を受ける一方で、バングラデシュ政府は潜在的な安全保障上のリスクに深刻な懸念を抱いている。本国帰還の可能性が薄れると、暴力的な過激派グループによって、当地のロヒンギャと世界中にいるロヒンギャ・ディアスポラ（離散民）の間で、メンバーの勧誘と過激化を推進する動きが確実に出て来るだろう。アルカイダの指導者アイマン・アル・ザワヒリは数年前、ロヒンギャ問題とカシミール問題を取り上げて、グローバルなテロ・ネットワークの一部として『インド亜大陸のアルカイダ』を創設する考えを表明した。ロヒンギャ難民問題の長期化に伴い、我が国は過激派の動向を警戒しなければならない」と指摘する。

アシュラフ准教授は「ミャンマーには国際社会の責任ある一員となるチャンスがあるが、そう望むならば、まずロヒンギャの市民権を承認し、その他の少数民族の権利を尊重すると同時に、（国軍の権限縮小など）自国の安全保障政策を大変革しなければならないだろう」と述べる一方、「国連が率いる国際社会は、二〇一七年のロヒンギャ大量流入という最高レベルの緊急事態に適正に対処し、主要援助国はＪＲＰ（合同対応計画／二〇一七年九月～二〇一八年一二月）に必要な資金の約七〇％を拠出して貢献して来た」と評価したうえで、事態の長期化を見越して国際社会に次の四点を提案する。①バングラデシュにいるロヒンギャの保護ニーズを優先し続けること、②難

マドラサの少年たち。10年後20年後、彼らはどこにいるだろうか（ナヤパラ）

民認定された三万四〇〇〇人、および約九〇万人のＦＤＭＮ（強制退去させられたミャンマー国民）の帰還に向けてバングラデシュ政府を支援すること、③ミャンマー政府が信頼性のあるロヒンギャの帰還・再統合計画を策定するのを支援すること、④人口統計学に基づいて、ロヒンギャ受け入れの財政負担を分担する計画を国際的に策定すること。それに伴い、本国帰還できない多数のロヒンギャに第三国定住の機会を提供すること――である。

「バングラデシュ政府はロヒンギャの人道ニーズと自国の国家安全保障上の懸念とのバランスに腐心し続けた結果、現在の制限付きの難民政策を選択するに至った。我が国が一一〇万人ものロヒンギャを保護していることを誇りに思うが、地域の近隣国と世界の大国が（長年にわたる）ロヒンギャ危機にどう対処して来たかについては懐疑的にならざるを得ない」と述べるアシュラフ准教授は、「日本はバングラデシュ・ミャンマー両国が双方にとって有益な外交プロセスに参加するよう促せる立場にある。歴史的に見ても、バングラデシュ人は日本政府と日本人に対し、開発援助や投資・貿易関係を超えて多大な好意を抱いている。日本はロヒンギャ危機の現実的な解決に向けて、財政支援だけでなく国際社会で道徳的・倫理的なリーダーシップを発揮してほしい」と期待する。

全く別のオプションとして、「ロヒンギャの名乗りをいったん棚上げする」という発想がないではない。ミャンマー国軍によるロヒンギャ女性への性暴力被害を調査し、国連安保理（二〇一八年四月）で発表したロヒンギャ出身のバングラデシュ人女性弁護士、ラジア・スルタナ氏に会う機会があり、「ロヒンギャの名前に固執せず、『ベンガル人』でも何でも良いから、まず帰還するという選択肢はないのか」と尋ねてみた。米国務省の二〇一九年「国際勇気ある女性賞」（IWOC：International Women of Courage Award）を受賞したマウンドー生まれのスルタナ弁護士は、「実は私もそう考えている。何よりも安全に故郷に帰ることが重要であり、そのうえで国籍や民族名の問題は時間をかけて交渉すれば良いと思う。ロヒンギャを名乗るために祖国に戻れないのは本末転倒ではないか。私は最終的にアウンサンスーチー国家顧問が正しい決断をすると信じている」と話した。ミャンマー国内のロヒンギャ以外のイスラム教徒の中にも「まず国籍（市民権）を要求し、その後にロヒンギャが土着民族かどうかという議論をするべきだ。そもそもミャンマーのイスラム教徒が全員、土着民族として認められている訳ではない」という声がある。しかし、この考えを顔見知りの難民たちにぶつけると、例外なく「ロヒンギャとして帰還する以外にない。『ベンガリ』は絶対にあり得ない」と頑なである。ここまで事態が紛糾した今となっては、およそ指導力を期待できない国家顧問にこうした政治判断を求めるのは無理な相談だろう。

「世界は力を貸してほしい」

少し距離を置いて客観的に論じているのが、オーストラリア国際問題研究所（AIIA）に寄稿された「戻るか残るか　ロヒンギャ難民の不確実な未来」（アジーム・イブラヒム博士）である。[*148] 短い論考のポイントは「アウンサンスーチー率いる政党の下でミャンマーの民主化が進み、人道的な状況が改善され、ロヒンギャは社会の中で正当な地位を得られるものと信じられていた」が実際はそうはならず、「バングラデシュは現在、一〇〇万人の難民という新たな永住者を抱え込んだことを徐々に認識しつつあるが、まだこの現実に抵抗している。しかし、ロヒンギャがミャンマーに戻ることはない。現在の状況に対して考え得る結論はひとつしかない。バングラデシュはロヒンギャ難民を受け入れ、彼らを社会に統合しなければならない。それがこれらの人々が安全な未来を築く唯一の方法である。そのようにバングラデシュを説得するとともに、必要なすべての支援（財政および物資）を提供するのが国際社会の責務である。この道を早く選択すればするほど成功する可能性は高くなる」「ミャンマーにどう対処するかは別の問題であり、私たちは

（刑事責任の追及などを）いずれ実現することができる。（それよりも）ロヒンギャの苦難はより差し迫った問題である」ということである。

バングラデシュがロヒンギャ難民を吸収せざるを得ないというイブラヒム博士の見立ては、難民キャンプで私が日々実感していること、あるいは援助関係者の多くが想定していることと同じである。実際にキャンプを歩いて難民の話を聞き、ミャンマー政府が発信する空虚な公式見解をフォローしていれば、大多数のロヒンギャが帰還しないであろうことは誰にでも分かる。帰りたくないのではなく帰れないのである。同博士は英国を拠点に国際問題に関する論考を多数発信している論客で、その著書『The Rohingyas Inside Myanmar's Hidden Genocide』（二〇一六年）では「国際社会の無関心が（ロヒンギャを迫害する）政府を支援し、ジェノサイドへと導いている。既に難民の増加がこの地域を不安定化させており、難民は毎年増え続けるだろう。世界は遅かれ早かれ、一九九四年にルワンダで起きたのと同じ規模のジェノサイドに気付くことになる」と大惨事の発生を予測していた。

しかし、前出のアシュラフ准教授のコメントにもある通り、バングラデシュ政府がロヒンギャに国籍を付与することはあり得ず、難民認定あるいは特別な在留許可の発給も極めて難しい。一般の国民感情も当初ほどロヒンギャに同情的ではない。もうひとつ、第三国定住という方法があるものの、ロヒンギャ難民は何も欧州や北米に住みたいと思って祖国を出た訳ではなく、仮に可能性を探っても受け入れ先は少数に限られ、抜本的な解決とは程遠いことになるだろう。したがって世界中の多くの難民と同様、かなり長期にわたって（世代をまたいで）〝塩漬け〟状態になるのは確実であり、しかも祖国ミャンマーが固く門戸を閉ざしている点が他とは絶望的に違う。ロヒンギャ難民のほとんどは無国籍の民として生き続ける運命にあると考えざるを得ない。

八方塞がりの状況に置かれていることは、難民たち自身が一番よく分かっている。バングラデシュ最南端のナヤパラ難民キャンプで暮らすマウンドー郡出身の男性（五二歳）は私にこう話した。「自分たちの当たり前の権利が否定されている以上、我々はミャンマーには戻れない。だからと言って、バングラデシュは自分の国ではないので、この国の市民権をもらって定住したいとも思わない。おかしな話だが、ロヒンギャとして生きるには、このまま難民キャンプに留まるしかないのだろう。世界の人々はこの問題の解決のために我々に力を貸してほしい」

コックスバザールの一〇〇万人のロヒンギャ難民は、今日も東方に連なるミャンマーの山並みを眺める。目の前の故郷は遥かに遠い。

エピローグ

東京・新宿駅からJR湘南新宿ラインと東武伊勢崎線を乗り継ぎ、群馬県館林市を訪ねたのは、バングラデシュから一時帰国した二〇一九年五月下旬、真夏のような暑さに見舞われた日曜日のことである。かつて織物産業で栄えた両毛地域の地方都市に、二百数十人のロヒンギャの人々が暮らしていることは、二〇一七年八月の騒動以降も多くのメディアで報道され、ちょっとした注目を集めた。

出迎えてくれた在日ビルマ・ロヒンギャ協会のアウンティンさん（五一歳）に初めて会ったのは、二〇一七年一一月のコックスバザールだった。彼は当時、クトゥパロン難民キャンプに小中学校を建てるために奔走していた。ラカイン州マウンドー県マウンドー郡出身のアウンティンさんは、姉一家がコックスバザールの難民キャンプにおり、七三歳の母親と弟はマウンドー町（郡都）に残ったままだという。「二〇一七年の衝突の時は本当に心配して、電話で連日連絡を取った。亡くなった父が警官だったので、実家は警察施設や入国管理事務所が集まる行政地区にあり、そこに留まる分には保護してもらえた。しかし、刀剣を持った仏教徒過激派が『ベンガリを殺す』とロヒンギャを探し回り、危険な状況には違いなかった」

アウンティンさんは一九八八年のビルマ民主化運動に加わった後、軍事政権による弾圧を逃れるために業者が作ったパスポートで出国し、タイ、マレーシア、バングラデシュ、サウジアラビアと〝フルコース〟を経験して一九九二年に来日した。日本に来た理由は「二年間滞在したサウジアラビアでは政治活動が禁じられており、在日ビルマ人協会が設立されていた日本でビルマの民主化運動を支援したいと考えた」ことだった。入国管理局による二度の収監を経て在留特別許可が認められ、二〇一四年に日本国籍を取得し、現在は輸入業を営みながら在日同胞の面倒を見ている。いわばスポークスマン役としてメディアの取材を受けたり、講演に招かれたりして、ロヒンギャ問題への理解と支援を訴える機会も増えた。

法務省・入管当局はもちろん、地元の市役所や市議会、警察署、公立学校などと日常的にコミュニケーションを重ね、新たに転入して来るロヒンギャを含むイスラム教徒に日本の生活習慣（挨拶の仕方、行事への参加、ゴミの分別収集など）を教えて、地域社会に溶け込む努力を続けた結果、今では地元の小中高校にイスラム教徒の児童・生徒のための礼拝室が設けられるまで理解が進んだ。「最初は男性ばかりだったが、同じ難民の女性と結婚するなどして日本で子供たちが生まれ、今では第三世代もいる。館林では多くの日本人に助けてもらい、差別されたことはない」。館林市内にはバングラデシュ人、パキスタン人の居住者も増え、イスラム教徒向けのハラル食品を扱うスーパーや輸入食材店、レストランができて、民家を改修したモスクには隣接する栃木県からも仲間が集団礼拝にやって来る。

日本に在住するロヒンギャは二〇一九年五月時点で約三〇〇人、そのうち約二六〇人が館林で暮らす。ＮＰＯ法人「無国籍ネットワーク」によると、法的ステータスは難民認定者一五人▽在留特別許可五〇人▽仮放免一一人、その他は難民認定申請中という（二〇一七年現在）。「在留特別許可」とは法相の裁量で特別に与えられる在留許可、「仮放免」とは非正規在留のうち入管施設への収容は一時免除されているものの、就労や運転免許証の取得、健康保険の加入などを禁じられた非常に不安定な身分である。既に一〇年以上、仮放免のまま不安を抱えて日本に住むロヒンギャもいるという。

アウンティンさんは「難しいのは分かっているが、ロヒンギャの国籍が認められ、安全が保証されて、難民が一日も早くミャンマーに帰ることを願っている。長引くと人身売買などの問題がどんどん起きる」と懸念する一方で、日本人になった自身について「館林で生まれ育った子供たちにとって故郷は日本だ。家を建てて仕事をして学校に通い、私たちの生活は全部ここにある。私は二つの祖国を行き来しながら、両国間のビジネス交流を促進すると同時に、ミャンマーの本当の民主化、ロヒンギャなどイスラム教徒や少数民族の人権向上に取り組んでいきたいと思っている」と話す。ロヒンギャ難民問題は遠い異国の話ではない。

世界の難民・避難民は近年増加する傾向にあり、二〇一七年八月以降に発生したロヒンギャ難民を含めて過去最多の七〇八〇万人に上る（UNHCR年次報告／二〇一八年末時点）。難民と言うと、メディアも悲惨さを強調しないと仕事にならないので、どうしても惨めな境遇に置かれた無力な人々というイメージが独り歩きする。もちろん、難民を取り巻く不条理かつ過酷な状況は紛れもない事実なのだが、ともすれば彼ら彼女らが私たちと全く対等な存在だという視点を忘れがちになる。難民支援とは食料や衣類を配ったり、トイレや井戸を建設したりすること自体が目的ではなく、何もかも失った人々がいくらかは人間らしく暮らし、その能力や可能性を少しでも生かせる環境を創出すること、つまり尊厳を回復することに尽きると思う。難民キャンプにいると、この尊厳という言葉が大げさな抽象的概念ではなく、目に見える具体性を伴って理解できる（例：トイレがあれば外で用を足さないで済む）。

その一方で、ほとんどの日本人にとって、海外の難民問題など自分には全く関係ないし、興味もないというのが現実だろう。それはむしろ当たり前の話なのだが、昨今は日本でも不健全な内向き志向が強まり、偏狭な排外的気分が広がっているように感じる時がある。ロヒンギャ難民を取材してインターネットで発信している知人のライターは「難民問題や難民支援に対してネガティブな書き込みが多くてがっかりする。『難民支援は右翼か左翼か』と聞かれた時は、本当に何なんだろうと思った」とこぼす。ネットの書き込み程度なら何ということもないが、難民支援を公然と中傷し、とりわけイスラム教徒難民を冒瀆する主張さえごく一部にある（ただし、日本人の良識としてそれは決して主流化しない）。

仮にもNGOに在籍する立場で言うべきことではないが、私自身は難民支援をある種の国益に資する活動と理解している。不条理な仕打ちを受けて生死の境をさまよう人々に、国籍・民族・宗教とは関係なく手を差し伸べるのは、一片の議論の余地なく、先進国を中心とする国際社会の当然の義務である。また、政府ではない民間団体としてのNGOはかけがえのない存在だと思う。それを前提として、難民支援には平和貢献を通じた国際社会での日本（人）のプレゼンス、不安定な国・地域あるいは民族集団に国際テロ組織が浸透するのを防ぐ安全保障という二つの観点があると個人的には考えている。「人道支援に際して国益など考えるべきではない」と叱られそうだが、人道と国益を天秤に掛ける訳ではなく、日本が難民支援に貢献する意義を、少しでも多くの方々に理解してもらう必要がある。難民支援を「かわいそうな人々を助ける慈善事業」と見なすような幼稚な勘違いは、いい加減に払拭しなければならない。

「世界に良い影響を与えている国」などの好感度調査で、日本が比較的上位にランクされるのは、その経済力・技術力、ユニークな文化の発信に加え、人道支援や開発協力、国連平和維持活動（PKO）などを通じた平和貢献のイメージがあるからだと思う。世界の難民支援や大規模災害の救援の現場に必ず日本人がいるという事実は、日本そのものの価値を高めることにもつながる。

安全保障に関しては、国際政治学者の田中明彦・政策研究大学院大学（GRIPS）学長がJICA理事長を務めておられた頃、我が国の平和構築支援の取り組みについて何度か話を伺ったことがある。日本がアフリカなど一見関係なさそうな遠い国の安定に貢献する理由は何かという問いに対し、田中氏は「グローバル化が進展する今日、世界中どこからでも飛行機を乗り継いで二日あれば日本に来られる。テロリストも例外ではない。ガバナンス能力を持たない脆弱国家を放置すれば、国際テロ組織が入り込む危険性が高まる。紛争影響国・地域における復興・平和構築支援は、日本の安全保障、つまり国益に関わる取り組みでもある」と解説してくれた。

ロヒンギャ問題を「紛争」とは呼ばないが、一〇〇万人規模の難民、とりわけ半数以上を占める若い世代が適切な保護や教育を受けられず、非生産的な環境で放っておかれれば、やがてイスラム過激派に感化された集団が出現しないとも限らない。ＣＦＳに集まる子供たちを見ながら、「この子たちは一〇年後二〇年後、どこで何をしているだろうか」と私はいつも考える。難民キャンプにいると、ある民族・集団にとって「子供こそ未来」という当たり前の原理が実感を伴って理解できる（個人的には子供は苦手なのだが…）。


本書にはもうひとつ大それた試みがあって、それは人道支援とアカデミズム、ジャーナリズムのささやかな融合である。これまでアジアやアフリカの現場を歩いて常々考えていた自分なりの課題であり、それぞれの視点と手法を〝良いとこ取り〟して、松花堂弁当のように盛り込み、誰にでも受け入れられる形でロヒンギャ問題を広く発信したいと目論んだが、全部が中途半端になってしまったことは本人が一番自覚している。

理想論に過ぎるだろうが、この三者は現実的・実践的な意味において、社会を少しでも良くすることに貢献しなければ存在価値はない。何者でもなくても世界を救わなければならない。アカデミズムはその膨大な知の集積を社会に還元してプラスの影響を与えなければ、いささかマニアックな勉強会に過ぎず、今まさに苦境に陥っている人々を脇に置いて微に入り細に入り論じ合っても始まらない。ジャーナリズムは大事件が起きると活気付くお調子者で、タッチ・アンド・ゴーの現地取材で表層的な記事を書き、あるいは現場の匂いも知らずに論陣を張って割とあっさり飽きてしまう（私も経験があるので仕方がないと思っている）。あるミャンマー研究者が「ロヒンギャ問題の取材に来た記者が過去の経緯を全く知らず、『今回初めて起きたんじゃないんですか？』と驚いていた」と苦笑していたが、報道機関も異動や担当換えが多いので実際そんなものである。

そして人道支援は、厳しい環境で目一杯やれることをやっているが、日々の事業運営やロジスティック、予算確保などに追われて、実はロヒンギャ問題の背景を全然知らないとか、援助の理論やルールは大好きだが、ロヒンギャにはさして興味がないと思われる援助ワーカーが（偏見かも知れないが）案外少なくない気がする。アナン勧告や国連報告を真面目に読んだ現場の援助関係者はいくらもいないだろう。日本人は割と自然に難民キャンプに溶け込むが、特に欧米系の組織の場合、仕事のやり方の違いもあってか、現地にいるのにロヒンギャと話したことは一度もないのではないかと思われる人たちも結構いる。

だからと言って、実務もおぼつかないNGOビギナーの立場でどうこう申し上げる気は毛頭ない。つまりそれぞれ自ずと制約や限界がある中で、人道支援とアカデミズム、ジャーナリズムの役割と機能を融合し、私たちが所属する社会に向かって、もっと効果的に発信する仕組みができないものかという思い上がった問題意識である。難民キャンプで一次情報を集める援助団体の聞き取り調査とメディアの現場取材は、大雑把に言うとほとんど同じである。それに国連やNGO

の報告書、信頼性の高いメディアの記事など二次・三次情報を加え、研究者の方々に歴史的背景や国家・国民・民族についてご教示いただき、それらを客観的かつ読みやすく記述することを目指したが、結局は都合の良い〝つまみ食い〟になってしまった。難民キャンプで事業を進めつつ、折に触れて難民の声を集め、深夜や週末を中心に参考資料を渉猟して執筆を進める作業は私の能力を超えており、突き詰められなかった疑問ばかりが残る。論文の引用が作法に適っていなかったり、翻訳が粗かったり、お気付きの点は多々あると思うが、ロヒンギャ問題をより多くの方々と共有したいという趣旨に免じてご寛恕願いたい。

本書の執筆に当たっては、ビルマ研究者の田辺寿夫氏、根本敬・上智大学教授、工藤年博・政策研究大学院大学教授、内田勝巳・摂南大学教授、高田峰夫・広島修道大学教授、長田紀之・アジア経済研究所研究員、斎藤紋子・東京外国語大学非常勤講師をはじめ、多くの研究者の方々から貴重な知見を頂戴し、国内外の論文を引用させていただいた。現地に駐在しながら作業を進めたので、面識もないままメールでのやり取りに応じて下さった方もいる。フォトグラファーの新畑克也氏、共同通信元ヤンゴン支局の八木悠佑氏、緊急人道支援専門家の勝部司氏にもそれぞれお世話になった。(株)めこんの桑原晨社長はアジア関連書籍の出版を四〇年以上続けておられ、その一冊に本書を加えていただいたことに感謝したい。

それにしても、難民を助ける会(AAR Japan)は五〇代半ばの新人をよくも受け入れてくれたものだと思う。ボスニア・ヘルツェゴビナ紛争の研究で知られ、立教大学教授でもある長有紀枝A

AR理事長、堀江良彰事務局長、名取郁子支援事業部長に何かと励ましていただき、東京本部の総務・経理・広報チームには一方ならずお世話になっている。バングラデシュ事業の古川千晶マネージャーをはじめ、担当デスクの加藤玲奈、二ノ宮健介、現地駐在の柿澤福郎、兼山優希らいずれも年少の同僚諸氏には、NGOの実務を初歩から教えてもらっただけでなく、全くできない会計業務などで多大な迷惑を掛けた。ご助力にお礼を申し上げたい。現地での他団体の若い友人たちとの交流も楽しく元気が出る。また、この歳で突然NGOの海外駐在に出るに当たって、同じく海外の仕事が多い家人が少しも動じずに送り出してくれたのもありがたかった。唯一の心残りは、現地駐在中に本好きの老母が倒れ、もはや本書を手にできないことである。

何よりも、過酷な経験を含めてたくさんの話を聞かせてくれたロヒンギャ難民の人々、バングラデシュ当局者や援助関係者、コックスバザールの地域住民、そして名前を記せない複数の情報提供者の協力がなければ、私ひとりでは何もできなかった。本書は日本の読者に向けられているが、ロヒンギャ問題への理解を少しでも広げることで、現地に恩返ししなければならないと思っている。

間もなくロヒンギャ難民のバングラデシュ大量流入から二年を迎える二〇一九年七月現在、ミャンマーへの帰還プロセスは全く進まず、累計一〇〇万人の難民の苦境は続いている。国連報告で指弾されたミャンマー国軍幹部の訴追・裁判は時間を要するにせよ、このまま何事もなかったかのように幕が引かれることはないだろう。誰もが納得できる魔法の如き解決策があるはずはなく、国際社会、バングラデシュ、ミャンマーは重い課題を抱え続けなければならない。そこで常に最優先で考えるべきは、ロヒンギャ難民、とりわけ未来に生きる若い世代や子供たちが置かれた状況を少しでも改善していくことに尽きる。この点を置き去りにした論議には何の意味もない。
私たちにできることは、残念ながら余り多くはない。しかし、世界がこの問題を忘れた（あるいは忘れようとした）瞬間、すべての道は閉ざされる。それぞれの立場でロヒンギャ問題を考え続けること、ロヒンギャ難民の存在を忘れないこと。それが唯一、希望をつなぐ手立てだと思う。

中坪　央暁

二〇一九年七月

注

＊1　国連安全保障理事会（二〇一八年九月二八日）

＊2　国境なき医師団（ＭＳＦ）報告“No one was left”（二〇一八年三月九日）

＊3　国連人権理事会・ミャンマーに関する独立国際事実調査団（国連調査団）最終報告（二〇一八年九月一八日）

＊4　豪スウィンバーン工科大学調査チーム“Forced Migration of Rohingya: The Untold Experience”（二〇一八年）

＊5　Joint Response Plan for Rohingya Humanitarian Crisis（JRP）2018（二〇一八年三月一六日）／2019（二〇一九年二月一五日）。二〇一七年八月以降の新規流入者は、JRP 2018は六七万一〇〇〇人、JRP 2019は七四万五〇〇〇人。それ以前からの居住者は、コックスバザール県ウキア・テクナフ両郡を中心とした“Needs and Population Monitoring”（二〇一七年）では二一万三〇〇〇人だが、バングラデシュ統計局による周辺県を含めた集計では三〇万三〇七〇人と異なるデータがある。

＊6　総務省「住民基本台帳に基づく人口、人口動態及び世帯数」（二〇一八年一月一日現在）

＊7　難民キャンプは二〇一八年以降、三四キャンプに区割りされ、“Camp 5”など通し番号で呼ばれている。

＊8　内田勝巳『ミャンマー・ラカイン州のイスラム教徒―過去の国勢調査に基づく考察』摂南大学・摂南経済研究（二〇一八年）

＊9　日下部尚徳『バングラデシュからみたロヒンギャ難民問題：その背景と難民キャンプの現状』アジア平和構築イニシアティブ（二〇一八年）

＊10　ロヒンギャ問題専門の非営利メディア『Kaladan Press Network』（チッタゴン）による

＊11　伊東利勝編『ミャンマー概説』第八章「ヤカイン世界」＝エーチャン／天野瑞枝訳（めこん／二〇一一年）
＊12　Moshe Yegar "The Muslims of Burma"（一九七二年）。モシェ・イェーガーはイスラエルの元外交官・歴史家。ロヒンギャを含む東南アジアのイスラム教徒の研究で功績を上げた。
＊13　Nurul Islam "Traditional Homeland of Rohingya in Myanmar"（アラカン・ロヒンギャ連帯機構：ARNO）など
＊14　英ロンドン大学クイーン・メアリー校 International State Crime Initiative（国際国家犯罪イニシアティブ）"Countdown to Annihilation: Genocide in Myanmar"（二〇一五年）
＊15　（財）アジア福祉教育財団『バングラデシュにおけるロヒンギャ難民の状況及び支援状況調査報告』（二〇〇七年六月）
＊16　Humanitarian Practice Network "'Primitive people' the untold story of UNHCR's historical engagement with Rohingya refugees"（二〇一八年一〇月）
＊17　Translation of the speech by General Ne Win provided in The Working People's Daily, 9 October 1982
＊18　Roman David, Ian Holliday "Liberalism and democracy in Myanmar"（二〇一八年）
＊19　佐久間平喜『ビルマに暮らして―閉ざされた国の人々と生活』勁草書房（一九九四年）
＊20　Benedict Rogers "Burma: A Nation at the Crossroads"（二〇一二年）
＊21　ウ・タウン／水藤眞樹太訳・解説『将軍と新聞』新評論（一九九六年）
＊22　米国国土安全保障省市民権・移民局 "Bangladesh: Information on the situation of Rohingya refugees"（二〇〇一年）
＊23　アムネスティ・インターナショナル "Myanmar: The Rohingya Minority: Fundamental Rights Denied"（少数民族ロヒンギャ：基本的人権の否定）（二〇〇四年）

＊24 アムネスティ・インターナショナル "CAGED WITHOUT A ROOF: APARTHEID IN MYANMAR'S RAKHINE STATE"（屋根のない檻：ミャンマー・ラカイン州のアパルトヘイト）二〇一七年

＊25 プラン・インターナショナル、REACH "Joint Education Sector Needs Assessmant, North Rakhine State, Myanmar"（二〇一五年一一月）

＊26 藏本龍介「ミャンマーにおける宗教対立の行方」『現代宗教二〇一六』（二〇一六年）

＊27 AFP通信 "Myanmar monk hits back at international community"（二〇一八年一〇月一五日）

＊28 Forced Migration Review "Asia's new boat people"（二〇〇八年四月一日）

＊29 UNHCR "UNHCR urges States to help avert Bay of Bengal boat crisis in coming weeks"（二〇一五年八月二八日）

＊30 Rappler "672 pengungsi Bangladesh dan Rohingya kembali ditemukan nelayan Aceh"（二〇一五年五月一五日）。Rappler はフィリピンに拠点を置く二〇一一年創設のニュースサイト

＊31 UNHCR "Figures at a Glance in Malaysia"

＊32 New Straits Times "PM Najib at Extraordinary OIC session on Rohingya situation"（二〇一七年一月一九日）

＊33 The White House "Remarks by President Obama at the University of Yangon"（二〇一二年一一月一九日）

＊34 Bertil Lintner "Militancy in Arakan State" The Irrawaddy（二〇一六年一二月一五日）／The Institute of Southeast Asian Studies "A Background to the Security Crisis in Northern Rakhine"（二〇一七年一〇月一三日）／公安調査庁「国際テロリズム要覧」など

＊35 Dhaka Tribune（AFP）"Ata Ullah - freedom fighter or a curse for the Rohingya?"（二〇一七年九月二二日）、"Who is Ata Ullah- the man at the heart of the Myanmar conflict?"（二〇一七年一〇月二〇日）など

＊36 （公財）中東調査会「中東かわら版No.93　イスラーム過激派：ロヒンギャ問題への反応」（二〇一七年九月一三日）

＊37 THE STATELESS ROHINGYA "Are They Terrorists?"（二〇一六年一〇月一六日）
＊38 アルジャジーラ Al Jazeera "Rohingya warn of 'another Srebrenica' if violence rages"（二〇一七年九月七日）
＊39 ＢＢＣ "UN failures on Rohingya revealed"（二〇一七年九月二八日）
＊40 ロイター通信 "And then they exploded: How Rohingya insurgents built support for assault"（二〇一七年九月七日）
＊41 ロイター通信 "A Deadly Crossing"（死の渡河）二〇一七年一一月三日
＊42 ロイター通信 "U.N. official says will raise sexual violence against Rohingya with ICC"（二〇一七年一一月一二日）
＊43 アムネスティ・インターナショナル "Myanmar: New evidence reveals Rohingya armed group massacred scores in Rakhine State"（二〇一八年五月二二日）
＊44 Dhaka Tribune "Who really attacked the Rohingya Hindus in Rakhine?"（二〇一七年一〇月一日）
＊45 Global New Light of Myanmar "17 more bodies of Hindus found in N. Rakhine State"（二〇一七年九月二六日）
＊46 Global New Light of Myanmar "Interview with bereaved families of Hindus killed by ARSA terrorists"（二〇一七年九月二七日）
＊47 UNICEF Statement（二〇一七年九月一二日）
＊48 Dhaka Tribune "Unregistered Rohingya refugees spreading out across Bangladesh"（二〇一七年九月一六日付）
＊49 Dhaka Tribune "Rohingyas attempting to get Bangladeshi passport"（二〇一七年一一月二三日付）
＊50 Dhaka Tribune "Did the Myanmar Army intentionally allow the ARSA attacks to happen?"（二〇一七年一〇月一八日）

＊51 bdnews24.com "Bangladesh won't allow a new wave of Rohingya refugees, says PM Hasina"（二〇一六年一二月七日）

＊52 Dhaka Tribune "PM Hasina stands up for the Rohingya"（二〇一七年九月一二日付）

＊53 Dhaka Tribune "If we can feed 160m, we can also feed 700,000 Rohingya refugees"（二〇一七年九月一二日付）

＊54 ＢＢＣ "Myanmar crisis: Bangladesh PM in Rohingya plea"（二〇一七年九月一二日）

＊55 Dhaka Tribune "Govt initiates massive relief and rehabilitation programme for Rohingya"（二〇一七年九月一六日付）

＊56 bdnews24.com "Hasina floats Bangladesh's proposals at UN to end Rohingya crisis forever"（二〇一七年九月二二日）

＊57 OIC "OIC Secretary General Addresses UN Secretary General and State Counsellor of Myanmar on the Rohingya Community"（二〇一七年八月三〇日）

＊58 UN News "Statement attributable to the Spokesperson for the Secretary-General on Myanmar"（二〇一七年九月一日）

＊59 ＢＢＣ "Rohingya crisis: Suu Kyi says 'fake news helping terrorists'"（二〇一七年九月六日）

＊60 The Washington Post "Why Aung San Suu Kyi is unlikely to have her Nobel Peace Prize revoked"（二〇一七年九月七日）

＊61 UN News "UN human rights chief points to 'textbook example of ethnic cleansing' in Myanmar"（二〇一七年九月一一日）

＊62 ＣＮＮ "Tillerson refuses to label Rohingya crisis 'ethnic cleansing,' calls for investigation"（二〇一七年一一月一五日）

＊63 CNN "Tillerson: Myanmar clearly 'ethnic cleansing' the Rohingya"（二〇一七年一一月二二日）
＊64 ミャンマー大統領府 "Government's efforts with regard to National Reconciliation and Peace"（二〇一七年九月一九日）
＊65 Global New Light of Myanmar "Huge crowds listen to State Counsellor's speech nationwide"（二〇一七年九月二〇日付）
＊66 NHK NEWS WEB「スー・チー氏は変わってしまったのか」（二〇一八年六月一四日付）
＊67 Global New Light of Myanmar "Extremist terrorists attack on police outposts in N-Rakhine"（二〇一七年八月二六日付）
＊68 ミャンマー政府・国家顧問府 "ARAKAN ROHINGYA SALVATION ARMY（ARSA）DECLARED AS TERRORISTGROUP"（二〇一七年八月二七日）
＊69 Global New Light of Myanmar "ARSA burns down villages"（二〇一七年九月五日付）
＊70 Global New Light of Myanmar "13 terrorism suspects arrested in Maungtaw, Rakhine State"（二〇一七年九月九日付）
＊71 Global New Light of Myanmar "Islamic villagers mark Eid-al-Adha in Maungtaw"（二〇一七年九月三日付）
＊72 Global New Light of Myanmar "We must respond to any false allegations with patience and truth"（二〇一七年九月三〇日付）
＊73 Global New Light of Myanmar "More Muslim villagers emigrate to Bangladesh of their own accord"（二〇一七年九月三〇日付）
＊74 国連安保理 "Security Council Presidential Statement Calls on Myanmar to End Excessive Military Force, Intercommunal Violence in Rakhine State"（二〇一七年一一月六日）
＊75 国連本部 "Third Committee Approves 16 Drafts with Friction Exposed in Contentious Votes on Glorification

of Nazism, Cultural Diversity, Right to Development”（二〇一七年一一月一六日）

＊76　国連本部“Third Committee Approves 13 Drafts on Persons with Disabilities, Ageing, Human Trafficking amid Protracted Votes on Human Rights in Syria, Myanmar”（二〇一八年一一月一六日）

＊77　国連人権理事会“27th special session of the Human Rights Council on the human rights situation of the minority Rohingya Muslim population and other minorities in the Rakhine State of Myanmar – 5 December 2017”

＊78　国連人権理事会“39th session of the Human Rights Council (10 – 28 September 2018)”

＊79　国連人権理事会“40th session of the Human Rights Council (25 February – 22 March 2019)”

＊80　国連人権理事会“Statement by Mr. Marzuki DARUSMAN, Chairperson of the Independent International Fact-Finding Mission on Myanmar, at the 39th session of the Human Rights Council”（二〇一八年九月一八日）

＊81　国連人権理事会“Myanmar: UN Fact-Finding Mission releases its full account of massive violations by military in Rakhine, Kachin and Shan States”（二〇一八年九月一八日）

＊82　国際刑事裁判所“ICC Pre-Trial Chamber I rules that the Court may exercise jurisdiction over the alleged deportation of the Rohingya people from Myanmar to Bangladesh”（二〇一八年九月六日）

＊83　Dhaka Tribune“Myanmar military court to probe Rohingya atrocity allegations”（二〇一九年三月一八日）

＊84　外務省「河野外務大臣のミャンマー訪問（要人との会談）」（二〇一八年一月一二日）

＊85　外務省「ミャンマー政府による独立調査団の設置及びラカイン州北部での活動に関する同国政府と国連機関との間の覚書に関する合意について（外務大臣談話）」（二〇一八年六月一日）

＊86　ＢＢＣ“Myanmar rejects UN accusation of ‘genocide’ against Rohingya”（二〇一八年八月二九日）

＊87　ＲＦＡ“Myanmar’s New Rohingya Panel Pledges Impartiality in Probe of Atrocities”（二〇一八年八月一六

日）

＊88 The Irrawaddy "Commission Invites Victims of Violence in Rakhine State to Submit Evidence"（二〇一八年一二月一二日）

＊89 ロイター通信 "Myanmar rejects allegations of human rights abuses against Rohingya"（二〇一七年八月六日）

＊90 ロイター通信 "Seven Myanmar soldiers sentenced to 10 years for Rohingya massacre"（二〇一八年四月一一日）

＊91 Human Rights Watch "Burma: Scores of Rohingya Villages Bulldozed"（二〇一八年二月二三日）

＊92 Human Rights Watch "Burmese Refugees In Bangladesh: Still No Durable Solution"（二〇〇〇年五月）

＊93 Mark Isaacs "Stories From The Rohingya Camps In Bangladesh"（二〇一六年五月）

＊94 トルコ国営放送（ＴＲＴ）「エルドアン大統領『虐殺に対し世界が沈黙しようともトルコは沈黙しない』」（二〇一七年九月二日）

＊95 ＵＮＨＣＲ日本「燃料を薪からガスへ～ロヒンギャ難民の生活を救う」（二〇一八年一二月一一日）

＊96 ISCG "Situation Report: Rohingya Crisis-Cox's Bazar, March 2019"（二〇一九年四月一一日）／UNICEF "More than 145,000 Rohingya refugee children return to school in Bangladesh refugee camps as new school year starts"（二〇一九年一月二四日）

＊97 ＵＮＩＣＥＦ "More than 60 Rohingya babies born in Bangladesh refugee camps every day"（二〇一八年五月一七日）

＊98 ISCG・Community Health Working group（二〇一九年二月一四日）

＊99 ISCG "Situation Report: Roginya Crisis-Cox's Bazar March 2019"（二〇一九年三月三一日）

＊100 ＷＦＰ "Rohingya Refugee Response, March 2019"（二〇一九年三月三一日）

＊101 World Vision “Psychological support for refugee children of Myanmar in Bangladesh”（二〇一八年一月二三日）

＊102 IOM Bangladesh “Rohingya Refugee Crisis Response: Situation Overview of Human Trafficking”（二〇一八年一〇月一六日）

＊103 ＵＮＤＰ “Environmental impacts of Rohingya influx: A multifaceted problem requires multifaceted responses”（二〇一八年九月一八日）

＊104 JRP 2018/JRP 2019 “Rohingya Refugee Response Coordination Mechanism”

＊105 在バングラデシュ日本大使館ニュースリリース（二〇一九年二月二六日）

＊106 REACH WASH Assessment（二〇一八年一〇月）

＊107 赤十字国際委員会（ＩＣＲＣ）“Strengthening Protection in War”（二〇〇一年）

＊108 ＡＦＰ通信 “Bangladesh girl burned to death on teacher's order – police”（二〇一九年四月一九日）

＊109 RRRC・ISCG “Guidance on Rohingya Volunteer Incentive Rates”（二〇一八年七月一八日）

＊110 ＢＢＣ “Pope's Myanmar speech avoids reference to Rohingya”（二〇一八年一一月二八日）

＊111 ＣＮＮ “Pope Francis: ‘The presence of God today is also called Rohingya’”（二〇一八年一二月一日）

＊112 “42 NGOs warn that return of refugees to Myanmar now would be dangerous and premature.”（二〇一八年一一月九日）

＊113 Dhaka Tribune “UN special envoy sees no immediate solution to Rohingya crisis”（二〇一九年四月四日）

＊114 ＡＦＰ通信 “Rakhine rebels kill 13 Myanmar police in brazen raids”（二〇一九年一月四日）／“Nine police killed in attack in Myanmar's Rakhine: police”（三月一〇日）

＊115 Eleven Media Group “AA and ARSA bases in Bangladesh: Presidential Spokesperson”（二〇一九年一月七日）

＊116 ＲＦＡ “Bangladesh: No ARSA, Arakan Militant Bases in Country”（二〇一九年一月九日）

＊117 Dhaka Tribune “Bangladesh, Myanmar finally strike Rohingya repatriation deal”（二〇一七年一一月二三日）
＊118 ミャンマー国営通信 “The Republic of the Union of Myanmar and the People's Republic of Bangladesh signed the Arrangement on Return of Displaced Persons from Rakhine State”（二〇一七年一一月二四日）
＊119 ロイター通信 “Bangladesh agrees with Myanmar to complete Rohingya return in two years”（二〇一八年一月一五日）
＊120 Global New Light of Myanmar “Repatriation of refugees to commence next Tuesday”（二〇一八年一月一七日付）
＊121 The Daily Star “Intent to deceive”（二〇一八年三月三一日）
＊122 ＵＮＨＣＲ “Bangladesh and UNHCR agree on voluntary returns framework for when refugees decide conditions are right”（二〇一八年四月一三日）
＊123 Global New Light of Myanmar “Displaced persons return to Taung Pyo Letwe reception centre”（二〇一八年四月一六日）
＊124 Irrawaddy “President Pardons Scores of Rohingya Detained While Returning from Bangladesh”（二〇一八年五月二八日）
＊125 共同通信「ロヒンギャ帰還者数、多く発表？」（二〇一八年七月二日）
＊126 ＡＦＰ通信 “Myanmar transit camps sit empty as Rohingya fear return”（二〇一八年六月三〇日）
＊127 ロイター通信 “Fake photos in Myanmar army's 'True News' book on the Rohingya crisis”（二〇一八年八月三〇日）
＊128 ＡＦＰ通信 “Malaysia-Bound Rohingyas: 33 rescued from trawler in Bay”（二〇一八年一一月九日）／“Bangladesh rescues 'abducted' Malaysia-bound Rohingya refugees”（二〇一九年二月一四日）
＊129 ロイター通信 “Dozens of Rohingya Muslims found on Malaysian beach, officials say”（二〇一九年三月一日）

＊130 Dhaka Tribune "A number of Rohingyas leave camps, work illegally across Bangladesh"（二〇一八年一月九日付）

＊131 The Daily Star "Myanmar has failed to act"（二〇一九年二月二一日付）。

＊132 ロイター通信 "Bangladesh tells U.N. Security Council cannot take more Myanmar refugees"（二〇一九年二月二八日）

＊133 Dhaka Tribune "PM: Rohingya repatriation through discussion, not conflict with Myanmar"（二〇一九年四月四日）

＊134 ロイター通信 "Rising Rakhine party looming threat to Myanmar's Muslim minority"（二〇一五年一〇月二日）

＊135 The Straits Times "Parliament: Asean can't impose repatriation deadline for Rohingya refugees, says Vivian Balakrishnan"（二〇一九年二月一四日）

＊136 Frontier Myanmar "Protests greet Kofi Annan in Sittwe as advisory commission begins work"（二〇一六年九月六日）

＊137 ＲＦＡ "Annan Commission Calls on Myanmar to Resolve Rohingya Crisis in Rakhine"（二〇一七年八月二四日）

＊138 ロイター通信 "Richardson quits Myanmar's 'whitewash' Rohingya crisis panel"（二〇一八年一月二五日）／Bangkok Post（ＡＦＰ通信）"Kobsak quits Myanmar panel on Rohingya"（二〇一八年七月二一日）

＊139 The Guardian "Aung San Suu Kyi unveils relief plans for Rohingya Muslims"（二〇一七年一〇月一三日）

＊140 世界銀行 "MYANMAR Ending poverty and boosting shared prosperity in a time of transition"（二〇一四年一一月）

＊141 ＡＦＰ通信 "Thousands protest China-backed mega-dam in Myanmar"（二〇一九年四月二三日）

＊142 Dhaka Tribune "PM Hasina: China promises to remain beside Bangladesh in Rohingya crisis"（二〇一九年七月八日）

＊143 The Daily Star "China offers Rohingyas money if they return to Myanmar: Report"（二〇一九年三月六日）

＊144 斎藤紋子「ミャンマーにおける反ムスリム暴動の背景」（『アジ研ワールド・トレンド』No.二二〇／二〇一四年二月）

＊145 Xchange Foundation "Rohingya Repatriation Survey"（二〇一八年五月二三日）

＊146 「二一世紀パンロン会議」とは、国民融和を目指すアウンサンスーチー国家顧問の主導で始まった政府と国軍、少数民族勢力の政治対話の場。父アウンサン将軍がビルマ独立前年の一九四七年二月、少数民族の一部代表と自治権付与に合意したパンロン会議にちなむ。これまで二〇一六年八月、二〇一七年五月、二〇一八年七月の三回開催され、政府との停戦合意に調印した少数民族一〇勢力が正式参加。将来的な連邦制のあり方、州独自の軍隊創設などを話し合っているが、国軍が強硬な姿勢を崩さず、かえって少数民族側の失望を招いている。

＊147 The Daily Star/Fahmida Khatun "Addressing the Rohingya crisis: whose responsibility is it?"（二〇一九年五月一三日）

＊148 Australian Institute of International Affairs /Dr Azeem Ibrahim "Return or Remain? The Uncertain Future of Rohingya Refugees"（二〇一八年一月一一日）

＊文中に記した以外に次の書籍・論文を参考にした。
根本敬『物語ビルマの歴史』（中公新書）／同 "Elusive Borders: Changing Sub-Regional Relations in Eastern South Asia"（Institute of Developing Economies：アジア経済研究所）／斎藤紋子『ミャンマーの土着ムスリム』（風響社）／杉江あい『バングラデシュにおけるロヒンギャ難民支援の現状と課題』（E-journal GEO：日本地理

学会）／篠崎香織・西芳実編『ムスリム系移民・難民と東南アジアの民族間関係～ミャンマー・マレーシア・バングラデシュの事例から』（京都大学東南アジア地域研究研究所）

中坪央暁（なかつぼ・ひろあき）
1963年生まれ。同志社大学文学部卒業。毎日新聞ジャカルタ特派員、東京本社編集デスクを経て、国際協力分野のジャーナリストに転じる。アフガニスタン紛争、東ティモール独立、インドネシア・アチェ紛争のほか、国際協力機構（JICA）の派遣で南スーダン、ウガンダ北部、フィリピン・ミンダナオ島など紛争・難民問題、平和構築の現場を継続取材。2017年12月以降、国際NGO「難民を助ける会」（AAR Japan）バングラデシュ・コックスバザール駐在としてロヒンギャ難民支援に携わる

ロヒンギャ難民100万人の衝撃

初版第1刷発行 2019年8月25日
第3刷発行 2021年5月25日

定価4000円＋税

著　者　**中坪央暁**

装　幀　水戸部 功

発行者　桑原 晨

発　行　株式会社 めこん
〒113-0033 東京都文京区本郷3-7-1
電話03-3815-1688　FAX03-3815-1810
ホームページ http://www.mekong-publishing.com

印刷・製本　株式会社太平印刷社

ISBN978-4-8396-0317-5　C0030　Y4000E
0030-1904317-8347